20世纪中国图书馆学文库·91

图书馆自动化

袁名敦　耿骞　编著

国家圖書館出版社

本书据北京师范大学出版社 1997 年 10 月第 1 版排印

目　　录

6

前　　言

　　1993 年，国家教育委员会高教司组织编写《图书馆自动化课程教学大纲》（以下简称《大纲》），于 1996 年 3 月由高等教育出版社出版。这个大纲总结了我国高校"图书馆自动化"课程多年的教学经验教训，强调以软件开发为主线，以实践为基础来组织教学体系，实际上是从教学目标、教学指导思想、教学体系等重大问题入手，进而到教学内容、教学方法等具体问题进行系统的改革。《大纲》出版后，面临的问题之一就是没有合适的教材。由于我们对这方面的课程长期进行教学改革的试验，我主持了《大纲》的编写，并本着和《大纲》相同的思想进行了 5 年的教学，因而不揣冒昧，编写了《图书馆自动化》这本教材，以满足有关专业开设这门课程的需要。

　　这本教材是完全按照《大纲》的内容编写的，只是由于信息技术的飞速进步，增加了"面向对象技术"一章，并把有关信息高速公路和机读目录格式作为附录，以满足读者的需要。

　　在编写中，我们力图做到以下几点：

　　1. 把软件工程的理论方法尽可能和图书馆自动化的实际紧密结合，使这本教材和一般的软件工程相比较，有着自身的特色。

　　2. 在以软件开发为主线的原则下，尽可能全面地把图书馆自动化的各个方面都结合起来，使学生学习之后，对图书馆的现代化、自动化建设有一个比较全面的理解。

3. 兼顾微观和宏观两个方面,既重视图书馆自动化建设的各种具体问题的叙述,也同样着力于我国图书馆现代化、自动化的宏观发展的展示,以期给学生以有中国特色的图书馆现代化、自动化的清晰轮廓和明确道路。

4. 紧跟当前信息技术迅猛发展的步伐,尽可能把最新的资料(当然,等到本书出版时,很可能有的又已经落后了)奉献给读者。我们认为,对于技术性强的课程,这样做是必须的。

这些是我们的主观愿望,能否实现和实现多少,就有待读者评判了。但有一点我们是清楚的,那就是我们不可能十全十美,需要在以后改进的地方还很多。

当前新信息技术不断涌现,而某些主要的方面(如网络信息检索技术)又还不很成熟,面向对象技术正在兴起但还不能说全面占领阵地,《软件开发规范》正在修订但新版本还未面世。在这种情况下,编写这本教材面临一些不利的客观环境。但我们认为,只要抓住那些相当一段时间内还是有用的基本观点、基本原理和基本方法,让学生牢固地掌握,这些问题还是可以解决的。

本书除了作为教材之外,对从事图书馆现代化、自动化的专业技术人员或研究工作者,对图书馆的各级领导同志,也有参考的价值。

本书由袁名敦编写第一、四、五、七章,耿骞编写第二、三、六章,最后由袁名敦统稿。

在本书编写过程中,得到了很多方面、很多同志的大力支持。文化部周小璞、吴晞、贾璐、何洋,国防科工委的曾民族,交通部的徐如镜,北京图书馆的朱南、孙蓓欣、孙承鉴、朱岩、许绥文、富平,北京大学图书馆的董成泰、朱强,中科院图书馆的沈英,北京师范大学图书馆的韩俊,以及李波、陈梅华、王莉、邓玲怡、沈雪梅等同志都曾提供资料和提出宝贵意见,谨在此表示衷心的谢意。在编写中我们还参考了不少专家的著作,引用了其中某些资料,中国科技信息研究所还同意本书转载《美国国家信息基础结构：行动计划》的主要内容作为附录，在此也一并深切致谢。

我们深知自己的水平和能力有限，诚恳地欢迎读者提出批评和意见。

袁名敦
1997 年 5 月 28 日

第一章 概论

第一节 图书馆自动化的基本概念

1.1.1 图书馆现代化的定义及内容

《中国大百科全书》"图书馆学、情报学、档案学"卷中关于"图书馆现代技术"的定义是:应用于图书馆各方面工作的现代技术。现代技术主要指二次世界大战以来所出现的各种新技术,它和图书馆工作结合后,使图书馆工作发生深刻变化,图书馆事业从而进入一个新的发展阶段——现代化图书馆阶段。

由于科学和技术的不断发展和进步,现代技术是一个动态的概念。二次大战以来,以计算机技术为代表的现代技术已经有了巨大的发展,而且还在迅速的变化发展之中。因此,图书馆现代化也在不断发展中,迄今已经历了几个阶段,每个阶段较以前都有很大进步甚至飞跃。

图书馆现代化的内容应当包括思想观念和物质因素两方面,具体说,是设备、技术、馆藏、人员和管理。这五方面的现代化是相辅相成,缺一不可的。历史经验说明,忽略任一方面,都不可能实现图书馆现代化。

1.1.2　图书馆自动化的定义和图书馆现代化的关系

《中国大百科全书》"图书馆学、情报学、档案学"卷有一个条目,叫"图书馆自动化系统",其中提到:图书馆自动化系统就是,使用计算机对图书馆工作进行管理的系统。有的专家进一步说明,认为图书馆自动化就是:以计算机为主体,与通信系统等现代技术相结合,对图书馆工作的各个环节实行程序控制的全过程。

因此,图书馆自动化即是图书馆计算机化,在国内外这两个名词都是等同的。但在编写百科全书时,不论西方还是我国,都规范为"图书馆自动化"。

计算机技术是现代技术的一部分,图书馆自动化也只是图书馆现代化的一部分,它们之间是部分和整体的关系。但由于计算机技术是信息技术的心脏,现代社会的骄子,信息社会的科技主角,所以在图书馆现代技术中,计算机技术处于核心地位,它对其他现代化设备起控制、连接和转换的作用。而图书馆自动化则是图书馆现代化的核心和主导部分。因此国内外不少文章在提到图书馆现代化时,写的内容却是图书馆自动化,实际上是用自动化代替现代化。

1.1.3　图书馆自动化系统及其体系构成

图书馆自动化系统即实现图书馆管理自动化的系统,也就是用计算机对图书馆工作进行管理的系统。

图书馆自动化系统的组成包括:硬件、软件、数据库、人员和管理。硬件指计算机、通讯和其它有关设备,是系统的物质基础。软件指程序、数据和开发、使用、维护程序所需要的所有文档的集合。计算机和它之前的设备不同,不装入程序和必要的数据,它是不能运转的,配备的程序越多,计算机的功能就越强,因此,软件是计算机系统必不可少的组成部分。数据库是指在图书馆计算机系统中合理存放的、相互关连的各种工作数据的集合,广义的数据库还包括对这些数据进行存取、管理和加工处理等操作的专门软件系统,即数据库管理系统(DBMS)。对于图书馆自动化系统,没有数据库是根本无法为读者提供服务的。硬件、软件和数据库必须在有良好服务态度和精良业务能力的图书馆员的操作下才能发挥最大的作用。如此复杂的系统,需要完善的管理制度和方法,才能组织起秩序井然、高质量高效率的运作和服务,这是很容易理解的。

一般说来,图书馆自动化系统下有文献采访、文献编目、文献流通、连续出版物管理、公共查询和办公室自动化等子系统。

进入80年代中期,人们习惯把计算机用于数据处理的系统叫做信息系统,更确切些说叫管理信息系统。因而图书馆自动化系统属于管理信息系统,是它的一个具体应用。

进入90年代,特别是90年代中期以来,由于建设信息基础设施(NII,通称信息高速公路)热潮的兴起,以开放和资源共享为特征的全球数字化图书馆已不是空想或遥远的未来。因而一些专家、学者认为,图书馆自动化系统按其原来的含义主要是指传统图书馆业务工作的计算机化,而今天,图书馆的业务工作正在突破传统,将要进行巨大的变革。在这种情况下,把目标和体系结构都将有很大变化的图书馆计算机系统还叫做自动化系统已经不符合实际了。这种看法是有一定根据的。当然,是叫做"图书馆信息化系统",还是"图书馆管理信息系统",还是别的什么名称,还有待于实践的发展和图书馆界的思考。在本书中,一般笼统地使用"图书馆自动化系统",而不加以严格的限定。

第二节　图书馆自动化是图书情报事业
发展的历史必然

1.2.1　社会信息化和图书馆自动化的关系

科学技术发展的历史就是人类对客观世界认识深化的历史。客观世界的基础是物质,迄今为止,人类发现物质有三重属性或三种表现形态,即物质、能量和信息,这是层次深度不同的三重属性,最浅层的是物质,而最深层的是信息。科学技术的发展就反映了人类对这三重属性的认识由浅入深的发展,而技术革命的出现则反映出这种认识取得突破性进展时期。例如以机械化为特征的第一次技术革命(1780～1910)反映出人类对客观世界物质属性认识的升华,以电气化为特征的第二次技术革命(1911～1945)反映出人类对能量属性认识的升华,而以自动化为特征的第三次技术革命(1946～1976)和以信息化为特征的第四次技术革命(1977～)则是反映人类对信息属性认识的升华。

因而第三、四次技术革命反映了并推动着社会信息化或信息时代正在向人类走来。

一般认为,社会信息化有如下一些基本特征:

1. 信息膨胀和信息污染

普赖斯在1950年发现,1665年全世界被保存下来的科学期刊只有1种,以后每50年就增长10倍,到1950年全世界出版的科学杂志已达100000种。据美国科技委员会和联合国教科文组织的统计,80年代末期在自然科学领域内,基础科学有538个主要学科,技术科学则有412个专业分支。全世界每天发表16000篇论文,出版1800种图书,登记800多件专利。

4

1983 年 3 月,美国化学学会记下了第 600 万种化学物质,同年5 月,该会编辑的第 10 版《化学文摘》竟有 75 卷,142 公斤,包括 2500 万篇论文。几乎所有学科的知识更新期都从 50 年代前的 30 年缩短到今天的 3～10 年。进入 90 年代以来,有人对各种信息媒介作为载体的全世界信息资源进行估算,认为全世界每年约生产 720 亿(另一说 300 多亿)条各种媒介的信息。如果按每条平均约 1000 字节计算,则全世界每年生产的信息资源量约在数十 T 字节(一 T 即一万亿),又远远大于 80 年代的信息资源量。这就是人们惊呼的"情报爆炸",也就是"信息爆炸"。也许叫做"信息膨胀"更恰当些。

信息膨胀使得世界充满了大量的各种各样的信息,好的和不好的、有用的和无用的信息混杂在一起,在未经加工整序之前,人们将无所适从,既难以找到适合自己需要的信息,而且还可能被误导,这就是信息饥渴和信息污染。

事实上,信息膨胀在 20 世纪 50 年代以来就日益严重。而在信息时代到来后,将更加严重。

2. 信息技术高度发展,电子信息资源将占据主导地位

信息技术指获取、处理、存贮、检索、传递文字、数字、图像、声音等信息而采用的方法和设备的总称。从本质上讲,人脑的功能在于处理信息,而信息技术则是辅助人脑处理信息的技术,是能够扩展人的信息器官功能的技术。它包括计算机、通讯、高密度存贮、声像、复印、印刷等广泛的技术领域及其在信息工作中的应用,计算机技术则是其核心。

自从 1946 年 2 月第一台计算机在美国宾夕法尼亚大学出世以来,计算机一直在高速发展。一般认为,每 5～8 年,计算机的功能和性能就将增强和提高 10 倍,而其价格却将下降 10 倍,此外,它的体积、重量和耗电量也将下降 10 倍。80 年代兴起的"微机革命"或"个人计算机革命",大大推动了计算机的发展和应用,使计

算机有可能进入各种工作领域,进入社会,进入家庭。90 年代正在兴起的"全球信息网络革命"将推动全球信息基础设施(GII,通称全球信息高速公路)建设的热潮,促进第五次产业革命和信息时代的到来,它将极大地改变人类的生产、工作、学习和生活,改变世界的经济、文化、社会,也改变着人类自身。总之,这一场革命对人类社会的影响将大大超过前一场微机革命。

计算机技术的迅猛发展带动其它技术的发展,自然也推动着信息技术高度发展,快速前进。

信息技术高度发展的重要表现之一是信息资源的巨大变化和发展。传统的信息资源是以纸为基础的印刷型出版物,20 世纪特别是 50 年代以来,录音盘、带,缩微胶卷、胶片,电影片,录像带等进入信息资源的行列,但它们所占比重不大。所有这些信息资源的基本特征,可以归结为模拟信息,即信息表达和信息传递的模拟化。模拟信息被封闭在不同的载体内,物理上相互隔离,严重限制了信息的交流和利用。计算机技术的发展,实现了信息的数字化处理,这是对模拟化的突破,信息的表达和传递开始进入另一个质的飞跃。数字化信息和其信息载体构成了电子信息资源,它有非常明显的优点,如:可利用计算机和通信技术进行各种信息处理;便于各种载体信息的一体化、相互转换和二次开发;制作和利用双方可以共用和统一采用各种硬、软件设备等。近年来电子信息资源发展迅速,电子出版正在以不可阻挡的势头大步踏上世界舞台。如只读光盘(CD - ROM),1986 年市场售量为 54 种,1989 年达到 250 种,1990 年达 2250 种,1992 年达 5300 种,1993 年达 8000 种,1994 年超过 10000 种,而 1995 年达到 12000 种。有的专家预测,世界电子出版物的销售将以每年 30% ~ 40% 的速度增长。在我国,近年来电子出版物的发展也取得很大成就,1996 年 7 月在北京举办了"中国出版成就展",共展出 180 种电子出版物,由于展出的只是经过挑选的部分成果,因而实际的数量还要多。

3. 信息、信息技术和信息化的重要性日愈为人类所认识

信息是生命生存的要素,是影响社会生产力的重要因素,是现代社会经济发展的必要和重要条件,而信息消费则是信息时代的社会生活消费的重要部分。信息和原材料、能源一起,构成了社会生产的三大支柱,是一种重要的资源。而信息技术对于社会生产的发展是一种催化剂和倍增器,是经济发展和变革的第一推动力,它对经济发展、社会变革、国家安全乃至整个国家的发展,起到了关键性的作用。因此,对信息资源的开发和利用,对信息技术的研究和应用,已经成为衡量一个国家综合国力的重要条件之一,成为国际竞争中必须抢占的制高点。有人说,现在信息威慑正在取代核威慑。

信息化则是人类社会继农业化和工业化之后的又一次飞跃,是通向未来的必由之路。在当前,现代化实际就是信息化。即使是发展中国家,工业化水平较低,搞现代化也不能只补工业化的课,而需要用信息化来带动工业化。

随着社会的发展,信息资源将越来越重要,而人类对信息、信息技术和信息化的重要性的认识也将越来越深刻。

4. 信息行业的大发展

信息资源的开发和利用,信息技术的推广和应用,必然会促使信息技术的产业化、市场化,形成一个新的行业,即信息行业,并促进这个行业的大发展。在发达国家,特别是在美国,这种趋势是非常明显的。有的专家认为,社会信息化的标志是:信息行业的产值超过国民生产总值的一半;信息行业的劳动力超过全国劳动力的一半;使用、操作计算机的劳动力占全国劳动力的一半以上。

解决信息膨胀和信息污染的有效途径,就是加强管理,根本的问题是使信息资源有序化,便于查找,便于使用。传统的图书馆和情报服务中的整序工作是信息资源有序化的重要组成部分,也是有序化的主要基础。当然,对于电子信息资源,有序化涉及的方面

更多,情况更复杂,必将在传统图书馆情报工作的基础上改进和发展。

社会信息化对文献管理提出更多、更高的要求,也为文献管理现代化、自动化创造了发展条件。

当前,以美国为首的发达国家已开始进入或即将进入社会信息化,其他国家尽管发展速度不同,但社会信息化的到来都不会是非常遥远的将来。然而图书馆事业发展的实际情况表明,传统的图书馆服务方式远远不能满足信息时代对图书馆的要求,图书馆面临严峻的挑战。

·信息量的急剧膨胀导致单个图书馆无法把进行服务所需要的信息收集齐全,以满足读者(用户)的需要。同时,这一情况也极大地增加了图书馆的整序加工的工作量,而效率低下的传统图书馆凭手工操作却无法完成任务,也就无力解决严重的信息污染和信息饥渴等问题。

·信息时代的读者(用户)和读者需求发生了很大变化,读者群和读者类型大大扩展,他们的需求各式各样,而且要求服务的质量大大提高。比如,由传统文献信息的需求扩大到非文献信息(数值、事实、新闻、公文、信函等等),而且要求提供的不仅仅是文字、图形、图表、图像、声音等等,一句话,多媒体是大家的需要,二次文献或书目信息已不是一部分读者典型需要的信息;同时在时间、准确性等方面也提出了很高的要求。这些同样是传统图书馆很难,或者说根本不能做到的。

·各种各样新兴的信息服务业(数据检索公司、数据传输公司和各种信息咨询公司)的出现,动摇了图书馆过去是信息资源垄断者的地位,打破了图书馆的一统天下,特别是他们高质量、灵活、方便的服务所提出的挑战,是传统图书馆所应付不了的,图书馆在竞争中已无优势可言。

这些情况表明,传统图书馆是不能适应信息时代对图书馆的要求的。图书馆事业面临转折的严峻关头,只有变革才能发展,才有出路。1996 年国际图联(IFLA)的 62 届北京年会确定以"变革的挑战:图书馆与经济发展"为大会主题,就充分说明了这一点。变革首先是模式的变革,图书馆要从传统模式(手工式的或虽使用计算机但却是封闭式的)发展到以开放和资源共享为基本特征的、数字化的全球图书馆模式。而适应这种模式的变化,图书馆必须应用一切可用的、以计算机技术为核心的各种新信息技术,发展或进一步发展现代化和自动化,从信息表达和信息传递两方面进行再构筑,成为网络化、电子化(数字化)和虚拟化图书馆。这是转变模式的物质保证,是实现转变的关键。

　　机遇和挑战是并存的。在图书馆事业面临严峻挑战,处境极为困难的同时,也出现了社会信息化给它提供的极为难得的发展机遇,主要是:

　　·在信息时代的信息资源中,文献信息资源仍然是其主要的和重要的组成部分,因而文献管理将成为信息管理的重要组成部分,不仅不会受到削弱,反而将更加受到重视。图书馆的社会地位将会得到提高,图书馆事业将得到政府和社会更大的支持。例如美国副总统戈尔就表示,到 2000 年把美国的"每一间教室、每一家医院和诊所、每一个图书馆"用计算机网络连接起来。我国全国人民代表大会在 1996 年通过的《国民经济和社会发展"九五"计划和 2010 年远景目标纲要》中,把"进行现代化信息基础设施建设,推动国民经济信息化"和建设长江三峡大型水利枢纽工程等特大项目等并列,作为一批"对国民经济和社会发展具有全局性、关键性作用的工程"之一而提出。纲要还提到要"加强信息资源开发利用,推进信息的社会共享"。在中共中央、国务院发布的《关于加快科学技术进步的决定》中,强调要"重视科技信息的有效利用和传播,加强图书、资料和数据库的建设",把它作为"加强科研基础设施的建设"的一个重要方面。同时,一些领导机关在实际工作中也更加重视图书馆事业。

·信息时代的到来,将会创造出各种各样的信息新技术,其中很多将会应用于图书馆工作中,为图书馆应用计算机网络的发展提供物质基础。

有了这些极好的外部条件,加上图书馆在长期发展中所积累起来的一些优势,图书馆要实现模式的转变和现代化、自动化的进一步发展,是完全有可能的。这些优势主要是:①图书馆有丰富的文献信息资源,关键是要转变观念,把存贮的文献开发出来;②有读者工作的优良传统和很多好经验,有利于在竞争中争取读者;③对于文献信息的加工处理,图书馆也有丰富的经验和一套方法;④在计算机应用方面也积累了丰富经验。

总之,图书馆要实现现代化、自动化,并进一步向数字化、网络化发展,这是历史的必然,是不可阻挡的时代潮流,而不是人们的主观臆想。

1.2.2　国外图书馆自动化的发展情况

图书馆自动化首先是在美、英等发达国家中发展起来的。随着图书馆自动化的发展,不同时期、不同学者对其发展的阶段性有着不同的描述。早期的著作一般把它划分为如下几个阶段,即:

·实验系统阶段(50年代末期~60年代初期)。美国和英国的一些图书馆开始研究图书馆使用计算机在经济上、技术上的可行性,以及从何着手等。大多数从流通入手,美国国会图书馆则在长期研究后决定从编目工作入手。这个阶段不长,而且除极少数外,大都没有坚持下来。美国国会图书馆是其中的佼佼者,它所研制成功的机读目录(MARC)开了图书馆自动化的先河。

·脱机批处理阶段(60年代初~70年代初)。脱机批处理指使用计算机处理单个图书馆的某一方面的业务(如流通、编目、期刊管理等)工作,和其他图书馆或本馆其他业务没有联系,且一般不能即时给出处理结果,而是把若干处理要求集中后,一批一批地进行处理,同时,读者甚至一些图书馆馆员不能直接操作计算机的主要运行过程。例如流通工作在借还图书的当时只记录下有关读者、题名等数据并存储起来,外借结束后再对当天的所有数据进行登记(相当于手工办理借、还书手续),并检查读者有否违章,应采取哪些处理或处罚措施等,所有的通知都要到第二天开馆才能向读者宣布。显然这是图书馆使用计算机最初级的方式,其不方便之处是很明显的。

·联机系统和网络系统阶段(70年代开始)。联机和网络是两个不同的概念和不同的计算机工作方式,但由于它们出现的时间相距不远,同时它们在发展上也没有什么直接的继承关系,所以合在一起。联机系统是针对脱机批处理的缺陷而作的改进,工作人员或读者通过终端直接使用计算机并可即时得到处理结果。网络系统则指多个图书馆的计算机联接成网,为这些图书馆共同工作。有了网络,图书馆才有可能做到资源共享,实现采购协调、联机采购、联合编目、联机编目、馆际互借。显然它们比脱机批处理先进的多,效率大大提高,更有利于发挥图书馆的优势和潜能。

·集成系统阶段(80年代开始)它是由多个处理不同业务的子系统共享一个书目数据库的图书馆自动化系统,较之以前的各种系统(统称分离式系统),它有利于克服过去软件开发工作的重复和随之而来的浪费、数据冗余大、系统性不强等缺陷,加强了各子系统之间的联系和协调,易于实现整体优化,是一大进步。因而集成化成为80年代中期以来图书馆自动化系统的发展趋势。

这些阶段共同的基本特点是对传统图书馆手工系统的模拟和扩展,亦即传统图书馆工作(主要是体力劳动方面)的计算机化。

80年代末期特别是进入90年代以来,一些学者在过去的基础上进一步提出图书馆自动化发展阶段划分的新意见。这些意见不仅涉及过去和当前的阶段划分,而且对图书馆未来的发展进行预测。其中之一如图 1.2.1 所示。

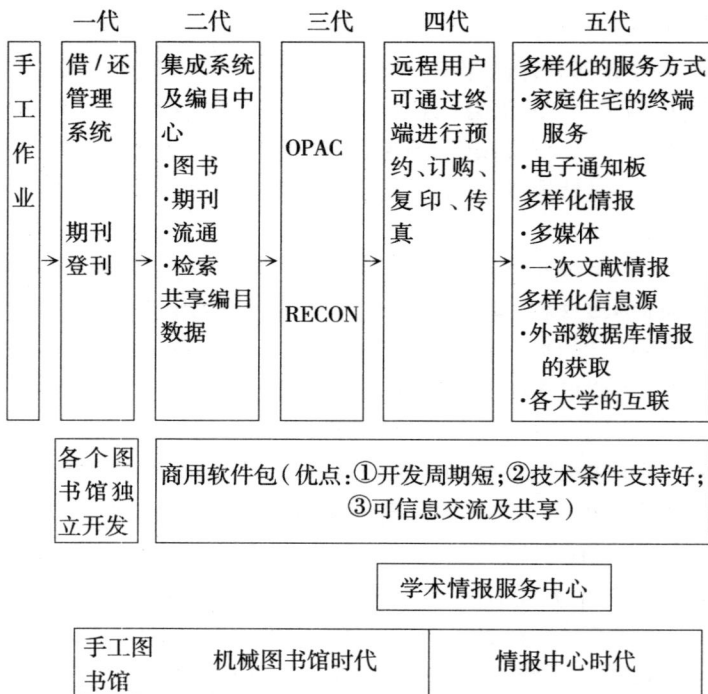

图 1.2.1　图书馆自动化发展情况示意图

注：OPAC：Online Public Access Cataloge（联机公共目录检索,利用者目录检索）

RECON：REtrospective CONfiguration（回溯建库）

对此图的说明如下：

和前述的阶段划分相对照,本图的第一代中包括脱机系统阶段和联机系统、网络系统的初期发展阶段,约在 60 年代初～70 年代末。至于实验系统阶段,本图中没有给出。

本图中的第三代对应于网络化系统的较高发展阶段,约开始于 80 年代中期。

第四代指网络化的进一步发展,约开始于 80 年代末、90 年代初。

第五代相当于在信息高速公路环境下的网络化、电子化和虚拟化的图书馆。由于信息技术发展的迅猛而且当前还难以具体预测,由于社会信息化对图书馆影响的巨大、深远和复杂,因而现在还难以对新一代图书馆及其计算机系统作出全面、具体和准确的描述,只能从大的方面就其发展方向进行分析,而且可能是不全面的。正如前面提到的,未来的图书馆将以开放和资源共享为基本特征,应当是数字化的全球图书馆的模式。即是说,图书馆不仅要用自己的馆藏,而且要用全国的、全世界的信息资源为读者服务。因而除国家图书馆和少数大型图书馆(文献信息中心)外,大多数图书馆将强调信息的存取而不再是馆藏本身,它们将成为转接中心而不是馆藏中心。国家图书馆和少数大型图书馆联合,以形成合理分工的、经济的文献信息保障体系,成为其他图书馆共同利用的馆藏基础。每个图书馆要改变以一次文献借阅为主的传统模式,加强自身的和其它的文献信息资源的开发。现存于图书馆和信息工作之间的壁垒将被打破,图书馆要把发挥自身原有优势和与其他信息服务行业合作有机地统一起来,扩充职能,改进服务方式,更好地为读者服务。

第三节　我国图书馆自动化的发展情况

1.3.1　影响我国图书馆自动化发展的主要因素

和国际上图书馆自动化一样,我国的发展,离不开全国经济和科技发展的大形势,尤其受到作为图书馆自动化基础的、以计算机为核心的信息技术发展水平的制约。各级领导和全国图书馆界对图书馆自动化发展的正确认识，则是发展的重要内因和基本推动力。我国图书馆自动化就是在内部思想认识逐步提高和外部条件逐渐具备的情况下发展起来的。

当然，我国社会性质和发达的资本主义国家有本质的差别，我们的经济发展较他们也有很大差距，因而我国图书馆自动化的发展不会和他们一模一样，而具有自己的特点，可以说，我们所探索的，我们所走的是有中国特色的图书馆自动化的道路。

1.3.2　我国图书馆自动化发展的几个阶段

1974 年 8 月，周恩来总理批准了"汉字信息处理工程"（又名 748 工程）。一般认为，我国图书馆自动化由此开始。1978 年，南京大学研制了"西文图书检索系统（NTDS－78）"，正式揭开了我国图书馆自动化的帷幕。1981 年教育部召开全国第二次高等学校图书馆工作会议，并成立了全国高等学校图书馆工作委员会（以下简称高校图工委），这次会议正式从领导上肯定了我国高校（事实上也代表全国）要逐步实现图书馆现代化和自动化这一正确方向。自 1978 年以来，我国图书馆自动化的发展，大体经历了以下一些阶段。

（一）1978 年～80 年代中期

由于 80 年代初期我国的计算机技术和信息技术特别是汉字处理技术都还处于比较低的发展阶段，全国图书馆开始时都没有计算机，也很缺乏掌握图书馆自动化的专门人员，在对图书馆自动化的认识上也普遍存在一些亟需解决的问题，如：图书馆要不要向现代化过渡？要不要发展自动化？要不要配备自己的计算机？要不要建立自己的专业队伍？如何实现自动化？等等。因而我国的图书馆自动化是从提高认识、建立组织、培训人员、配备设备、争取领导的重视和支持、研究讨论和个别图书馆研制试验系统等入手，从各方面进行准备,逐步开展起来的。发展是不平衡的,北京图书馆、科学院和高等学校的图书馆系统由于条件较好,走在前头。

在这一阶段中,以 IBM－PC(个人计算机)为代表的第三代微型计算机(以下简称微机)自 80 年代初期以来在我国逐步引进,对我国的图书馆自动化起了很大的推动。在此之前,由于大、中、小型计算机高昂的价格,我国图书馆一般是不可能购买计算机的。

这一阶段中还举行过一些全国性的重要会议,对我国图书馆自动化的发展起了重要的推动作用。一是全国高校图工委成立之初,1981 年 12 月,就召开了全国高校图书馆计算机应用座谈会,研究在高校如何开展自动化。会议讨论了在高校图书馆内应用计算机的必要性和重要意义,分析了当前情况,强调"必须不失时机地把计算机在图书馆中应用的问题提到重要的议事日程上来,进一步加强领导,全面规划,统筹协调,稳步地、扎扎实实地把这件工作做好"。会议还就具体工作的开展提出了建议。这次会议对于高校图书馆自动化起了很大的、具体的推动作用,对全国图书馆自动化也有很大影响。二是 1985 年 12 月,中国图书馆学术工作委员会现代化研究组召开了"电子计算机在图书馆应用学术讨论会",会上交流了应用计算机的情况和经验,并对今后工作进行了研讨,对这一阶段的工作实际上起了总结和推广的作用。

这一阶段主要进行了如下一些方面的工作:

1. 北京图书馆、科学院图书馆、北京大学、清华大学和人民大学的图书馆、中国图书进出口公司六单位联合建立了 MARC 协作组,学习研究和开发利用美国机读目录通讯格式标准 LCMARC,引进了磁带库,建立了 MARC 模拟系统。在建立我国机读目录格式标准、培养和锻炼软件人员队伍等方面有不少收获,为图书馆自动化的发展起了良好的影响。

2. 一些图书馆成立计算机应用的组织,开始为发展自动化建立队伍。北京图书馆、科学院图书馆、南京大学、北大、清华、人大、北师大、上海交大、西安交大、复旦、北京航空学院、北京邮电学院、北京钢铁学院、武汉大学等校图书馆是率先建立组织的。建立组织之后,有关专业人员以听课、自学研讨、参加培训班、试验编程等适合于自己的方式进行学习,提高业务水平。

3. 科学院图书馆、南京大学和北京大学图书馆率先分别举办培训班,为图书馆培养计算机应用人员,在全国形成较大影响。1982 年 5 月,北京大学举办"图书馆自动化讲座",请加拿大专家周敏民讲学。后来还有一些图书馆举办类似的培训班,一些地区分别召开了有关的学术会议、经验交流会等。

4. 北京图书馆、科学院图书馆和一些高校图书馆开始调入或购买计算机,特别是在 IBM – PC 引进我国以后,购买微型计算机的图书馆增加较快。

5. 个别地区性的高校图书馆自动化组织开始成立。如 1982 年 5 月,在北京地区高校图书馆学会的指导下,召开了第一次图书馆自动化专业学术会议,紧接着在 1983 年 12 月召开第二次会议,在全国率先规划了一个地区高校图书馆自动化的发展,也起了动员舆论的作用。上海的复旦大学、交通大学等十几个单位组成上海市高校科技情报检索网络科研协作组,在上海市高教局的领导下,开始了上海地区科技情报检索网络的筹建工作。

6. 北京图书馆、科学院图书馆和少数高校图书馆开始研制试验性的系统,除南大的 NDTS – 78 外,有北京图书馆的 MARC 系统、清华大学的西文图书目录检索系统(QBRS)、北大的北京地区西文新书通报系统和西文图书采购系统、上海交大的西文期刊管理系统、复旦大学的条形码流通系统、北师大的西文图书目录检索的实验性系统等。武汉大学还利用 INSPEC 数据库和 FAIRS 情报检索软件,开展定题服务(SDI)。这些都为高校图书馆自动化积累了一定的经验。试验性系统的研制,对于培养干部、提高专业人员的水平起了很大作用。

这一阶段开发出来的图书馆自动化系统很少,并有如下一些特点:

·尽管程度不同,但基本上是试验性的系统,还没有甚至不能投入实际运行,个别的也只能在数据量很小的范围内运转。

·都是分离式系统。

·汉字信息处理还未解决,因而不能用于中文文献信息处理。这也是系统不能实用的一个重要原因。

·数据的交换格式一般是不标准的,有的甚至没有考虑到需要标准化。

·都是自行开发而没有从国外引进的,原因是国外的系统售价太高,我国图书馆一般承受不了,同时,不能处理汉字信息,在我国图书馆也无法应用。

通过这一阶段的工作,到1985年,一些图书馆(主要是北京图书馆、科学院系统和重点高校图书馆)初步建立起自己的专业队伍,配备了可以进行试验的计算机(北京图书馆是中型机 M150 - H,其他主要是微机),也取得一批研究成果。更为重要的是在思想上对一些带方向性的问题取得初步的共识,如:我国图书馆必须从传统方式向现代化过渡,而现代化又应以自动化为中心;图书馆有必要建立自己的既懂得计算机又懂得图书馆业务工作的自动化队伍,同时要争取各方面的协作来发展自动化;一般讲,图书馆应有自己的计算机作为实现自动化的物质基础;要很好地吸取发达国家的先进经验,但必须和我国国情以及各单位的具体情况相结合,决不能简单照搬外国的一套等。这些都为进一步的发展准备了较好条件。

(二)80 年代中期~80 年代末

上一阶段末,我国少数图书馆已经引进了当时较高档的 IBM - PC机。它们的性能较高,容量也较大,可以作为图书馆自动化的试验设备或初级的实用设备。同时,汉字信息处理技术有了较大进展,微机上已经配备了图书馆可以初步使用的汉字系统。更由于上一阶段工作的基础,因而我国图书馆自动化便以实用为目标,以微机应用为重点,以较快的速度蓬勃地发展起来。

美国在 80 年代初期开始发展集成系统,我国图书馆界学习了美国的经验,总结了自己的工作,也认识到分离系统的不足和集成系统的优越性,因而这一阶段就是以集成系统为目标来进行系统开发工作。

在上一阶段研究和开发机读目录交换格式标准的基础上,我国图书馆界开始了实现标准化的实际行动。北京图书馆、北京大学图书馆开始了将通用机读目录格式(UNIMARC)汉化,以其为依据制定中国的机读目录格式。经过图书馆自动化同行的研讨,大家一致同意使用北京图书馆的格式。尽管当时北京图书馆的格式不是标准,但它被大家认可,实际上起了标准的作用,对于推动我国图书馆自动化的标准化是很有意义的。

首先是配备计算机的图书馆增加较多,专业队伍进一步扩大。北京图书馆在 1979 年引进日本的大型机 ACOS - 630,是我国图书馆唯一的大型机,北京图书馆还拥有我国图书馆中最大的自动化专业队伍。北京大学图书馆于 1976 年引进美国的 VAX - 750 ,是当时我国高等院校图书馆中最好的超级小型机。后来,上海交通大学图书馆也引进了美国的超级小型机 HP - 3000。科学院图书馆和其他图书馆则以微机为主。例如,根据全国高校图工委 1988年的统计,全国已有 232 所高校图书馆配备小型机、微型机等共395 台,其中以微机为主,有 364 台。少数单位已装备了高档小型机、超级微机或微机网络系统。有的引进了一些较为先进的设备如光盘和光盘驱动器、磁带数据源、光笔或激光枪条形码阅读器等,为进一步的发展准备了条件。有的还建立了联结世界几大情报网络系统的国际联机检索终端。已有专业干部 462 人。

其次是开展研制应用系统并取得成果的图书馆增加较快。仅就高等院校统计,到 1988 年,在图书馆的流通、采访、编目、期刊管理、书目或文献检索以及内部管理等各个工作领域都开展了计算机应用的研究,共有 200 多个项目。如:1986 年 4 月,清华大学组织全国 300 余所高校学报建立的"全国高校自然科学学报论文文摘(CUJA)"数据库通过鉴定。1986 年 6 月,南京大学的"激光条形码计算机中文图书流通管理系统"通过鉴定并投入运行。武汉大学的"文献目录控制系统"也于同年研制成功并通过鉴定。同年 11 月,北京师范大学的"图书馆流通系统"和"计算机辅助教学系统"也通过鉴定并投入运行。1987 年,福建师范大学和深圳大学率先研制了微机上的图书馆集成系统,并都通过鉴定。上海交通大学在 HP-3000 小型机上研制的流通系统投入运行,并开始研制集成系统。北京大学在原北京地区西文新书通报的基础上发展的"机编西文图书联合目录计算机系统"于 1987 年 11 月通过鉴定。1987 年,北京图书馆新馆建成,开辟了 30 万册书的中文图书开架外借室,用小型机 PDP11/73 进行流通管理,采用的是经过汉化的德国软件 CLSI,是当时我国最大的流通系统。北京图书馆还研制了中文书目数据库加工系统,于 1989 年正式向全国提供北京图书馆新书书目数据的软盘。1988 年成都科技大学和东北电力学院的微机集成系统也于年初通过鉴定。还有北京邮电学院、北京化工学院、空军政治学院等院校的一些系统也陆续研制出来并通过鉴定。不仅数量比第一阶段增加很多,质量也有相当提高,一些研制成功的系统投入了实际运行,收到了较好效果,特别是少数已达到集成系统的先进水平。《中国高校自然科学学报论文文摘》(CUJA)磁带被美国 DIALOG 接受试用,是我国图书馆自动化成果打入世界的开端。可以说,这是我国图书馆自动化开始有了丰硕成果的阶段。

　　1987 年以来,中国图书馆学会的自动化研究组基本上坚持每年召开一次全国性学术会议,积极推动工作。继北京之后,华东地区七省(市)高校图工委协作会从 1986 年起每年召开一次微机应用研讨会,成为华东地区高校图书馆自动化的协作组织。大连理工大学通过办培训班,建立了参加培训人员的通信网络。

1988 年 9 月初在北京召开了"全国高校图书馆计算机应用经验交流会"和"全国高校图书馆计算机应用成果展示会",这是对我国高等学校图书馆应用计算机情况的一次大检阅。参加经验交流的有 51 人,提出论文 48 篇。参加成果展示的有 22 个单位,共展出 43 个自行研制或引进的项目。基本上代表了高等院校这三年取得的主要成就,一定程度上也反映了全国达到的水平。会上并宣布在全国高校图工委下成立现代化技术委员会(以下简称技术委员会),作为对全国高校图书情报现代化建设进行技术咨询、研究和指导的组织。

这一阶段的成果是很大的,为今后的发展奠定了良好的基础。然而由于客观条件的制约,它们必然会有粗糙之处,从进一步的发展来考察,也必然会有不足。主要的问题是两个:①整个工作缺乏统一的规划和协调;②各个图书馆基本上是从本馆的角度出发开展自动化工作的,软件研制和数据库建设分散重复,软件通用性差,数据格式不标准,等等。这两个问题实际是有联系的。从资源共享和通用化、商品化的角度考虑,这一阶段的应用系统还需要提高,我国图书馆自动化有必要也有可能向前推进一步,进入一个新的发展阶段。

(三)1990~1993 年

在总结前两阶段工作经验教训的基础上,这一阶段的工作相对而言是比较有计划、有组织地进行,并由行政给予一定资助的,在高校系统这一点更加明显。高校系统在成立了技术委员会后,在国家教育委员会(以下简称教委)教材和图书情报办公室(以下简称教图办,后改图书馆处)和高校图工委的领导下,总结和提出对今后工作的建议。认为如果只对单个图书馆的管理实现自动化,而不能实现资源共享,虽然也能在某些方面提高图书馆的工作效率和服务质量,但在经济上和人力上都是不合算的,在我国的情况下,也难以在全国推广。因此,进一步的发展必须逐步解决资源共享的问题。在前一阶段工作的基础上,高校图书馆自动化新阶段应以进一步提高质量、实现资源共享和网络化为奋斗目标,进行整体化和实用化建设。方针是普及和提高相结合,有组织有领导地进行和最大限度地发挥各个高校图书馆的积极性相结合;根据我国高校众多,差别很大的实际情况,高校图书馆自动化系统应当是多种模式、多个层次,而不能搞单一化。工作中要注意解决五个重要问题,即:标准化;集成化;开发实用系统和优化现有的集成系统;重视和加强数据库的建设;加强软课题和高层次科研课题的研究。由于教图办已争取到 20 万元的科研经费,这些意见经领导同意后,主要是通过科研立项来具体贯彻。过去,图书馆的研究项目要得到高校认可都十分困难,而现在却被列入教委的科研项目,仅此一点,对高校图书馆界就是很大的鼓舞。因此,高校图书馆自动化新阶段从一开始就是有计划、有组织地发展的。文化部也曾召开会议研究公共图书馆系统实现自动化的计划,还出资 19 万元立项研制集成系统,由深圳市图书馆牵头承办。北京图书馆从国家图书馆所承担的责任出发,制定了全面实施自动化的计划,如"计算机综合管理系统概要"等。科学院图书馆也于 1991 年 1 月 3 日提出全面的发展计划——中关村地区文献信息系统开题报告。

经过三年的努力,我国的图书馆自动化稳步前进,健康发展,不仅在发展数量上,特别在提高质量上,都取得很大成绩。

1. 北京图书馆的基础性研究和研制项目"汉字属性标准研究"于 1990 年 12 月 3 日通过鉴定,"大型计算机综合管理系统"于 1991 年 11 月 7 日开通。深圳市图书馆牵头研制的集成系统于 1991 年通过鉴定,并在文化部支持下得到较大范围的推广。科学院图书馆的分布式系统于 1991 年 12 月 12 日通过鉴定。1989 ～

1990 两年的"高校图书馆自动化研究项目"中,确定了 24 个项目,包括了上述的标准化等五个方面,都是对全国的发展具有重大影响的课题。从执行的情况看,绝大多数项目的选题是恰当的,多数项目是按计划进行的,有的已经取得很好的成果。如"中文书目合作回溯建库研究"有 29 个高校图书馆参加,初步成果令人鼓舞。收集、编写了比较完整的规章制度和具体的著录标引规则、细则,不仅保证项目自身的健康进行,而且对于今后的合作建库工作和中文图书计算机编目都是有用的;培训人员对提高中文编目的质量起了很好的作用,其经验对今后编目人员的培训也很有参考价值;参加馆的积极性高,对回溯建库重大意义的认识逐步深入;已收到记录 50000 多条,质量良好而且在逐步提高;研制出质量较高的编目软件,已通过鉴定并获全国图书馆现代化技术展评会的优秀成果奖。又如《全国高校自然科学学报论文文摘》在困难的条件下坚持建库工作,重视建库质量,经过人员培训,质量有很大提高,累积记录量已超过 7 万条,成为我国自建的最大的外向型文献数据库,并一度定期向 DIALOG 提供,在国际上有一定影响。目前该数据库已并入全国科技期刊论文数据库。已经通过鉴定的几个集成系统分别进行了不同程度的优化工作,并为不少图书馆陆续采用。如福建师大、深圳大学的系统获得全国图书馆现代化技术展评会的优秀成果奖,成都科大也已完成优化工作。西安交通大学新研制的集成系统也已完成,于 1994 年 1 月 10 日通过鉴定。此外如"西文期刊联合目录"、软课题研究中有关发展战略和有关标准的研究等,也都完成了任务,并取得较好的效果。总之,这些项目的完成,为我国高校图书馆自动化的健康发展提供比较坚实的基础和有力的保证,对全国的发展也有很大的促进作用。全国高校不少图书馆开始注意抓资源共享、标准化、建设书目数据库等关键问题,认识上比过去有很大提高。也出现了一些较好的成果,如北京大学图书馆的自动化集成系统于 1992 年 9 月 15 日通过鉴定,汕头大学研制的集成系统于 1994 年 4 月 27 日通过鉴定,华东师范大学引进了应用软件系统等,都已投入实际运行。

这段时间,还有一些国有的或民办的公司也开发了图书馆集成系统,其中如大连的博菲特信息技术开发中心、北京的息洋电子信息研究所对已有的系统有所改进,受到用户的好评,售出了相当数量,在系统开发方面走出了一条新路。

2. 更多的图书馆引进了计算机硬件系统,质量也有相当提高。科学院图书馆引进摩托罗拉的 8000 和 900,并引进美国传技公司的集成系统再加以改造,于 1993 年投入运行。不少图书馆配备了 386、486 等高档微机,如商业部系统的部属 14 所高校,已有 12 所配备了这类设备。清华大学的 K－670,北京石油学院、中山大学的 IBM－AS400 等,更是佼佼者。据统计,到 1991 年底,全国高校图书馆中,已配备有小型机和超级微机共 57 台,微机 747 台,较 1988 年增加近一倍或一倍多。共有各级各类计算机应用人员 796 人,也比 1988 年增长 72%。公共图书馆的计算机装备也有改善,在文化部推广深圳图书馆研制的集成系统后,一些馆开始了自动化服务工作。总之,全国图书馆实现自动化的物质条件进一步得到较大改善。

3. 联合的趋势正在发展。除高校学报论文文摘数据库、中文书目合作回溯建库、西文期刊联合目录等外,煤炭、商业、医学、农业等系统的高校图书馆也开始联合起来推进自动化的发展。湖北省图工委组织了中南地区的协作会议。北京地区在高校图工委下成立了图书馆自动化研究会,组织会员馆进行各种形式的协作。1993 年初,经北京地区高校图工委决定,北京图联文献信息咨询公司成立,开展了本地区中文图书的联合采购和统一编目的服务,其业务发展很快。辽宁、江苏、河南等省在省高校图工委下成立了有关自动化的组织。广东、河南等省每年拨出一定经费,重点帮助一两个高校解决图书馆自动化的资金问题。这些都为高校图书馆自动化的健康发展提供了较好的环境。

4.全国高校文献情报中心的建设工作 1991 年又开始提上议事日程。国家教委已具体确定和部署全国 15 所院校"文科文献情报中心"的规划建设工作,在选购设备的同时,开始进行西文图书书目数据库建设,并将以联合目录形式为全国高校提供服务,有了一个好的开端。

(四)1994 ～

1993 年 9 月,美国总统克林顿和副总统戈尔正式提出建设国家信息基础设施(NII,通称信息高速公路)。之后,发达国家和发展中国家纷纷提计划,造舆论,掀起了全球建设信息高速公路的热潮。我国适应这一发展形势,也采取了相应措施。1993 年,先后提出建设金桥、金卡、金关即"三金"工程,决定成立国家经济信息化联席会议。1994 年 2 月,国务院国家经济信息化联席会议正式成立,由邹家华副总理亲自负责,"三金"工程积极进行建设,到年底,规划中的"三金"工程发展为"八金"工程(又增加了金税、金农、金企、金宏和金智)。江泽民同志早在 1990 年便指出:"四个现代化恐怕无一不和电子信息有密切的关系,要把信息化提到战略地位上来,要把信息化作为国民经济的重要方针。"后来又讲:"中国迅速发展的经济要求加快国民经济信息化建设。""实现四个现代化,哪一个也离不开信息化。"邹家华同志指出:"下大力气抓国民经济信息化工作。"到 1996 年,通信、计算机等信息产业年年迅猛发展,"三金"工程一直进展迅速,金税、中国教育科研网(CERNET)等其他网络(包括 Internet)建设进展很快,Chinanet 主干网传输速度几度提高,覆盖面大大加大,Internet 用户急剧增加。深圳市作为全国唯一试点城市已经启动了信息化建设,北京、上海、天津、海南、广东等 20 多个省(区、市)正在规划或实施多项信息化应用工程,一些行业性和地区性网络也已经建成或正在积极建设中。1995 年发布的《中共中央、国务院关于加速科学技术进步的决定》、1996 全国人大通过的《国民经济和社会发展"九五"计划和 2010 年远景目标纲要》更把经济信息化和建设全国信息基础设施作为奋斗目标和重大任务提了出来。1996 年,为了适应现代化建设快速发展的需要,加强对全国信息化发展的组织领导,国务院还成立信息化工作领导小组,取代原来的国家经济信息化联席会议,仍由邹家华副总理任组长。种种情况表明信息化在我国经济全局中的战略地位已经空前提高,推进信息化已成为我国经济和社会发展过程中的一项重要任务。

国际上由于信息化而引起的有关图书馆发展变革的热烈讨论和国内信息化建设热潮的兴起,加上我国由计划经济体制向社会主义市场经济体制的转变,自然引发我国图书馆界关于图书馆事业未来的发展模式和应变方略的认真思考,进行了比较全面而热烈的讨论。结果,多数人在一些重大问题上基本形成共识,主要是:中国图书馆事业正面临严峻的挑战和难得的机遇,处在转折的紧要关头,只有适应社会信息化的发展而变革才有出路;面向 21 世纪的图书馆应当是数字化、网络化和虚拟化的,是开放型而非封闭型的;由于外界环境的巨大变化和各种新信息技术的应用,图书馆在馆藏、技术和服务等各个方面都将发生很大变化;对图书馆员职责和素质的要求也将和过去有很大不同,培养、训练新一代图书馆员是具有战略意义的迫切任务,而其中人员认识的提高和观念的转变是根本性的;在事业的发展变革中,首当其冲的是图书馆自动化,因为自动化是实现这一切变革的技术手段和物质基础,因此可以认为,我国图书馆自动化也将进入一个新的发展阶段。可以说,这是迄今为止中国图书馆事业发展中最为深刻和广泛的,同时持续时间将会相当长的一次变革。

这个发展、变革的过程是很复杂的,所涉及的方面和问题是很多的。一些人认为,应当把图书馆信息资源建设作为主攻方向,或者说奋斗目标或中心任务,才是抓住主要矛盾,也就是真正抓住机遇。因而我国的图书馆自动化应该服从和围绕信息资源建设来进行。

几年来的发展情况初步证实了这些看法是有根据的。这几年来我国图书馆自动化的发展实际上就是为我国图书馆事业的上述变革、为图书馆信息资源建设而进行准备，同时也开始了这一场伟大的变革。

1. 规划并实际开始了图书馆网络建设

网络建设首先是从系统和地区开始的，到 1996 年 9 月，一些主要的网络如下：

·依托于中国教育科研网（CERNET）的中国高等教育文献保障系统。

·依托于中国科学院计算机网络（CASnet，又称百所联网）的科学院文献信息系统。

·北京图书馆通过电话网将其电子阅览室的光盘系统和全国愿意使用的图书馆相联，并通过瀛海威把自己的 1988 年以来的馆藏新书机读目录（简短目录）送上 Internet。

·军队高校的图书馆信息网络建设。

·珠江三角洲地区图书馆网。

·广东高校图书馆网。

·深圳、上海的信息化建设中均把图书馆网的建设规划在内。

有的网络在规划的基础上，程度不同地开始实施。当然要真正把网络建设完成，还需要做很多工作，还有漫长的路要走。因为图书馆网络应该是信息资源网，只有信息资源建设基本完成，可以提供完善的服务，为入网的各个图书馆高效、方便地利用，才能算是建设成功。而且，即使通信网络的建设，也决不是一蹴而就的。

1996 年 5 月，文化部图书馆司宣布，"九五"期间，启动"金图"工程，即逐步建立中国图书馆信息网络（CLINET）。这是非常重要的，因为如果没有总体规划，图书馆网络缺乏整体化建设，将会造成重复和浪费,效率低下,难以建成比较完善的全国图书馆网络。

2. 进一步抓紧信息资源的建设

国家教委"文科文献情报中心"的建设在这一时期取得较大进展。为了集中力量建立文献信息保障体系,将享受文科专款的高校从 142 所减少到 69 所,在 15 所中心具体落实的基础上,重点建立了北京大学、复旦大学、武汉大学、吉林大学和四川联合大学五个中心书库,开始对外服务。西文图书联合编目开始实施并取得较大成果,已积累书目数据 6 万 5 千多条记录,已编辑发行书本式联合目录 22 期,电子版则以软盘形式提供,也已通过中国教育科研网(CERNET)提供网上服务。还在网上建立了《中国人文社会科学图书基金会》的起始页(Home Page),各个受"基金会"资助的中心和中心书库的起始页也置于其中。同时,教委人文、社会科学研究项目"高校文献资源建设研究"的最后成果《关于建立我国高等学校文献信息保障体系的研究与建议》于 1996 年 4 月 13 日通过鉴定。

1995 年,文化部申请到国家计划委员会项目"解放后中文图书书目回溯建库",这是我国图书馆界申请到的第一个国家级项目。项目由北京图书馆牵头,上海图书馆、中山图书馆和深圳市图书馆参加,到 1996 年 9 月已完成 1978 ~ 1987 年这一阶段出版图书的回溯。同时,北京图书馆还将 1988 年以来新书书目数据做成光盘,于 1996 年通过鉴定。

有关的基础工作也有进展。《中国机读目录格式》经北京图书馆修改后,于 1995 年 4 月通过鉴定,并由文化部定为行业标准,发布执行。北京图书馆在修订《中国图书馆图书分类法》三版的基础上,编制《中国分类主题词表》,于 1996 年 8 月通过鉴定。

1996 年,由中宣部学习出版社等共同创办的北京金信图网络发展有限责任公司设立了联机编目中心,针对我国图书馆自动化和发达国家的某些差异,采取一些具体措施,力图比较圆满地实现联机编目。

3.图书馆自动化进一步得到普。到1996年,我国的省级公共图书馆几乎都配备了计算机。科学院系统的103个图书情报单位都已配备了计算机。高校图书馆也有很大发展,以北京市为例,1995年,北京市93所高校中,已有58所的图书馆应用了计算机,占62%以上,计有小型机26台,服务器50台,各种微机996台,较1991年增长160%到300%。仅深圳市图书馆等一些质量较好的图书馆自动化软件研制单位,出售的自动化软件系统就大大超过500套,有人估计,中国近十几年来有近2000个图书馆不同程度地应用计算机。

这个阶段才仅仅是准备和开始,估计要经历相当长的时间,而且中间也可能再细分为若干小阶段。

1.3.3 做自觉的图书馆自动化建设者

图书馆是随着社会经济、科学技术的发展而发展的。社会经济和科学技术的发展,对图书馆提出新的要求,也为其发展创造了必要的条件。而图书馆的发展,又必然会对社会经济和科学技术的进一步发展作出重要的贡献。这是图书馆事业的发展规律,也是图书馆自动化的发展规律。

正如前面所说明的,社会信息化不仅不会取消或削弱图书馆,反而更加需要图书馆,并对其提出了新的、更高的要求;同时,信息技术的迅猛进步也为图书馆完成其新的职能提供了物质和技术保证。这就是在信息时代图书馆的发展规律。如果某个或某些图书馆在变革的关头停步不前,就只能为社会所拒绝,所抛弃。

有的人不从发展的观点看问题,看不到信息时代对图书馆的要求和图书馆地位的正在升高,以传统的甚至是比较落后的图书馆来理解当前和今后图书馆的作用和形象,显然是对现代化图书馆的误解。那种轻视图书馆、甚至看不起图书馆的思想是不符合社会发展和时代要求的。

有的人把工作分等分级,蔑视图书馆等服务工作,把它看得低人一等。这是把社会必须有的分工当做衡量个人身份的标志,是过去"万般皆下品,唯有读书高"在新形势下的反映。这种思想从本质上讲更是错误的。

事实上,图书馆事业包括图书馆自动化的发展,对图书馆员的要求是非常高的。《英国信息2000年》提到:"关于信息问题和资源的指导和咨询将越来越重要。""专业图书馆人员和信息工作者必须确立他们作为既是技术能手又直接为用户需要服务的信息通信员的双重职责。必须抛弃传统偏见,接受新的专业标准和原则。""专业图书馆学家和信息科学家必须学习新的技术和改变他们的职业作用。"《新加坡二十一世纪图书馆发展纲要》中也指出:"未来图书馆必须掌握在新一代图书馆员手中,他们有足够的知识和才能来处理远比现在复杂的信息检索、信息分析和信息传输工作。至关重要的是他们能利用日新月异的信息技术,从浩如烟海的国内外信息资源中筛选出最有价值的信息。新一代图书馆员必须成为用户和以高性能计算机检索的居间协调员。"就是说,信息时代的图书馆员既是全球信息处理、信息研究和分析的专家,又是某一方面或某些方面专业的专家,还是熟练掌握计算机技术的专家,而且要把这三方面很好地结合起来。不能说这样的人是低水平的,也不能说这样的工作是低水平的。

因此,从80年代开始,国内外图书馆学专家提出培养新一代图书馆员的建议,而且呼声越来越强烈。90年代,图书馆界已形成共识,即图书馆事业发展中,人才是关键因素之一甚至是首要的关键因素,图书馆学教育必须进行重大改革,图书馆必须引进新的培训模式,使全体员工普遍接受全新的技术培训。从1995年开始,北京图书馆受文化部图书馆司委托,专门对图书馆主管技术的副馆长进行计算机应用的培训,至于对一般专业人员的培训,包括各种层次、各种规模、各种范围的培训,早已在此之前举办了很多。

不要小看图书馆工作,而要以发展的眼光来看图书馆工作,要从改革后的图书馆在信息化中的作用来认识图书馆工作。

自由是对必然的认识,在思想上把图书馆事业的发展和图书馆自动化的未来认识清楚之后,就能摆脱一切束缚和偏见,得到真正的自由。

当前,做一个图书馆员,就要做变革图书馆的先锋,做图书馆自动化自觉的建设者。

德国的莱布尼兹曾经将图书馆赞誉为"人类灵魂的宝库",在未来的信息海洋中做一个人类灵魂的导航员,是无比自豪和光荣的!

第四节　系统科学及其对图书情报工作的意义

1.4.1　系统和系统科学

系统概念来源于古代人类的社会实践经验。英文的"系统"一词(system)即源于古希腊语,有"共同"和"给以位置"的含义。美国韦氏(Webster)大词典中,"system"是"有组织的或被组织化的整体",并有"结合着的整体所形成的各种概念和原理的综合","由有规则的相互作用、相互依存的形式组成的诸要素的集合"等说明。目前系统有各种各样的定义,这儿以钱学森所说的为准,即:"把极其复杂的研究对象称为'系统',即由相互作用和相互依赖的若干组成部分结合成的具有特定功能的有机整体,而且这个'系统'本身又是它所从属的一个更大系统的组成部分。"

系统是物质存在的形式,也是人类社会和人自身存在的形式。

宇宙空间从基本粒子到庞大的星系,从无机界到有机界,从人的思维到整个社会,没有一件事物不自成系统,没有一件事物不从属于一定的系统。

系统的定义是逐步演化的,经历了"经验——哲学——科学"和"思辨——定性——定量"的发展过程。当现代科学技术的发展导致系统的思想方法定量化,形成了具有数学理论,能定量处理系统各组成部分的联系的一套科学方法,并得到计算机作为计算工具的有力支持时,系统思想方法就从一种哲学思维发展成为一门新兴学科。

系统科学是现代科学技术综合发展的产物,它包含了信息论、控制论和以企业系统为对象的管理科学等各方面的成就,它是一门交叉科学。

一门科学形成的重要标志之一是它已具有比较完整的体系结构,这个结构一般应包括四个层次,即哲学、基础科学、技术科学和工程技术。系统科学也不例外,建立在辩证唯物主义基础上的系统观是它的哲学部分,系统学则属于它的基础理论部分,运筹学、控制论、信息论等属于它的技术科学部分,而系统工程则是它的工程技术部分。

关于系统的分类,从不同的条件或角度出发,可以提出不同的分法,这儿仅介绍两种。

一种是从物质运动发展的不同阶段出发,把系统分为自然系统、人工系统和概念(或抽象)系统。自然系统指在自然界存在且基本未受到人力影响的系统,如天体系统、太阳系、物质结构系统、河流系统、人体系统等。人工系统指完全由人创造出来的系统或受到人力改造的自然系统,如人类社会、城市、农村、人造机械、水库等。概念系统则指抽象的符号、思维、理论等组成的系统,如数系、软件系统等。当然,在某种情况下,有些系统难以区分,同时,有些系统还可以进一步细分。

图书馆自动化关心的是人工系统。从系统最本质的结构出发，针对人工系统进行分类则是另一种分法。从本质上看，不论是什么系统，都是在运动中，在不断的变化发展中，而在其中运动着的是客观存在的物质，具体化则表现这物质运动的三种形态，或者说三种流，即物质流、能量流和信息流。一个人工系统，总是要输入这三种流，在系统中经过处理，再输出所需要的三种或其中的某些种流。在构造系统的输入和输出关系上，可以有开环（开放）和闭环（封闭）两种基本的模式，从而形成两类人工系统，即开环系统和闭环系统。如图 1.4.1 所示。

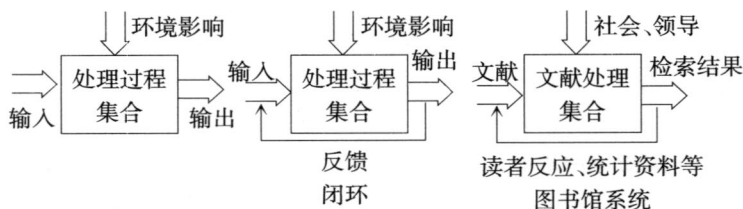

图　1.4.1

在开环系统中，系统的输入经过处理后，形成系统的输出并全部排出系统而不返回。由于系统处于外部环境的包围中，自然要受到外部环境的影响，影响体现在系统内处理过程集合的改变，这种改变自然会影响到输出。

在闭环系统中，输出的一部分作为输入返回系统，这样实际改变了系统的输入情况，自然也就改变了系统的输出。返回系统的部分输出，就被称为反馈。在输入不变的情况下，反馈可以改变输出，即对系统输出有控制作用。因此，我们常采用闭环系统，利用反馈来达到我们期望的最佳输出。例如，作为图书馆输出的各种统计数字和读者对图书馆工作的意见，都可利用来改进图书馆的业务处理，以更好地为读者服务。

一般认为,系统有如下的主要特征:整体性(集合性)、相关性、目的性、动态性。

· 整体性　系统总是由许多元素(部件)组合起来,元素的数量是很多的,而且随着社会与生产技术的发展,系统中的元素会越来越多。如表1-4-1所示。

系统	电视机	喷气机	宇宙飞船	大城市
元素数量	10^3	10^5	10^7	10^8

表1-4-1

· 相关性　各个元素在系统中都有一定的任务,并按一定的规律有序地组合起来,各组成部分是相互联系和相互制约的。例如,一个生产车间,不同的车床要完成不同的任务,需要把各种类型的车床有规则地安放、组织起来,才能完成生产任务,杂乱无序地摆放着的一堆车床,是很难甚至无法进行生产的。

· 目的性　这儿指的是广义的目的性,也即事物发展的规律性。任何系统,不论是自然系统、人工系统还是概念系统,都有其发生发展的规律,都是适应于一个或几个问题的解决而出现,而建立的。

· 动态性　任何系统总是存在并活动于一个特定的环境中,与环境不断地发生物质、能量和信息的交换,从而不断地变化和发展。也可以说,具有时间性的程序是系统的特征之一。

系统科学的原理或基本观点是:整体性原理、相关性原理、有序性原理、动态性原理、分解综合原理、创造思维原理、验证性原理、反馈原理。

· 整体性　客观世界的事物、现象和过程,几乎都是有机的整体,几乎都是自成系统而又互成系统的。机械论看不到这一客观事实,认为整体就是部分的简单相加,因而整体的简单分解就得到部分。系统论则从这一客观事实出发,用整体的系统观点来取代

33

简单分解和简单相加的机械论观点。它认为,系统不是各部分简单地相加就形成的,而是由各部分按一定规则有机地结合形成的整体,是各部分由量变发展到质变而形成的、远比简单相加更复杂的整体,整体的功能远远大于部分功能的相加。系统论的创建者贝塔朗菲关于组成系统的著名定律就是:整体大于各孤立部分的总和。

物质结构、动物和人体的构造、社会组成等等,无一不证实了整体性观点的正确。

·相关性 科学研究中所取得的全部成就证明:不论是自然界还是人类社会,不论是宏观世界还是微观世界,不论是无机物还是有机物,事物总是存在于某种联系之中,事物总是互相联系的。这就是普遍联系的观点。系统论中的相关性正是反映了这种普遍联系的观点。它认为,系统和其所存在的环境之间是相互作用和相互联系的,系统内部的各组成元素之间也是相互作用和相互联系的。因此,一个元素的变化可能引起连锁反应,引起整个系统的变化,甚至破坏系统本身。

事物的联系是多种多样的。最容易引起注意也是传统科学方法主要研究的是因果联系,因果联系一般又分为肯定因果联系和统计因果联系两种,事实上除了因果联系之外,还有系统联系、结构联系、功能联系、起源联系等等。联系的多样性,决定了系统的多样性和联系之间界线的相对性。联系的广泛性导致系统的广泛性。这些又导致未知联系向已知联系的转化,形成未知系统向已知系统的过渡。

人们在宏观世界和微观世界取得的巨大进展,使处于各种事物、现象和过程的本质联系逐渐显现出来,对整体中各部分的相互联系的研究已经从次要地位提到首要地位。从哲学高度建立相关性原理,为研究系统结构奠定了基础。

·有序性 有的著作又叫做结构性。它指的是,系统的任何联系都是按等级和层次进行的,秩序井然,有条不紊。系统的有序性是系统有机联系的反映。

系统的联系是多种多样的,但人们关心的是那些本质的、有规律的联系,这种联系反映了系统结构和系统有序性的特点,把握了它们,也就把握住系统。

系统的发展,一般是定向变化的,即从较低的有序状态走向较高的有序状态发展,或反过来,由较高有序状态向较低有序状态发展。

·动态性　系统在不断的发展变化中,联系随时间而变化。动态就是指状态和时间的相关性。

现代科学研究的对象大都是结构复杂和高度活动的系统,动态性就是适应这种客观需要而产生的。人类不仅要研究各种系统发展变化的方向和趋势、活动的速度和方式,还要探索其发展变化的动力、原因和规律,从而主动驾驭系统,使之造福于人类。

·分解综合　分解(析)指对已有系统由大分小,将它分成相对独立、层次不同的各个子系统,以便于进行研究;综合指设计新系统的过程,即选择具有性能好而又适用以至标准化了的子系统,设计出其相互关系,以形成所需要的新系统,也就是将小变大。

分解和综合常常是相互联系、不断重复进行的过程。要设计新系统,就必须分析已有的系统,而已有系统又是前人分析更前的系统的综合。

·创造思维　系统论强调创造性地工作。创造思维的原理有两方面:一是把陌生的事物看作熟悉的东西,用已知的知识去辨别和解决它。这是人们比较熟悉和经常使用的,也是过去的教育中着重教给学生的。用已知方法去解决未知事物,既可能是旧理论、方法的重复,也可能有新的创造。另一种是把熟悉的事物看作陌生的东西,用新的方法和新的原理加以研究,从而创造出新的理论或新的方法。这实际是对原有事物、知识和理论的重新认识,是冲破樊篱后的思想升华。科学技术的发展过程中常常有这种情况，当某一领域或课题所使用的理论或技术显得陈旧，已经没有可能促进这一领域或课题进一步发展时，新的理论和技术却使它重又焕发青春，而那些显得陈旧的理论和技术也可能在另一领域或课题中显示作用，充满活力。人们常易于沿传统的、习惯的道路前进，因而尽管这后一方面非常有效但却易于被忽视，更需要人类的创造思维。

·验证性　实践观点是唯物辩证法基本的和第一的观点，实践是检验真理的唯一标准，因此也是处理系统问题的基本和第一的观点。在解决有关系统的问题时，如果一时不能用数学解析方式加以描述，从而得到肯定结论时，总是先提出假设，通过试验进行验证，或对可能出现的故障进行分析判断，或为执行者提供数据进行核实，或为用户提供验收条件，甚至修正已有的理论等等。

·反馈　反馈的概念在系统分类中已经说明，即输出结果再送回输入并对输入发生影响，用以控制处理和输出。从哲学的观点看，反馈是在原因和结果之间架起的桥梁，使因果相互作用，以完成系统的功能。同时，反馈也使系统更能适应环境的变化和影响，使系统和环境处于协调的动态统一之中，构成良性的新陈代谢。

现代管理系统是十分复杂的系统，领导者和管理者的主要任务就是控制系统，使其正常运转，因而必须重视反馈的作用，经常收集各种反馈，借以改进工作。

1.4.2　系统工程

前面提到，系统工程属于系统科学的工程技术部分，是系统科学最具体的应用。

钱学森对于系统工程所下定义为：是组织管理系统的规划、研究、设计、制造、试验和使用的科学方法，是一种对于所有系统都具有普遍意义的方法。

除此之外,关于系统工程的定义还有好些,但大多大同小异,强调钱学森所定义的分析、设计、制造、试验、研究、规划中的某些方面。例如:

"系统工程就是运用系统方法对各类系统进行最佳设计、最佳抉择、最佳控制、最佳管理,以达到最佳效益的一门管理科学。"它特别强调了优化观点,即"最佳"。

"系统工程关心的是一种特殊类型的系统的结构。这种系统具有以下七个特征,即:是人造的,是一个整体,是大的,是复杂的,是半自动化的,输入是随机的,在很多系统中,带有竞争性的。"

日本工业标准 JIS 的定义强调了"分析与设计"。

美国质量管理工程委员会的定义强调了"设计与制造"。

大英百科全书强调"把已有的学科分支中的知识有效地组合起来以解决综合性的工程技术问题"。

美科学技术词典强调"设计"。

苏联大百科全书强调"设计、建立和运行"。

系统工程和一般工程有很大不同,它不是以某一专业的技术领域(行业)为对象,而是跨越各专业领域的,是研究其共性,适用于许多行业与领域的方法性科学。系统的观点是其特征,它用系统的观点来指导和解决工程技术问题,和传统的工程技术有重大的不同。

系统工程涉及的不仅有传统的工程系统,而且有社会经济、环境生态、文化、教育等非工业系统。它不仅要利用现代自然科学和工程技术的新成就,也要利用社会科学如经济学、管理学、心理学等,并把它们结合起来。

由于系统工程是系统科学的具体应用,又从属于工程技术,因而它离不开具体的环境和条件,离不开事物本来的性质和特征,也就是与系统所在的学科有密切关系,并依据学科而分门别类。钱学森曾指出,系统工程大体有 14 类,见表 1 - 4 - 2。

系统工程的专业	专业特有的学科基础
工程系统工程	工程设计
科学系统工程	科学学
企业系统工程	生产力经济学
信息系统工程	信息学、情报学
军事系统工程	军事科学
经济系统工程	政治经济学
环境系统工程	环境科学
教育系统工程	教育学
社会系统工程	社会学、未来学
计量系统工程	计量学
标准系统工程	标准学
农业系统工程	农事学
行政系统工程	行政学
法治系统工程	法学

表 1 - 4 - 2

图书馆系统和图书馆自动化系统属于信息系统,其建设属于信息系统工程。

系统工程的基本特点之一就是,当把任何一个系统的建设当作一个工程来进行时,都要根据系统科学的思想观点,从准备到设计、施工、验收,再到系统的实际运行,恰当地划分工程阶段,明确每个阶段的任务和各阶段之间的联系与衔接,同时把系统论的各个原理贯彻于各个阶段以及整个系统。根据系统工程的实践,根据不同的系统特点,人们总结出各种划分阶段和工作步骤的方案供别人参考。

图 1.4.2 给出一个一般性的系统工程基本流程图。

对于这个流程图,有几点说明。

·总的过程和每个具体的过程都以系统工程的基本方法为基

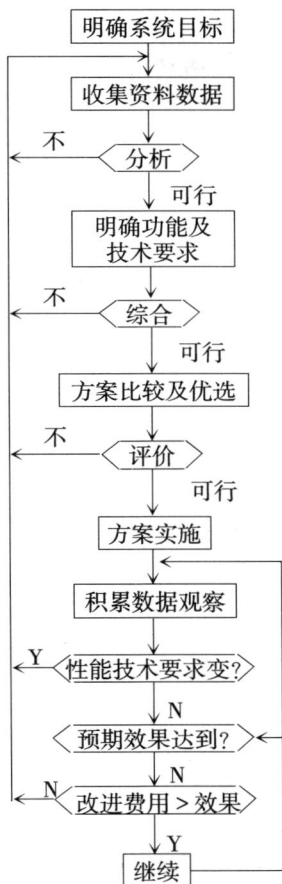

图 1.4.2

础,这个基本方法就是把所研究的对象看作是系统,运用分析、综合和评价这三个环节的多次重复来得出最佳方案或最佳效果。如图 1.4.3 所示。

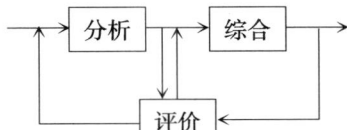

图 1.4.3

分析或综合的结果都必须经过评价。评价如果是肯定的,则继续下一步骤,如果是否定的,则作为反馈输入,重复原步骤,到评价肯定为止。所以在系统工程中,评价是一个重要而且需要多次进行的步骤。

·确定目标是首要而且很重要的一步。目标不同,系统功能自然不同。例如在二次大战期间,由于德国空军的封锁,美国的物资很难运送到西欧盟国,于是需要研制船舰防卫系统。对于这个系统的目标,当时就有两种意见,一种是以击落敌机的比例为目标,另一种是以保存我舰的比例为目标。显然第二种目标是恰当的,因为需要的就是尽可能多地保留自己的货船,以便把更多的物资运到西欧盟国。至于第一种目标,尽管把敌机全部击落,但如果自己的货船也全部被敌机炸沉,那是没有意义的。建设图书馆自动化系统的目标是什么,也是值得推敲的。有的片面强调节约人力和资金,这在我国起步的一段时间内是不可行的,因为当时计算机价格还相当昂贵,工作人员由手工向自动化过渡需要较长时间的适应和掌握计算机技术,特别是在没有网络的环境下,无法实现资源共享,要想比手工更省人省时是不实际的。如果是强调提高质量,更好地为读者服务,这样的目标才是比较恰当的。

·模型在系统工程中也有重要意义。在很多情况下,模型的运行(广义的运行)结果是评价的重要依据。设想或计划是否正确,需要通过一定的模型来检验。由于系统的多种多样,模型也不可能千篇一律,既有具体的,也有抽象的。模型的研究是系统工程的一个重要方面。

·方案实施包括了设计、施工、测试等多个阶段,工期一般所占比例都相当大,工作内容也很多。对于不同的系统,其具体内容的差别和工作特点在这一过程中表现最为明显。

·系统工程与一般工程不同,它不以交工为结束,而是把交工之后的运行维护作为工程的一个阶段,一个新阶段的开始。系统工程认为系统的实际运行是对系统建设的最好检验,同时,施工者也有责任在系统运行中对系统进行维护,使之更趋完善。

1.4.3 系统科学对图书馆工作的重大意义

图书馆是人工系统,其自动化系统是它的一个重要的组成部分,或者说是图书馆的一个越来越重要的子系统。图书馆本身又是文献信息系统的一个子系统,而文献信息系统的上面是信息系统,信息系统则属于人类社会这个大系统。只有用系统科学的观点和系统工程的方法来统观全局和处理问题,才能把工作做好。综观图书馆事业的发展,不论是全局问题还是局部问题,成功的经验中总会包含系统科学或系统观点的应用,尽管这种应用不一定都是自觉的;而失败的教训中则常常有违反系统科学或系统观的因素。例如,我国的图书馆自动化是在内部认识逐步提高和外部条件逐步具备的情况下发展起来的,这是对图书馆自动化系统和其外界环境的相互关系和图书馆内各方面相互关系所作的科学分析得出的,是合乎系统科学的。当我国图书馆界能够比较自觉地处理好这些关系,在条件基本具备时抓住机遇,我国图书馆自动化建设就得到较快的发展。相反,哪些单位在条件不具备时急于求成,或者条件具备了还停止不前,都必然影响图书馆自动化的健康前进。

一般来说,系统科学对图书馆工作有如下几方面的意义。

1. 能促进和加强图书馆的科学管理

传统图书馆的管理基本上是经验管理,我国图书馆已经从传统的经验管理阶段发展到现代的科学管理阶段。这种管理吸收了管理学、心理学、教育学、统计学和社会学等众多的科学成就,而其中,从基本观点和方法的角度考虑,系统科学是重要支柱之一,系统科学的原理和方法渗透到上述各学科特别是管理学科之中。因而从原则上讲,系统科学对图书馆科学管理的促进作用是很容易理解的。具体说,有如下方面:

· 系统原理特别是整体性、相关性、创造思维等应用到图书馆管理中,将大力推动图书馆冲破传统经验管理的束缚,批判地吸收传统管理中有价值的内容,走出新路,向科学管理健康迈进。

· 系统科学提供的一些定量和定性相结合的方法和模型引进到图书馆管理中,强调了数据的全面、系统的收集和科学处理,强调各种工作文件的使用,强调了工作流程的科学表示和优化流程等,完全改变了传统的不科学的一套做法,大大加强了管理的科学性。

2. 能促进加快实现图书馆自动化的步伐

图书馆自动化建设是一项系统工程,而且和信息系统工程特别是其中的软件工程密切相关。因而按系统工程的规则和要求办事,充分利用软件工程的已有经验,必将大大加快我国图书馆自动化建设的步伐。过去个别单位工作中的重大教训之一就是没有完全按软件工程进行建设,甚至完全没有按它进行建设,以致工作中走了不少弯路。这一教训是非常深刻的。

3. 能促进和加强图书馆学研究

图书馆学是一门年青的科学,是一门正在发展中的科学。由于信息时代将引起图书馆事业的巨大改革和发展,图书馆学的研究必须适应这种改革和发展,满足社会的需要,才能得到新的提高,因此图书馆学又是目前面临急剧变化的科学。而"系统工程在自然科学与社会科学之间构筑了一座伟大的桥梁,有关学科与系统科学沟通的结果,都促进了学科的发展。"计算机的应用、图书馆事业的变革,必将提出一系列的重大课题,应用系统科学的原理和方法,研究和解决这些课题,是图书馆学义不容辞的责任。而其结果,必然是图书馆学的大发展和大提高。例如,国家社会科学基金资助项目中有关图书馆、情报和文献学专业的"九五"规划重点和1996年度这两方面课题指南中所提出的课题,绝大部分都是涉及图书馆事业和图书馆学的改革、发展的,而直接和图书馆自动化、信息化、网络化有关的课题则占半数以上,如"图书、情报、档案事业建设与发展研究","信息资源管理(IRM)人才培养研究","电子图书馆的理论与实践研究","文献管理自动化的发展方向和发展战略","信息新技术在图书情报工作中的应用和评估"等。这些课题的进行,都会将直接或间接应用系统科学。

当然,图书馆学要和系统科学沟通并不是简单容易的,需要长期、艰苦的工作。因而沟通的本身也是对图书馆学的贡献,也是图书馆学的发展。

第五节　软件工程

1.5.1　软件危机与软件工程

在说明什么是软件危机之前,需要先说明编写(研制)软件有什么特点。一般认为,软件作为一种精神产品,有如下一些特点:

· 软件是个人的逻辑思维的成果,是一种抽象的产品,而且直到目前还没有完全摆脱手工工艺的开发方式。编写软件和作品创作很相似,都是个人的思维活动的成果,不过前者主要是逻辑思维,而后者则因作品的学科特点而不同,文艺作品主要是形象思维。从本质看,软件编写是个体劳动,然而开发较大规模的软件又需要多人合作。这种合作既和一般工业生产的合作有很大的不同,和几个人合作写一本书或画一幅画也有相当区别,因为程序之间的组合不仅需要逻辑思维的严密配合,还需要程序之间的严格的协调一致。而程序由于其本身是一个逻辑实体而不是物理实体,在编写出来之前,又是很难让别人理解得非常清楚的。也就是说,这种合作的要求是极高的。如何组织好这种合作,就成为一个难以解决的问题。

软件在逻辑上是很复杂的。曾经有人认为,人类能够创造的最复杂的产品,是计算机软件。软件是为了解决实际问题而开发的,它所涉及到的问题,不论是自然规律,还是社会现象,大都具有相当的复杂性,这种复杂性自然会反映到软件中。另外,软件的复杂性还来自程序结构的复杂性。一个较大的软件系统要实现其功能,总是要进行一系列复杂的处理过程,同时一般还包括大量的数据,由此组成了复杂的逻辑系统。

· 易于修改而且需要修改。软件不是实物性的产品,实物性的产品一般是按照经过设计的工艺图纸生产的,制作出来就定了型,不能修改也不应该、不需要修改。软件则不同,编写出来后可以容易地进行修改,只要改动其中的几条语句,软件的功能就可能发生变化甚至很大的变化,似乎是"举手之劳"。同时软件也需要修改,因为人的思维由不完善到完善是有一发展过程的,而在软件研制中这一过程是和机器实现紧密相连的。通过机器运行,发现缺陷或错误而进行软件修改是常有的事。由于这些原因,修改程序对于一般编写程序人员具有很大的吸引力和诱惑力,他们常常不断地修改自己编写的程序,而这样恰恰为众多人员合作研制软件形成很大障碍。

·软件生产和硬件完全不同。硬件在研制出样机后,要投入批量生产还有生产工艺、生产流程和生产质量控制等一系列的问题。而软件在研制时是要进行大量投资,要消耗研制人员大量的脑力劳动的,但研制成功的既是样品也是产品,批量生产的工艺和流程非常简单,复制就可以了,质量控制也很容易,因而批量生产本身成本很低。但正由于此,软件的保护是个很突出的问题,是知识产权保护中一个特殊而又突出的问题。

·软件没有硬件那样的老化、磨损等问题,因而软件的维护和硬件是截然不同的。

还可以举出软件对计算机的依赖关系等其它特点,在此不一一列举。总之,软件和软件开发中的特殊问题是需要我们特别重视的。

和其他事物一样,软件有其发展的过程。一般认为,从开发软件的特点区分,软件的发展经历了三个时期,即程序设计时期、程序系统(软件)时期和软件工程时期。三个时期的主要特点如表1-5-1所示。

从表中可以看出,软件发展的过程是一个规模不断扩大和逻辑上日益复杂的过程。规模的扩大导致参加研制的人员增多,逻

44

辑的复杂导致研制者之间需要更密切的配合。然而,在没有比较完善的组织方法的情况下,软件开发的个人逻辑思维和个体劳动的特点必然形成合作的严重障碍。当软件研制发展到第二个阶段即程序系统时期时,软件的规模已经变得相当大,研制软件的困难日益突出,进而引发了所谓的软件危机。危机的主要表现可以用一句话来概括,即软件的开发难于控制。具体就是:计划很难制定正确,投入的人力、经费和物资,研制的时间等都很难以预测,特别是由于相互配合很难,软件质量很难控制,完成后的软件错误很多,改正相当困难。例如,美国 IBM 公司在 1963 到 1966 年开发的大型软件 IBM360 操作系统,用了 5000 人年(有人说 7000 人年)的工作量,最多时有 1000 人同时编写,源程序多达近 100 万行,结果甚不理想。据统计,它的每个更新版本都从前一版找出 1000 个程序错误而加以修改,可见后果多么严重。正如这一项目的负责人 Brooks 在总结时所说的:"……像巨兽在泥潭中做垂死挣扎,挣扎得越猛,泥浆就沾得越多,最后没有一个野兽能逃脱淹没在泥潭中的命运。……程序设计就是这样一个泥潭,……一批程序员在泥潭中挣扎,……没有人料到问题竟会这样棘手。"

要根本解决软件危机,就需要解决许多人合作编写的组织方法、方式问题,就要用系统科学的思想和系统工程的方法来处理这些问题,于是软件工程应运而生。软件工程就是系统工程的具体应用,其基本思想和方法与系统工程是一致的,但在具体处理上,由于上述软件开发的一些特点和通常的工业工程有很大差异,因而带有自身的特色。60 年代末"软件工程学"开始出现,它主要研究软件生产过程的有关理论、方法和软件工具系统。直到 70 年代初期,软件工程学还处于学术研究阶段,但已对软件开发的实践产生了重大影响。1976 年以后,软件工程开始推广应用,规模日益扩大,软件工程学蓬勃发展,软件发展进入第三个时期即软件工程时期。

特点\时期	程序设计	程序系统（软件）	软件工程
年代	50～60年代	60～70年代	70年代
软件所指	程序	程序及说明书	完整的软件产品
主要程序设计语言	汇编及机器语言	高级语言	高级语言系统程序设计语言
软件工作范围	程序编写	包括设计和测试	整个软件生存周期
软件需求者	编写者本人	少数用户	市场用户
开发者	个人	开发小组	开发小组、软件工厂
软件规模	小型	中型	大中(小)型
决定质量因素	个人水平	小组集体水平	管理水平
开发技术和手段	子程序、程序库	结构化程序设计	数据库、软件工具、工程化开发、标准和规范

表 1－5－1

1.5.2 软件生存(命)周期

阶段		基本任务	工作成果	参加人员
开发期	分析	理解和表达用户需求	系统说明书	用户，系统人员
	设计	建立系统结构	模块说明书，数据说明	系统人员，软件人员
	编写	写程序	程序	软件人员，程序人员
	测试	发现和排除错误	可运行系统(使用手册)	另一独立部门
运行期	维护		改进的系统(数据库)	维护人员

表 1－5－2

据系统工程中系统建设必须划分阶段和注意明确各阶段任务、解决好阶段之间的联系和衔接的思想和方法,软件工程把软件开发也分为若干阶段,或者说,软件从研制到运行再到报废,有一个生存周期。这个生存周期可以划分为分析、设计、实现(编程或编码)、测试、运行等几个基本阶段。软件工程为每个阶段规定了明确的任务,规定了每阶段的工作方法,这些方法就是系统论和系统工程的具体化,还规定了包括一定规格的文档在内的工作成果,这些成果送交给下一阶段后,就是下一阶段工作的依据。具体见表1-5-2。

这些阶段中,分析、设计、编写和测试合起来成为一个大阶段,叫做开发期,而运行则单独成一个大阶段。在整个软件生存周期中,从时间分配上讲,大致上开发占33%,而维护占67%,大体是1与2之比。

开发期中各阶段所需时间占开发期总量的百分比如下:

分析:20%;设计:15%;编写:20%;测试:45%。

测试又可细分为:单元测试:25%;组装测试:20%。

可以看出,从软件工程的要求出发,软件开发出来之后,在软件运行中对程序的维护是非常重要的,而且所占时间也是很多的。另外在开发过程中,程序编写只占整个开发期的五分之一,在编写程序之前要做好系统分析和系统设计的工作,否则编写出来的程序是无法保证其高质量的。同时程序编制出来后,测试工作也非常重要,没有测试,同样无法保证软件的正确,更不用说高质量了。而测试又是很花费时间的,约占了整个开发期的一半。软件危机的产生,恰恰是违反了软件工程的这些基本要求。在规模较大或很大程序的研制中,只重视程序编写,只知道程序编写,相互间又沟通困难,衔接不易,软件开发很难控制就是自然而然的了。

我国制订并发布的国家标准《计算机软件开发规范》,对软件生存周期做了更为详细的划分。本书主要是依据国家标准,向读者说明整个图书馆自动化系统的开发工作应当如何进行。

1.5.3 软件定义

根据以上说明,我们可以得出关于软件的科学定义。人们常常认为,软件即程序,其实这是不完全的。正确的理解应当是:软件是程序、数据和开发、使用、维护程序需要的所有文档的集合。

这个定义说明:

· 程序是软件的重要组成部分,是整个软件的基石,没有程序就无所谓软件。

· 只有程序而没有数据,程序是无法运行的,因而运行程序所需要的数据也构成软件必须的组成部分。

· 软件开发应当按软件工程的要求和规范来进行,因而一个软件系统的开发分为若干阶段,同时研制软件还涉及多人的合作,而软件的运行还涉及操作人员的使用。要使各阶段的工作完满地衔接,要使所有分工者和谐、正确和准确地合作,还要使操作人员能够方便地应用软件,都必须有一系列的文档(文件)来沟通和联系。离开了这些文档,软件的开发和使用都是不可能的。因此,这些文档理所当然地也应当作为软件的重要组成部分。

根据这一定义,需要纠正把软件只理解为程序以及"开发软件就是编程序"的不全面甚至错误的观念,树立在软件开发中重视数据准备和复制、备份,重视文档编写和重视管理的正确观念。那种认为:"有一针对目标的概括描述就足以着手编写程序了,许多细节可以在以后再补充";"所谓软件开发就是编写程序并设法使它运行";"用户对软件的要求不断变化,然而软件是柔软而灵活的,可以轻易地改动";"软件投入生产性运行以后需要的维护工作并不多,而且维护是一种很容易做到的简单工作"等的看法都是片面的,需要克服和纠正。

第六节　标准化和有关标准

1.6.1　标准化在建设图书馆自动化系统中的重要意义

关于标准,我国颁布的国家标准 GB3935.1 - 83 中的定义是:"对重复性事务和概念所做的统一规定。它以科学、技术和实践经验的综合成果为基础,经有关方面协商一致,由主管机关批准,以特定形式发布,作为共同遵守的准则和依据。"国际标准化组织有关机构所做的定义和它大体相同,只是多了"其目的在于促进最佳的公众利益"一语。此外国内外还有若干大同小异的定义,不再一一列举。

至于标准化,我国第七届人民代表大会常务委员会在 1988 年 12 月 29 日通过的《中华人民共和国标准化法》(以下简称"标准化法")中指出:"标准化工作的任务是制定标准、组织实施标准和对标准的实施进行监督。"一些人定义为:"标准化是指以制定标准和贯彻标准为主要内容的全部活动过程。"这和《标准化法》是一致的。此外也有若干大同小异的定义,这儿也不再列举。有的认为标准化有广义和狭义之分,从《标准化法》的规定分析,似无必要。

一般认为,标准化的原理是:统一、简化、协调和优化,其中最重要的是统一。

文献工作标准化主要是随着图书馆现代化的发展而出现的,1947 年国际标准化组织把文献工作标准化列为它的一项任务,并建立了文献工作标准化技术委员会,国际文献标准化活动正式开始。图书馆自动化的标准化属于文献工作标准化,其活动开始于 60 年代,第一个国际标准是 1972 年公布的有关机读目录通讯格式的标准,即 ISO2709 – 1972（E）。

新中国一成立,就废除了国民党的伪宪法和伪法律,并着手建立社会主义的法律制度,进行了大量的立法工作,包括一批标准化法规。但在十年动乱中,标准化法制建设受到严重破坏。十一届三中全会以后,全面开展了社会主义现代化时期的标准化立法,我国的标准化进入一个新时期。至于我国的情报文献标准化工作,实际上是从十一届三中全会以后开始的,1979 年 12 月 2 日,全国情报文献标准化技术委员会(以下简称"文标会")成立,标准化工作蓬勃发展。到 1994 年底,已颁布的国家标准 39 项,起草工作已完成,报国家技术监督局待批的标准 16 项,两者共计 55 项。

根据全国人民代表大会常务委员会通过的标准化法,国务院制订了实施条例,有关图书馆自动化的标准属于信息技术标准的范围。

标准化是社会大生产发展的客观要求,也是组织生产专业化的一个重要条件。它是国民经济的一项综合性的经济技术基础工作,还是衡量一个国家生产技术水平的尺度及现代化的重要标志。《标准化法》中指出,标准化是涉及"发展社会主义商品经济,促进技术进步,改进产品质量,提高社会经济效益,维护国家和人民的利益"的重要手段,强调标准化工作要"适应社会主义现代化建设和发展对外经济关系的需要"。国务院在 1979 年 7 月 31 日颁发的《中华人民共和国标准化管理条例》中指出:"标准化是组织现代化生产的重要手段,是科学管理的重要组成部分。在社会主义建设中推行标准化,是国家的一项重要技术经济政策。没有标准化就没有专业化,就没有高质量、高速度。"

标准化对于图书馆自动化也有着同样的重要意义。文献工作、图书馆工作强烈要求实现资源共享,而标准化正是减少甚至消除文献工作中的无序状态和重复加工现象以达到规范化、系列化和统一化,从而促进文献的交流和共享,实现管理科学化和现代化的重要技术手段。至于图书馆自动化,由于它属于信息技术领域,它的标准化不仅涉及文献工作本身,还涉及计算机和通信的软、硬件的共享,对标准化的要求就更为强烈和严格。可以说,标准化是推广和普及图书馆自动化的根本前提,也是确保图书馆自动化系统高效率运行的根本保证,没有标准化,就没有真正的、实用的图书馆自动化。

由于种种原因,人们对标准化的认识不可能完全一致,比如,对于标准化最主要的原则是统一这一点,图书馆界有人就程度不同地有所保留,以致对我国图书馆自动化的发展有所影响。因此,实现标准化既有长期、大量的具体工作,更需要深入、细致的思想工作。

1.6.2　软件工程的主要标准

软件工程涉及的标准较多,最主要的是两个,即《计算机软件开发规范 GB8566 - 88》(以下简称"开发规范")和《计算机产品开发文件编制指南 GB8567 - 88》(以下简称"文件编制指南")。它们都是国家标准。

《开发规范》是为了"使整个软件开发过程阶段清晰、要求明确、任务具体,使之规范化、系统化和工程化"而制订的。它"向广大从事软件开发的技术人员和管理人员提供一系列行之有效的准则、方法和规范"。"有利于提高软件开发过程的能见度,有利于开发过程的控制和管理,便于采用工程化的方法开发软件,从而提高所开发系统的质量,缩短开发时间,减少开发和维护费用,便于软件开发人员和维护人员之间的协作、交流,使软件开发更加科学,更有成效"。

《开发规范》的主要内容是详细规定开发过程中可行性研究与计划、需求分析、概要设计、详细设计、实现、组装测试、确认测试、使用和维护等每一阶段的任务、实施步骤、实施要求、完成标志及交付文件等。

《文件编制指南》指出,为了最经济地使用开发经费和便于软件系统的运行和维护,在开发工作的每一阶段都需要编制一定的文件,这些文件的作用是:

· 作为开发人员在本阶段的工作成果和结束标志;

· 提供本阶段的工作进展情况,使"不可见的"的事物转化为"可见的"文字资料,以便工作人员进行交流,使管理人员、开发人员和用户分别从中得到自己工作所需要的各种信息,并相互进行沟通;

· 向潜在用户报告本软件的功能和性能。

《文件编制指南》确定了一系列有关文件的管理要求,规定了在整个软件生存周期中应编制的 14 种文件和每种文件的具体内容和基本结构,以及根据软件系统的不同规模可灵活选择的范围。《文件编制指南》既是编写各种文件的指导,也是对软件开发过程中所产生各种文件的质量检测准则。

《文件编制指南》相当具体,而且让人感到繁琐,但却是保证软件开发质量所必须的。

本书的大部分内容就是结合图书馆自动化系统的特点,对这两个标准作具体的说明。

1.6.3　其他有关标准

图书馆自动化涉及两方面的标准。一方面是直接涉及情报文献工作本身的技术标准,文标会编制了一个标准体系表,共列入 172 个标准,包括:通用标准;出版专业通用标准和相关标准;图书情报专业的通用标准和相关标准;档案专业的通用标准和相关标准等。另一方面是有关计算机、通信和数据库建设的标准。这两方面的标准主要有以下一些类型:

· 机读目录交换格式标准,如《文献目录信息交换用磁带记录格式（ISO2709 ）》、中国《书目信息交换用磁带格式（GB2901）》、《中国公共交换格式》（CCFC）、《中国机读目录格式（WH/T0 503 – 96）》、《国际机读目录格式（UNIMARC ）》、《公共通讯格式（CCF）》等；

· 有关著录工作的标准,如《著录总则（GB3792.1 – 83 ）》及其下属的标准系列 GB3792.2 – 85（普通图书）、GB3792.3 – 85（连续出版物）、GB3792.4 – 85（非书资料）等；

· 有关文献标引工作,如《中国图书分类法》、《汉语主题词表》等；

· 有关数据库建设,如《情报数据库建库规则》、《文献型数据库建库用标准指南》等；

· 有关网络建设,如 TCP/IP（传输控制协议和互联网络协议）等；

· 有关字符集标准,如《通用双八位编码字符集 ISO IEC DIS 10646》（UCS）等；

· 有关数据质量的标准；

· 有关软件评价的标准；

· 其他。

我国的不少标准还没有制订或正在制订中,实现标准化还是一个长期、艰巨的任务。

第一章作业和其他教学活动的建议

参观:到一图书馆（最好是中等规模以上）参观,调查该馆自动化系统的情况,了解其现状、内容、组成、功能、管理和复杂性等,使学生建立初步的感性认识。

参观光盘、多媒体、Internet、图书馆网络等新技术的应用情况。

思考题

1. 什么是图书馆自动化？它与传统的手工方式有何关系？为什么图书馆自动化是图书情报事业发展的历史必然？

2. 图书馆自动化系统的体系构成如何？

3. 我国图书馆自动化与国外发达国家相比有什么特点？

4. 面向 21 世纪的我国图书馆发展模式的构想。

5. 什么是软件危机？开发图书馆自动化系统是否存在这种问题？你能否举出实例？

6. 什么是软件工程？在软件工程中文档编写和管理的重要性何在？

7. 图书馆自动化系统与一般的管理信息系统（MIS）相比有什么特点？

8. 标准化在建设图书馆自动化系统中有何意义？

第二章　图书馆自动化系统分析

第一节　概说

软件工程开发技术有两个最明显的特点,即强调规范化和文档化。文档化是指为了保证各开发阶段的顺利衔接,应有完备的文档来说明分析结果、设计思想、设计过程、实现方法及其它有关的信息,文档化也有利于软件开发的进度管理和软件维护。而所谓规范化,是指软件开发同其它产品的生产一样,需经历需求确定、设计、生产、检测和使用维护的过程。软件开发人员应遵守软件开发周期中共同的约束规范,以此来统一开发步骤和各项工作,使开发工作的过程、开发人员之间的交流及开发结果的记录能够具有一致性。规范化和文档化保证了软件开发的质量,使软件开发摆脱了个体生产方式,进入了标准化、工程化的新阶段。

根据我国国家标准《计算机软件开发规范》,计算机软件的开发可分为以下八个阶段:

①可行性研究与计划

②需求分析

③概要设计

④详细设计

⑤实现

⑥集成测试

⑦确认测试

⑧使用和维护

当然,针对不同规模、不同类型及不同的开发环境和要求,具体的软件开发在基本遵守软件生命周期的前提下,可灵活安排开发过程,甚至还可以简化对文档的要求。开发阶段的划分不是一成不变的。《计算机软件开发规范》中也特别指出:"开发单位的技术负责人可根据所开发软件的性质、用途及规模等因素在软件生存周期中增加或减少相应的阶段。"但是,必须明确的是,软件工程中软件生命周期的概念体现的是人类解决复杂问题的科学策略,是人类对软件开发本质的认识及在软件开发实践中的经验总结,在软件开发中,不仅应重视程序设计,更应重视需求分析、软件测试和维护,是指导软件开发的重要思想,因而也是对软件开发质量和软件可维护性的有力保障。

图书馆自动化系统属规模适中的计算机应用系统。同其它类型的计算机应用系统相比,图书馆自动化系统还有很多自己的特点。一般人们将图书馆自动化软件系统的生命周期分为系统分析、系统设计、系统实现与测试和系统使用与维护四个大的时期,每个时期内又可分为若干小的阶段。严格地说,图书馆自动化系统是一个由软件、硬件、数据、管理人员和系统规则组成的一个集成系统。软件只是组成该系统的一个方面,因此,图书馆自动化系统开发中的系统分析和系统设计应涉及以上各个方面。但由于软件在其中所占的重要地位,人们也常常将软件系统直接称为图书馆自动化系统。本书在不引起歧义的情况下,也按照习惯使用这一概念,并着重讲授图书馆自动化软件系统的开发过程。

图书馆自动化系统分析包括软件生命周期中可行性研究与计划和需求分析两个阶段。具体实施时,既可分别做两个方面的工作,也可将其合二为一。

2.1.1 总的要求

正确理解和表达用户需求,使开发人员和用户能对系统目标和功能达成共识,是对系统分析工作的基本要求,也是整个自动化系统开发成功的关键。

由于专业背景上的差异,系统开发人员(在委托形式的软件开发中称为乙方)和图书馆工作人员(即系统使用人员或客户,在委托形式的软件开发中称为甲方)达成共识有一定的困难。这个问题不仅在图书馆自动化系统分析中存在,也在其它各类软件系统开发的过程中体现出来。直到目前,如何有效地提取计算机软件系统所要应用的领域中问题空间的知识,仍是系统分析、尤其是需求分析所要解决的最为关键的问题。系统分析工作也正因此而存在。解决问题的关键,也是解决问题最基本的方法,在于系统开发人员和系统使用人员两方面做充分反复的交流,使系统开发人员对图书馆工作有正确的了解。

尽管多年来,图书馆自动化系统分析与设计已经有了一定的工作基础,形成了较为固定的模式,且系统分析阶段的主要工作是需求分析,但作为系统开发的一项内容,可行性分析工作仍不可忽视。

2.1.2 结构化分析方法

结构化分析(SA Structured Analysis)方法是软件开发中需求分析的重要方法,也是图书馆自动化系统分析的常用方法。结构化分析方法于 70 年代起源于美国,该方法常同概要设计阶段中的结构化设计方法(SD Structured Design)和编码实现阶段中的结构化程序设计方法(SP Structured Programming)衔接使用,成为被最为广泛使用的分析方法。结构化分析与结构化设计(SA/SD)一起经常被人们称为软件开发的 Yourdon 方法。结构化分析方法的基本思想,可以归纳为分析的层次化、功能的模块化和相互关联三个方面。

实际上,结构化分析起源于结构化程序设计。产生于60年代的结构化程序设计,在其最早的程序设计工作中,包括了结构化分析和结构化设计工作的大部分内容。但随着强调阶段性开发和开发规范化的软件工程的出现,其中的分析和设计工作被分离出来,形成了结构化的分析和设计工作。

1.结构化分析的特点

结构化分析方法有以下两个基本特点:

①自顶向下逐层分解

所谓自顶向下逐层细分,也就是对于一个复杂的事物,先抓住问题的大的方面,形成较高层次的抽象。然后再由粗到细,由表及里地逐步涉及问题的具体细节。即把大问题分解成几个小问题,对于每个小问题,再单独分析。这样逐层分解,从而对整个问题有清楚的了解。比如,对于一个图书馆系统,不可能一下子把它的全部具体工作以及它们相互之间的联系都弄清楚。可先忽略各种细节,从分析整个图书馆大的功能开始。如首先认识到图书馆有教育职能和情报职能,这是第一层划分,即高层抽象,然后再沿这两个方向逐层分解。或先分为采购、编目、流通、期刊管理、参考咨询等几个部分,明确每一个部分的总体功能及它们之间的相互关系。然后对其中的每一个部分,如编目等再进行细分,得到第二层功能划分。以此类推,直到确定所有细节。

②抽象

自顶向下逐层细分,实际上就是一个由模糊到清晰,由概括到具体的过程。同时也是一个不断运用抽象的过程。所谓抽象,就是在分析过程中,要透过具体的事物看到问题中的本质属性,能将所分析的问题实例变为一般的概念。抽象是一种手段。只有通过抽象,才能正确认识问题,把握住事物的内部规律,从而达到分析

58

的目的。因为在分析中人们所接触的都是具体的事物,而人们要得到的,却是对该类事物一般问题的通用求解方法。抽象是软件工程方法中的重要原则。它不仅是结构化方法的特征,也是其它软件分析设计方法,如面向对象方法的重要基础。

2. 结构化分析方法的类型

结构化分析有以下几种类型的方法:

功能分解法;

数据流方法;

信息造型方法。

以下简要介绍这几种方法:

①功能分解法

功能分解法是最早出现的一种结构化分析方法。其主要思想就是将一个系统看作是由若干个功能所组成的集合,每个功能可以划分成若干个子功能(即加工),而每个子功能又可进一步划分,继续分解为若干个更小的子功能(处理步骤)。功能分解法基本是用过程抽象的观点对待系统需求,其分解的结果已经基本上展现了程序结构的雏形。功能分解法最直接地体现了结构化分析的原则和特点。

但是,功能分解法也存在着一些缺点。功能分解法将对系统需求的分析放在加工处理,即系统行为上。而对于一个系统而言,系统的数据结构是基本稳定的,而其行为却是相对变化的。功能分解法将分析的落脚点放在不稳定的因素上,因而难于适应系统的变化。

②数据流方法

数据流方法可以被认为是对功能分解法的一种改进,它是与功能分解法不同的一种分析方法。现在,数据流方法已经成为使用最为广泛的需求分析方法。当人们提起"结构化分析方法"时,往往隐含是指数据流方法。数据流图、数据字典、加工说明是该方法分析和描述需求时所使用的基本工具。本章稍后将详细介绍这几种工具的使用。

③信息造型法

信息造型法通过对现实系统中的事物及其联系的描述来建立对问题空间的求解模型。它是从数据分析的角度（与数据流分析不同）来观察和认识现实系统及其中的问题的。

信息造型法的基本工具是实体—联系图（ER图）。信息造型法的分析策略是：从现实系统中找出事物对象，再用属性来进行描述，从而达到分析的目的。

3.结构化分析方法的步骤

结构化分析方法有以下四个基本步骤：

①理解当前系统，得出其具体模型。

②通过对当前系统具体模型的分析，抽象出当前系统的逻辑模型。

③分析目标系统和当前系统的逻辑差别，建立目标系统的逻辑模型。

④修改、充实和完善目标系统的逻辑模型。

2.1.3 系统分析人员

1.系统分析人员的任务

系统分析人员就是在软件系统开发初期从事系统分析工作的开发人员。按照Nichlas的定义：系统分析人员的任务就是明确需求和资源限制因素并且将它们变成具体的实施方案。系统分析工作终始是由客户和系统分析人员协作完成的。从软件工程的角度来看，系统分析人员的任务，就是负责完成可行性研究和需求分析两个阶段的工作，在用户和设计人员之间进行沟通。从事系统分析工作的是一组人员。由于系统分析工作是系统开发中的第一项工作，指导着以后各个环节的开发工作，所以系统分析的质量十分重要。分析阶段的重要性决定了系统分析人员的重要性。

2.对系统分析人员的要求

系统分析人员必须具有多种才能,以便有效地工作。这些技能可以分成两类:处理人际关系方面的能力和解决有关技术问题的能力。具体地说,系统分析人员应具备以下基本素质:

①有一定的理论水平,全面、系统掌握计算机系统开发的基本理论和有关标准,如:《计算机软件开发规范》。

②具有较全面的计算机专业知识和计算机系统开发的经验。系统分析人员应该是曾参加过系统开发各个阶段工作的高级开发人员。

③有较强的从新的问题领域提取知识的能力。能迅速理解问题,并能准确地把握问题的细节。

④善于掌握非技术因素。具有较强的合作精神,能与各种类型的人友好相处。有基本的调查艺术并善于掌握被调查者的心理。能够使用用户语言,具有较强的表达能力。

因此,系统分析工作对系统分析人员在理论水平、工作经验、个人素质和个人修养方面都有较高的要求。

第二节 可行性研究与计划

2.2.1 任务

可行性研究与计划工作是软件系统开发中第一个阶段的工作。在委托形式的开发中,开发工作从此开始。可行性研究与计划工作(Feasibility Study & Plan)的任务有以下三个方面的内容:

1.了解用户的要求及现实环境,从技术、经济和社会因素等方面研究并论证本软件项目的可行性;

2. 编写可行性研究报告；

3. 制订初步项目开发计划。

可行性研究的目的就是用最小的代价在最短的时间内确定问题是否能够得到解决。需要注意的是：可行性研究的目的不是解决问题，而是研究问题是否能够解决，确定问题是否值得去解决。因为并非所有问题都有简单明显的解决办法。如果某个问题在预定的系统规模内得不到解决，找不出可行的解决方法，则再去花费时间、人力和财力所做的任何工作都是浪费。

所给定的问题是否现实，目标系统是否存在可行的解决办法，或目标系统的建立所带来的收益是否能大大超过建立系统的费用，即建立系统是否合算。这些问题的回答要通过客观准确的分析，通过了解所要建立的目标系统的一些较为具体的内容才能得到。因此，可行性分析实际上是在一定层次上所做的系统分析和系统设计。

若所开发的系统较为复杂，客户本身及系统分析人员对目标系统所要解决的问题尚不清楚，应在可行性研究之前，即系统开发之前，先进行问题定义工作（Problem Definition）。一般认为，问题定义工作不属于系统开发工作的内容，而是客户事先邀请有经验的系统人员所做的先期性工作。一般规模系统的问题定义工作可在一二天内完成。在问题定义的基础上，再开始可行性研究工作。如有必要，在系统分析阶段应重新定义问题。否则，如果在对问题本身错误的理解上做可行性研究，自然得不到正确的结果。

问题定义工作是由客户同系统分析人员一起，对所要解决的问题进行分析，搞清要解决的到底是什么问题。为此，就必须对问题的性质、问题的目标、解决问题的必要性及解决问题的规模做明确的了解。该项工作结束后，应生成一份内容明确，客户和系统分析人员都满意的书面报告，即项目任务书。

可行性研究工作的长短取决于目标系统的规模。一般来说，可行性研究工作的成本是预期项目总成本的 5% ~ 10% 。

2.2.2 实施步骤

可行性研究可按以下五个步骤进行：

1. 软件开发单位的系统分析人员对客户要求及现实环境进行调查。

系统分析人员同客户一起调查研究当前环境和有关具体问题，如手工工作情况、工作流程、所完成的任务及目前存在的问题，新系统要解决的主要问题，为可行性研究做准备。

2. 在调查研究的基础上编写有关客户提出的问题的书面材料。

3. 依据书面材料及其有关资料对待开发的系统从经济、技术和社会因素等方面进行可行性研究，写出可行性报告。

可行性报告包括以下三个方面：

①技术可行性

技术可行性通过考察所要解决的问题及其对功能、性能的要求，并对照现行的技术发展，以确定现有技术能否实现本系统。

②经济可行性

经济可行性是整个可行性分析的重点。它主要是考查系统的开发成本，主要是人力投入，此外还有设备投入等等方面。并对照系统运行所产生的效益，看看系统的经济效益能否超过开发成本。当然，对于有些类型的系统，应结合考虑系统开发所带来的社会效益。

③社会可行性

包括法律可行性和操作使用可行性等方面的内容。法律方面主要涉及专利、版权和合同责任等方面的问题。操作使用方面则主要指系统使用单位在行政管理、工作制度和人员素质等因素上能否满足系统操作方式的要求。

4. 评审和审批,决定项目是取消还是继续

软件工程具有阶段性和连续性的特点。在开发过程中,每一阶段的开发人员都以上一阶段的工作为基础,开始本阶段的工作。所以,每一阶段工作的正确性和有效性都直接影响整个软件系统的正确性和质量。为此,在软件开发生命周期的每一阶段的主要工作完成后,都要进行严格的评审。由开发人员和有关专家组成的评审组,依据工作文档,对工作的正确性、有效性及质量进行严格的审查。通过评审,发现可能的疏忽、不恰当的处理和潜在的错误,甚至可以推翻有关的工作。所以,严格的评审保证了工作质量,有利于及时发现问题,避免了错误的传递。

在对现实环境和有关的因素做出可行性研究之后,可根据调查分析的结果进一步导出新系统的高层逻辑模型。所谓高层逻辑模型,就是概括地描述新系统所完成的功能和物理工作过程。这样,就可以此为依据进行评审,以决定项目是否继续。

高层逻辑模型既可用数据流图描述,也可用系统流程图来描述。一般来说,用系统流程图更适合于可行性研究阶段的系统描述,因为它比数据流图更具有物理特性,可用概括的方式描述一个系统的物理性质。这里简要介绍系统流程图。数据流图将在本章稍后介绍。

表2-2-1列出了系统流程图所使用的符号。图2.2.1为一系统流程图的实例。

符号	名称	说明
□	处理	能改变数据值或数据位置的操作或部件,如:程序、处理机、人工加工等
▱	输入输出	表示输入或(并)输出,不指明具体设备
○	连接	指转到本页另一图中,或从本页另一图中转来
▽	换页连接	转到另一页或从另一页转来
—	数据流	表示数据的流动及其方向
⬭	打印	打印输出
◁	显示	显示器显示,也可用于表示输入、输出
○	磁带	表示磁带文件
▭	磁鼓	表示磁鼓文件
⬭	磁盘	表示磁盘文件
⊂	联机存储	表示各种类型的联机存储
◿	人工输入	人工输入数据的脱机处理,如填写工作单
▽	人工操作	人工完成的处理,如盖章
□	辅助操作	利用设备的脱机处理
～	通信链路	通过远程线路或链路实现的数据传输
▱	穿孔卡片	用穿孔卡片进行的输入或输出

表 2-2-1 系统流程图所使用的符号

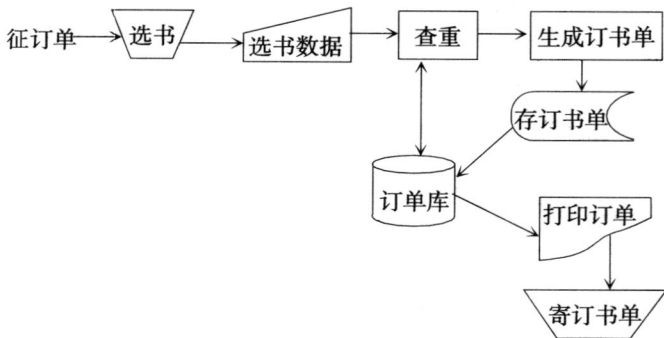

图 2.2.1　系统流程图的实例

5. 若项目可行,则制订初步的项目开发计划,并根据需要签署合同。

若经过审批,决定项目继续,则应制定初步的开发方案,推荐行动方针,并草拟开发计划,完成整个可行性研究。

2.2.3　实施要求

根据软件开发规范,对于一般的软件系统开发,应着重考虑以下两个方面的内容:

1. 优先考虑经济可行性,包括成本/效益分析、长期经营策略等。

成本估算和管理是软件工程的重要内容。一个项目是否值得开发,从经济上来说是否可行,取决于成本/效益分析。

图书馆自动化系统有其特殊性。从当前形势看,图书馆工作的效益主要还是社会效益。因此,在考虑可行性时,应更多地从成本分析、管理效益、操作可行性和经营策略以及工作效率和质量的提高上分析。

关于成本/效益分析,需要从图书馆的特殊情况出发来正确理解。图书馆的效益主要是社会效益,即提供充分满足各类读者(用户)需求的、高质量的服务,而不是一般意义上的按投入/产出(即成本/效益)来衡量的经济效益,因而从一般概念的角度来分析图书馆的成本/效益是不合适的,甚至是不可能的。但图书馆的管理同样需要经济观点,在市场经济条件下更需要强调经济观点,不能借口社会效益而用钱不当、大手大脚甚至乱花钱等,因此在可行性分析时仍然要重视和强调经济上的可行性。主要是:项目所需投资是否落实;使用经费是否合理,是否精打细算;从实际社会效益考虑,使用大量投资开发系统是否必要;如果项目完成后,对图书馆的创收有一定作用,则应该对收益进行精确估算。至于图书馆使用计算机后,在经济上是否比手工节约,则应根据全国或所在地区图书馆自动化发展的情况实事求是地进行分析,当资源共享(如采购协调、联合编目、馆际互借等)还不能实现时,使用计算机的开销一般比手工要多,特别在系统建成初期,由于系统运行还不稳定,工作人员的操作和相互配合还不熟练,开销将会更多。但当图书馆间的资源共享已相当充分时,使用计算机的开销肯定要比手工少。

长期经营策略对图书馆自动化系统建设尤为重要。从这个角度来看,可行性研究应重点考虑以下几个方面:

①数据源问题

数据源问题即图书馆自动化系统的数据库建设问题。完备和高质量的数据是自动化系统实用性的基础。具体来说,包括以下几个方面:

a.当前手工系统卡片数据的转换。

b.新书机读数据的获取。即数据的长期供应方法,此为数据源问题的重点。

c.机读数据库格式问题。

②系统可靠性问题

现有技术能否保证系统的可靠性。主要包括以下几个方面：

a. 系统功能的正确性和运行效率。

b. 系统处理各种正常错误的能力。

c. 系统处理各种意外情况的能力。

③运行方式的适应性问题

自动化系统的运行方式,即操作可行性,也是影响系统成败的关键因素,有些系统就是因为工作人员和读者不习惯系统的运行方式,而使已经开发出的系统被迫废弃的。如早期开发的一些图书馆自动化系统,由于读者借书证和图书上均无条形码,因此,在记录借还书数据时,需要工作人员手工将读者的借书证号和图书的登录号从键盘输入,这种做法极易出现录入错误,而错误所带来的后果又是极为严重的。最后,工作人员拒绝使用该系统。

2. 估计成本/效益应有确切的数据和估算方法,避免主观臆断。

对于软件系统的开发而言,精确的成本/效益估算非常重要。主观臆断产生出的数据比不作估算还要糟糕,它往往能引起极为恶劣的后果。

成本/效益估算首先要进行成本估算,像图书馆自动化系统这样的主要考虑社会效益的系统也是如此。对于建立和运行一个图书馆自动化系统,除软件开发的成本估算外,还应从硬件成本、运行成本和数据成本等方面进行分析。

软件工程只考虑软件的开发成本。同时,对于图书馆自动化系统,由于其它方面的成本都相对较易估算,所以这里只介绍软件开发的成本估计方法。

从成本估算的分析角度来看,目前对软件成本的估算方法可分为两大类：

①面向软件规模的成本估算方法。即根据软件的大小来估算开发所需成本。

②面向软件功能点的成本估算方法。根据软件中每类功能的数量来估算开发成本。如考察软件系统需处理多少次文件、接收多少次输入等。

从成本估算的工作过程来看,估算方法可分为以下两种类型:

①自顶向下的估算方法

自顶向下的估算方法要参照以前开发的类似系统,根据本软件的总体特性得出整个项目总的开发时间和总的工作量。然后将总成本分配到软件的各部分中。由于该方法是参照以前完成的同类系统的软件成本,并首先从软件的整体入手进行分析估算,因而估算时不会遗漏系统级的成本,如系统集成、用户手册和配置管理等方面的成本。该方法的缺点就是直接从系统级估算成本,由于对软件系统的底层不很清楚,往往估算过于复杂,且准确性不高,有时会造成开发总成本上升。

②自底向上的估算方法

自底向上的估算方法采用分解的方法以化简系统的复杂性。估算时,先对系统进行分解,直到所划分出的各个部分的成本较易估算出为止,然后再在此基础上,估算系统的总成本。由于自底向上的估算方法对系统底层的情况有基本的了解,所以它对各个部分的估算往往较为准确和稳定。但在导出项目总成本时,对系统的集成、管理及配置所需成本却估计不准,往往出现估算偏低的情况。

一般的成本估算方法都是找出一些影响开发工作的因素,这些因素被称为成本因素,然后根据经验数据和项目过程记录建立这些因素与开发成本的关系。表2-2-2列出了可能影响估算的一些因素。

类型	成本因素	类型	成本因素
系统规模	程序指令的估算条数 提交的机器语言指令数 提交的源语言代码行数 新指令的比例 自编代码的比例 判定指令的数量 非判定指令的数量 数据存贮和查询指令的比例 提交代码的比例 程序员的素质	环境与项目因素	系统开发环境 计算机类型 显示控制台数 专用显示设备 随机存贮设备 使用语言 存储器空间限制 计算机速度和容量 分时或批处理 程序员设计程度
数据库	数据库的条目数		开发人员连续性
系统复杂性	总体复杂程度 接口复杂程度 系统唯一性 系统难度 软件一硬件接口 程序结构 文档和程序数目 开发期人力总数 开发期时间 作业类型		功能点数 生产率 并行硬件开发 开发人员数量 用户接口 需求定义情况 需求变化性 维护需求 用户经验 用户参与需求定义
程序类型	应用类型 程序类型 响应类型		容错计算 原型代码目的 CPU 应用环境
文档	文档类型 用户文档数目 内部文档数目		

表 2－2－2　影响成本估算的成本因素

一般的定量估算模型都以下式为基础：

$$M = L/P$$

其中 P 是一个常量,单位为代码行/人日,L 为代码行数,M 为软件开发所需人力,可作为软件生产率的度量。

由于具体使用以上算式时存在着一些难以确定的问题,通过对上式的调整,可以得到一个更好的公式,称为幂定律公式,该公式为：

$$ED = rS^c$$

其中:ED 为开发总的工作量,单位为人月；

S 为不包括注释的源代码行数；

r 和 c 为常数参数,称作校正因子,其取值根据 ED 和 S 的情况而定。

下边简单介绍两种成本估算模型：

①COCOMO 模型

COCOMO（COnstructive COst MOdel）模型是 Boehm 于 1981 年提出的软件估算层次模型。它也是目前最为精确、最易于使用的成本估算模型。针对不同的软件规模,该模型有三种表现形式：

a. 基本 COCOMO 模型:该模型是一个静态单变量模型。在此模型中,软件开发所需人力（即成本）是程序规模的单一变量的函数,程序规模用代码行来估算。该模型一般用于系统级的成本估算。

b. 中等 COCOMO 模型:该模型是一个静态多变量模型。其估算方程同基本模型相同,只是系数不同。在此模型中,软件开发所需人力是程序规模和一系列"成本因素"的函数。它将系统分为两个层次,即系统和部件,并基于部件作成本估算,因而更精确。

c.详细 COCOMO 模型:该模型是以上两个模型的进一步发展。它采用自底向上的方法,将系统分为三个层次,除从系统和部件两个层次考虑外,还考虑在系统开发中的每一步的成本驱动属性的影响。其估算过程为:先考虑开发中的每一步(即模块层)的工作量,再估算部件层,最后得出系统层的成本。

COCOMO 模型的核心算式是两个幂定律公式

$$ED = rS^c$$
$$TD = a \ (ED)^b$$

其中 TD 为开发时间,a、b 是常数参数。

以上两个公式的四个常数的确定取决于开发项目的类型。项目根据其本身性质可分为三种类型,它们是结构型(Organic)、半结构型(Semidetached)和嵌入型(Embedded)。它们各自的属性见表 2 – 2 – 3。

项目性质	结构型	半结构型	嵌入型
对系统目标的了解	充分	较多	一般
有关的工作经验	充分	较多	中等
需预先建立的需求	基本	较多	完全
需要的外部接口说明	基本	较多	完全
有关的硬件的并行开发	少量	中等	很多
对数据处理体系结构和算法的改进要求	极少	较少	很多
早期实施费用	较少	中等	很高
系统规模	小规模	中等	任意

表 2 – 2 – 3　项目类型

因而,可以简单地理解为,结构型的项目是开发较为熟悉的中小规模系统;嵌入型的项目是在较严格的要求下开发难度大而又不熟悉的系统,同时,规模也可能较大;半结构型的项目为介于以上两者之间的情况。

对于基本 COCOMO 模型,其估算公式的常数列于表 2 – 2 – 4。

项目类型	r	c	a	b
结构型	2.4	1.05	2.5	0.38
半结构型	3.0	1.12	2.5	0.35
嵌入型	3.6	1.20	2.5	0.32

表 2 - 2 - 4　基本 COCOMO 模型的估算常数

中等的 COCOMO 模型在基本的 COCOMO 模型基础之上,更细致地考虑 15 个与成本有关的方面,通过对这 15 个成本因素的确定,调整分式中的参数,得出估算公式。这 15 个成本因素为:

产品方面的属性:

　　　　所需软件可靠性

　　　　数据库规模

　　　　系统复杂性

计算机方面的属性:

　　　　执行时间约束

　　　　主存限制

　　　　虚拟机的易变性

　　　　计算机周转时间

人员方面的属性:

　　　　分析人员的能力

　　　　应用经验

　　　　程序员的能力

　　　　虚拟机的使用经验

　　　　程序设计语言的编码经验

开发方面的属性:

　　　　新的程序设计方法的使用经验

　　　　软件工具的应用

　　　　开发进度限制

②PUTNAM 模型

PUTNAM 模型是一个动态多变量模型。它是于 1979 年由 Putnam 在软件开发生存期的 Rayleigh 曲线的基础上提出的成本估算模型。该模型以大型软件项目开发过程中所使用的人力分布,即 Rayleigh 曲线为基础(如图 2.2.2 所示),并据此导出关于提交的源代码行数 L、人的工作量 K(人年)和软件开发时间 t(年)之间的关系:

其中,C 是与技术状况和开发环境有关的常数,它的典型值是:

对于差的开发环境,即没有一定的开发方法,缺少文档和评审,则

$$C_k = 6500;$$

对于好的开发环境,即有适当的开发方法,有较好的文档和评审,则

$$C_k = 10000;$$

对于优越的开发环境,即采用自动的开发工具和技术,则

$$C_k = 12500。$$

这样,根据以上公式,即可导出所需的开发工作量公式:

$$K = L^3 C_k^{-3} t_d^{-4}$$

一个系统的实现,可能会有不同的方式。在系统分析中,对每种实现方式都要有准确详细的成本/效益分析和长期经营策略设计,并为每种可行的方法制定粗略的进度,即初步的项目开发计划。可预见的开发进度是项目可行的重要因素。

2.2.4 完成标志

软件工程的一个显著特点就是文档化。在软件生命周期内,相关文档的完成是每一阶段完成的标志。文档记录总结了一个阶段工作的具体内容,并作为下一个阶段的工作基础,是不同阶段相互衔接的工具。文档既是系统开发者的工作需要,今后能以此为

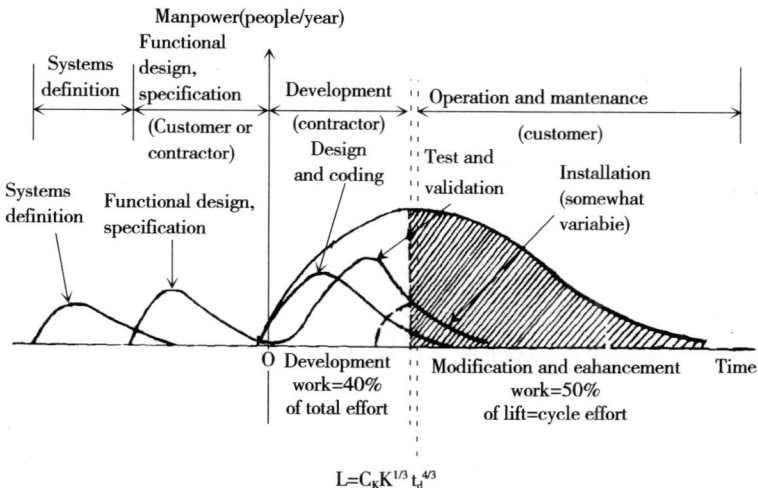

$$L=C_{k}K^{1/3}t_{d}^{4/3}$$

图 2.2.2 大型软件项目的人力分布

依据进行检查、修改；同时也是系统使用者的要求，文档向使用者提供了判断开发任务是否完成以及完成质量的依据。

为使软件开发过程中各阶段的文档编写更为规范、合理和统一，我国制订了该方面的国家标准《计算机软件产品开发文件编制指南》，用以指导软件开发过程中的文档编制。详细内容请见本章附录。

可行性研究与计划工作完成后，应交付以下可以验证的文档：

①可行性研究报告

报告中的成本/效益分析应提供几种可供选择的解答。一个系统开发，一般会有多种实现方式，可行性研究应提供各种方式的可行性分析。

②初步的项目开发计划

项目开发计划中对各阶段工作的完成应有明确的、可检查的标志。

以下介绍这两个文档应有的内容。

①可行性研究报告

编写可行性研究告主要有以下三个目的：

a. 说明开发此软件的可行性，即经济、技术和社会条件；

b. 评述为了合理地达到开发目标而可能选择的各种方案；

c. 说明并论证所选定的方案。

一个完整详尽的可行性研究报告包括以下内容：

a. 引言

说明编写目的、软件开发背景、本报告中有关的定义和所使用的参考资料。

b. 可行性研究的前提

说明对所建议的开发项目进行可行性研究的前提，如要求、目标、假定、限制等。

其中具体内容有：

对软件的基本要求需说明的有：软件系统的功能、性能、输出、输入、处理流程和数据流程、安全与保密、同本系统相连接的其他系统、完成期限等方面。

所建议的主要开发目标可能是：人力与设备费用的减少、处理速度的提高、控制精度或生产能力的提高、管理信息服务的改进、自动决策系统的改进、人员利用率的改进等。

系统开发的条件假定和限制应说明：运行寿命的最小值、进行系统方案选择比较的时间、经费和投资方面的来源和限制、法律和政策方面的限制、运行环境（硬件、软件等）和开发环境方面的条件和限制、可利用的信息和资源、系统投入使用的最晚时间。

同时还要说明进行可行性研究的方法：如调查、加权、确定模型、建立基准点、仿真等。并说明对系统进行评价的尺度。

c. 对现有系统的分析

该项包括现有系统处理流程和数据流程、工作负荷、费用开支、人员类别和数量、所用设备、系统局限性(即需要改进的地方)。

d. 所建议的系统

主要包括以下内容:

所建议的目标系统的说明、处理流程和数据流程、目标对现有系统的改进之处、目标系统所产生的影响(如:要求新的设备、开发新的软件、机构调整、使用新的操作方法和过程等)、目标系统的局限性和技术条件上的可行性(说明在目前的条件限制下系统目标能否达到、功能可否实现、开发人员的数量和质量能否完成相应的任务、能否近期开发出来等)。

e. 可选择的其他方案

参照上一条的要求和内容,分别说明各种可选择的方案以及未选中的原因。

f. 投资及效益分析

包括支出分析(应全面、详尽地列出各种支出和相应费用)、收益分析(各种定量和不定量的收益均应列出)、收益/投资比、投资回收周期和敏感性分析(敏感性分析是指一些关键性因素如系统生命周期长度、系统的工作负荷量、工作负荷的类型与这些不同类型之间的合理搭配、处理速度要求、设备和软件的配置等变化时,对开支和收益的影响最灵敏的范围的估计等)。

g. 社会因素方面的可行性

包括法律可行性和使用可行性。

h. 结论

说明可行性研究的最后结论。结论可以是:可立即开始进行、需要推迟到某些条件(如资金、人力、设备)落实后再开始、需要对开发目标进行某些修改后才能开始、不能进行或不必进行等。

②项目开发计划

项目开发计划的内容有：

a. 引言

编写内容同可行性分析报告。

b. 项目概述

包括项目开发中须进行的主要工作内容、主要参加人员、需移交给客户的最终产品（如程序、文件、各种安装培训与维护和运行支持等）、非移交产品（说明开发者应向本单位而不必向客户方移交的产品，如某些文件或程序等）。

c. 验收标准

根据项目概述中的最终产品说明逐项规定验收标准。

d. 完成的最迟期限

e. 批准者和批准日期

f. 实施计划

包括任务分解和人员分工、接口人员、进度、预算及有关的关键问题。其中的接口人员包括以下三类人员：

本项目同用户的接口人员；

本项目同本单位各管理机构的接口人员；

本项目同各分合同负责单位的接口人员。

g. 支持条件

应说明开发本系统所需的条件，主要有计算机系统的支持、需由用户承担的工作、外单位提供的条件等。

h. 专题计划要点

说明本项目开发中需制订的有关专题计划，列出其要点。如开发人员培训计划、测试计划、安全保密计划、质量保证计划、用户培训计划、系统安装计划等。

第三节 需求分析

2.3.1 需求分析的任务

需求分析（Requirements Analysis）所要完成的任务是：确定被开发软件的运行环境、功能和性能要求，编写用户手册概要和确认测试准则，为概要设计提供需求说明书。通俗地说，通过需求分析应能正确和准确地回答"系统必须做什么"。具体包括以下几个方面：

1. 确定系统的综合要求

需求分析首先从宏观角度出发，采用功能分解的方法，对系统作整体的分析。这样做有助于正确理解系统需求。这是当前流行的结构化分析方法的主要特征，也是人们认识事物的规律。对系统作综合分析，要求从总的方面确定以下内容：

①系统的功能要求。

②系统的性能要求（包括响应时间，存贮容量，后援存贮，安全性等）。

③系统的运行要求（包括环境，如操作系统、数据库管理系统、通信接口等）。

④系统将来可能提出的要求（即当前不可能列入软件开发范围，但将来可能会提出的要求）。

2. 分析系统的数据要求

通过系统中的数据分析系统的需求是一种较有效的分析方法。一般系统有两方面的特征，属性特征和行为特征。系统的属性可通过其数据结构、数据类型和数据流动体现。由于属性特征相对稳定，变化较小，所以系统的数据分析有助于系统分析的稳定性和有效性。数据分析主要包括确定系统的输入数据、输出数据、数据结构、数据类型、数据流动和数据加工及输入、输出时的要求设备等。

3.导出系统的逻辑模型

系统的逻辑模型是以某种形式说明系统属性和系统行为,它是现实系统的抽象,是对具体系统本质的描述。只有充分认识了系统本质,才可能真正了解系统需求,开发出符合需求的软件。

4.修正系统开发计划

可行性分析已经根据其分析结构推荐了初步的项目开发计划。由于在需求分析中,对目标系统的认识进一步加深,系统中的功能要求、数据要求和性能要求也逐步明确,因而,要根据系统开发工作的主要内容,其中的难点、要解决的关键问题及时间进度安排等对原来的初步项目开发计划做调整和修正。

5.开发模型系统

若所开发的系统在早期做需求分析工作困难较大,则可先做简要的需求分析。通过开发模型系统,利用原型方法(本章稍后将介绍)来帮助完成需求分析及此后的一些工作。

2.3.2 需求分析的步骤

1.调查被开发软件的环境

在这项工作中,分析人员应投入到相应的问题领域中,对其中的事物做体察入微的全面考虑,并研究和熟悉其中的所有细节。排除各种模糊的认识,准确掌握有关的基本概念。只有通过理解问题空间并建立它的模型,才能简单明了地用文字详细说明具体的问题需求。

2.进一步明确用户需求

在可行性分析阶段,虽然已经做过问题定义工作,但它只是初步的和概括性的。在需求分析阶段,可通过结构化的或其它类型的分析方法,运用归纳、推理和比较的过程,对所调查的结果进行分析,经过抽象和概括,进一步明确定义出用户的需求。

3. 确定人机界面

所谓人机界面,即手工处理和计算机处理相衔接的部分。在系统开发初期,分清计算机不能承担的工作和人在系统中的作用,及两者有效的协调方式是至关重要的。

例如,在图书流通子系统中,需要由工作人员以某种方式,手工输入有关的借书信息。当计算机办理完借书手续后,很多图书馆要对图书的防盗磁条进行消磁,这也需要由人来完成。又如,当图书归还,计算机办理完还书手续后,需要由工作人员将书及时放回到书架的正确位置上,才能保持机内信息和书库实际情况一致。这些由人来完成的工作都是系统的必要处理,是实现系统功能不可缺少的环节。如果这两者协调不好,整个系统就无法正常工作。

4. 修改初步的项目开发计划

对可行性分析中所制定的初步的项目开发计划,根据新的分析结果作必要的修改、补充和完善。

5. 制订确认测试计划

确认测试即项目委托方(甲方)最后的验收测试。验收的依据是确认测试计划,而该测试计划的依据是系统目标,即包括系统功能和性能等详细内容的用户需求。由于系统目标是在需求分析阶段制定的,所以,以此为依据的确认测试计划应在同一阶段,由相同的人员制定。这样,能最有效地保证两者的一致性。

6. 编写用户手册概要

在需求分析阶段就开始编写用户手册至少有以下两个好处:

①提早开始编写用户手册,使系统分析和设计人员在系统开发的早期就从用户的角度观察和分析系统,有利于提高系统对用户的友好程度,并有利于提高系统运行的方便性和实用性。

②在需求分析阶段开始编写用户手册,并使其随系统各阶段

的开发不断完善,而不是在编码测试完成后组织人员另行编写,有利于保证用户手册的正确性、完备性和同真实系统的一致性,并可保证其按时完成。

7. 评审

在以上各步实施的过程之中,形成有关的文档。最后,由专家、分析人员、其他开发人员、用户组成的评审组对需求分析所得结果的正确性、合理性和有效性进行检查。若通过评审,则可以开始下一阶段工作;否则,需重新进行需求分析工作。

2.3.3 实施要求

1. 必须以运行环境为基础

需求分析工作应以具体的运行环境为基础,实事求是。系统分析人员可以参考,但不能照搬其它类似的系统开发时的分析工作,更不能不负责任,凭个人的好恶或主观想象办事。

2. 应该要有客户所指定的人员参加

需求分析工作是系统分析人员同用户不断交互的过程。因此,在工作中,客户(开发委托者或开发委托者兼系统使用者)应参加分析工作,以保证交互的充分性和工作效率。

3. 需求说明书必须明确,并经过客户确认

需求说明书是需求分析工作最重要的完成标志。其有效性需经包括客户在内的评审组的确认。

需求分析不仅仅是一项严肃认真的工作,而且也是一项充满调查艺术的工作。请看下面一个需求分析的例子。

某工业集团在一开发区新建起几栋大楼。大楼建成后,需要在各楼间规划道路,铺设花圃和草坪。设计师并没有立即去找将要在大楼中办公的人员了解他们对道路的需求,而是先在各楼间全部铺上了草坪,上边没有一条道路。几个月后,草坪上被踏出一条条的道路,人们对道路的需求清晰而准确地表达在上面。行人

多的地方,踏出的路就宽,行人少的地方,踏出的路就窄;而人们所踏出的路,都是他们可能所走的路程中最佳的。设计师按照人们所表达的对道路的需求,规划了道路,重新铺设了草坪。而不好的需求分析所面临的结果是:铺出的道路没人去走,而没有铺路的地方却被踩出路。

需求分析至今仍被公认为是软件开发中最为困难,亟待解决的一个问题。需求分析的主要任务说来很简单,即正确理解和表达用户的要求,而其真正障碍在于,如何从应用领域提取知识,软件开发人员总是面临一个又一个新的而又陌生的知识领域,而人们现在所掌握的需求分析方法也仅仅限于"问卷"、"面谈"、"实地考察"、"同用户作充分反复的交互"等等,这种一般性的方法显然不能彻底解决问题。更为糟糕的是,用户往往不能正确表达他们的需求,他们所说的,常常并不是他们真正想要的。问题的最终解决还有待于计算机应用及认知科学的进一步发展。

2.3.4 完成标志

需求分析的结束,以完成所指定的文件,并经过评审认定为标志。应交付的文件有:

a. 软件需求说明书

b. 修改后的项目开发计划

c. 用户手册概要

d. 确认测试计划

e. 数据要求说明书

其中软件需求说明书是最重要的文件,其它每个文件都对应该阶段的一项工作。当然,在图书馆自动化系统开发中,可根据具体情况,灵活规定应交付的文件。

以下简要介绍其中两个主要文件的内容。

1. 软件需求说明书

需求说明书应包括引言、任务概述、需求规定、运行环境规定四部分。

①引言

引言说明编写的目的、有关开发的基本情况、本说明书内使用的专门术语的定义和有关的参考资料。

②任务概述

任务概述有以下内容：

a. 目标

包括系统的开发意图、应用目标、作用范围等。

b. 用户特点

说明本系统最终用户的特点及对操作人员、维护人员的教育水平和技术专长要求。

c. 假定和约束

说明对开发工作的有关限制，如经费限制、开发期限等。

③需求规定

需求规定包括以下六方面内容：

a. 对功能的规定

逐项定量和定性地说明对软件所提出的功能要求，如输入数据、中间处理、输出，并说明系统应支持的终端数和并行操作的用户数等。可用图表(如 IPO)来说明。

b. 对性能的规定

该项规定包括：

精度：对输入、输出及传输时数据的精度要求。

时间特性要求：说明软件系统对时间的要求。如：响应时间、更新处理时间、数据转换和传送时间、处理时间等。

灵活性：对操作方式、运行环境同其他软件接口、精度和有效时限、计划的变化或改进等方面变化的适应能力。

c. 输入输出要求

解释各输入输出数据类型,并说明其媒体、格式、数值范围、精度等。

d. 数据管理能力要求

说明需要管理的文件和记录的个数,表和文卷的大小规模,并要按可预见的增长对数据及其分量的存贮要求作出估算。

e. 故障处理要求

说明各种可能的软硬件故障、后果和处理要求。

f. 其他专门要求

包括安全保密、使用方便性要求、可维护性、可补充性、易读性、可靠性、运行环境可转换性的特殊要求等。

④运行环境规定

a. 设备

列出运行本软件所需硬设备及对设备的要求(如主机、外存、I/O 设备、数据通信设备及其他专用硬件等)。

b. 支持软件

所使用的操作系统、编译系统、测试软件等。

c. 接口

同其他软件的接口,数据通信协议等。

d. 控制

控制软件运行的方法和控制信号及信号来源。

2. 数据要求说明书

数据要求说明书包括引言、数据的逻辑描述和数据采集三个部分。

①引言要说明的内容同其它文档该部分相同。

②数据的逻辑描述包括对以下数据的描述:

a. 静态数据

所谓静态数据,指在运行过程中主要作为参考的数据,它们在很长一段时间内不会变化,一般不随系统运行而改变。

b. 动态输入数据

所谓动态数据,包括所有在运行中要发生改变的数据以及在运行中要输入输出的数据。

c. 动态输出数据

d. 内部生成数据

e. 数据约定

针对进一步扩充或使用方面的考虑,提出对各种数据的容量、文件、记录、数据元等个数的最大值,特别是属于临界性的限制。

③数据的采集要说明以下内容:

a. 输入数据的来源

b. 数据输入所用的媒体和硬设备

c. 接受者

d. 输出数据的形式和设备

e. 数据值的范围

f. 量纲

数字的度量单位、增量的步长、零点的定标等。如果为非数值数据,则应给出每一种合法值的形式和含义。

g. 更新和处理的频度

h. 输入的承担者

i. 预处理

对数据的采集和预处理过程要有专门的规定,如数据格式、通讯媒体和输入时间要求等。

j. 影响

第四节　数据流图和系统功能

2.4.1　基本思想

数据流图(DFD Data Flow Diagram)是结构化分析中的重要方法和工具,是表达系统内数据的流动并通过数据流描述系统功能的一种方法。数据流图还可被认为是一个系统模型。

在软件开发中,一般将它作为需求说明书的组成部分。

数据流图的作用具体有:

①数据流图是理解和表达用户需求的工具,是系统分析的手段。由于数据流图简明易懂,理解它不需要任何计算机专业知识,便于通过它同客户交流。

②数据流图概括地描述了系统的内部逻辑过程,是系统分析结果的表达工具。因而是系统设计的重要参考资料,是系统设计的起点。

③数据流图作为一个存档的文字材料,是进一步修改和充实开发计划的依据。

数据流图从数据传递和加工的角度出发,利用图形符号,通过逐层细分描述系统内各个部件的功能和数据在它们之间传递的情况,从而说明系统所完成的功能。

2.4.2　基本成分及符号规定

1. 基本符号

①数据流

说明系统内部数据的流动,用箭头表示。箭头指向为数据流动方向。箭头旁写数据名。

②加工

或称数据处理、变换,表示对数据进行的操作。描述符号如图2.4.1a 所示。符号内写加工名。

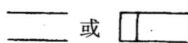

③数据存贮

或称文件,表示系统内需存贮保留的数据。数据存贮是系统内处于静止状态的数据,而数据流是系统内处于运动状态的数据。数据存贮的描述符号如图 2.4.1b 所示。符号内写文件名。

④外部对象

即向系统输入数据和接收系统输出的外部事物。也就是数据流的源点和终点,分别称为数据源和数据池。描述符号如图2.4.1c 所示。

图 2.4.1a　数据加工　　图 2.4.1b　数据存贮　　图 2.4.1c　外部对象

注意数据流图中的每一个成分各有两种表示符号,它们各成体系,彼此构成两套系统。不同系统的符号不要混用。

2. 其他符号

①符号 *

表示数据间的与关系,受其作用的多个数据应同时存在。

②符号 +

表示数据间的或关系,受其作用的多个数据可以同时存在,也可分别存在。

③符号 ⊙

表示数据间的异或关系,受其作用的多个数据只能分别存在,即互相排斥。

图 2.4.2 说明了这些符号的使用。

88

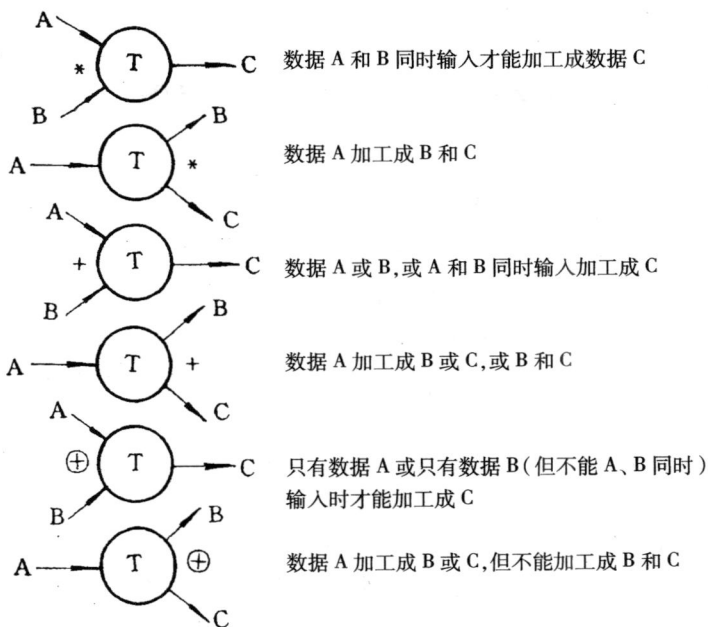

数据 A 和 B 同时输入才能加工成数据 C

数据 A 加工成 B 和 C

数据 A 或 B,或 A 和 B 同时输入加工成 C

数据 A 加工成 B 或 C,或 B 和 C

只有数据 A 或只有数据 B(但不能 A、B 同时)
输入时才能加工成 C

数据 A 加工成 B 或 C,但不能加工成 B 和 C

图 2.4.2　数据流图附加符号的使用

2.4.3　图书馆自动化系统数据流图

1. 系统数据流图的构成

系统的数据流图就是由以上各种基本符号和附加符号组成的描述系统内部数据流动及加工过程的图表。但是系统的数据流图不是简单的一张图,也不是几张图,而是一套分层的数据流图组成。这套分层的数据流图既表示了分析工作的自顶向下逐层分解的过程,也表示了对系统描述的由粗到细、在不同层次进行抽象的方法。

2. 系统数据流图的导出步骤

数据流图是结构化分析的典型分析和描述工具。数据流图的

导出遵循本书前边已提到的结构化分析方法的工作步骤,即:

①理解当前系统,得出其具体模型;

②通过对当前系统具体模型的分析,抽象出当前系统的逻辑模型;

③分析目标系统和当前系统的逻辑差别,建立目标系统的逻辑模型;

④修改、充实和完善目标系统的逻辑模型。

3.图书馆自动化系统数据流图

数据流图由四种成分构成:数据源和数据池、数据流、数据加工、数据存贮。画数据流图的过程就是从实际问题中不断地分析和提取这四种成分的过程。

首先从系统的最高层画起,将系统抽象成一个整体。先确定系统数据的源点和终点,即系统的数据源和数据池。这样,可确切地搞清系统的外部对象的关系与有关接口。所得到的数据流图为顶层数据流图,该图中只有一个加工处理,即系统加工。该加工编号为0。如图2.4.3所示。

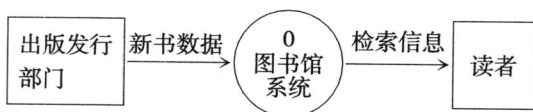

图 2.4.3 图书馆自动化系统顶层数据流图

在以上所画的顶层数据流图中,可能有人认为出版发行部门应进一步细分,将发行图书的书店(或出版商)和发行期刊的邮局分别画出来。当然,这样做也完全可以。但是,一般来说,在画顶层数据流图时,应尽量使问题简单化,使分析的重点集中于问题的主要方面。具体的细节,可在进一步的分解中区分。不同层次的数据流图对应着不同层次的抽象。同时,数据流图的重点是在系统的内部,对于外部环境,除非是理解系统目标、功能所必需的,一般不再详细分解。

在顶层数据流图中,也没有画出数据存贮。因为一般来说,在将系统看作一个整体加工时,还没有涉及到数据的存贮。同样道理,当画某一层数据流图时,若当时还没有使用某一文件,虽然我们已经意识到这个文件的存在,也不把它画出来。而是等到使用该文件时,才将其画出。

得到顶层数据流图后,就可沿着输入数据流(或物质流)进入系统,对图书馆自动化系统做进一步的分解。

图书进入图书馆后,首先要经过存贮处理,然后才能阅览或借出,进入流通环节。读者可通过存贮处理后生成的各种目录进行查询。根据以上调查分析,就可将顶层数据流图分解为如图2.4.5所示的第一层数据流图。

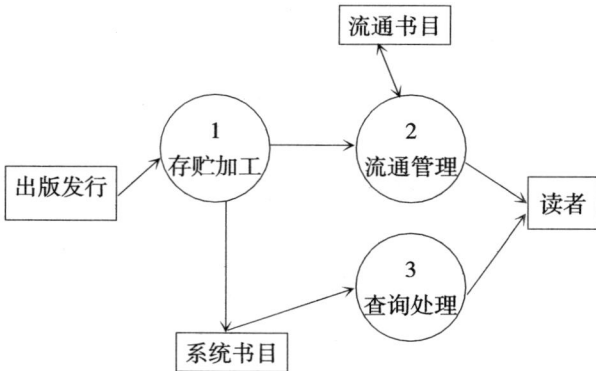

图 2.4.5　第一层数据流图

在第一层数据流图中,分解出了三个加工,它们仍然是很概括的,但较之顶层数据流图,要稍具体一些。三个加工分别被标以从"1"开始的一位数字的编号。图中还画出了两个数据存贮,即系统工作文档(工作文档可为物理文件或卡片)。其中的"系统书目"是用来记录对图书经过分类主题标引和编目工作后所产生的编目数据的,它即表明了加工1和加工3间通过数据存贮产生的联系,也表明了该数据存贮在系统中的作用,因而是必要的。而另外一个数据存贮,"流通书目"数据库,由于实际上它是加工2内部处理时的文档,因而在这里不画也是可以的。

得到第一层数据流图后,可对其中的每一个加工继续分解。如其中的"存贮加工",就可细分为"采购"和"编目"两个子加工,并可分别编号为"1.1"和"1.2"。当然,如果调查研究时是按照图书馆内部的工作部门进行的,也可以在第一层数据流图中就直接画出这两个加工,而没有中间一层的加工"存贮处理"。对数据流图的分解可以有多种方案。同时,完成同样逻辑功能的数据流图的设计也不是唯一的,可以有多种不同的方式。

每得到一层数据流图后,都要对其中的加工做一番审查,看看加工是不是比较简单,能否说明该加工要完成的工作。如果完全可说明,则无需进一步分解;否则,还要进一步分解,直到达到目的为止。

2.4.4 构造数据流图的注意事项

1. 对数据流图中的加工和数据流应适当确切地命名,使其名称明确、直观、简练,从而增强其可理解性。具体应注意以下几点:

①数据流和加工的名称都要表达其整体含义而不只是反映它的某个部分。

②不用空洞词汇命名,如:数据、信息、输入、输出、处理、操作等。命名要有确切的含义,一般使用指代明确的动宾短语。像"存贮和打印订书单"、"接收征行目录"这样的命名就比"处理订书单"、"接收输入"要好得多。

③若遇到难以命名或无法命名的加工或数据流,则说明此时的数据分析工作可能存在问题,如分解不恰当等,应考虑重新分

解。合乎逻辑的自然分解应能容易得到概念清晰的合理命名。

2. 注意区别数据流、控制流和物质流

在画数据流图时,注意区别数据流、物质流和控制流。

数据流图中一般只画数据流,少画或尽量不画物质流。例如,"书"是物质流,而"索书号"、"书码"是数据流。如果为了描述清晰,使图中内容便于理解,必须反映物质流,可用双线箭头表示物质流,以同数据流区别。图 2.4.6 即为一个物质流的例子。但物质流的数据量一定要控制,过多的物质流会影响数据流图的清晰性。

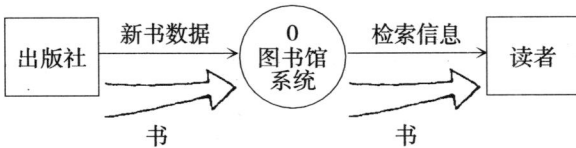

图 2.4.6　数据流图中的物质流

数据流图描述的是系统内数据的流动,描述系统内数据的变换和加工过程。其目的只是说明系统的数据组成和系统做什么,而不是说明系统怎么做的。因而,在此方面,它同程序流程图有本质的区别。数据流图基本上不表示控制流程,也不强调控制的次序。数据流图中不允许出现控制流。所以,数据流图不一定反映处理的先后次序。在数据流图中一般不出现条件判断,这是初学者在数据流图分析时极易出现的典型的错误。不要把数据流图画成处理流程图。

3. 只考虑稳定状态,不考虑运行过程

数据流图所要表达的,只是系统的软件组成和系统的逻辑功能,从本质上讲,它是系统的一个静态逻辑模型。由于数据流图只考虑"做什么",而不考虑"怎么做",所以不考虑系统如何开始,如何结束,哪个加工在先,哪个加工在后。这样可以集中精力搞清系统在稳定状态下的主要问题。

4. 先抓主要方面,忽略琐碎的枝节问题

数据流图分析采用的是自顶向下的方法,该方法体现在一个由粗到细的分析过程之中。自顶向下的目的就是为了使系统人员在分析问题时,先抓主要方面,忽略琐碎的枝节问题。分析时,应先着眼问题的主要方面,然后再通过子图涉及具体的细节。刚开始分析时先不考虑如出错处理、例外情况等细节问题的处理等。

画数据流图时,要贯彻"自顶向下、自外向里、自左向右"的原则。在画0层图时,参照现有系统的工作分组情况,并按新系统应具有的外部功能,将它划分成几个子系统。决定子系统间的数据接口和各子系统的工作关系,从而画出第0层图。在画更下层图时,则沿着输入数据流(或沿着输出数据流回溯)的流向,凡遇到数据流的组成结构或数据值发生变化时就设置一个加工。这就是自外向里的原则。但这时要注意该层图的精细程度,应注意隐藏更多的细节。这样一直画到输出数据流(或输入数据流)。在画数据流时如果遇到一组相关数据,而客户将它们作为一个单位来处理,则应将它们看作是一个数据流。对于每一个数据流应了解它的组成是什么,这些组成项来自何方,这些组成项如何组成一个数据流,为实现这一组合项需要什么加工和数据等。这样的分析也有助于数据流图的绘制。

当自顶向下地分层绘制数据流图时,每得到一张图,都可以继续分析每一个加工的内部处理。如果加工的内部还有一些数据流,则对此加工应进一步分解,将其分为几个子加工,并在子加工之间画出这些数据流。如此继续分解下去,直至每一个加工都足够简单,并易于理解为止。每张底层的数据流图是由一些不能再分解的加工和简单的数据流组成的。这些加工被称为基本加工。

5. 编号要和分层对应

任一系统的数据流图都不可能由一张图组成,而是一套分层的数据流图。对分层图中的每一张,每张图中的每一个加工,都要给予编号,以便于顺序归档保管和查询。

如果一张数据流图是由另外一张图中的某个加工经过分解而得到的,则分解后的流图称为子图,而分解前的流图称为父图。子图是父图中某个加工的精细化。由于数据流图是通过多层分解的,所以父图和子图是相对的。

由于除顶层数据流图外,分层图中的每一张都是其父图中某个加工经分解得到的。所以对分层图最好的编号方法是以其父图中相应加工的编号作为其编号。这样的编号方法具有良好的唯一性,并能揭示出分层图中所包含的对应关系。

按照这种编号方法,由于顶层图没有父图,且只有一张,所以不予编号。顶层图的加工表示整个系统,编号为"0"。

顶层图的子图为"0 号图",其上的加工顺序编号为 1,2,3,……,0 号图也只有一张。相应地,0 号图的子图分别为"1 号图"、"2 号图"、"3 号图"……等。

在 0 层图以下各层次的图中,每个加工的编号是其父图中所对应的加工的编号加上一个小数点,再加上该加工在本图中的局部顺序编号。表 2-4-1 是一个图和加工编号的例子。

图的层次	图编号	图中加工编号
顶层图	不编号	0
第 1 层	0	1,2,3,4……
第 2 层	1,2,3,4	(1.1,1.2,1.3),(2.1,2.2),(3.1,3.2)
	……	(4.1,4.2,4.3)……
第 3 层	1.1,1.2	(1.1.1,1.1.2),(1.2.1,1.2.2,1.2.3)
		(1.3.1,1.3.2,1.3.3,1.3.4,1.3.5)
	2.1,2.2	
	3.1,3.2	……
	4.1,4.2	
	……	

表 2-4-1 图和加工编号的例子

6. 父图和子图要平衡

所谓父图和子图的平衡,就是两图中的输入输出数据流要相互对应,在逻辑上保持一致。基本的平衡要求是输入输出流数据量上的一致,即若父图中对应子图的加工有 m 个输入数据流和 n 个输出流,则整个子图应有 m 个输入数据和 n 个输出数据。

图 2.4.7 是一个平衡的例子。其中,图 2.4.7a 是父图,它的加工 2 有两个输入数据流和两个输出数据流。图 2.4.7b 是子图,它是对父图中的加工 2 所做的进一步分解。对整个子图而言,它有两个输入数据和两个输出数据。

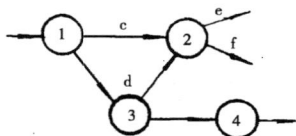

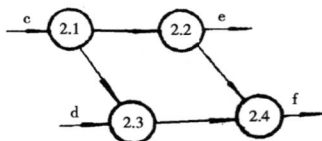

图 2.4.7a   图 2.4.7b

图 2.4.8 是一个不平衡的情况。其中,图 2.4.8a 是父图,它的加工 3 有一个输入数据流两个输出数据流。图 2.4.8b 是子图,它是对父图中的加工 3 所做的进一步分解。但对整个子图而言,它有三个输入数据,一个输出数据。

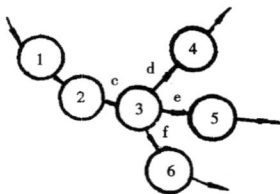

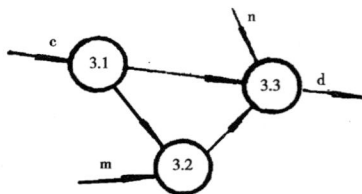

图 2.4.8a   图 2.4.8b

父图和子图不平衡是数据流图分析时常出现的错误。产生的主要原因是对数据流图反复修改时的疏忽。如对子图修改时,删除了某一个数据流,但忘记了对父图做相应的修改,因而造成了不一致。

但有时也有父图和子图表面上不平衡,而实际平衡的情况。对父图和子图是否平衡的判断以输入、输出数据流的数量做基本标准,但不能以此为绝对标准。重要的是观察它们之间的逻辑关系。由于子图是父图的详细化,因而,可能子图不仅仅是父图加工的详细化,也是数据流的详细化。所以,当子图中的数据流数量多于父图时,最好参考数据字典,看一看多出的数据流是否是父图中某个数据流的分解。图2.4.9就是这样的一种情况。

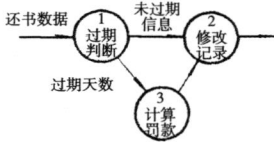

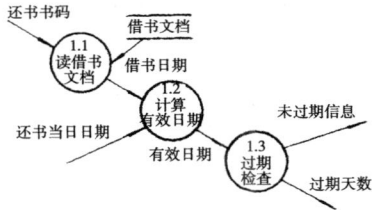

图 2.4.9a   图 2.4.9b

表面上看,父图中1号加工"过期判断"只有一个流入数据流"还书数据",而子图中却有两个流入数据,似乎不平衡,但事实上,"还书数据"是由"还书登录号"和"还书当日日期"组成的,因而是平衡的。

7. 局部文件

如果某个中间层次的数据流图中的数据文件不是父图中的相应加工的外部接口,而只是本图中多个加工之间的数据接口,则称这些数据文件为局部文件。一个局部文件只有在作为两个加工的数据接口或某个加工的特定的输入输出时才将其画出。对局部文件画出的规定,有助于实现信息隐藏。

8. 使用数据流图的分析是个由粗到细,由虚到实的过程。必要时应重画,重画时包括对数据和加工作重新分解。

为了提高数据流图的可理解性,有时需要对难于理解的数据流图作重新分解。事实上,对于一个大型系统所做的需求分析,很少有一次成功的。往往需要多次重复,反复修改,才能得到最终的结果。

重新分解数据流图经常的步骤是:

①把该图的所有子图连成一张;

②把所得的图分解成几部分,使各部分之间联系最少,即各部分彼此间数据流最少;

③重新组合,建立新父图,即每一部分变成一个加工,而各部分之间的数据流就是加工的界面;

④重新建立子图;

⑤为所有加工重新命名和编号。

请看图 2.4.10 所示的例子。

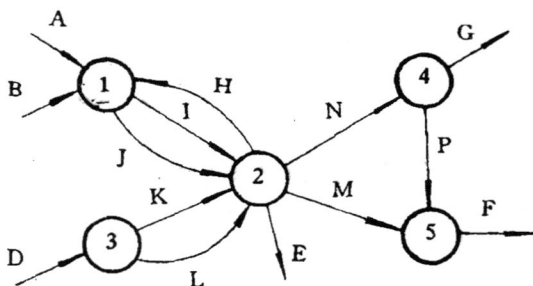

图 2.4.10

可以看出,加工 2 的输入输出太多,相应地,它所包含的加工也多,不易理解。因而考虑将其分解,以得到更清楚的流图。进一步考虑,2 所包含的 5 个加工中,可以分成两组,2.1、2.2、2.3 为一组,2.4、2.5 为一组,两组彼此间没有联系,于是重新分解为图 2.4.11 所示的数据流图。

2.1、2.2、2.3 合并后称为 2,而 2.4、2.5 合并后,将其重新命名为 6,如图 2.4.12 所示。

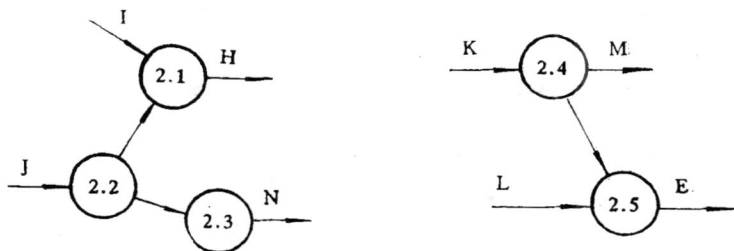

图 2.4.11

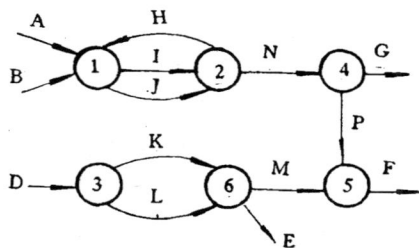

图 2.4.12

当然,重新分解并不是只在抽象的图上进行,更重要的是结合实际情况,如果重新分解后,逻辑关系更清楚,那就应当分解;反之,即使图上看来线条清楚了,而逻辑关系却混乱了,则以不重新分解为好。

良好的数据流图不仅描述正确,准确表达了客户需求和系统的内部过程,还应可理解性强,便于客户和系统设计人员的阅读。为增强数据流图的可理解性,应注意以下几方面要求。

①加工间联系简单

分解的目的是为了把复杂的关系简单化。合理的分解是:加工之间数据流少,加工的相对独立性强。

②分解均匀性

理想的分解是将一个大的问题分解为规模均匀的几个部分。一般地说,如果一个大加工分解成几个小加工后,有的小加工已不能再分,而有的却还需要多次分解,则不利于理解。

③命名恰当

第五节　数据字典

2.5.1　数据字典和数据流图的关系

数据流图说明了系统内数据的处理,但未对其中数据的明确含义、结构和组成做具体的说明。因此,仅有数据流图还不能完整地表达系统的全部逻辑属性。如"订书单"都包括哪些项目?"采购数据库"记录了哪些数据? 这些问题数据流图都无法回答。而它们又都是下一步系统设计要使用的重要内容。数据字典就是用来具体描述数据流图内数据的这些逻辑性质的。

数据字典是关于数据流图内所包含数据元素(数据存贮、数据流、数据项)的定义及说明的集合。其作用就是为系统人员在系统分析、系统设计和系统维护中提供有关数据的描述信息。

数据流图、数据字典和加工说明结合在一起,共同构成了系统的逻辑模型。它们是结构化分析中数据流方法的三个不可缺少的部分。

2.5.2　数据字典的条目类型

数据字典由以下三类条目组成。

1. 数据流

2. 文件(数据存贮)

3. 数据项(数据元素)

2.5.3 条目组成、格式和使用符号

1.条目组成

条目给出有关数据的重要内容,各种条目的信息组成如下:

①数据流条目

数据流名字

［简述］

［别名］

组成(即数据结构)

数据流量

［峰值］

［用途］

［来源或流入］

［去向或流出］

［注释］

②文件条目

文件名字

［简述］

［别名］

文件组成(即文件结构)

存取频率

［存取峰值］

组织方式

［用途］

［注释］

③数据项条目

数据项名字

［简述］

〔别名〕

组成（即数据结构）

值类型

取值范围

〔注释〕

以上为一般的内容组成（其中方括号中的内容为可选项）。根据不同的系统要求,可增删一些具体内容。

2. 使用格式

在系统分析实际使用时,数据字典的组织有两种形式:卡片式和书本式。卡片式即将数据字典的每一个条目写在固定样式的卡片内。书本式即是在记录簿内顺序书写数据字典中条目的内容。

卡片式的各种条目样式如图2.5.1所示。

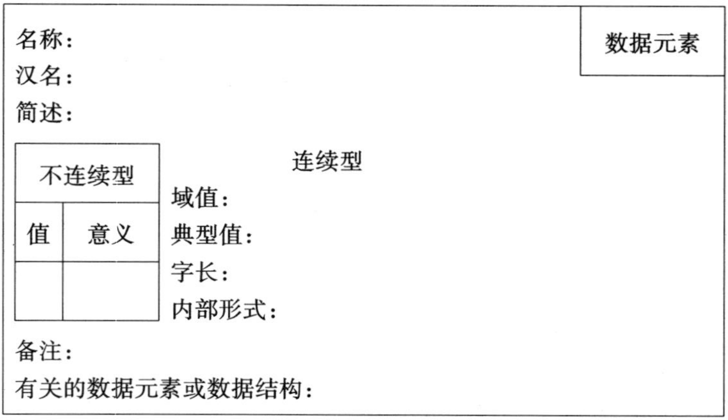

图2.5.1a　数据元素条目样式

```
                                                        数据流

汉名：
来源：
去向：
描述：
包含的数据结构：
流通量：
分析意见：
```

图 2.5.1b　数据流条目样式

```
                                                        数据存贮

名称：
汉名：
简述：
流入数据流：
流出数据流：
内容（数据结构）：
存取分析：
物理组织方法：
参考文件：
分析意见：
```

图 2.5.1c　数据存贮条目样式

3. 数据的定义方法

　　为了更加清晰地定义数据，尤其是复杂数据，说明其构成成分，在编制数据字典时引入了一些数据定义符号。这些符号既能明确描述复杂数据的结构数据项间的关系，又直观、易懂，能使客户和设计人员准确理解其含义。

　　任何复杂数据基本是由数据元素反复使用顺序、选择和重复三种方式而形成的。为此，描述数据结构的具体符号可有以下

几种:

①＝

表示等价,即定义为。

②＋

表示顺序连接,即两个分量相连。

③［数据1|数据2……]

表示选择,即从所列出的多个数据中选择一个使用。数据间的选择关系也可使用以下形式说明:

$$
\begin{bmatrix} 数据1 \\ 数据2 \\ …… \end{bmatrix}
$$

两种表示方法是等价的。

④{ }

表示重复,即花括号内的数据可重复多次。重复次数的上下限可写在花括号的上下角标处,若重复次数固定,则其上下限相同。

⑤( )

表示可选,即圆括号内的数据可有可无。

⑥m..n

表示范围,即数据的取值是 m 和 n 之间的整数(包括 m、n)。

下面给出几个例子,说明上述符号的使用。

例 2.5.1. 借书证状态 =［正常|挂失|停借]

例 2.5.2. 借书证 = 姓名 + 单位 + 住址 + 照片 + 证码 + 出生年月

例 2.5.3. 有效借书证号 = 100000..299999

　　　或

有效借书证号 = {1|2} + {0|1|2|3|4|5|6|7|8|9 $\}_5^5$

2.5.4　字典的实现

字典的实现可以有手工方式、计算机管理的自动方式和半自动方式三种。但无论使用何种方式,都要注意满足以下几方面的要求:

①完整性

数据流图中的各种数据项应无遗漏地出现在数据字典中。

②一致性

a.没有冗余条目。

b.条目无歧义性。

c.不重复出现字典中其它地方已经出现的信息。

d.相互参照准确。

③可用性

a.通过名字能方便地查阅数据的定义。

b.容易更新和修改。

c.能单独处理每个数据元素的信息。

d.定义的编写方法简单方便而且严格。

e.生成的内容开发者和用户都容易理解。

下边简要介绍三种方式:

1.手工方式

手工方式使用传统的编辑方法,用纸和笔来完成数据字典的建立、修改、管理和查询。因而其工作量大,容易出错,一致性、完整性较难保证。卡片式的数据字典格式就是为便于管理,首先在手工方式中采用的。

以卡片为格式的手工编制方法建立数据字典的步骤是:

①按开发规范设计卡片格式,并印制卡片。

②根据数据流图,分别填写相应的卡片。

③分别以数据流图号、条目类型、数据名称为主、次关键字将

卡片排序。

④建立索引。

2. 计算机管理的自动方式

计算机管理的自动方式通过一个数据字典管理系统完成数据字典的录入生成、检查、查询和维护工作。一个数据管理系统应包括以下几方面内容：

①根据开发规范,制定一套条目格式,作为其一组内部语法。

②具有编辑功能,可接收录入数据以生成数据字典。

③具有管理维护功能,能多途径查询,并可进行增加、删除和修改操作。

④具有完整性、一致性的检查能力。

⑤具有分类、统计功能,能产生各类报告(如交叉参照等)和清单。

自动方式的程序界面可以是自行设计的格式,也可参照卡片式的格式。

3. 半自动方式

半自动方式是以计算机中通用的文本编辑程序和报表生成程序为工具来编制数据字典。

2.5.5　实例分析——文献流通子系统数据流图的数据字典条目

以下列出一些数据字典条目,以便进一步理解其编制方法。

例2.5.4.数据项"索书条"条目

索书条 = 书名 + 索书号 + 册数 + 姓名

组织:按索书号升序排列

例2.5.5.数据项"查询信息"条目

查询信息:[书名|索书号|书码|证码|读者姓名|读者证号|]

例2.5.6.数据项"代书卡"条目

数据项名称:代书卡

简述:存于图书最后页的书袋中,图书借出时,抽出此卡登记读者姓名和还期,保留作流通账卡使用。

数据项组成:索书号 + 书名 + 登录号 + 著者 + ｛借书人姓名 + 应还日期｝

数据项组织:和借书人借书卡放在一起,按借书人证号升序排列。

例 2.5.7. 数据项"借书证条形码"条目

数据项名称:借书证条形码

数据项别名:证码

数据项组成:馆代码(6 位字符数字) + 借书证代码(8 位字符数字)

例 2.5.8. 文件"预约文档"条目

文件名称:预约文档

文件组成:姓名 + 书名 + 索书号 + 登记日期

组织方式:按索书号升序排列,相同索书号按日期升序排列。

第六节　加工说明

2.6.1　加工说明的作用

到目前为止,通过数据流图和数据字典,我们已经可以分析和描述系统内数据流动和有关数据的特性。但还不能对数据流图中的数据处理,即数据加工进行描述。如对于数据流图中的处理"选书"或"查重",设计人员仅凭数据流图还无法知道具体要做些什么,故还需要一组对数据流图中加工进行说明的条目。

加工说明是对数据流图中最基本的加工(即取底层的数据流

图中不需再分解的加工,称为基本加工)所做的说明。非基本的加工的含义,可以通过对照,综合有关的基本加工说明得到解释,故无须再做说明。

严格地说,加工说明是数据字典的一部分,是数据字典中的一种条目类型。因此,它通常又被称加工小说明。但由于同数据字典内其它条目相比,加工说明有自己鲜明的特点,是结构化设计的关键部分,故将其单独列出。

2.6.2 加工说明的格式

加工说明包括以下内容:

加工名

编号

激发条件

加工逻辑

执行频率

优先级

输入

输出

其中,加工逻辑是以文字性的描述对加工所做的解释。需要注意的是,它是对加工"做什么"的描述,它通过对加工过程和步骤的概括说明,来明确规定加工要完成的任务及其程度。因为有时若不涉及具体过程就会对要完成的任务及完成的程度作出不同的理解。加工说明不是用来解释加工应该"怎么做"的。

对加工逻辑的描述没有固定的方法要求,可以使用多种工具,如结构化语言、判定表、判定树、层次方框图、IPO 图、WARNIER 图等。

2.6.3　结构化语言

结构化语言是自然语言的一个受限子集,它采用介于形式语言和自然语言之间的语言形式,虽不如形式语言精确,但简单明了,易于掌握和使用,便于用户理解,又避免了自然语言的不严格、存在二义性等缺点。故适合作为需求分析的工具。之所以称其为结构化语言,是因为它限定只使用三种基本的控制结构,即顺序、选择和循环。结构化语言由外层语法和内层语法两部分组成。

1. 外层语法

外层语法用来规定加工处理的基本结构,说明了所控制各部分的逻辑关系。它也只有顺序、分支、循环三种成分,三种基本结构可互相嵌套,形成任何复杂的处理结构。

①顺序结构

可由一个或多个符合内层语法的简单祈使句、符合外层语法的基本结构顺序排列组成。

②选择结构

其基本形式是:

　　　IF　条件　THEN 顺序结构 1

　　　　　　　　ELSE 顺序结构 2

或:

　　　IF　条件　THEN 顺序结构

也可用中文表示如下:

如果　条件　则　　顺序结构 1

　　　　　　否则　顺序结构 2

或:

　　如果　条件　则　顺序结构

其中的顺序结构表示相应的处理动作。

③循环结构

其基本形式是：

REPEAT 顺序结构 UNTIL 条件

或：

FOR EACH 条件

DO 顺序结构

也可用中文表示如下：

重复执行　顺序结构

直到　　条件　成立

或：

对于每一个　条件

执行　顺序结构

2. 内层语法

内层语法用来规定内部的语句使用。同外层语法比,内层语法比较灵活,它由系统人员根据加工的具体特点和用户能接受的程度来决定。一般讲,它有以下部分：

①语态

只祈使句一种语态,即用动词＋名词的结构。用以明确表示此加工"做什么"。

②词汇

a. 名词应是数据字典中所定义过的,以力求准确,避免含糊性。

b. 动词表示加工中的动作,要避免空洞的语词,如处理、控制、掌握等。

c. 不用形容词、副词等修饰语,但可用状语短句。

d. 可以用些常用的运算符、关系符等帮助说明条件。

例 2.6.1. "审查读者借书权"加工说明

名称:审查读者借书权

编号:2.2.2

激发条件:收到读者借书证和拟借书

加工逻辑:扫描接收借书证码,

用借书证码调出读者文档相应记录,

IF 无此记录

THEN 向加工 2.2.4 发"无借书权信息"(2.2.4 为显示无借书权信息处理),

ELSE 审查记录,

IF 有未交罚款 或 有过期书 或 借书已满

THEN 向加工 2.2.4 发"无借书权信息"

ELSE 向加工 2.2.3 发"有借书权信息"(2.2.3 为登记处理)。

执行频率:500 – 1000 人次/天

优 先 级:一般

输　　入:有效借书证号

输　　出:借书权信息

2.6.4　判定表和判定树

在加工说明中,除常使用的结构化语言外,对于一些较复杂的多条件、多组合判断处理,还经常用到判定表和判定树。这是因为对于描述这种依据多条件组合判断的结果来决定多目标动作中所采取的处理策略,采用结构化语言的叙述方法是不合适的,容易造成处理结构复杂,没有计算机专业知识的客户难于理解的结果。而采用表格说明的形式,却往往可将复杂的过程描述得逻辑清晰,不需专门知识即可使人一目了然。判定表和判定树(又称决策表和决策树)是描述具有复杂逻辑关系的多条件判断、多目标动作的广为使用的形式化工具。

1. 判定表

在判定表中,条件和操作(即目标动作或行动)之间的逻辑关系被明确易懂地表达出来。一个判定表由"条件定义"、"行动定义"、"条件取值"、"行动决策"四个部分组成。其结构如图 2.6.1 所示。

条件定义	条件取值
行动定义	行动决策

图 2.6.1　判定表的结构

其中"条件定义"部分自上而下列出了判断中所用的各种条件,条件的上下位置可以交换,无严格的次序要求。"行动定义"部分也由上而下列出了可采取的所有动作,排列的顺序也没有严格要求。"条件取值"和"行动决策"部分依次列出具体的条件取值数据和所选定的行动操作,其排列位置应按处理情况的"条件—行动"严格对应。

下面通过例子来说明判定表的绘制过程。

例 2.6.2.一般图书馆在读者借书时,即告知读者还书日期。图书馆自动化系统应有根据借书日期和借书期限计算还书日期的功能。设某馆借书期限为一个月,则一般的还书月份可为借书月份加 1 个月,还书日仍为借书日。

但以上计算方法显然存在许多问题。首先,若借书月为 12 月份,则还书月份应为 1 月份而不是 13 月份;还书日期还应该是一个实际存在的日期,如不能是 2 月 30 号或 9 月 31 号。同时,还书日期还应是图书馆的工作时间,若图书馆 10 月 1 日放假闭馆,则不应让 9 月 1 日借书的读者于 10 月 1 日来还书。

考虑各种可能的还书日期情况,并假设图书馆每周工作 7 天,星期六和星期日不休息,则可列出如表 2 - 6 - 1 所示的分析。

借书日期	还书日期
1.29 ~ 2.1	3.1
3.31 ~ 4.2	5.3
5.31	7.1
8.31 ~ 9.2	10.3
10.31	12.1
12.1 ~ 12.2	1.3
其它	（月 + 1）MOD（12）

注:假设图书馆每周工作 7 天

表 2 - 6 - 1　还书日期分析

根据以上分析,可直接得出还书日期判定表。详见表 2 - 6 - 2。

借书日期	1.29 ~ 2.1	3.31 ~ 4.2	5.31	8.31 ~ 9.2	10.31	12.1 ~ 12.2	其它
还书日期	3.1	5.3	7.1	10.3	12.1	1.3	（月 + 1）MOD（12）

表 2 - 6 - 2　确定还书日期的判定表

以上为单条件判断的例子。下面再通过一个多条件判断的例子来说明判定表的详细生成过程。

例 2.6.3. 在图书馆采购工作中,选书是一项很重要的内容。假设某学校图书馆在接到征订目录后,根据以下简单规则进行初选(用结构化语言描述)。

若已有入藏或已订购(通过查馆藏目录和订购目录验证),则不订;否则,

若为教育类或心理类图书,则

若单价适中(< 20 元),则订 6 本;

若单价较贵(20 元≤单价 < 50 元),则订 3 本;

若单价昂贵(≥50 元),则订 2 本。

若为本校设有相应专业的科技类或其它社科类图书,则

若单价适中(< 20 元),则订 6 本;

若单价较贵(20 元≤单价 < 50 元),则订 3 本;

若单价昂贵(≥50元),则订2本。

其它不订。

对于较为复杂的判定表,可按以下步骤绘制:

①确定判断中的条件,如本例中共有四个条件,分别是:藏订情况、图书类别、专业需要、价格。

②找出每个条件的可能取值,并给出简要的符号表示,以便于绘制判定表。

③计算所有条件的组合数。

本例中组合数 $= \prod_{i=1}^{4} mi = m1 \times m2 \times m3 \times m4 \times = 36$

以上内容可绘于一称为"条件取值表"的表格内。本例的条件取值表见表2-6-3。

条件	条件取值	符号	取值数
藏订情况	已藏或已订	Y	
	未藏且未订	N	m1 = 2
图书类别	教育或心理	P	
	科技或其它社科	S	
	其它	T	m2 = 3
价格	适中	M	
	较贵	H	m3 = 3
	昂贵	V	
专业需要	需要	F	
	不需要	G	m4 = 2

表2-6-3　条件取值表

④提取目标动作,如不订、订2本、订3本、订6本等。

⑤绘制原始判定表。本例的原始判定表见表2-6-4。

⑥检查判定表的完整性。完整性检查包括:

是否有判定条件组合的遗失，是否存在矛盾判定列和冗余判定列。

矛盾判定列是指两个判定列条件取值完全相同但动作不同；冗余判定列是指两个判定列的条件取值和动作完全相同，即重复判定列。

⑦优化判定表。

对判定表的优化工作包括以下两个步骤：

a. 若对判定表中的某一条件或某几个条件的组合而言，当其值或它们的取值组合确定后，其它条件不再起作用，则将所有不起作用的条件合并。

b. 条件合并后判定表的完整性检查。

本例优化后的判定表见表2-6-5。

	1	2	3	4	5	6	7	8	9	10	1	2	3	4	5	6	7	8	9	20	1	2	3	4	5	6	7	8	9	30	1	2	3	4	5	6
藏订情况	Y	Y	Y	Y	Y	Y	Y	Y	Y	Y	Y	Y	Y	Y	Y	Y	Y	Y	N	N	N	N	N	N	N	N	N	N	N	N	N	N	N	N	N	N
图书类别	P	P	P	P	P	P	S	S	S	S	S	S	T	T	T	T	T	T	P	P	P	P	P	P	S	S	S	S	S	S	T	T	T	T	T	T
价格	M	M	H	H	V	V	M	M	H	H	V	V	M	M	H	H	V	V	M	M	H	H	V	V	M	M	H	H	V	V	M	M	H	H	V	V
专业需要	F	G	F	G	F	G	F	G	F	G	F	G	F	G	F	G	F	G	F	G	F	G	F	G	F	G	F	G	F	G	F	G	F	G	F	G
订6本													√	√						√																
订3本															√	√					√															
订2本																	√	√					√													
不订	√	√	√	√	√	√	√	√	√	√	√	√							√			√		√	√	√	√	√	√	√	√	√	√	√	√	√

表2-6-4　原始的判定表

	1	2	3	4	5	6	7	8	9
藏订情况	Y	N	N	N	N	N	N	N	N
图书类型	–	P	P	P	S	S	S	S	T
价格	–	M	H	V	M	H	V	–	–
专业需要	–	–	–	–	F	F	F	G	–
订6本		√			√				
订3本			√			√			
订2本				√			√		
不订	√							√	√

表 2 – 6 – 5　优化后的判定表

2. 判定树

判定树的作用和判定表相同,它们之间的区别仅在于判定树以树形结构表示条件和动作,可以认为是判定表的一种变形。两者本质上是一样的。由于判定树采用的是图形表示形式,而更具示意性、直观性和引导性,更易于问题的表达和理解。具体应用时,可根据自己的习惯选择使用。

判定树的基本结构是一棵从左向右生长的树。其树根在左边,表示加工或所要解决的问题。从左到右的每一列(最后一列除外),对应一类判断条件,自上而下,按对应关系写出其所有取值,位置在右边的判断列,其所有条件取值要根据在其左边的判断列的取值个数重复多次。最后一列是对应的目标动作。如图2.6.2所示。

一个判定树的绘制过程是:

①以被描述的加工作为树根。

②将判定条件从左到右依次写在欲画树的上方。

③在第一个判定条件下,自上而下写出该条件的所有取值,并画线将它们与树根相连。

④从第二个条件开始,到最后一个条件为止,依次做如下

操作:

在每一个条件下面,以排在其左边的前一个条件的取值个数作为重复次数,重复列出其所有的取值,每次重复作为一组,并画线将它们与前一个对应的条件相连。

⑤在最后一列,以其前边相连在一起的条件取值组合为依据,写出相应的动作。

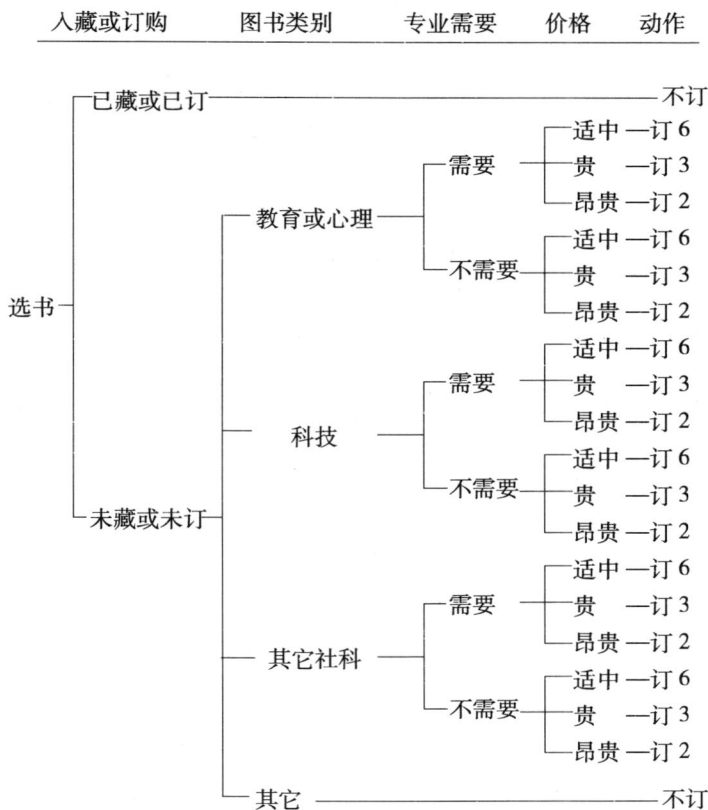

图 2.6.2　判定树

以上画出的判定树不是最优的,可对其进行优化。优化可从以下几个方面进行:

①若对某一条件的某一取值而言,后面的其它条件的取值对动作没有影响,则应不画后边的各条件,而将此条件和后边的动作直接相连。

②若对处于同一层次的某几个条件取值而言,它们后边的各种条件判断及处理动作完全相同,则可将该层次的这几个条件取值合并。

③对各条件起作用的程度进行分析,按它们起作用的强弱程度由左到右排列,起作用最多的条件排在最左边。

图 2.6.2 所示的判定树经优化后,得到图 2.6.3 所示的优化判定树。

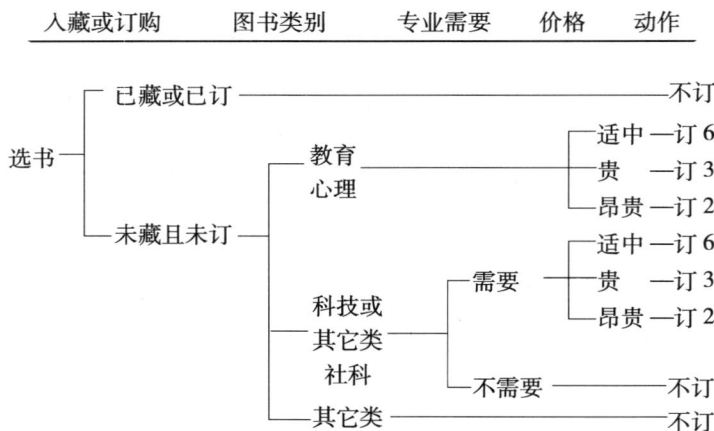

图 2.6.3　优化的判定树

当然,优化的判定树不一定是在已画好树的基础上得到的,对于有些条件很明显的情况,可直接得到其优化结果。但是,每当画完一棵判定树,都对其作一番优化分析,是非常良好的习惯。

结构化语言、判定表、判定树这三种加工说明方法,各自有其优点和缺点:

①判定表、结构化语言形式化程度高,便于机器理解,容易由计算机自动生成程序。

②判定树以图形方式表达,形象直观,易于人们理解。

③判定表的可验证性强,并能简化判定和决策,提高了决策效率。

第七节　模型和原型法

2.7.1　模型的作用和意义

复杂问题的分析和解决经常使用模型方法。对于由很多对象构成的系统,系统的分析、设计和管理人员都希望能预测系统运行的行为,这时就需使用模型。所谓模型,即是通过一定程度的分析,考查所要解决问题系统的外部影响因素和内部条件变量,并针对所要达到的系统目标,用某种表达形式(具体的、抽象的),从整体上说明它们之间的动态情况和结构关系。这种表达形式的体现,就是模型。

模型是对系统某方面属性的描述,它既反映系统的构造属性,更反映系统中被描述对象和过程的功能属性;模型的意义不仅仅在于对系统的模拟,更在于对系统的抽象和优化。因而,它是以一种适当简化并寻求优化的方式表示复杂系统或现象的工具,通过模型,可以将事物转换成简单而又容易处理的形式。模型加深人们对系统中事物的理解,帮助人们更合理、准确地思考和分析。

模型的作用,除了简单、准确之外,更在于其经济和实用。通过模型的模拟,可以在没有风险的情况下,节省大量的人力、物力和时间,达到解决问题的目的。同时,有些系统行为,如地震、战争等,除了模型模拟之外,几乎很难对其进行详细研究。

使用模型来模拟系统功能是系统分析的重要方法之一,是系统分析的典型常用手段。它可以极大程度地简化对现行系统和目标系统的分析过程。在软件开发及图书馆自动化系统研制过程中,都可以借助模型系统来模拟将建立的实际系统,以考察系统分析的结论是否正确,并为后续阶段的工作做准备。

2.7.2 系统模型及其分类

1. 模型的要素

模型一般由两个主要因素组成:系统目标和系统约束。

系统目标是指系统各部分的有机行为所应达到的目的和完成的功能。系统约束是指在实现系统目标时所能充分利用的条件范围。系统约束可能是内部条件限制,也可能是外部条件限制。

对于不同类型的系统,系统目标和系统约束有不同的表达方式。一个具体的标志、一句语言叙述、一个图表、一个数学表达式或一个目标函数,都可用来表示系统目标和系统约束。系统目标和系统约束分析是系统模型化的重要任务。

2. 模型的类别

模型是多种多样的。不同的分类标准可将模型划分为不同的类型。一般可把模型划分为具体模型和抽象模型两大类。实际工作中经常用到的有实物模型、图像模型、数学模型和计算机模型等。

①实物模型

实物模型是用按比例缩小的具体物体来模拟实际系统的物理状态和运动状态的。如风洞实验中的飞机模型和作战指挥用的沙盘等。

②图像模型

图像模型是较之实物模型更为抽象地描述实际系统的一种模型。它可以用各种图表来表示系统的信息流程、物质流程、时间顺序、逻辑关系等。经常使用的如电路图、网络图、流程图、进度图等。

③数学模型

数学模型是用数学方法描述系统各变量之间的相互作用和因果关系的一种模型。数学模型可按变量的性质和精确程度分为确定性模型和非确定性模型(概率模型)。

④计算机模型

计算机模型是借助计算机软硬件系统对某类具体系统所构造的模拟系统。建立计算机模型往往要以其它类型的模型为基础,数学模型是计算机模型最重要的基础,是程序实现模型控制的关键。由于计算机本身的强大能力,计算机模型可以极好地模拟现实系统,并能按现实系统内部因素和外部环境的不同形式的组合变化模拟其系统运行行为,产生各种结果,以便于分析、研究或教学。对建立计算机模型的研究已经产生了专门的学科——计算机模拟,其中的虚拟现实技术是专门研究用计算机模拟来建造具有强烈真实感环境模型的技术。

3.模型的特征

模型应具有以下三方面的特征:

①模型是现实系统的抽象或模拟。

②模型应能充分说明现实系统本质。

③模型应能充分揭示现实系统中确定其因果联系的诸因素间的关系。

4.模型的构造

建立模型,特别是建立一般的抽象模型,其过程大致可分为如图 2.7.1 所示的几个步骤。

建立模型的第一步是明确目标。一般可根据所要解决的问题

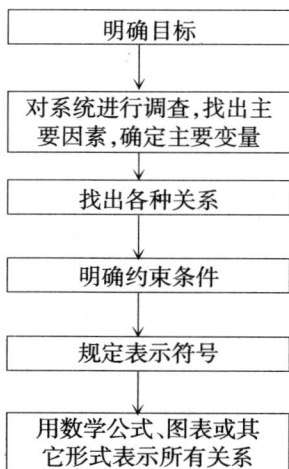

图 2.7.1　模型的建立过程

选用不同类型的模型。模型要尽量简单,过于复杂的模型往往难于求解,甚至无法解决问题。因此在确定主要变量时,既要考虑能说明问题又不能将问题复杂化。模型要求有一定的精度。模型所代表的实体是模型的基础。模型应能把实体最本质的东西反映出来。因此,变量间的关系必须依据客观的科学规律,列出它们之间的关系式或图表。为了使模型的应用范围更加确定,必须明确模型的约束条件。

2.7.3　原型法

1. 原型法的基本概念

在本章开始时,我们即指出软件工程强调文档化和规范化。规范化要求开发人员按照统一的过程开发软件。对软件开发过程的规定和描述就是软件开发模型。

原型法是多种软件开发模型中的一种。目前使用最为广泛的软件开发模型是瀑布模型。瀑布模型是 Bohem 于 1976 年提出的,它也是最早的软件开发模型。瀑布模型将软件开发分为三个时期,它们是:软件计划时期、软件开发时期和软件运行时期。每个时期又分为若干个阶段,每个阶段在上一阶段结束后开始。其开发过程可用图 2.7.2 表示。

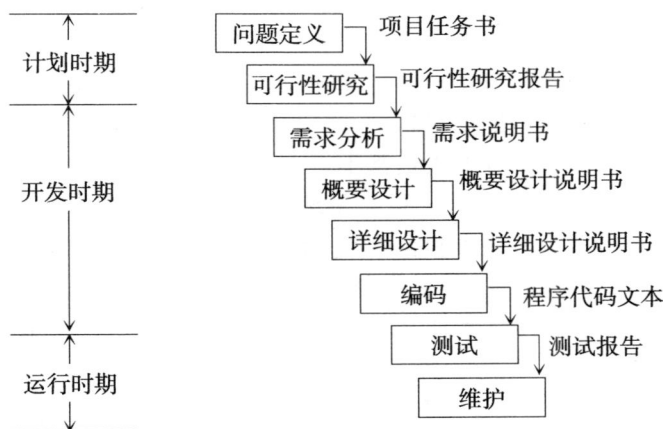

图 2.7.2　软件开发的瀑布模型

　　常规的软件生命周期强调开发的阶段性,软件开发过程必须严格遵循分析、设计、实现、测试、维护的次序。瀑布模型是最常规的软件开发模型。它就像瀑布的流水一样,一个阶段一旦结束,就不能对其工作结果进行修正,各个阶段间不存在反馈关系。这种连续、无反馈的特点,保证了软件开发进度,提高了开发效率,保证了软件的可靠性和可维护性。但同时它也对每一个阶段提出了严格的,在某些条件下甚至是苛刻的工作质量要求。一般来说,瀑布模型存在着以下一些问题:
　　①在软件开发的早期,有时很难明确定义出确切的软件需求,提供详细的需求规格说明书。无论是系统人员,还是客户,有的只

是对目标系统十分笼统初步的认识。软件系统的很多具体细节往往是随着软件系统的建立而逐步明确的。这样,在需求分析阶段,分析人员常常得花大量时间去捕捉一些非常模糊的想法,并花大量时间以这种模糊的认识为基础去编写包括很多细节内容的需求规格说明书,因而需求规格说明书的一致性、准确性、正确性、有效性很难保证。

②常规的软件开发各阶段相互传递信息的唯一工具是文档。虽然文档内有很多形象的描述方法,如各种图表等,但它们毕竟是实际系统的抽象。即使在软件开发早期作出了明确的需求分析,其后每一个阶段的开发人员都不得不再花大量时间,在一定程度上,通过阅读文档重温前一阶段系统人员的工作。同时,由于这些阶段的系统人员一般不和客户作直接交流,因而,可能出现的情况是,需求分析中已经得到正确说明的问题,经过这些阶段中不同的系统人员的各种理解和加工后,在继续传递的过程中发生畸变。

以上问题存在的一个很重要的原因,就是在系统人员和客户面前,不存在一个实实在在的事物,这个实体可以充分表达系统人员对问题空间有关概念的理解程度和对目标系统的初步考虑,客户也可通过这个实体,阐明其对目标系统的要求和系统人员当前的一些理解错误。基于这些问题,软件开发需要更为实用的方法指导开发过程。原型法即是适应这种需要产生的一种软件开发方法。

原型(Prototype)是所开发软件系统的一个可执行模型或引导性版本,它可为客户和软件开发各阶段的系统人员提供系统的原始蓝本,以帮助得到目标系统明确而严格的需求,促进客户和系统人员、各阶段系统人员之间的相互有效的信息交流,并以此为基础进行需求分析和系统设计。从本质上看,原型是未来目标系统的一个模型。

原型不是系统开发的最终产品,而是在某个开发阶段中为达到一定的目的所生成的系统简化模拟版本,它可能只是目标系统的一个式样,或只包含目标系统的某些功能,或仅仅是具有目标系统的一个结构。

建造原型需要花费额外的开销,但是利用原型可以在系统开发早期得到准确、完整的系统信息,消除开发过程中的各种障碍,有利于保证系统开发的速度和质量。同时,原型的使用实际上减少了需求分析的时间和测试及调试阶段的工作量。另外,由于目前有很多快速原型工具,使人们能在很短的时间内快速得到原型,所以成功的原型法开发可以降低系统开发的总成本。

2. 原型的作用

原型的建立目的可分为以下几种情况:

①用于验证软件需求的原型

此类原型的目的,就是供系统分析人员在需求分析阶段确定软件需求。这类原型具有两种表现形式:

a. 垂直原型:原型只包括系统的一部分功能,涉及到一些具体细节。

b. 水平原型:原型只是整个目标系统的某种简化。

②用于验证设计方案的原型

此类原型的目的,是供系统设计人员在概要设计和详细设计后,用来验证设计中的某些关键部分的技术性能和可行性。

③用于演示出目标系统的原型

这种原型的建立是一个从简单到全面不断迭代的过程。它体现出系统人员对目标系统认识的逐步完善过程。每当系统人员对系统有了新的认识和想法后,就通过原型实现。这样,随着系统人员工作的深入,原型不断扩充和完善,直到客户满意为止。

3. 建立原型的过程

建立不同目的的原型,可使用不同的实现方法和实现过程。下边介绍两种典型原型实现过程。原型实现的过程也可看作是原型系统的生命周期。

①抛弃式原型建立过程

抛弃式原型(Throw Away)的建立主要是用来建立验证软件需求和设计方案的原型。由于所需建立的原型是为了满足一时的目的,验证后即弃之不用,因而建立原型时只将注意力集中于要验证的主要方面,而忽视其它一些次要方面。

抛弃式原型的建立步骤是:

a. 确定需求:根据所要完成的任务,确定要建立何种原型,用原型来解决何种问题,以此来决定在构造原型时重点要验证及解决的问题及忽略的细节。

b. 快速设计:在基本的需求分析的基础上,做必要的设计工作。

c. 构造原型:用某种语言或原型开发工具实现原型,得到可执行的原型。

d. 评价原型:通过运行原型,对所要解决的问题进行验证,并可以提出新的要求,通过调整当前原型实现。

e. 实现系统:将运行原型和评价原型所得结果,运用到系统开发中,从而实现系统,得到所要开发的软件产品。

图2.7.3 所示的流程图说明了以上过程。

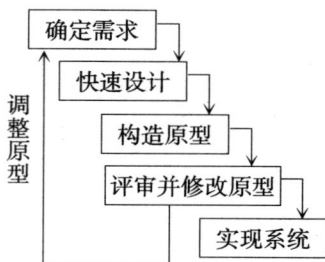

图 2.7.3　原型构造过程

②增量渐进式原型系统的建立过程

增量渐进式原型方法又称软件开发的螺旋模型(Spiral Model),因在其指导下的开发呈现为一个螺旋式上升的过程而得名。增量式原型是由 Boehm 首先提出。其建立目的主要是为了演示出目标系统,因而该类原型的建立过程,正如其名称所表明的那样,是一个循序渐进的过程。原型刚开始很简单,只体现人们最初的想法。以后不断以较小的而又容易实现的增量扩展,在已有的原型上加入新的功能。因而,该方法实际上是多次反复原型,并附加相应于不同层次上多次的风险分析。增量渐进式原型的建立过程有以下几个步骤:

a.通过调查分析,确定客户对目标系统的基本需求。

b.在对客户基本需求进行分析的基础上,通过简单的设计,用某种方式,快速构造一个系统原型。

c.将原型交给客户运行,通过运行原型并和客户充分交流,得到对原型进一步的改进意见。

d.在已有原型的基础上,根据对原型的改进意见,做稍为详细的系统分析和设计,并构造下一代原型系统。

e.重复以上"运行原型系统——与客户交流——进一步的分析设计——再构造原型"的过程,直到目标系统开发结束。

图 2.7.4 说明了增量渐进式的原型建立过程。

4.计算机辅助原型系统

虽然原型是对目标系统的简单模拟,但是如果采用传统的人工编程的方法开发原型,原型的开发仍是一项费时费力的工作。为了能在尽可能短的时间内快速得到原型,必须采用计算机辅助原型系统或 CASE(计算机辅助软件工程)的开发工具。

计算机辅助原型系统应包括以下几个部分:

①用于描述原型规格说明和原型设计的形式化语言。

②可再用的软件库。

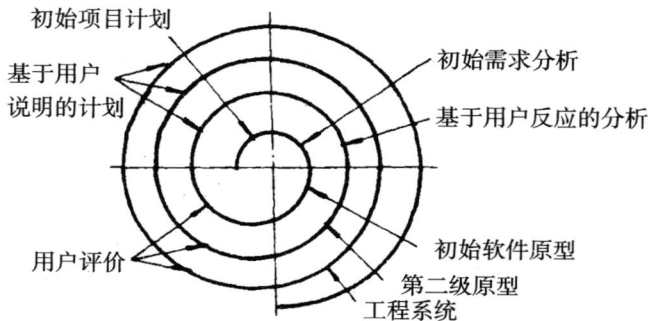

图 2.7.4　增量渐进式的原型建立过程

③分析原型规格说明和构造原型系统的交互式的工具集。

④指导分析人员对规格说明进行分析、构造及确认的方法。

5. 原型法开发的一些缺点

原型法是软件开发方法的重大突破，它改变了软件开发的线性模式。但若使用不当，也会出现一些问题。了解原型法的缺点对成功使用原型法进行软件开发是极其必要的。原型法的缺点主要有以下两个方面：

①原型的快速建立使原型在很多方面不完善，往往是一些简单方案的折中实现。这样在实际的系统开发时，仍有很多工作要做。

②建立原型需要大量完备的软件工具，这样，利用原型法的开发强烈依赖开发环境。

2.7.4　其它软件开发方法

1. 结构化分析与设计技术

结构化分析与设计技术（SADT Structured Analysis and Design Technique）是 Ross 于 1973 年提出的，后经过不断改进。SADT 是一种用于复杂问题的分析与设计的技术和方法。SADT 以模块图

128

为工具来表示系统的构成和系统的设计方案。在开发过程中，SADT 首先划分出开发的组织机构，并以模块图或图式语言等图形工具表示开发系统，然后以此为基础进行软件设计工作。

SADT 开发过程包括以下几个基本步骤：

a. 明确定义各种人员的类型及职责范围。

b. 将整个系统看作一个黑盒，自顶向下逐次分解，不断得到与问题求解有关的不同层次详细分析图。

c. 由专门的评审人员对所得到的分析结果进行评审，并以文档形式记录评审结果。

d. 分析人员根据评审结果修改系统分析。

e. 经过以上多次反复，最后所有人员得到共识，确定系统分析的结果。

由以上步骤可以看出，SADT 是通过自顶向下、层次分解，并利用模块化和结构化的方法来分析和解决问题，在此过程中，要用到分解图表。

SADT 的分解图包括如图 2.7.5 所示的一系列分层的图。每一层图由多个结构分析图组成。结构分析图分为两类，活动图和数据图，其形式如图 2.7.6 所示。

在分解图中，作为图结点的活动盒和数据盒由连线彼此联接起来，描述完整的系统处理过程。在活动图中，自上而下的控制数据规定了活动的运行路线，并在完成特定的功能前保持不变。自下而上的箭头表示活动的机制。在 SADT 方法中，自始至终体现了图与分解的概念。分解过程中，高层图中的盒结点不断被分解细化为由多个盒结点组成的下属图，每个盒结点可对应某一项功能，并通过箭头说明它所使用和产生的数据及控制机制。不难看出，SADT 是一种可清晰、精确表达和理解复杂系统需求的有效方法。

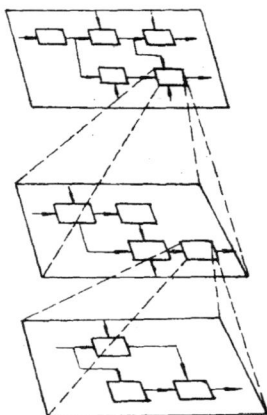

图 2.7.5 结构分解图

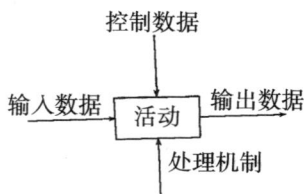

图 2.7.6a 活动图

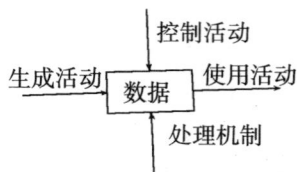

图 2.7.6b 数据图

2. 形式化方法

软件开发的形式化方法(FDM Formal Development Methodology)是一种较为严谨的软件设计和实现方法。这种方法以基于数学概念的形式语义学语言作为软件规格说明语言,用这种语言严格地描述软件功能,然后由计算机将其自动地转换为可执行的代码。

软件的形式开发和研究是从 70 年代中期开始的。当时,以 Balzer 为代表的一批研究人员,把软件的自动化生产作为目的,用形式化的方法描述需求,将这样的需求描述通过多次反馈和必要的人工干预来转换成软件设计,进而实现程序的自动生成。这一工作持续了 1 年,其间还引入了人工智能的许多技术和方法,取得了许多重要的成果,在一些领域得到了部分应用。但是,由于种种原因,其中主要是由于人们对软件开发本质的认识处于探索阶段,程序设计的形式化系统对软件开发还没有发展到像数学对物理学那样完备的支持,因而至今还没有真正实用。

3. PETRI 网方法

PETRI 网方法是 Petri 在 1962 年提出的一种具有网状结构的信息模型,可用来分析和设计具有并发、异步、分布、并行、不确定性和随机性等特征的信息处理系统。PETRI 网用数学或图形方式描述系统行为。一旦构造出所要开发系统的 PETRI 网模型,就可以得到有关系统结构状态和行为方面的许多信息,根据这些信息就可以对系统进行评价和改进。

PETRI 网方法涉及以下一些概念:

①位置:表示系统中的状态。

②转移:表示系统中的事件。

③输入:表示转移启动的前提。

④输出:表示转移启动的结果。

⑤标记:驻留在位置中,是对位置含义的量化表示。

⑥标识:网中所有位置的标记分布,表示系统的整体行为。

⑦启动规则:对于转移 t,若其每个输入位置中的标记数都大于等于该位置到 t 的输入弧数,则 t 可以启动。启动的结果是,到 t 的输入位置中的标记数等于原有标记数减去该位置到 t 的输入弧数,t 的输出位置中的标记数等于原有标记数加上来自于 t 到该位置的输出弧数。

PETRI 网建立模型时,可用方框表示转移,用圆圈表示位置。如要建立一个资源的共享系统,具体条件为:两个任务 Tl 和 T2,在执行任务过程中,任务 Tl 先使用设备 A,然后使用设备 B,任务

T2 先使用设备 B,然后使用设备 A。则该过程所对应的 PETRI 网模型如图 2.7.7 所示。

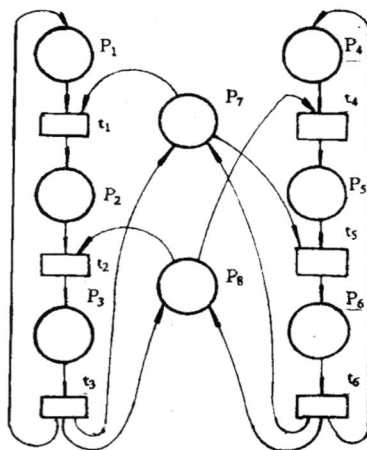

图 2.7.7　PETRI 网模型示例

其中位置 P1、P4 分别表示任务 T1、T2 处于空闲,P7、P8 分别表示设备 A、B 处于空闲,P2、P3 分别表示任务 Tl 在使用设备 A、B, P5、P6 分别表示任务 T2 在使用设备 B、A。

为进一步分析 PETRI 网的动态行为,可从以下几个方面对其进行特性分析。

①可达性

标识表示系统的状态,启动转移会改变系统的状态,从而产生新的标识。如果存在一个标识从 M_o 到 M_n 的转移启动序列,则称标识 M_n 从 M_o 可达。在初始标识为 M_o 的 PETRI 网 N 中(记为网 N, M_o),所有从标识 M_o 可达的标识集合,可以表示为 R (M_o),这样,PETRI 网的可达性问题就转换为对于网(N, M_o)和给定标识 M_n,寻找是否有 $M_n \in R$ (M_o)存在的问题了。

②有界性

对于 PETRI 网(N, M_n),如果存在一个正数 K,对于每个标识 $M \in R$(M_0)和每个位置 P,都有 M 下位置 P 的标记数 M(P) $\leq$ K,则称 PETRI 网(N, M_0)为 K 有界,简称有界,当 K = 1 时,称网为安全的。通常用 PETRI 网中的位置来表示实际系统中存储数据的缓冲区和寄存器。通过分析网的有界性、安全性,就可以考查实际系统中缓冲区或寄存器是否会溢出。

③活性

一个 PETRI 网(N, M_0)被称为活的,仅当从 M_0 可达的任一标识出发,都可以通过执行某一转移序列而最终启动任一转移,这意味着,无论选择什么样的启动序列,活的 PETRI 网都可以保证无死锁操作。这种活性是许多系统的理想特性。出于实用考虑,通过放宽对活性的限制,可定义不同的活性等级,分别为死的、一级、二级、三级和四级。活性是并发系统的重要特性,也是 PETRI 网研究的主要内容。

④可逆性

一个 PETRI 网(N, M_0)称为可逆的,仅当对每个标识 $M \in R$(M_0),M_0 都是从 M 可达的。因此,一个可逆网可以返回到初始状态。在很多应用中,只要求系统回到某个特定状态,而无需返回初始状态,称这个状态为主状态,即对于每个标识 $M \in R$(M_0),主状态 M' 都是由 M 可达的。

⑤可覆盖性

在一个 PETRI 网(N, M_0)中,标识 M 称为可覆盖的,仅当在 R(M_0)中,存在一个标识 M',使得对子网中的每一个位置 P,都有 M'(P) $\geq$ M(P)。可覆盖性与活性紧密相关,设 M 是转移 t 有效所必需的最小标识,则,当且仅当 M 是不可覆盖的,t 是死的。

⑥持久性

一个 PETRI 网(N, M_0)称为持久的,仅当对于任意两个有效转移,其中一个转移的启动不会使另一个转移无效,就是说,持久网中的一个转移一旦有效,将一直保持这种有效性,直至它启动为止。所有位置都只有一条输入和一条输出弧的 PETRI 网就具有持久性。

PETRI 网方法主要用于系统建模和对系统的性能分析,该方法的基本步骤为:

①找出系统中的事件,以转移表示。

②确定事件发生的前提和结果,以位置表示。

③根据系统中说明的条件约束,确定事件与位置间的相互关系,构造 PETRI 网模型。

④对 PETRI 网模型进行性能分析,并改进系统模型。

⑤将 PETRI 网模型转变为软件术语,以便于实现。

第八节　实例分析

在系统结构上,当前开发的图书馆自动化系统,基本遵循图书馆的传统工作流程,分为采访(或称采购)、编目、流通、连续出版物管理、公共查询几个子系统。也有的根据具体情况和要求,将典藏子系统独立出来,或增加了行政管理等子系统,但基本的结构模式没有大的区别。当然,计算机技术的每一次进步,每一个新技术的出现,都会在很大程度上影响各个子系统内部的功能,促进其功能的完善和提高。计算机网络技术和多媒体技术的出现与应用就充分说明了这一点。

在本节的实例分析中,将文献流通管理子系统作简要的需求分析,以使读者对图书馆自动化系统分析的工作内容和其工作程度有更为直观的了解。其它子系统的需求分析工作,作为实习题留给读者完成。实例分析中的有些内容是实际的图书馆自动化系统工作结果的简化,它只反映了分析系统时的工作内容。因而,不能在其它系统开发时照搬实际系统的开发,还要以具体环境为基础,做认真的分析。

实例分析包括以下内容:

目标子系统的数据描述,包括目标子系统的数据流图、数据字典和加工说明。

目标子系统的功能描述,包括目标子系统的功能模块图。

2.8.1 文献流通子系统

1. 目标系统目标、功能及性能要求

①目标系统

通过本子系统的开发,使图书馆流通业务工作和有关的管理工作实现计算机处理,从而提高流通业务工作的质量和效率,并提高管理工作的水平。同时通过进一步的系统开发,充分发挥计算机处理的特点,以不同于传统方式的新的方法,在更高层次上为读者提供流通服务。

该子系统完成以下功能:

a. 借还管理

b. 图书管理

c. 读者管理

d. 流通查询

e. 流通统计

f. 系统管理

②系统功能

以下 IPO 图概要说明了本子系统应完成的功能。

```
        输入              处理              输出

     读者数据    →    读者管理    →    读者记录
     图书数据    →    图书管理    →    图书记录
     借还数据    →    借还管理    →    书目数据
                                      读者数据

     查询需求    →    流通查询    →    查询结果
     流通数据    →    流通统计    →    统计输出
     运行参数    →    系统管理
```

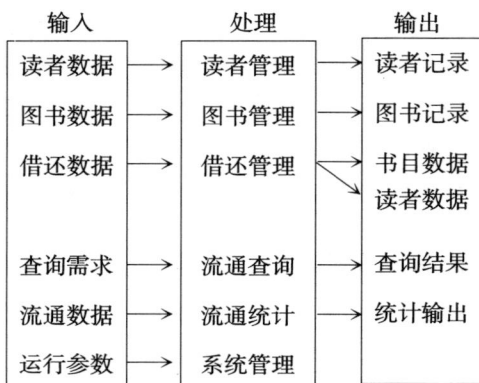

本子系统应设以下终端：

用于读者管理、图书管理、统计和系统管理的终端 2 台；

用于查询工作的终端 2 台；

在借还管理中，对于每一个独立的藏书点，原则上应设立终端 1~2 台；

如果借还书读者流量较大，1 台终端工作会经常造成读者等待，可考虑设 2 台工作终端，否则设 1 台。

如果两个藏书点相距较近（如出口在一个大厅或有共同出口），可考虑合用终端。

以上终端在工作期间应能同时工作。

③系统性能

该自动化子系统应达到以下性能要求：

a. 系统应有同时处理 1000 万册书和 10 万名读者的能力，并有处理累计读者人数远远大于 10 万名的能力；

b. 能完整、准确地接收各种规模的数据，并正确地存贮、处理及输出；

c. 除系统恢复、打印输出和软盘操作外，其它各种操作均不应使读者用户有 5 秒以上的等待时间，不应使本馆工作人员有 10 秒以上的等待时间；

d. 系统应有足够的健壮性,对于用户的各种误操作能做出正确的判断并作出必要的系统保护处理,不得死机或退出系统；

e. 系统应考虑各种可能的意外情况及事故,并有完善的系统保护措施和系统恢复能力；

f. 系统应有良好的可扩充性。

2. 目标系统的数据流图

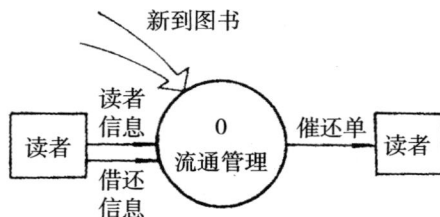

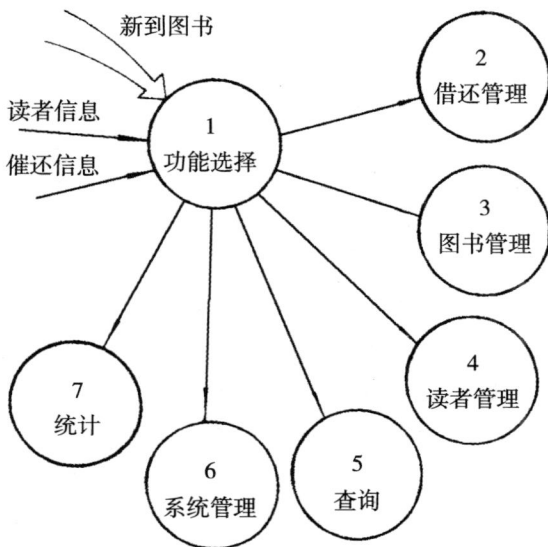

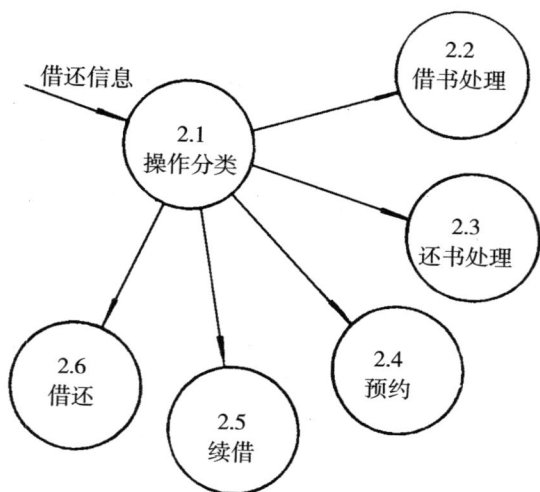

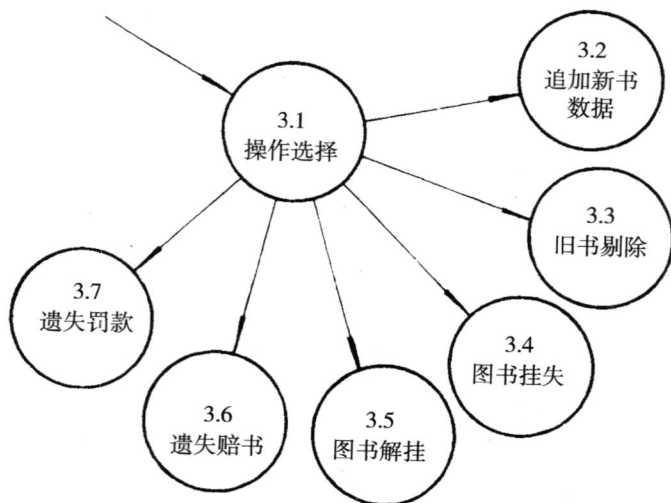

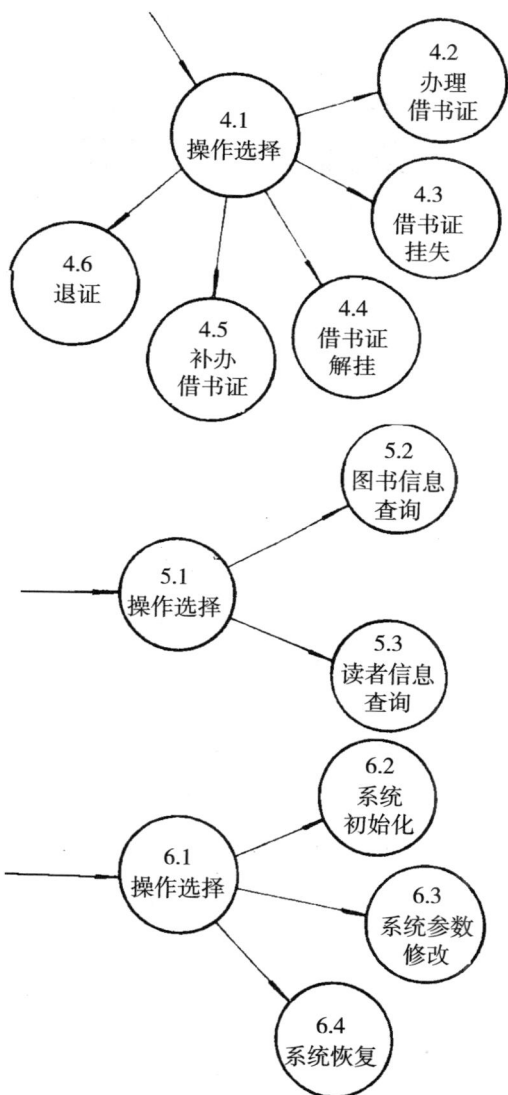

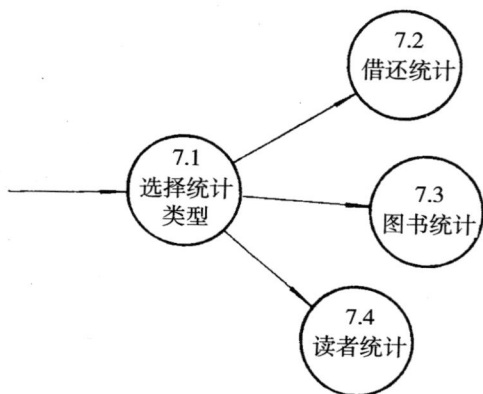

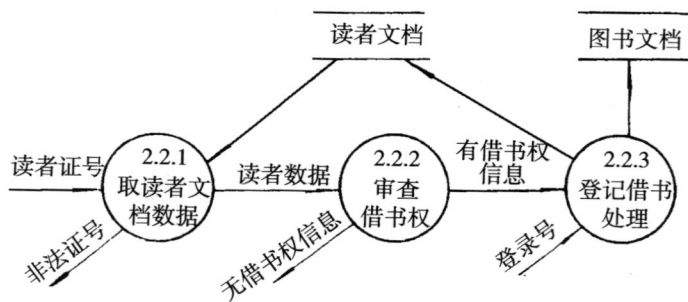

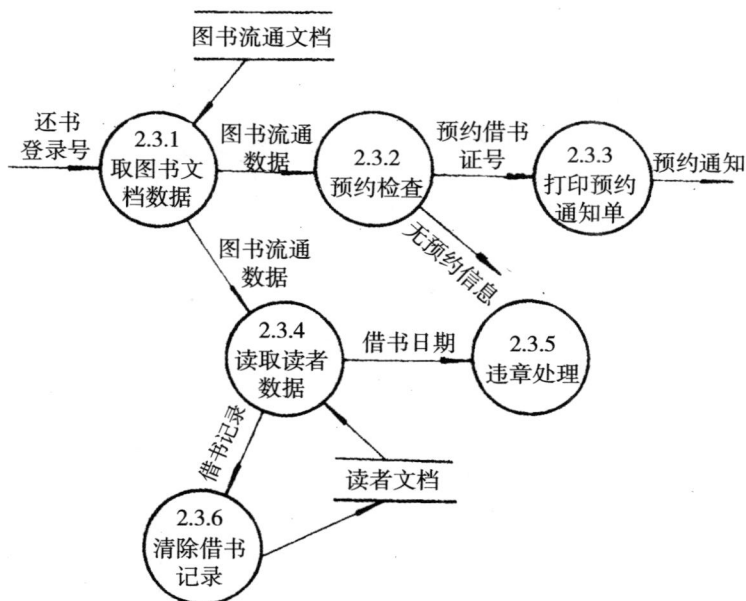

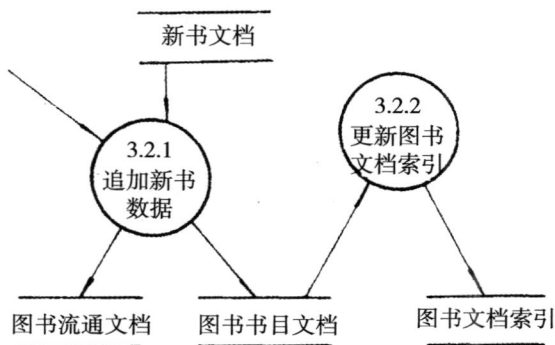

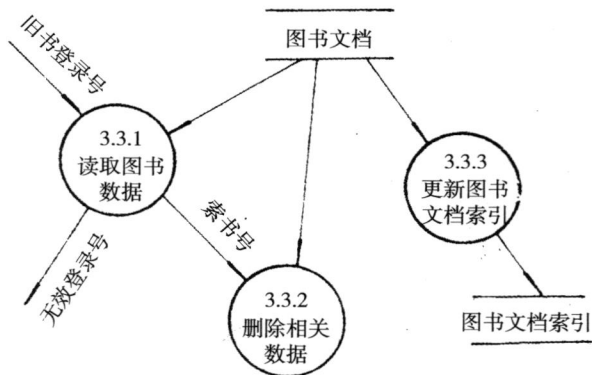

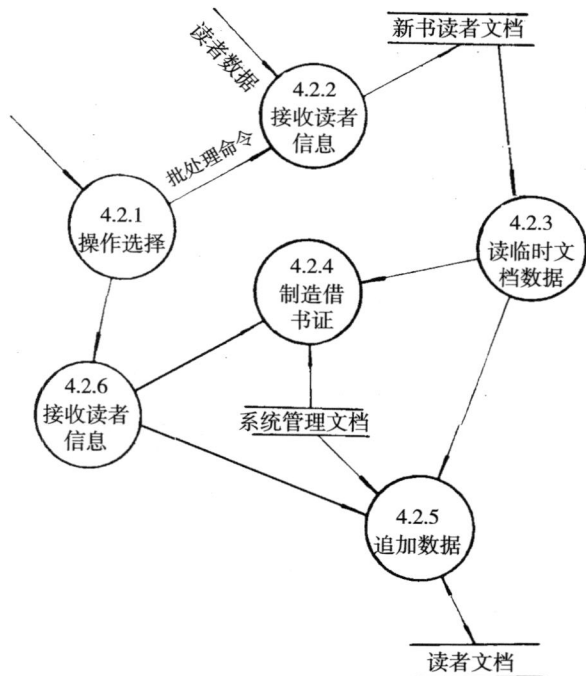

142

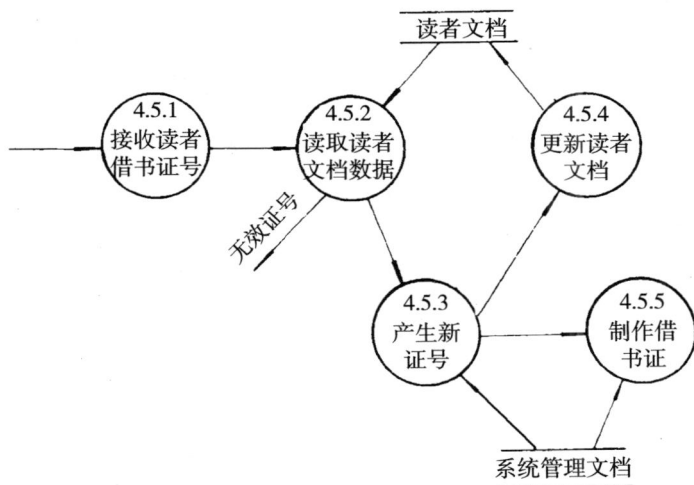

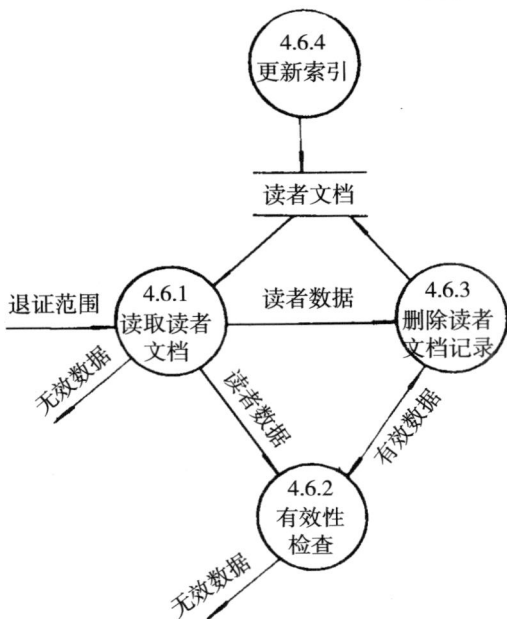

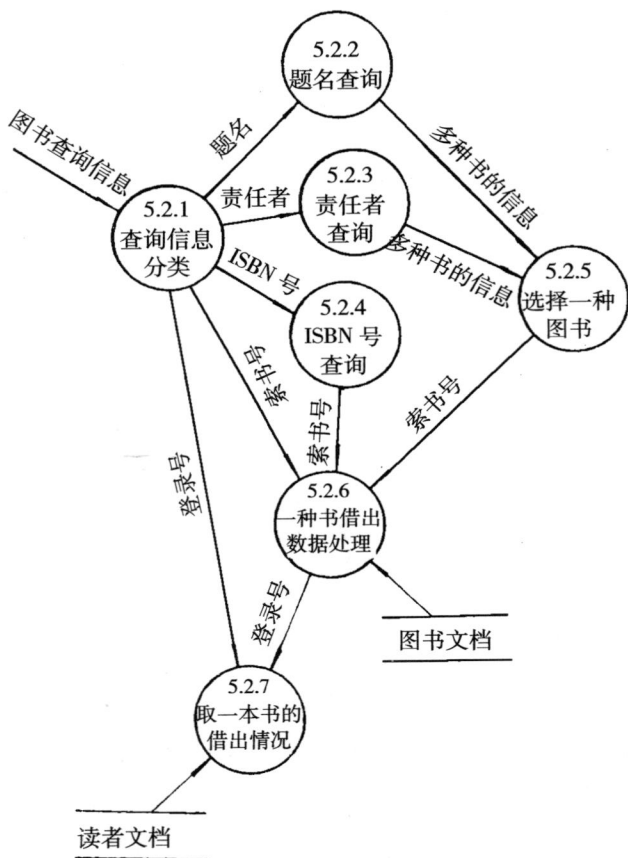

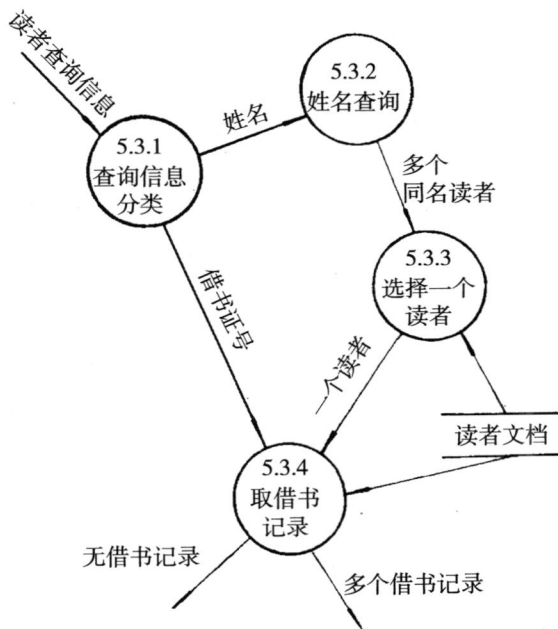

3. 数据字典

①数据流条目

（由于数据流条目与数据项条目及文件条目内容基本重复，故此部分略）

②文件条目

由于文件条目较少，故条目随机排列。

（1）读者文档

文件名称：读者文档

　　简述：记录和保存读者的基本信息和借书信息

记录组成：借书证号

　　　　　证码

　　　　　姓名

性别

单位

住址

发证日期

有效使用期

读者类型

通信地址

联系电话

借书证状态

允许借书数量

实际借书数量

借书记录 = ｛借书登录号 + 借书日期 + 续借次数｝

违章次数

累计罚款金额

组织方式：记录定长，按记录建立次序顺序排列

有借书证号索引、姓名索引、证码索引

存取频率：100 ～ 300 次／天

（2）图书书目文档

文件名称：图书书目文档

简述：记录和保存参加流通的每种图书的基本书目信息

记录组成：索书号

题名

责任者

ISBN 号

出版者

出版地

出版日期

单价

装订

文种

页数

版次

复本量

复本记录 = {图书登录号}

复本记录 = {图书书码}

预约记录 = {预约读者借书证号}

组织方式:记录定长,按记录建立次序顺序排列

有题名、责任者、ISBN 号、索书号索引

存取频率:100 ~ 300 次/天

(3)图书流通文档

文件名称:图书流通文档

简述:记录和保存流通中的每本图书的借出信息

记录组成:登录号

书码

索书号

图书类型

物理状态

借出记录 = 借书证号 + 借书日期

组织方式:记录定长,按记录建立次序顺序排列

有登录号索引、书码索引

存取频率:100 ~ 300 次/天

(4) 流通统计文档

文件名称:流通统计文档

简述:记录和保存流通的有关统计信息

记录组成:索书号

借出次数

预约次数

续借次数

分类统计 ＝｛单位代码＋借出次数｝

组织方式:记录定长,按记录建立次序顺序排列

存取频率:100～300 次／天

(5)系统管理文档

文件名称:系统管理文档

　　简述:此文件为系统的配置文件,记录和保存系统运行的

　　　　基本参数

记录组成:借书权限

　　　　借书期限

　　　　有效证号范围

　　　　最后使用证号

组织方式:记录定长,按记录建立次序顺序排列

存取频率:1 次／天

(6)新书文档

文件名称:新书文档

　　简述:由编目部门发来的记录新入馆图书基本书目信息

　　　　的文档

记录组成:索书号

　　　　ISBN 号

　　　　题名

　　　　责任者

　　　　出版者

　　　　出版地

　　　　出版日期

　　　　单价

　　　　装订

　　　　　文种
　　　　　页数
　　　　　版次
　　　　　复本量
　　　　{登录号}
组织方式:记录定长,按记录建立次序顺序排列
存取频率:0～1 次/天
(7)日志文档
文件名称:日志文档
　　简述:记录和保存流通系统运行中的有关修改文件操作,
　　　　供数据恢复用
记录组成:操作类型
　　　　操作日期
　　　　操作时间
　　　　操作对象＝文件名＋字段名
　　　　操作行为＝原值＋更新值
组织方式:记录定长,按记录建立次序顺序排列
存取频率:300～900 次/天
③数据项条目
以下数据项条目随机排列。
(1)
数据项名称:借书证号
　　别名:证号
　　简述:给每个读者借书证的一个唯一的、做标识用的
　　　　号码
数据项组成:单位代码＋流水号码
　　值类型:6 位字符
　　取值范围:000000..999999

（2）

数据项名称:姓名

　　　　别名:读者姓名

　　　　简述:读者姓名

数据项组成:汉字字符串

　　　值类型:8 个字符

（3）

数据项名称:性别

　　　　简述:读者性别

数据项组成:1 个字符

　　　值类型:字符型

　取值范围:〔1|0〕

（4）

数据项名称:单位

　　　　简述:参加本馆流通的读者所在单位的简要名称

数据项组成:字符串

　　　值类型:10 个字符

（5）

数据项名称:住址

　　　　简述:读者的居住地址

数据项组成:字符串

　　　值类型:20 个字符

（6）

数据项名称:发证日期

　　　　简述:给读者签发借书证的日期

数据项组成:年 + 月

　　　值类型:4 个字符

　取值范围:有意义的年、月值

（7）

数据项名称:有效使用期

　　　　简述:读者借书证的最后使用期限,结构及取值同"发证日期"

数据项组成:年＋月

　　值类型:4 个字符

　取值范围:有意义的年、月值

（8）

数据项名称:读者类型

　　　　简述:读者在图书流通管理中的身份和借出权限的类型

数据项组成:[学生|教师]

　　值类型:1 个字符

　取值范围:[1|0]

（9）

数据项名称:通信地址

　　　　简述:读者的通信地址

数据项组成:字符串

　　值类型:20 个字符

（10）

数据项名称:联系电话

　　　　简述:读者工作单位的电话

数据项组成:字符串

　　值类型:8 个字符

（11）

数据项名称:借书证状态

　　　　简述:借书证能否正常使用的标志

数据项组成:[正常|挂失|停用]

　　　　值类型:1 个字符

　　　取值范围:[1|2|3]

（12）

数据项名称:允许借书数量

　　　　简述:允许一个读者同时借出的最大借书数量

数据项组成:数值

　　　值类型:2 个数字

　　取值范围:[4|10]

（13）

数据项名称:实际借书数量

　　　　简述:当前某读者借出未还的图书数量

数据项组成:数值

　　　值类型:2 个数字

　　取值范围:[4|10]

（14）

数据项名称:借书登录号

　　　　简述:读者所借图书的登录号,是读者借书的记录

　　　　参见:登录号

（15）

数据项名称:违章次数

　　　　简述:读者在流通中违章的次数记录

数据项组成:数值

　　　值类型:2 位数字

　　取值范围:0..99

（16）

数据项名称:累计罚款金额

　　　　简述:读者由于违章而被罚款的累计金额,该罚款可在
　　　　　　图书馆规定的时间内清付

152

数据项组成:元＋角

    值类型:6 个数字

（17）

数据项名称:索书号

      简述:给每一种图书的一个唯一的、用于图书排架、区

          分和提取的号码

数据项组成:分类号＋种次号

    值类型:20 个字符

（18）

数据项名称:题名

      简述:在图书题名页出现的题名

    值类型:20 个字符

（19）

数据项名称:责任者

      简述:图书的第一责任者名称

数据项组成:字符串

    值类型:16 个字符

（20）

数据项名称:出版者

      简述:图书的出版社名称

数据项组成:字符串

    值类型:20 个字符

（21）

数据项名称:出版地

      简述:图书的出版地

数据项组成:字符串

    值类型:4 个汉字

（22）

数据项名称:出版日期

　　简述:图书的出版日期

数据项组成:年＋月

　值类型:4 个字符

　取值范围:有意义的年、月值

（23）

数据项名称:单价

　　简述:每册图书的价格

数据项组成:元＋角

　值类型:6 个字符

（24）

数据项名称:装订

　　简述:图书的装订形式

数据项组成:［精装|平装］

　值类型:1 个字符

　取值范围:［1|2］

（25）

数据项名称:文种

　　简述:图书正文所使用的文字语种的中文简称

数据项组成:一个汉字

　值类型:字符型

　取值范围:合法的语种缩写

（26）

数据项名称:页数

　　简述:图书的页数

数据项组成:字符串

　值类型:4 个字符

154

取值范围:0..9999

（27）

数据项名称:版次

　　　　简述:图书的版本说明

数据项组成:数字

　　值类型:1 个数字

　取值范围:有意义的版次值

（28）

数据项名称:复本量

　　　　简述:每种书参加流通的册数

数据项组成:数值

　　值类型:2 个数字

　取值范围:0..99

（29）

数据项名称:图书登录号

　　　　别名:登录号

　　　　简述:典藏中给每本书的一个唯一的区分号码

数据项组成:字符串

　　值类型:8 个字符

　取值范围:00000000..99999999

（30）

数据项名称:预约读者借书证号

　　　　简述:预约图书的读者借书证号,用以记录预约情况,
　　　　　　　结构及取值同"借书证号"

　　　　参见:借书证号

（31）

数据项名称:登录号

　　　　别名:图书登录号

参见:图书登录号

(32)

数据项名称:图书类型

简述:图书在流通管理中的类型

数据项组成:［库本|一般］

值类型:1 个字符

取值范围:［1|2］

(33)

数据项名称:物理状态

简述:图书当前的完好状态

数据项组成:［新书|旧书|缺页|污损］

值类型:1 个字符

取值范围:［1 |2|3|4］

(34)

数据项名称:借出次数

简述:某本书被借出的次数,或某单位借书的次数,用于统计

数据项组成:次数计数

值类型:5 个数字

取值范围:0..99999

(35)

数据项名称:预约次数

简述:某本书被预约的次数,或某单位预约借书的次数,用于统计

数据项组成:次数计数

值类型:5 个数字

取值范围:0..99999

（36）

数据项名称:续借次数

简述:某本书被续借的次数,或某单位续借图书的次
数,用于统计

数据项组成:次数计数

值类型:5 个数字

取值范围:0..99999

（37）

数据项名称:单位代码

简述:参加流通的单位代码

数据项组成:根据单位顺序编号

值类型:2 个字符

（38）

数据项名称:借书权限

简述:读者同时可以借出图书的最大数量

参见:"允许借书数量"

（39）

数据项名称:借书期限

简述:读者办理一次借书手续后不经续借可保留图书
的最长期限,以月为单位

数据项组成:月份数

值类型:1 个数字

取值范围:1..3

（40）

数据项名称:有效证号范围

简述:图书馆所签发的可正常使用的借书证的证号
范围

数据项组成:起始证号＋终止证号

值类型:同借书证号

取值范围:同借书证号

（41）

数据项名称:最后使用证号

简述:图书馆最后签发的可正常使用的借书证的证号，它是签发新证的依据

数据项组成:起始证号＋终止证号

值类型:同借书证号

取值范围:同借书证号

（42）

数据项名称:操作类型

简述:执行某项操作的类型

数据项组成:操作名

值类型:4 个字符

（43）

数据项名称:操作日期

简述:执行某项操作的日期

数据项组成:年＋月＋日

值类型:6 个数字

取值范围:有意义的年、月、日值

（44）

数据项名称:操作时间

简述:执行某项操作的时间

数据项组成:时＋分＋秒

值类型:6 个数字

取值范围:有意义的时、分、秒值

（45）

数据项名称:文件名

简述:文件在操作系统管理中所用的物理名称

数据项组成:文件名+扩展名

　　值类型:11 个字符

　取值范围:合法的文件名

(46)

数据项名称:字段名

　　　　简述:文件中字段在存取操作时所用的名称

数据项组成:1 字符串

　　值类型:12 个字符

　取值范围:合法的字段名

(47)

数据项名称:原值

　　　　简述:在某个写操作前,一个字段的值,该值在写操作
　　　　　　后被修改

数据项组成:1 字符串

　　值类型:由原字段类型转换为长度为 20 的字符串

(48)

数据项名称:更新值

　　　　简述:在某个写操作后,一个字段被新修改的值

数据项组成:1 字符串

　　值类型:由原字段类型转换为长度为 20 的字符串

(49)

数据项名称:书码

　　　　简述:每本书的条形码

数据项组成:16 个字符

　　值类型:长度为 16 的 ASCII 码字符串

(50)

数据项名称:证码

简述:每个借书证的条形码

数据项组成:16 字符

　　值类型:长度为 16 的 ASCII 码字符串

4. 加工说明

加工说明条目按加工编号排列。

加　工　名:取读者文档数据

编　　　号:2.2.1

处理逻辑:在读者文档的借书证号索引中查找所收到的证号,

　　　　　IF 无此证号 THEN 发"非法证号"信息,

　　　　　ELSE 从读者文档中调出相应数据,并发此数据到

　　　　　加工 2.2.2。

激发条件:接收到读者借书证号时

优　先　级:一般

输　　　入:读者借书证号

输　　　出:"读者数据"或"非法证号"

执行频率:次/天

加　工　名:审查借书权

编　　　号:2.2.2

处理逻辑:IF　有过期书 或 借书已满

　　　　　THEN 发"无借书权信息"

　　　　　ELSE 向加工 2.2.3 发"有借书权信息"。

激发条件:接收到读者数据时

优　先　级:一般

输　　　入:读者数据

输　　　出:借书权信息

执行频率:次/天

加　工　名:登记借书信息

编　　　号:2.2.3

处理逻辑:接收拟借书书码,

          按书码在图书流通文档中找到相应记录,

          在该记录的相应字段中记录书码和借书日期,

          接收读者证码,

          按证码找到读者文档中的相应记录,

          修改读者文档中的"借书记录"。

激发条件:收到有借书权信息

优 先 级:一般

输　　　入:有借书权信息

输　　　出:借书登记数据

执行频率:次/天

加 工 名:取图书文档数据

编　　　号:2.3.1

处理逻辑:根据还书证码在图书流通文档中找到相应记录。

激发条件:收到还书证码后

优 先 级:一般

输　　　入:还书证码

输　　　出:一个图书流通文档记录数据

执行频率:次/天

加 工 名:预约检查

编　　　号:2.3.2

处理逻辑:根据所还书的流通数据得到该书的索书号,

          根据此索书号读出图书书目文档中的相应记录,

          IF 有预约读者 THEN 发第一个预约读者的借书

          证号,

          ELSE 发无预约信息。

激发条件:收到所还图书的流通数据时

优 先 级:一般

输　　入：所还书的图书数据

输　　出："预约借书证号"或"无预约信息"

执行频率：次/天

加　工　名：打印预约通知单

编　　号：2.3.3

处理逻辑：根据预约借书证号在读者文档中取出读者的基本数据，

　　　　　根据索书号在图书书目文档取出图书书目基本数据，

　　　　　根据以上数据打印预约通知单。

激发条件：收到预约借书证号后

优　先　级：一般

输　　入："预约借书证号"和"索书号"

输　　出：预约通知单

执行频率：次/天

加　工　名：读取读者数据

编　　号：2.3.4

处理逻辑：从图书流通数据取出读者借书证号，

　　　　　根据读者借书证号在读者文档中取出相应记录。

激发条件：收到图书流通数据时

优　先　级：一般

输　　入：一个图书流通数据

输　　出：读者借书记录

执行频率：次/天

加　工　名：违章处理

编　　号：2.3.5

处理逻辑：根据如下判定表计算还书日期，

　　　　　　IF 书已过期 或 书破损 或 其它违章

THEN 计算并累加罚款金额，

累加违章次数，

更新读者文档记录。

借书日期	11.29~2.1	3.31~4.2	5.31	8.31~9.2	10.31	12.1~12.2	其它
还书日期	3.1	5.3	7.1	10.3	12.1	1.3	（月+1）MOD（12）

激发条件:收到借书日期后

优 先 级:一般

输　　入:借书日期

输　　出:违章处理数据

执行频率:次／天

加 工 名:清除借书记录

编　　号:2.3.6

处理逻辑:将读者文档中相应记录的借书数据清除，

将图书流通文档中相应记录的借出数据清除。

激发条件:收到所还书的借书记录后

优 先 级:一般

输　　入:借书记录

输　　出:清除数据

执行频率:次／天

加 工 名:追加新书数据

编　　号:3.2.1

处理逻辑:打开新书文档，

REPEAT

读新书文档一条记录，

将新读入数据整理为图书书目文档记录形式写入图书书目文档，

将新读入数据整理为图书流通文档记录形式写入
图书流通文档,
UNTIL 读完新书文档,
关闭新书文档,
删除新书文档。

激发条件:收到新书数据后

优　先　级:一般

输　　　入:新书数据

输出:"图书书目数据"和"图书流通数据"

执行频率:次/天

加　工　名:更新图书文档索引

编　　　号:3.2.2

处理逻辑:按索引项索引"图书流通文档"和"图书书目文档"

激发条件:"追加新书数据"完成后

优　先　级:一般

输　　　入:"图书流通文档"数据和"图书书目文档"数据

输　　　出:"图书流通文档"和"图书书目文档"各个索引

执行频率:次/天

加　工　名:读取图书数据

编　　　号:3.3.1

处理逻辑:打开图书流通文档,
　　　　　根据书码读出相应的记录,
　　　　　IF 无此记录 THEN 发"无效书码"信息,
　　　　　ELSE 从该记录中取出相应的索书号,
　　　　　关闭图书流通文档。

激发条件:收到旧书书码后

优　先　级:一般

输　　　入:旧书书码

输　　出:"无效书码"信息或"索书号"

执行频率:次/天

加　工　名:删除相关数据

编　　号:3.3.2

处理逻辑:打开图书流通文档,

打开图书书目文档,

根据收到的索书号读出相应的图书书目文档记录,

IF 复本量 = 1

THEN 删除相应的图书书目文档记录,

ELSE 复本量减 1,

删除相应的图书流通文档记录,

关闭图书书目文档,

关闭图书流通文档。

激发条件:收到索书号后

优　先　级:一般

输　　入:索书号

输　　出:要删除的数据记录

执行频率:次/天

加　工　名:更新图书文档索引

编　　号:3.3.3

处理逻辑:按索引项索引"图书流通文档"和"图书书目文档"

激发条件:"删除旧书数据"完成后

优　先　级:一般

输　　入:"图书流通文档"数据和"图书书目文档"数据

输　　出:"图书流通文档"和"图书书目文档"各个索引

执行频率:次/天

加　工　名:办证操作选择

编　　号:4.2.1

处理逻辑:分析办证操作指令

　　　　　　IF 批办证方式

　　　　　　THEN 发批处理命令

　　　　　　ELSE 单证方式命令

激发条件:收到"办证操作指令"后

优　先　级:一般

输　　　入:办证操作指令

输　　　出:分类指令

执行频率:次/天

加　工　名:接收读者信息

编　　　号:4.2.2

处理逻辑:打开新办证读者临时文档,

　　　　　　REPEAT

　　　　　　接收一条读者信息,

　　　　　　写入新办证读者临时文档,

　　　　　　UNTIL 无读者信息

　　　　　　关闭新办证读者临时文档。

激发条件:收到批处理方式命令时

优　先　级:一般

输　　　入:批处理方式命令

输　　　出:新办证读者数据

执行频率:次/天

加　工　名:读临时文档数据

编　　　号:4.2.3

处理逻辑:打开新办证读者临时文档,

　　　　　　REPEAT

　　　　　　读取一条读者信息,

　　　　　　发送读者信息

UNTIL 无读者信息
关闭新办证读者临时文档，
删除新办证读者临时文档。
激发条件:新办证读者临时文档数据建成后
优 先 级:一般
输 入:新办证读者数据
输 出:读者信息
执行频率:次/天
加 工 名:制造借书证
编 号:4.2.4
处理逻辑:组装读者信息，
打印借书证。
激发条件:收到读者信息后
优 先 级:一般
输 入:读者信息
输 出:借书证
执行频率:次/天
加 工 名:追加读者数据
编 号:4.2.5
处理逻辑:接收读者信息，
组装读者信息，
写入读者文档。
激发条件:收到读者信息后
优 先 级:一般
输 入:读者信息
输 出:读者信息
执行频率:次/天
加 工 名:接收读者信息

编　　号:4.2.6

处理逻辑:接收读者信息

激发条件:收到单证命令方式后

优　先　级:一般

输　　入:单证方式命令

输　　出:读者信息

执行频率:次/天

加　工　名:借书证挂失

编　　号:4.3

处理逻辑:根据所挂失的借书证号读取读者文档记录,
　　　　　IF 无此证号 THEN 发"无效证号"信息
　　　　　ELSE 置借书状态为"挂失"
　　　　　更新读者文档数据

激发条件:收到挂失的借书证号后

优　先　级:一般

输　　入:挂失借书证号

输　　出:挂失信息

执行频率:次/天

加　工　名:借书证解挂

编　　号:4.4

处理逻辑:根据所解挂的借书证号读取读者文档记录,
　　　　　IF 无此证号 THEN 发"无效证号"信息
　　　　　ELSE 置借书状态为"正常"
　　　　　更新读者文档数据

激发条件:收到解挂的借书证号后

优　先　级:一般

输　　入:解挂借书证号

输　　出:解挂信息

执行频率:次/天

加 工 名:接收读者借书证号

编 号:4.5.1

处理逻辑:接收读者借书证号

激发条件:接收到读者补办借书证号命令后

优 先 级:一般

输 入:读者补办借书证号命令

输 出:读者原来的借书证号

执行频率:次/天

加 工 名:读取读者文档数据

编 号:4.5.2

处理逻辑:根据读者借书证号读取读者文档相应记录

激发条件:收到读者借书证号后

优 先 级:一般

输 入:借书证号

输 出:"无效证号"信息或"读者数据"

执行频率:次/天

加 工 名:产生新证号

编 号:4.5.3

处理逻辑:打开系统管理文档,

　　　　　读出最后使用的借书证号,

　　　　　接收产生证号的相关信息,

　　　　　最后使用证号加1产生新证号,

　　　　　更新系统管理文档,

　　　　　关闭系统管理文档。

激发条件:"产生新证号"命令

优 先 级:一般

输 入:与产生证号相关的信息

输　　出:新证号

执行频率:次/天

加　工　名:更新读者文档

编　　号:4.5.4

处理逻辑:写读者文档记录

激发条件:收到完整的读者信息后

优　先　级:一般

输　　入:读者信息

输　　出:读者信息

执行频率:次/天

加　工　名:制造借书证

编　　号:4.5.5

处理逻辑:组装读者信息,

　　　　　打印借书证。

激发条件:收到完整的读者信息后

优　先　级:一般

输　　入:读者信息

输　　出:借书证

执行频率:次/天

加　工　名:读取读者文档数据

编　　号:4.6.1

处理逻辑:REPEAT

　　　　　根据退证范围顺序取一借书证号从读者文档中读
　　　　　读者数据,
　　　　　IF 有此读者 THEN 发此读者数据
　　　　　证号加1,
　　　　　UNTIL 读完读者数据

激发条件:收到退证范围后

优 先 级:一般

输 　 入:退证范围

输 　 出:读者数据

执行频率:次/天

加 工 名:有效性检查

编 　 号:4.6.2

处理逻辑:IF 有书未还或有未交的罚款 THEN 发无效信息

　　　　　　　ELSE 发有效信息

激发条件:收到退证的读者数据后

优 先 级:一般

输 　 入:读者数据

输 　 出:检查结果

执行频率:次/天

加 工 名:删除读者文档相应记录

编 　 号:4.6.3

处理逻辑:根据收到的读者数据删除读者文档中的相应记录

激发条件:收到"读者数据"和"有效信息"后

优 先 级:一般

输 　 入:"读者数据"和"有效信息"

输 　 出:删除数据信息

执行频率:次/天

加 工 名:更新索引

编 　 号:4.6.4

处理逻辑:按索引项索引读者文档

激发条件:删除加工完成后

优 先 级:一般

输 　 入:读者文档记录

输 　 出:读者文档索引

执行频率:次/天

加 工 名:查询信息分类

编　　号:5.2.1

处理逻辑:分类输入信息并发出

激发条件:收到图书查询信息后

优 先 级:一般

输　　入:图书查询信息

输　　出:查询分类信息

执行频率:次/天

加 工 名:题名查询

编　　号:5.2.2

处理逻辑:查找图书书目文档题名索引,
　　　　　取索引数据。

激发条件:收到题名查询信息后

优 先 级:一般

输　　入:题名查询信息

输　　出:多项书目数据

执行频率:次/天

加 工 名:责任者查询

编　　号:5.2.3

处理逻辑:查找图书书目文档责任者索引,
　　　　　取索引数据。

激发条件:收到责任者查询信息后

优 先 级:一般

输　　入:责任者查询信息

输　　出:多项书目数据

执行频率:次/天

加 工 名:ISBN 号查询

编　　号：5.2.4

处理逻辑：查找图书书目文档 ISBN 号索引，
　　　　　取索引数据。

激发条件：收到 ISBN 号查询信息后

优　先　级：一般

输　　入：ISBN 号查询信息

输　　出：书目数据

执行频率：次／天

加　工　名：选择一种图书

编　　号：5.2.5

处理逻辑：显示多项书目数据，
　　　　　接收选择信息，
　　　　　根据选择信息确定所选图书。

激发条件：收到多项书目信息后

优　先　级：一般

输　　入：多项书目信息

输　　出：一种书的索书号

执行频率：次／天

加　工　名：一种书的借出信息处理

编　　号：5.2.6

处理逻辑：根据索书号读取图书书目文档相应记录，
　　　　　取复本量，
　　　　　REPEAT
　　　　　顺序从图书书目记录中取一个登录号，
　　　　　用此登录号读取图书流通文档记录，
　　　　　显示登录号和借出数据
　　　　　UNTIL 未取完复本量的图书流通数据

激发条件：收到一个索书号后

优 先 级：一般

输　　入：索书号

输　　出："借出信息"和"登录号"

执行频率：次/天

加 工 名：一本书的借出信息处理

编　　号：5.2.7

处理逻辑：根据借此书的读者借书证号取读者文档相应数据，
　　　　　显示读者数据。

激发条件：收到登录号后

优 先 级：一般

输　　入：登录号

输　　出：借书的读者信息

执行频率：次/天

加 工 名：读者查询信息分类

编　　号：5.3.1

处理逻辑：分类输入信息并发出

激发条件：收到读者查询信息后

优 先 级：一般

输　　入：读者查询信息

输　　出：查询分类信息

执行频率：次/天

加 工 名：姓名查询

编　　号：5.3.2

处理逻辑：根据读者姓名从读者文档姓名索引中取出指针，
　　　　　根据指针从读者文档中取出相应数据。

激发条件：收到读者姓名后

优 先 级：一般

输　　入：姓名

输　　出：多个同名读者信息

执行频率：次／天

加 工 名：选择一个读者

编　　号：5.3.3

处理逻辑：显示多个读者数据，

　　　　　接收选择信息，

　　　　　选择一个读者，取其借书证号。

激发条件：收到多个同名读者信息后

优 先 级：一般

输　　入：多个同名读者信息

输　　出：一个读者的借书证号

执行频率：次／天

加 工 名：取借书记录

编号：5.3.4

处理逻辑：根据所收到的借书证号取出读者借书信息。

激发条件：收到一个读者的借书证号后

优 先 级：一般

输　　入：一个读者的借书证号

输　　出：一个读者的借书信息

执行频率：次／天

加 工 名：系统初始化

编　　号：6.2

处理逻辑：建立所有文档框架，

　　　　　接收各种系统参数，

　　　　　建立系统管理文档。

激发条件：收到系统初始化命令后

优 先 级：一般

输　　入：系统初始化命令

输　　出：系统初始化数据

执行频率：次/天

加　工　名：系统参数修改

编　　号：6.3

处理逻辑：取系统管理文档数据，

　　　　　显示旧的系统参数，

　　　　　接收新的参数，

　　　　　更新系统管理文档。

激发条件：收到系统参数修改命令后

优　先　级：一般

输　　入：系统参数修改命令

输　　出：新的系统参数

执行频率：次/天

加　工　名：系统恢复

编　　号：6.4

处理逻辑：确定恢复范围，

　　　　　读取日志文档数据，

　　　　　更新所要恢复的文档。

激发条件：收到系统恢复命令后

优　先　级：一般

输　　入：系统恢复命令

输　　出：系统恢复数据

执行频率：次/天

2.8.2　文献采访子系统

前边以图书馆自动化系统中的"流通子系统"为例对系统分析工作给出了简单的实例分析。其它几个子系统，即"文献采访子系统"、"文献编目子系统"、"公共查询子系统"和"连续出版物管理子系统"的分析工作留给读者完成。这里只给出需要注意的问题。

对文献采访子系统作系统分析应注意：

1. 应有详细完整的财务管理功能。

2. 注意选书工作中的人—机接口。

3. 注意同编目子系统的工作衔接。

4. 解决好采购查重。

5. 加强统计及对采购的决策支持。

6. 注意登录号的人—机接口。

7. 重视联机采购的发展方向和联合采购、机读数据的利用。

2.8.3　文献编目子系统

对文献编目子系统作分析时应注意：

1. 按照机读目录的标准格式生成主书目数据库。

2. 应注意操作过程分析，如是否区别编目人员与数据录入人员及其工作衔接。

3. 若在录入数据前生成工作单，则应考虑工作单的多种转换方式，即联机录入和批处理录入。

4. 应考虑对标准数据源的使用、联合编目和联机编目的发展。

5. 录入时应尽可能方便用户，提供友好的用户界面，可采用格式化的录入方式和制导方式录入。如：

设置隐含工作单；

自动生成汉语拼音字段内容；

按 CN – MARC 的规定和编目过程自动给出有关的专用符号；

格式和录入内容的错误检查，如 ISBN 号的查错等等。

6. 应考虑按编目工作标准显示和打印高质量的书目卡片。无论图书馆是否设置卡片目录，这一要求永远都不会过时。

2.8.4 连续出版物管理子系统

对连续出版物管理子系统作分析时要注意：

1. 采购的连续性强但变动性大，即存在于一致性中的不一致性。

2. 有大量的装订工作，应注意操作过程分析。

3. 现刊在阅览室借阅，过刊通过流通外借，两者管理方式不同。

4. 采、编、流一条龙。

5. 应有良好的登到和催询功能。

2.8.5 公共查询子系统

对公共查询子系统作系统分析时应注意：

1. 公共查询子系统的目标系统同手工系统工作形式有根本差别，因而不可能从手工查询工作过程直接导出目标系统。

2. 应注意设立多种检索途径。

3. 除提供完全一致的检索方式外，还应提供前方一致的检索。

4. 应注意方便用户录入检索词，如可用检索词的汉语拼音首字母代替检索词汉字的录入。

5. 应能提供多层嵌套的逻辑与、或、非运算。

6. 至少应有联机的实时响应查询方式。

7. 注意大量的馆外信息源及查询的发展。

第九节 图书馆自动化系统分析的特点

图书馆自动化系统是信息系统的一种类型。其开发应遵循一般的计算机信息系统开发原则、方法和规范，但由于图书馆工作所具有的强烈的特殊性,图书馆自动化系统的开发也有其自身与众不同的特点。充分了解这些特点对成功地开发图书馆自动化系统有很大的益处。

2.9.1 系统的软、硬件和数据库的综合分析与配置问题

严格地说,图书馆自动化系统是一个由硬件、软件、数据库、工作人员和管理几部分组成的系统。软件系统只是其中的一部分。因而,在图书馆自动化系统分析阶段,不仅仅要按照《计算机软件开发规范》做好软件系统的分析工作,更要结合硬件、数据库等方面的问题和需求,做好整个系统的分析工作。从我国图书馆自动化系统十几年的发展历程看,硬件系统的选择与配置及其同软件系统的协调对整个自动化系统的建设有很大的影响,往往成为系统开发和运行的关键问题,也是经常在系统开发时困扰一些图书馆的主要问题。

在图书馆自动化系统开发时,决不应仅仅考虑软件系统的开发,也应同时考虑影响系统的其它方面。一般来说,综合考虑图书馆自动化系统开发的各个方面,系统建设应该是如图 2.9.1 所示的一个并行工作过程。

1. 系统分析应做的工作

综合考虑各方面因素,系统分析应做的工作有:

①成本分析。

图书馆自动化系统的效益主要是社会效益,但一般的图书馆资金都很紧张。因此,对于建立和运行这样一个系统所需成本应心中有数。其成本主要集中在以下几个方面:

a. 硬件成本:建立系统所需购置的基本硬件设备及有关设备。

b. 软件成本:开发或购置软件系统所需的投入。

c. 运行成本:维持系统运行时所需的开销。如:硬软件的维修、人员培训、数据库的更新、设备所需的消耗材料及系统的各种

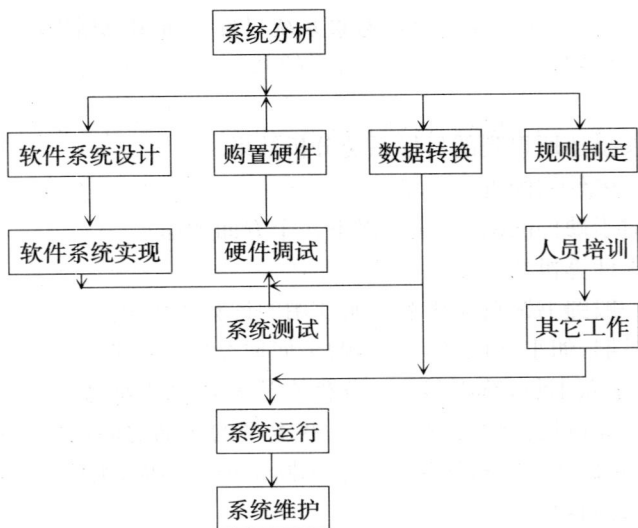

图 2.9.1　图书馆自动化系统建设过程

其它日常消耗等。运行成本也是长期经营策略需要考虑的重点问题。

d. 数据成本:数据成本是指为建立能使系统正常运行的先期数据所需投入的资金。系统运行后,有关数据的投入属运行成本。一般的信息管理系统对这方面的投入要求较少,而对像图书馆自动化系统这样的"纯数据驱动系统"(即没有充分完备而且有效的数据就无法正常运行)而言,文献数据库的建设还是十分重要的。自动化系统运行前,一般都需进行数据的回溯转换,因而先期的数据成本还是很大的。

②现行手工系统流程和功能分析。

③目标系统需求分析,主要包括:

a. 软件系统需求分析:考察系统目标对软件系统提出的要求。

b. 硬件系统需求分析：考察系统目标对硬件系统提出的要求。

c. 数据系统需求分析：考察系统目标对所用数据提出的要求，即能保证系统正常运行所需达到的基本数据数量、数据质量和数据的生产率。

④描述所得到的目标系统分析结果。

2. 硬件的配置

对于硬件的购置，应从以下几个方面考虑：

①计算机的类型

一般图书馆自动化系统所使用的计算机可分为微机或其它类型的机器，如小型机等。具体购买何种类型的机器，要根据图书馆的规模（藏书量、读者等）和经费的具体情况作具体分析。当然，由于计算机技术的飞速发展，一些类型的机器之间的差别越来越小。同时，新计算机体系结构也不断出现。因而，类型选择问题可能越来越容易解决。

②购买的时机

由于计算机技术发展快，其性能/价格比不断提高。因而计算机价格变动也较快。对于经费较紧的图书馆，选择适当的购机时机对于节省资金也是很重要的。

如果先购置硬件来等待软件的开发或购置，则会出现以下一些问题：

a. 在硬件等待期间将形成大量资金的积压，而且先购置硬件的花销肯定要比后购置的要多，等待时间越长，这两方面的浪费就越大。从经济核算的角度看，是很不合理的。

b. 软、硬件有相互配合的问题。先购置的硬件，不一定能完全满足开发或购置的软件的要求，由于先购置了硬件，就有可能对软件的开发形成不同程度的限制，甚至给开发带来困难或使得开发出来的产品带有某些缺陷，对于购置的软件也有类似问题。

我国图书馆在这方面有不少教训，有的在计算机已经购进几年后,软件还未开发出来。因此,比较恰当的策略是,争取软、硬件同时到位,并注意解决两者的功能需求配合。

③硬件的性能

目前,计算机性能越来越高,而且不同类别机器间的性能差别也越来越小。但是在购买时,仍有必要对机器的性能做一番考察。对于图书馆自动化系统而言,考察的主要方面有:

a. 机器的处理速度和数据存贮能力,即内存的大小和可立即访问的外存大小。

b. 机器挂接的终端个数及所有终端同时作业时主机的响应时间。

c. 与其它系统的互联能力及通讯能力。

d. 是否有丰富的系统软件支持,系统软件的质量。

e. 硬件系统的扩充和升级能力。

f. 系统的安全性和可靠性。

g. 机器厂家对用户的服务支持。

2.9.2 图书馆自动化系统目标的确定问题

图书馆自动化系统的主要目标应当是:提高业务处理的速度,改进图书馆的管理质量和服务质量,即以提高为读者服务的质量为根本目标。在全球信息网络建设的环境下,特别要重视联网、资源共享和开发馆藏。在此前提下,可结合各个图书馆的实际工作,确定一些具体的目标。比如,取代和扩展传统的管理工作;实现各图书馆的资源共享;增加文献处理的辅助功能等。并以此为基础,对软件质量和开发技术提出恰当的要求。

图书馆自动化系统是一个人机结合的处理系统。其中计算机只是辅助图书馆工作的工具,它起一个数据存贮和查询的作用。在目前条件下,对数据的深层加工,仍要靠人来完成。因而,人是系统运行的关键因素。同时,目前的图书馆自动化系统不同于其它类型的信息系统,如管理信息系统和决策支持系统,它不对数据进行分析、预测和计划,而主要是对数据按照传统的文献处理方式,如分类、主题标引等,进行加工、存贮和查询。

2.9.3 数据分析和文件分析的准备工作

图书馆自动化系统是一个数据驱动系统,其中的各类数据都具有数据量大、形式变化多等特点。因而,数据分析、数据结构和数据库的分析设计及运行数据的准备,是系统成功的重要因素。在系统分析中,数据分析主要是对输入数据和内部生成数据进行分析。输入数据主要是指出版物的属性数据,如题名、作者、出版社、出版频率等以及它们的长度、范围和格式等;内部生成的数据主要是指在编目加工时所产生的编目数据。

通过数据分析,一般会产生两个问题:书目数据库格式的设计和计算机字符集的使用。

1. 书目数据库格式设计

图书馆自动化系统对主书目数据库有以下基本要求:

①逻辑性能要求

a. 能准确记录各种类型、各种形态、各种载体的书目数据。

b. 能按要求全面而灵活地描述各类书目数据的各种属性细节。

c. 能完整安全地记录并保存各种长度(如8K)的单条书目记录数据。

d. 能恰当而正确地反映各种书目数据间的有机关系。

②物理性能要求

a. 能容纳大量数据记录。

b. 能最大限度地节约外存空间,即最经济地使用外存。

c. 能提供多途径的快速检索。

为满足对书目数据库逻辑性能的要求,书目数据库的记录编排格式应当是"可变格式、可变长度"。可遵循已有的机读书目数据库的标准设计数据库。如中文书目数据库一般采用符合ISO2709 的 CN – MARC 格式。为满足对书目数据库的物理性能的要求,应选用可实现可变长度记录并有强大的索引功能的数据库管理系统,或选用某种控制层次较低的程序设计语言,如 C 语言,开发自己的数据库管理系统。

　　2. 计算机字符集

　　目前计算机所配置的基本字符集是 ASCII 码集(ISO646)。对于非英语国家,一般采用"ASCII 码集 + 当地语言字符集"的方式。

　　我国大陆的计算机汉字处理普遍采用的是国家标准《通讯用汉字编码字符集基本集及其交换码(GB2312 – 80)》。该标准共收录 6763 个汉字和一些其它符号。

　　GB2312 – 80 的基本结构是一个二维的平面。它设置了 1 到 94 个区,每个区又分为 1 到 94 个位,每个区位上放一个汉字或一个全角字符。以汉字或全角字符所在的区号加位号所形成的编码,称为区位码,来表示其在字符集中的位置。每个汉字或全角字符的机内码用双字节,即两个字节实现。

　　在该字符集中,汉字共分两级,一级汉字是统计意义上的高频字,即使用中的常用字,位于 16 区 ~ 55 区,共 3755 个,按汉语拼音字母顺序排列;二级汉字为次常用字,位于 56 ~ 87 区,共 3008个,按部首排列。

　　1 ~ 9 区为各种符号,如标点符号、制表符号、英文字母、俄文字母、日文假名等。

　　由于 GB2312 – 80 只收录了 6763 个汉字,故在图书馆自动化系统运行时,存在大量的集外字,即该字符集标准未收录的汉字;同时在处理古典文献和其它语种文献时,也存在着繁体字的处理和多文种的处理问题。

184

采用"ASCII 码集 + 当地语言字符集"的做法至少有两个缺点：

①不能同时处理多文种。

②所加挂的当地字符集不标准。如中文汉字处理就有在我国大陆流行的中国国家标准《通讯用汉字编码字符集基本集及其交换码（GB2312 –80）》及其系列字符集、台湾省的 TCA – CNS11643 系列和香港的特殊字符等。

以上问题的存在严重影响了计算机信息处理，也给图书馆自动化系统的建设带来困难。为解决这一世界性问题，国际标准化组织特制定了国际标准 ISO/IEC10646，即《信息技术——通用多八位编码字符集（UCS Universal Multiple – Octet Coded Character Set）》。该标准的制定，为计算机同时处理世界各种语言文字提供了可能，并为各文种的书面形式以及附加符号的表示、传输、交换、处理、存储、输入及显示输出提供了标准。

ISO/IEC10646 的总体结构为 128 个三维组（Group）所组成的四维编码空间，称为正则形式（Cannonical Form）。其中每个组包括 256 个三维平面，每个平面包括 256 个一维行，每行包括 256 个字位。因而，正则形式中的一个字符要由组、平面、行和字位四个八位（共 32 位）编码表示。由于两个八位（即 16 位）不足以表示世界上所有的字符，因此，四个八位是符合现代信息处理系统的体系结构的。其结构见图 2.9.2。

其中，00 组中的 00 平面称为基本多文种平面（BMP），在基本平面中，一个字符可用两个八位表示。其结构见图 2.9.3a 和图 2.9.3b 所示。

该标准对于基本平面的分布，作了如下规定：

A 区：用于世界上表意文字（汉字）以外的字母文字、音节文字以及各种符号。

I 区：用于中、日、韩（CJK）统一的表意文字。

O 区:保留。

R 区:作为基本平面的限制使用区,它包括专用字符、变形显示形式及兼容字符。

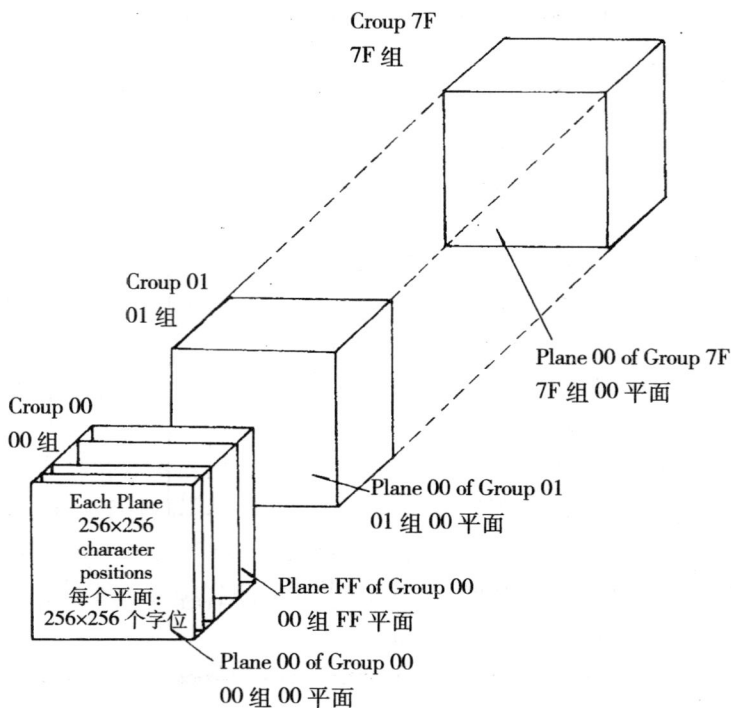

图 2.9.2　ISO/IEC10646 的编码空间

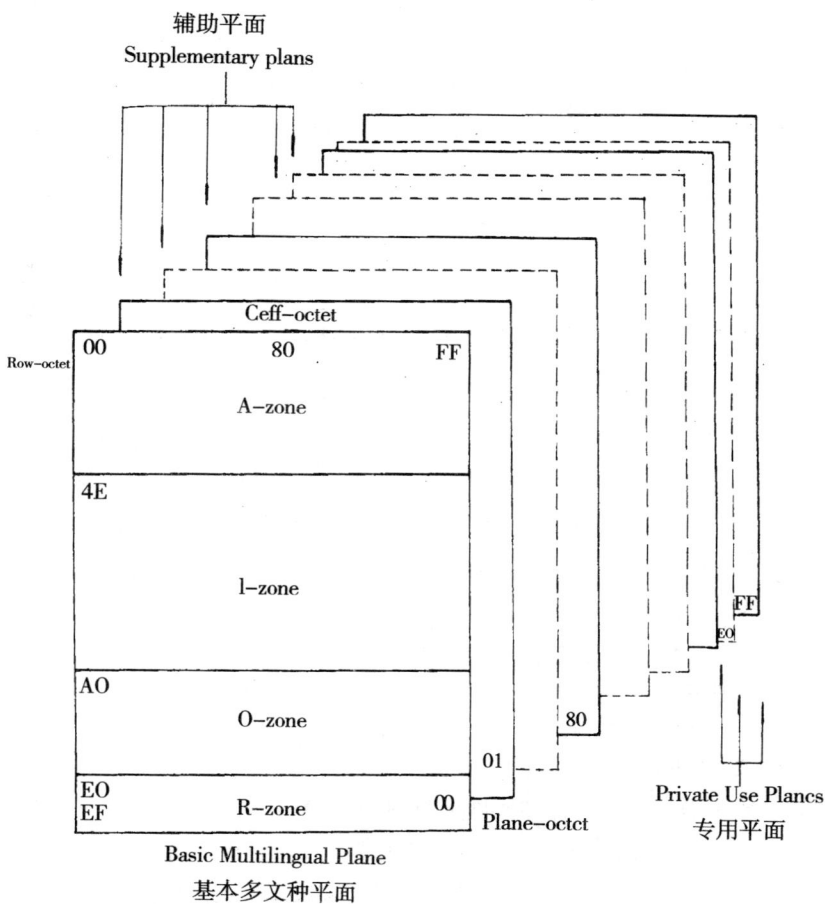

辅助平面
Supplementary plans

Row–octet   00   80   FF

Ceff–octet

A–zone

4E

l–zone

AO

O–zone

EO
EF   R–zone   00

80

01

FF
EO

Private Use Plancs
专用平面

Plane–octct

Basic Multilingual Plane
基本多文种平面

图 2.9.3a   ISO/IEC10646 的 00 组

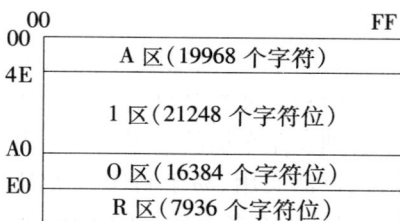

图 2.9.3b ISO/IEC10604 中 BMP 的内容分布

2.9.4　注意图书馆自动化系统的操作运行方式设计

图书馆自动化系统是一个人机结合的处理系统。由于在目前阶段,计算机主要是取代手工进行大部分的数据处理和信息管理工作,其它很多工作要由人来完成,所以要特别注意计算机的工作方式和人机的协调工作关系,即系统的运行方式。只有这样,才可能在目前条件下,更大限度地发挥计算机的作用。图书馆自动化系统分析应在以下几个方面注意系统的运行形式。

1. 数据录入方式

图书馆日常工作中有大量的数据录入工作:编目数据的录入、借还数据的录入等。完整、及时、有效的数据是图书馆自动化系统正常运行的基础。本章前边已经提到,早期的一些图书馆自动化系统,在实现流通管理时,要求工作人员手工录入每日读者的借还书数据,由于操作不便,实用性和可靠性差,导致了系统失败。因而应尽可能采用准确、方便的自动录入方式来取代手工操作。对编目数据的录入可通过使用标准数据源解决。借还数据的录入一般是通过在图书和借书证上设置条形码来解决。下边简单介绍一下条形码技术。

条形码(Bar Code)是由黑白相间、宽窄不一、数目固定、规则排列的一组条纹组成的一种标记。按照排列的规则,每种组成表示某一特定的信息,它是利用计算机光电扫描阅读设备来实现数据输入的一种代码。

条形码技术的研究始于 20 世纪中期,而其大规模应用和发展是以计算机的广泛应用和发展为基础的。50 年代,美国就开始了采用条形码技术来管理铁路车辆的应用实践。由于条形码具有可靠准确、输入速度快、灵活实用、易于制作且所需设备较为简单等优点,因而此后条形码技术在各个领域的应用,尤其是在商业领域的应用迅速发展,大大提高了有关应用领域的工作效率,带来了巨大的经济效益。

条码的编码方法通常有两种,即宽度调节和色度调节。在宽度调节编码中,条形码的符号构成是由宽、窄的条和空(即黑条纹和白条纹)以及字符符号间隔组成的,宽的条和空逻辑上表示"1",窄的条和空逻辑上表示"0",宽单元通常是窄单元的 2 ~ 3 倍。在色度调节编码中,条码符号是利用条和空的反差来标识的,逻辑上条表示编码"1",而空则表示"0"。

目前世界上流行几十种码制的条码,主要有 UPC 码(Universal Product Code)、EAN 码(European Article Number)、二五码(2 of 5 Bar Code 或 Code 25)、三九码、11 码、四九码、库德巴码(Codabar Bar Code)、EAN – 128 码等等。

关于条形码技术,我国现有的标准有:

GB12904 –91《通用商品条码》

GB12905 –91《条码系统通用术语》

GB12906 –91《中国标准书号(ISBN 部分)条码》

以上为三个强制性标准。此外还有一些推荐性标准,如:

GB/T12907 –91《库德巴条码》

GB/T12908 –91《三九条码》

2. 图书管理方式

由于在当前条件下,绝大多数出版物还是印刷型的,所以传统工作中的图书上架、取书、贴标签等项手工工作内容仍然存在。这些手工工作在实现图书馆自动化时如何调整,它们同计算机工作怎样接口,如何形成一个完整有序的工作流程,是分析时要考虑的问题。

3.编目工作形式

编目工作既要对文献进行各类标引加工,又要输入大量的数据,因而,编目工作不仅在传统图书馆手工工作中,而且在图书馆自动化系统中是一项重要的工作内容。由于编目工作本身的特点,传统图书馆学理论一直强调联合编目,以提高编目工作的一致性和工作质量,降低重复劳动。但由于通讯上的障碍,联合编目一直未能在传统工作中真正实现。计算机和计算机通讯网为联合编目提供了有利的工具。

在计算机网支持下的多个图书馆相互间可借助通讯网实现实时的联合联机编目。典型的工作方式是 OCLC 的模式。

若图书馆间暂时尚未建立以计算机通讯网为基础的网络联系,则可由一个有能力生产标准编目数据的机构作为编目中心,此中心向其它成员馆定期散发最新的编目数据。图书馆自动化系统分析时应尽可能考虑从此类编目机构获取编目数据。

第十节 结构化分析小结

本章第一节已经提到,结构化分析方法的实施过程有以下四个步骤:

①理解当前系统,得出其具体模型。

②通过对当前系统具体模型的分析,抽象出当前系统的逻辑模型。

③分析目标系统和当前系统的逻辑差别,建立目标系统的逻辑模型。

④修改、充实和完善目标系统的逻辑模型。

本节对这四个步骤作进一步的说明。

2.10.1 理解当前系统,得出其具体模型

对于一个系统分析人员不熟悉的问题领域进行系统开发,第一步是从搜集和理解当前系统的具体实例,建立系统的具体模型入手的。

所谓具体模型即是通过现实系统中的具体对象实例和这些对象实例的具体行为建立起的系统结构和功能图式。人们在分析问题和解决问题时,首先接触到的必然是现实中的一个个具体问题,以及这些问题的一种种具体表示形式。从特殊到一般,从具体到抽象,是人们认识客观事物的规律。因而,在进行问题分析时,先挑选具体事例,考查其中的各种因素及其相互之间的作用,了解问题的内部过程,得到系统的具体模型。

因此,具体模型可以形象生动地表达现实系统的功能过程,它所涉及到的数据、加工都是具体的,可以涉及到具体的人、具体的单位、具体的地点等。具体模型的建立实际上就是先照录调查研究中所接触到的第一手材料,然后再分析整理,得出较有条理、重点明确的系统图式的过程。

请看下面的例子。

例 2.10.1. 一个不熟悉图书馆工作的系统分析人员在分析图书馆办理借书手续时,经过调查后,可先作出如图 2.10.1 所示的过程分析。

```
┌─────────────────────────────────────┐
│ 读者递交索书条给出纳台工作人员         │
└─────────────────────────────────────┘
              ↓
┌─────────────────────────────────────┐
│ 出纳台工作人员检查索书条,包括          │
│ 书写是否清晰、索书号是否正确、         │
│ 索书号与书名对应否等。                │
└─────────────────────────────────────┘
              ↓
┌─────────────────────────────────────┐      ┌──────────────────────────┐
│ 出纳台工作人员将索书条按库分          │ ───→ │ 无此书,书库工作人员分析原因 │
│ 类,将索书条转交有关书库工作人          │      │ 并填索书条,将其退给出纳台。 │
│ 员,到相应书架按索书号找书。           │      └──────────────────────────┘
└─────────────────────────────────────┘      ┌──────────────────────────┐
              ↓                               │ 出纳台工作人员转告读者,并退 │
┌─────────────────────────────────────┐      │ 索书条给读者。              │
│ 有此书,将索书条和书送到出纳台。       │      └──────────────────────────┘
└─────────────────────────────────────┘
              ↓
┌─────────────────────────────────────┐      ┌──────────────────────────┐
│ 出纳台工作人员审查读者借书证、        │ ───→ │ 检查不合格,告知读者无借书权 │
│ 借书卡的合法性,检查已借书卡           │      │ 并告知其应补办的手续。      │
│ 中有无过期、罚款等记录。              │      └──────────────────────────┘
└─────────────────────────────────────┘
              ↓
┌─────────────────────────────────────┐
│ 检查合格,读者有借书权,取出代         │
│ 书卡,请读者填姓名。归档借书卡,        │
│ 工作人员在书后打还书日期,归档         │
│ 借书卡,将书交读者。                  │
└─────────────────────────────────────┘
```

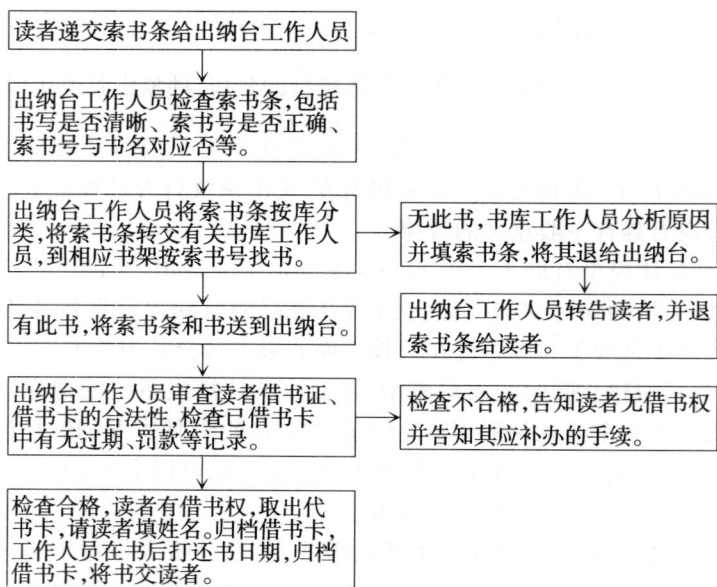

图 2.10.1　借书过程

以上流程图就可以认为是一个具体模型。之所以要先建立具体模型,一方面,分析人员对现实系统不熟悉,不可能一开始就能区别出系统过程中本质及非本质的因素。因而先借助对现实系统的照录,以便全面收集情况,为进一步的抽象分析创造条件。另一方面,具体模型是用户最容易理解和接受的,分析人员对问题理解的正确与否,表达是否适当,用户都可通过具体模型了解。双方可通过具体模型取得共识,为以后的工作打好基础。具体模型有时显得零乱甚至琐碎,但它毕竟在一定程度上揭示了系统中事物的行为过程,因而,是认识事物的开始。

需求分析从建立具体模型开始,有助于降低分析工作的难度,增强系统分析人员的信心,可以更快地从问题空间中提取有关的

192

知识。

2.10.2　通过对当前系统具体模型的分析,抽象出其逻辑模型

由具体模型抽象出逻辑模型,就是在理解了当前系统具体行为的基础上,明确其本质属性和内容,突出系统行为过程的主要方面,找出具有一般意义的规律。

具体模型有助于分析人员对现行系统的认识,有助于用户和分析人员的相互交流。但它们不一定都能反映出问题的本质方面,往往是现象与本质混在一起。而如果不区分其中的本质因素,就会影响建立问题的求解模型,从而影响计算机系统的建立。比如,具体的东西总是限制解决问题的选择范围,使方案的选择过于狭隘。而认识了事物本质的、抽象的方面,就可以全面、动态地考虑问题,得出一般问题的求解方法。

从具体模型中排除非本质的事物,需要分析人员对事物进行抽象和概括。在分析方法中,可参考一些具体做法。可以在分析过程中多问几个"为什么",如"这个加工是否必须这样做","其作用是什么","文件或数据是否必须这样组织","这样的限制是否必要","这个加工是否只是前边一个加工中的一个方面"等。

从具体模型中排除非本质因素经常采用的策略还有:把几个具体的加工综合成一个较为抽象的、更本质的加工(但不是空洞的、不明确的概念)。如可将前边分析的借书过程中,抽象成"审查索书条"、"提书"、"送书"、"审查借书权"、"出借"、"建立借书档案"等几个处理步骤。

当然,另外一种可能是:具体模型中一个加工处理框内包含的操作太多,为了能更清楚地说明问题,可将其进一步分解。

2.10.3 分析目标系统和当前系统的逻辑差别,建立目标系统的逻辑模型

建立目标系统的逻辑模型是需求分析阶段实质性的关键步骤。现实系统的逻辑模型和目标系统的逻辑模型往往会有差别,这一方面是由于在完成同一个功能时,计算机处理和手工操作各自采取不同的实现方式,计算机不可能完全照搬手工操作的流程和做法。因而,当前系统的一些处理步骤在目标系统中可能会被抛弃掉,而目标系统又会增加很多新的计算机处理所特有的过程。另一方面,计算机系统绝不仅仅是对当前手工系统的简单模拟,而要充分发挥计算机的能力,在更高的层次上实现原系统的功能。因而,同当前系统的操作流程和所实现的功能相比,目标系统可能是以一种全新的面貌出现。

可按以下步骤建立目标系统的逻辑模型:

1. 找出当前系统中需要改进的部分和这些部分的范围,即找出"变化部分"。

寻找"变化部分"时,可以对当前系统数据流图的最低层的基本加工逐个进行检查,如果某个加工和目标系统的设想不同,则它就处于"变化部分"的范围中。当全部数据流图都检查过,并标出所有的和目标系统不同的基本加工,这就确定了整个的变化范围。

请看一个例子。

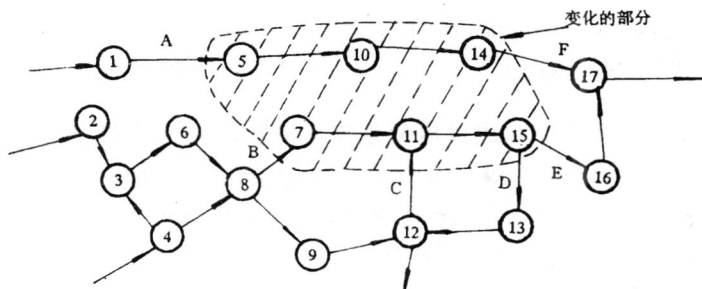

图 2.10.2

经过以上分析,当前系统的逻辑模型被分成两部分,一部分和目标系统基本一致,另一部分不一致,需要重新考虑。

2. 将这个变化的部分看作是一个加工,如图 2.10.3 所示。这个加工的外部环境和输入输出数据流都是已知的,而其内部的一些加工过程尚不清楚。

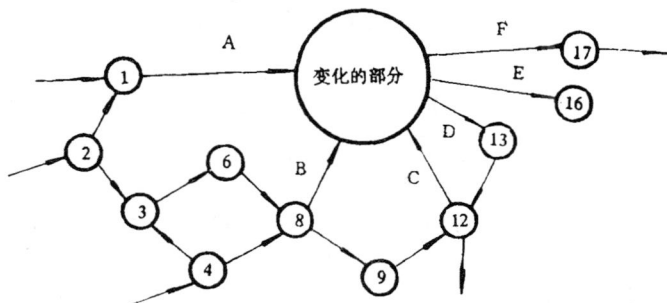

图 2.10.3

3. 遵循"由外向里"的原则,按照计算机处理的特点和方式,分析人员根据自己的经验,对所找出的"变化部分"进行详细分解。

2.10.4 修改、充实和完善目标系统的逻辑模型

完成第三步后,得到的只是目标系统逻辑模型的初步结构,还

需对其进一步修改、充实和完善。

完善目标系统的逻辑模型需要做以下几方面的工作：

1. 确定目标系统的人机界面。

第三步中得到的用以描述具标系统逻辑模型的数据流图，有些地方手工操作和计算机操作合在一起，这时需要把它们分开。

确定目标系统人机界面的办法是先在图上分出来，然后再加以说明。如图 2.10.4 说明的例子。

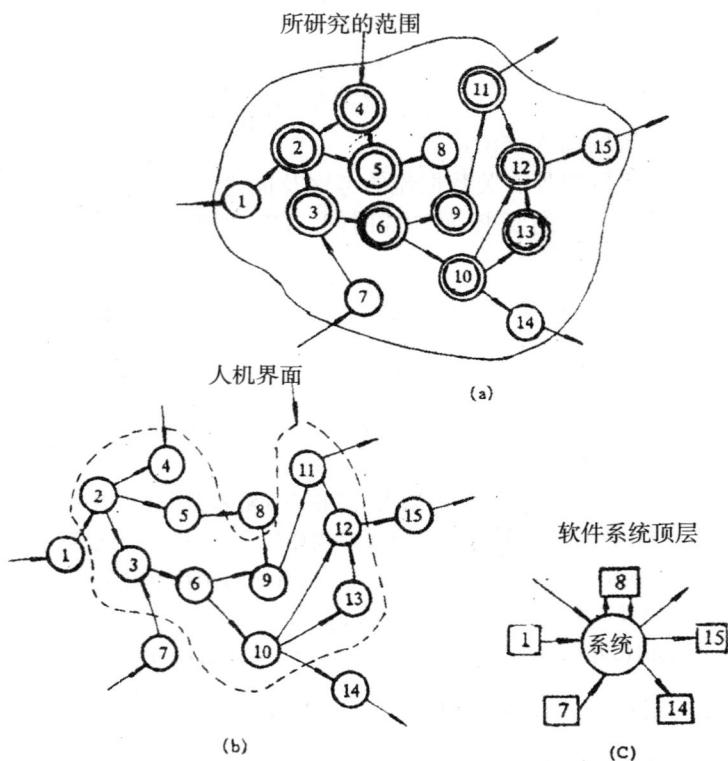

图 2.10.4

2. 进一步明确尚未考虑的细节，一般包括：

①出错处理。

在前边的分析中，为突出系统的关键部分，有意忽略了出错处理这些细节，而是将它们放在系统完善时考虑。出错处理涉及软件系统的健壮性，也是重要的内容。

②系统的启动和结束。

需求分析时，由于要优先考虑稳定状态，因而有意忽略了系统的启动和结束。系统的启动和结束所要做的工作主要包括系统的初始化，即正式运行前所需准备文件及数据，进入方式等；以及结束前的必要处理，如备份文件，填写和存贮下次运行所需数据等。

③系统的输入输出格式。

即对系统以外有关数据流的考察及描述。

④性能方面的要求，如响应时间、存贮空间要求等。

3. 其他问题。

某些类型的系统本身所具有的需要特殊优化的问题。

思考题

1. 阅读本章附录，并根据软件开发中所编写的文件与开发阶段的对应关系，说明其中的各种文件是在哪些阶段完成的。

2. 如何理解分析阶段的基本任务是"正确理解和表达用户需求"？

3. 为什么"开发规范"中对软件生存周期的每一环节都要指明任务、实施步骤、实施要求、完成标志这四个方面？ 为什么每个环节的实施步骤中都要求进行评审？ 而完成标志中都要规定应交付的文件？

4. 结构化分析的基本特点和主要步骤是什么？ 它同可行性分析是否重复，为什么？

5. 系统功能和系统的数据流图是什么关系？

6. 数据流分析方法有什么缺点？

7. 下图是软件开发的另外一个模型——喷泉模型，说明其工作过程并比较它同瀑布模型的异同。（见198页喷泉模型图）

8.说明编写系统的数据流图和编写数据字典的基本要点。

9.说明图书馆自动化系统和其子系统的功能要点。

附录 《计算机软件产品开发文件编制指南(GB8567 - 88)》摘要

《计算机软件产品开发文件编制指南》是一份规定详尽的标准。它包括引言、文件的编制指导、各种文件的内容要求以及 14 个附录(参考文件,是各个文件的编写提示)。本附录根据教学要求摘录了其中部分重点内容。以下是其摘要。

1. 目的

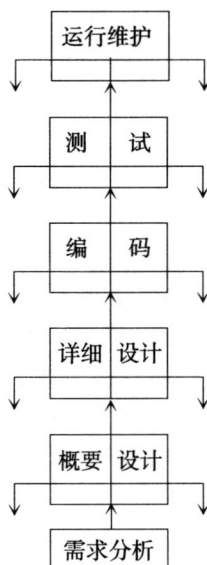

一项计算机软件的筹划、研制及实现,构成了一个软件开发项目。一个软件开发项目的进行,一般需要在人力和自动化资源等方

面作重大的投资。为了保证项目开发的成功,最经济地花费这些投资,并且便于运行和维护,在开发工作的每一阶段,都需要编制一定的文件。这些文件连同计算机程序及数据一起,构成为计算机软件。文件是计算机软件中不可缺少的组成部分。它的作用是:

a. 作为开发人员在一定阶段内的工作成果和结束标志;

b. 向管理人员提供软件开发过程中的进展和情况,把软件开发过程中的一些"不可见的"事物转换成"可见的"文字资料,以便管理人员在各个阶段检查开发计划的实施进展,使之能够判断原定目标是否已经达到,还将继续耗用资源的种类和数量;

c. 记录开发过程中的技术信息,便于协调以后的软件开发、使用和修改;

d. 提供对软件的有关运行、维护和培训的信息,便于管理人员、开发人员、操作人员和用户之间相互了解彼此的工作;

e. 向潜在用户报导软件的功能和性能,使他们能判定该软件能否服务于自己的需要。

换言之,本指南认为:文件的编制必须适应计算机软件整个生存周期的需要。

2. 分类和范围

计算机软件所包含的文件有两类:一类是开发过程中填写的各种图表,可称之为工作表格;另一类则是应编制的技术资料或技术管理资料,可称之为文件。本指南规定软件文件的编制形式,并提供对这些规定的解释。本指南的目的是使得所编制的软件文件确实能够起到软件文件应该发挥的作用。

本指南是一份指导性文件。本指南建议,在一项计算机软件的开发过程中,一般地说,应该产生 14 种文件。这 14 个文件是:

可行性研究报告

项目开发计划

软件需求说明书

数据要求说明书

测试计划

概要设计说明书

详细设计说明书

数据库设计说明书

模块开发卷宗

用户手册

操作手册

测试分析报告

开发进度月报

项目开发总结报告

它不涉及软件开发过程中如何填写工作表格的问题。

一般地说,一个文件总是一个计算机系统(包括硬件、固件和软件)的组成部分。鉴于计算机系统的多样性,本指南一般不涉及整个系统开发中的文件编制问题,本指南仅仅是软件开发过程中的文件编制指南。

3. 文件的使用者

对于不同的有关人员,他们所关心的文件的种类,随他们所承担的工作而异。管理人员、开发人员、维护人员、用户各有不同需要。如:

管理人员:可行性研究报告、项目开发计划、模块开发卷宗、开发进度月报、项目开发总结报告;

开发人员:可行性研究报告、项目开发计划、软件需求说明书、数据要求说明书、概要设计说明书、详细设计说明书、数据库设计说明书、测试计划、测试分析报告;

维护人员:设计说明书、测试分析报告;

用户:用户手册、操作手册。

尽管本指南提出了在软件开发中文件编制的要求,但并不意味着这些文件都必须交给用户。一项软件的用户应该得到的文件的种类由供应者与用户之间签订的合同规定。

4. 软件生存周期与各种文件的编制

前面所说的 14 个文件是分别在软件生存周期的不同阶段（环节）中编写完成的。各种文件编写完成后不是一成不变的。由于在运行和维护阶段，软件将在运行使用中不断地被维护，根据新提出的需求进行必要而且可能的扩充和删改，因而有的文件也可能要作修改。

5. 文件编制中的考虑因素

文件编制是一个不断努力的工作步骤。是一个从形成最初轮廓，经过反复检查和修改，直到程序和文件正式交付使用的完整过程。其中每一步都要求工作人员做出很大的努力。要保证文件编制的质量，要体现每个开发项目的特点，也要注意不要花太多的人力。为此，编制中要考虑如下各项因素。

5.1 文件的读者

文件的作者必须了解自己的读者，这些文件的编写必须注意适应自己的特定读者的水平、特点和要求。

5.2 重复性

为了方便每种文件各自的读者，它们应该自成体系。尽量避免读一种文件时不得不去参考另一种文件。但是，不必要的重复还是应该避免的，在每一种文件里，有关引言、说明等同其他文件相重复的部分，在行文上、在所用的术语上、在详细的程度上，可以有所差别，以适应各种文件的不同读者的需要。

5.3 灵活性

鉴于软件开发是具有创造性的脑力劳动，也鉴于不同软件在规模上和复杂程度上差别极大，本指南认为在文件编制工作中应允许一定的灵活性。这种灵活性表现在如下各款。

5.3.1 应编制的文件种类

尽管本指南认为在一般情况下，一项软件的开发过程中，应产生的文件有 14 种，然而针对一项具体的软件开发项目，有时不必编制这么多的文件，可以把几种文件合并成一种。一般地说，当项目的规模、复杂性和成败风险增大时，文件编制的范围、管理手续和详细程度将随之增加。反之，则可适当减少。为此，文件指南要求每个软件开发项目要有文件编制计划，具体规定要编制哪些文件，详细程度如何，并把它作为整个开发计划的重要组成部分。

5.3.2 文件的详细程度

文件指南允许文件编写的详细程度可以有差别，它取决于任务的规模、复杂性和项目负责人对该软件的开发过程及运行环境所需要的详细程度的判断。

5.3.3 文件的扩展

当被开发系统的规模非常大（例如源代码超过一百万行）时，一种文件可以分成几卷编，可以按其中每一个系统分别编制，也可以按内容划分成多卷。

5.3.4 节的扩张与缩并

文件所有的条目都可以扩展，可以进一步细分，以适应实际需要。反之，如果章节中的有些细节并非必需，也可以根据实际情况缩并。

5.3.5 程序设计的表现形式

指南对于程序的设计表现形式并未作出规定或限制，可以使用流程图的形式、判定表的形式，也可以使用其他表现形式，如程序设计语言（PDL）、问题分析图（PAD）等。

5.3.6 文件的表现形式

指南对于文件的表现形式亦未作出规定或限制。可以使用自然语言，也可以使用形式化语言。

5.3.7 文件的其他种类

当所规定的文件种类尚不能满足某些应用部门的特殊需要

时,他们可以建立一些特殊的文件种类要求,例如软件质量保证计划、软件配置管理计划等,这些要求可以包含在本单位的文件编制实施规定中。

6. 文件编制的管理工作

文件编制工作必须有管理工作的配合,才能使所编制的文件真正发挥它的作用。文件的编制工作实际上贯穿于一项软件的整个开发过程,因此,对文件的管理必须贯穿于整个开发过程。在开发过程中必须进行的管理工作是以下四条。

6.1 文件的形成

6.2 文件的分类与标识

6.3 文件的控制

为了保持文件与程序产品的一致性,保持各种文件之间的一致性和文件的安全性,文件编制指南对文件的份数、管理人员、审批签字手续、借阅办法、修改或注销手续等等,都作了严格规定。

6.4 文件的修改管理

文件修改活动的进行必须谨慎,必须对修改活动的进行加以管理。

第三章　图书馆自动化系统设计

在图书馆自动化系统开发中，完成了包括可行性分析和需求分析工作的系统分析时期后，就开始了系统设计时期。这个时期的主要工作是概要设计和详细设计。这也是一般软件系统开发过程中的一个非常重要的时期。

第一节　概要设计

3.1.1　概要设计的任务

概要设计（Preliminary Design）又称总体设计或结构设计。概要设计的任务，就是根据需求分析阶段所产生的软件需求规格说明书，建立目标系统的总体结构，即模块划分。具体地说，包括以下几个方面：

1. 确定各个模块的功能；
2. 定义各功能模块的接口和调用关系，规定设计限制；
3. 设计全局数据库和数据结构；
4. 制定组装测试计划。

概要设计的首要工作，就是将目标系统划分为模块。所谓模块（Module），就是实现某种功能独立、逻辑完整的程序段落。一般来说,子程序、函数、过程、中断、宏、类、程序包等都可称为模块。模块可大可小,可复杂可简单。早期的程序设计不划分模块,在程序规模小,功能简单,使用寿命短的情况下,这样做尚还可以。但随着程序规模增大,程序结构日趋复杂,不划分模块就无法将结构设计同程序设计分开,程序就必然表现为杂乱无章,难以设计、理解和维护。因而,划分模块是软件开发方法的进步,是软件设计开发中的一项重要工作。

概要设计的依据是需求规格说明书。通过定义模块功能,概要设计完成需求分析工作中数据流图和加工说明所反映出的系统功能,各模块通过调用,一起协调完成系统的整体功能。

3.1.2 概要设计的实施步骤

概要设计的实施可分为以下几个步骤:

1. 建立目标系统的总体结构。

概要设计首先要确定系统的具体实施方案,然后对目标系统进行功能分解,设计系统的软件总体结构。对不同规模的系统,可有不同的处理层次。对于大型系统,可按主要的软件需求划分成子系统,然后为每个子系统定义功能模块及各功能模块间的关系,并描述各子系统的接口界面。例如图书馆自动化系统,就可先划分为采购、流通、查询等若干子系统,然后在每个子系统内再划分模块;对于一般系统,可按软件需求直接定义目标系统的功能模块及各功能模块间的关系。

2. 给出每个功能模块的功能描述,数据接口描述,外部文件及全局数据定义。

3. 设计数据库及数据结构。

数据处理系统或信息系统都处理大量数据,因而对其中的数据库和数据结构要专门进行认真设计。系统分析人员应在需求分析和数据分析的基础上,进一步设计系统数据库和数据结构。数据库的设计分以下四个方面：

①模式设计

②子模式设计

③完整性和安全性设计

④优化

数据库设计是一个专门的理论和技术，进一步的了解可参阅有关的著作。

4. 制定组装测试计划。

组装测试又叫集成测试，它包括子系统测试和系统测试。一般来说，测试分为三个阶段，即单元测试、组装测试、确认测试。组装测试就是各个模块之间的联调，用以检验模块间的接口性能和模块间协调工作情况，组装测试的实施在单元测试之后，但由于它涉及模块间的关系，故其测试计划的制定同模块划分工作一同完成。同时，在软件开发的早期制定测试计划，有利于软件人员注意提高软件的可测试性。

5. 评审。

在以上各步骤结束时，需按软件工程的要求产生相应文档。最后由技术专家和使用部门的管理人员对概要设计的结果从不同角度进行严格的审查，以确认概要设计的结果。广义地说，评审也是一种测试。

3.1.3 概要设计的实施要求

按照我国国家标准《计算机软件开发规范》，在概要设计时应尽可能满足以下要求：

1. 在设计目标系统的整体结构时，应力争使其具有好的形态。各功能模块间应满足低耦合度，而各功能模块内应满足高内聚度。功能模块的作用范围应在其控制范围内。

2. 在设计目标系统的总体结构时，应降低模块接口的复杂性，

206

提高目标系统的可移植性。

以上涉及的一些概念在本章以后各节讲述。

3.1.4　概要设计完成标志

概要设计应完成以下内容：

1. 所有已定义的软件需求均被所设计的系统覆盖。

即所设计的系统应包括需求说明书要求的全部功能，没有功能被遗漏。

2. 建立了系统的结构，明确指出系统各模块的功能、模块间的层次关系及接口控制特征。

3. 所指定的文件要齐全，可验证。应交付的文件有：

①概要设计说明书；

②数据库/数据结构设计说明书；

③组装测试计划。

以下说明各文档应有的内容。

1. 概要设计说明书

概要设计说明书又叫系统设计说明书。其编制目的在于说明对程序系统的设计考虑：包括基本处理流程、组织结构、模块划分、功能分配、接口设计、运行设计、数据结构设计和出错处理等，为详细设计提供基础。

概要设计说明书包括以下六个部分内容：

引言；

总体设计；

接口设计；

运行设计；

系统数据结构设计；

系统出错处理设计。

这六部分的具体内容是：

①引言

引言论述概要设计说明书的编写目的、背景,需特别说明的定义和有关的参考资料。

②总体设计

总体设计部分,要根据需求规定说明书,进一步明确需求定义和系统的运行环境;尽可能用图表的形式说明系统的基本设计概念、处理流程、系统结构组成及相互控制关系;通过功能需求与程序的关系表示,说明需求说明书所规定的各项功能的实现同各个程序模块的分配关系。最后阐明系统中人工处理过程和尚未解决的问题。人工处理过程即涉及人机界面的人工处理以及它们和计算机处理过程的关系。尚未解决的问题指在概要设计中还没解决但在系统完成前必须解决的问题。

③接口设计

共有以下三种接口:

用户接口:说明向用户提供的命令和其语法结构,以及软件系统的回答。

外部接口:本系统软件和硬件的接口和各支持软件的接口。

内部接口:系统内各个模块之间的接口和各种控制接口,即总体设计中所定义的模块关系。

④运行设计

运行设计包括以下三方面的问题:

运行模块组合:指当系统处于外界的不同运行控制条件下,系统应采取的不同模块的组合。除了说明各种组合外,还要说明每种运行需要调用的各个模块和支持软件。

运行控制:指出每种外界运行控制的方式方法和操作步骤。

运行时间:指每种运行模块组合将占用各种资源的时间。

⑤系统数据结构设计

系统数据结构设计包括逻辑结构设计、物理结构设计和数据结构与程序的关系三部分。

逻辑结构设计主要包括：每个数据结构的名称、标识符以及每个结构所包含的数据项（数据元素）、记录、文件等的标识、定义、长度及它们之间的层次或表格间的相互关系。

物理结构设计主要包括：每个数据结构和数据项的存贮要求、访问方法、存取单位、存取的物理关系（索引、设备、存贮区域）、设计考虑和保密条件。

数据结构与访问它们程序的对应关系可用二维表来说明。

⑥系统出错处理设计

系统出错处理设计应包括：出错信息、补救措施、系统维护设计。

出错信息可以用一览表的形式说明每种可能出现的错误或故障出现时，系统输出信息的形式、含义及处理方法。

补救措施指出错后可能采取的应变措施。一般说，这种措施可以有后备技术、降效技术、恢复或再启动技术。

系统维护设计指在软件系统中安排专为维护用的模块和在运行程序中设置检测点。

2. 数据库/数据结构设计说明书

数据库/数据结构设计说明书的作用在于：对设计中的数据库的所有标识、逻辑结构和物理结构作出具体的设计规定。该说明书共包括引言、外部设计、结构设计、运用设计四部分。

①引言

引言论述数据库/数据结构设计说明书的编写目的、背景，需特别说明的定义和有关的参考资料。

②外部设计

外部设计包括以下内容：

标识符和状态：定义并说明可唯一标识数据库的标识符和其使用状态，即是长期使用、临时使用、实验用或测试用等。

使用它的程序,具体内容有:

约定:为了使用本数据库而需要了解的约定,如建立标号、标识的约定,标识不同版本的约定,标识库内文件、记录、数据项的约定等。

专门指导:向研制、测试、维护人员提供的指导,如将被送入数据库的数据格式和标准、输入操作、建立和维护操作等。

③结构设计

结构设计可包括概念结构设计、逻辑结构设计和物理结构设计三部分。

概念结构设计:说明本数据库将反映的现实世界的实体、属性和它们之间关系等的原始数据形式,包括数据项、记录、系、文卷的标识符、定义、类型、度量单位和值域等,建立各种用户视图(ER图)。

逻辑结构设计:由现实世界的实体和属性转换成计算机世界的数据结构(数据模型),包括所确定的关键字和属性、重新确定的记录结构和文卷结构、所建立的各个文卷之间的关系等,形成数据库管理员视图。

物理结构设计:建立程序员视图,如:数据在内存的安排(包括索引区、缓冲区的设计);所使用的外存设备和外存空间的组织(包括索引区、数据块的组织与划分);访问数据的方式方法。

④运用设计

数据字典设计:把需求说明书中的数据字典转换成数据库所需要的,如标识符的命名、有关信息等。

安全保密设计:说明数据库用户的不同类型和所具有的不同操作权限。

3. 组装测试计划

包括测试策略、方案、测试用例、预期结果、进度计划等。

第二节 详细设计

3.2.1 详细设计的任务

详细设计（Detailed Design）是系统设计的第二个阶段。详细设计阶段的主要任务，是在概要设计说明书的基础上，对概要设计中产生的功能模块进行过程描述，设计功能模块的内部细节，包括算法和详细数据结构，为编写源代码提供必要的说明，并建立"模块开发卷宗"及"详细设计说明书"。

概要设计解决了软件系统总体结构设计的问题，包括整个软件系统的结构、模块划分、模块功能和模块间的联系等。详细设计则要解决如何实现各个模块的内部功能，即模块设计。具体的说，模块设计就是要为每个模块设计详细的算法、内部数据结构和程序逻辑结构。在概要设计阶段，有时也要进入模块内部，但其目的不是为每一个模块设计算法和数据结构，而是考察该模块的内聚类型，看它是否能被继续分解为更多的模块。

详细设计不是编码，它只是对实现细节作精确的描述。但是，从某种意义上说，详细设计也是系统实现的一部分，它与系统实现阶段用具体的语言编码的不同之处在于，它是逻辑上的实现。详细设计工作完成之后，产生"详细设计说明书"及"模块开发卷宗"，这样，编码阶段可将详细设计中对功能实现的描述，直接翻译、转化为用某种程序设计语言书写的程序。

由于详细设计的结果直接影响代码的生成，所以详细设计的结果基本决定了最终程序代码的质量。因此，详细设计阶段不仅要考虑功能的逻辑实现，逻辑的正确性和性能是否达到要求，也要关注处理过程应简单易懂，易于理解和维护。尽量引导程序编写人员以良好的风格书写高质量的代码。

3.2.2 详细设计的实施步骤

1. 将概要设计产生的构成软件系统的各个功能模块逐步细化,形成若干个程序模块(可编程模块)。

虽然一些模块对概要设计而言已无需进一步划分了,但详细设计是为编码作准备,故就实现而言,从程序结构的清晰和设计算法考虑,常常还可根据情况细化出若干个程序模块。

2. 采用某种详细设计表示方法对各个程序模块进行过程描述。

详细设计的表示方法应便于编码实现时与某种程序设计语言的直接对应,经常使用的方法可分为图形描述方法、语言描述方法和表格描述方法三类。

3. 确定各程序模块之间的详细接口信息。

4. 建立"模块开发卷宗"。

"模块开发卷宗"是详细设计产生的重要文档,本节稍后将对其作详细描述。

5. 拟定模块测试方案。

模块测试又叫单元测试,它是每一个模块实现后所进行的最基本测试,是对每一个模块功能的确认。模块测试是最先实施的测试。

6. 评审。

对以上各步骤的结果进一步审查,确认其正确性和有效性。

3.2.3 详细设计实施要求

按照我国国家标准《计算机软件开发规范》,在详细设计时应满足以下要求:

1. 确定程序模块内的数据流或控制流,对每个程序模块必须确定所有输入、输出和处理功能。

概要设计阶段设计确定了全局数据,详细设计在完成模块内部功能的设计时应确定各模块的局部数据。

2. 规定符号的使用,确定命名规则。

命名规则是程序设计中十分重要的内容,它直接影响程序设计的风格。良好的符号命名规则有利于增强源程序代码的可理解性和可维护性。早期的程序设计没有显式的命名规则,符号命名随意而又混乱,影响了程序的质量。

符号命名应尽量满足以下要求:

①使用有意义的名称。

有意义的名称能明确反映符号所表示的内容,便于正确的理解和记忆。如:BorrowDate、DueDate 就比 BD、DD 要好得多。

②使用不易混淆的名称。

③同一符号名不能具有多种含义。

④用注释说明名称的作用及意义。

下面介绍一种较有影响的命名方法,即匈牙利命名规则。

匈牙利命名规则是由 C. Simonyi 发明的一种命名规则。Microsoft 公司在开发 Windows 时使用了这一规则。在匈牙利命名规则中,变量名是以一个或多个小写字母开始,这些小写字母表示变量的类型,作为变量名的前缀。前缀后面附以变量名的名字,变量名以意义明确的大小写字母混合序列所构成(这种序列如:BorrowNumber、MaxBorrowNumber、DueDate、ReaderName)。这种方案允许每个变量都附有便于记忆变量类型的信息。如下例的变量定义:

WORD wParaml

LONG lParam2

通过给每个变量名加上表示所属数据类型的前缀,从而在编译之前即可防止许多常见的错误。下列语句看来正确,实际上并

不正确,但却容易漏过检查:

Paraml = Param2

但使用匈牙利命名规则,就很容易检查出下面不同类型变量间赋值的错误:

wParam1 = 1Param2

表3 - 2 - 1 列出 Windows 使用的标准数据类型,以供参考。

前缀	数据类型
b	BOOL/(integer)
by	BYTE/(unsigned character)
c	character
dw	DWORD/(unsigned long)
fn	function
h	HANDLE/(unsigned integer)
i	integer
l	LONG/(long)
lp	long/(far)pointer
n	short integer
np	near/(short)pointer
p	pointer
s	string
sz	NULL/(0)terminated string
w	WORD/(unigned integer)
x	short/(when used as the X coordinate)
y	short/(when used as the X coordinate)

表3 - 2 - 1   Windows 的标准数据类型表

3. 尽可能按结构化程序设计原则进行设计。

结构化程序设计(Structured Programming)是 60 年代产生的一种程序设计理论和方法,它是目前使用最为广泛且为实践所证明行之有效的程序设计方法。

214

结构化程序设计的基本原则是：

①采用自顶向下，逐步求精的设计方法；

②用顺序、选择和循环三种基本控制结构实现单入口和单出口的程序。

一个不含 GOTO 语句，并仅由以上三种控制结构形成的具有单入口和单出口的结构化程序有以下两方面的优点：

a. 程序的动态结构和静态结构一致，易于理解和维护。

b. 有利于程序正确性的证明。只有三种结构的程序可用严格的方法证明其正确性。

此外，有人认为结构化的程序设计还应包括用主程序员组的方式来管理软件开发。

所谓主程序员组的软件开发管理方式，是指软件开发由一个固定的开发小组承担，根据开发的需要，各种系统分析、设计人员和程序员可随时加入。固定开发小组由一个主程序员、一个辅助程序员、一个程序资料员组成。

主程序员是一个高级系统分析设计员和程序员，负责整个软件系统的开发工作，完成关键部分的设计、编码和调试。

辅助程序员也是高级程序员，他的任务是在细节上给主程序员以支持，并在必要时取代主程序员的职责。因此，辅助程序员也必须熟悉整个项目的开发工作，他和主程序员一样，都必须是在系统分析、规范、设计、编码实现及程序调试等方面都高度熟练的，并都具有项目管理的经验和才能。当项目较小时，三个人的程序员组基本能完成开发工作；当项目较大时，可根据情况增加各方面的人员，一般来说，对于 100000 行的源代码系统，单个主程序员组最多增加 4 个程序员。若项目更大时，可形成多层次的树状主程序员组结构。

主程序员组方式的优点在于减少了各子系统之间、各程序规模之间的开发接口代价，将设计的责任集中于少数人，有利于提高开发质量,增加可靠性和改善工作效率。所以 Hoare 曾说:"将人们的思维按这样一种方式组织起来,使之在合理的时间内,将一计算任务表示成容易理解的形式,这样的工作就是结构化程序设计。"

主程序员组方式在软件开发中表现出极大的优越性,1972 年在开发纽约时报项目时,采用了结构化程序设计方法和主程序员组的组织形式,并取得了巨大的成功。83000 行的源代码只用了 11 人年就全部完成。系统运行第一年,只暴露出 25 个错误,其中只有一个错误造成系统失效。

3.2.4 详细设计完成标志

以下工作的结束标志着详细设计的完成:

①详细地规定了各程序模块之间的接口,包括参数的形式和传送方式、上下层的调用关系等。

②确定了模块内的算法及数据结构。

③所指定的文件要齐全,可验证。应交付的文件有:

a. 详细设计说明书

b. 模块开发卷宗

下面详细说明两文件的内容。

1. 详细设计说明书

详细设计说明书又叫程序设计说明书。说明书的目的是用来说明一个软件系统的各个层次中每个程序(每个模块或子程序)的设计考虑。如果系统比较简单,层次很少,可以不单独编写,把有关的内容并入概要设计说明书中。详细设计说明书的内容包括引言、程序系统的组织结构,以及各个程序的设计说明几个部分。

①引言

引言论述详细设计说明书的编写目的、背景,需特别说明的定义和有关的参考资料等内容。

②程序系统的组织结构

用一系列图表列出本程序系统内的每个程序（包括每个模块和子程序）的名称、标识符和它们之间的层次结构关系。

③程序（标识符）设计说明

程序（标识符）设计说明对本程序系统内的各个程序（包括每个模块和子程序）的有关设计内容作逐一说明，对每个程序的说明包括以下 13 项内容：

程序描述：简要说明程序的主要内容，如：本程序的目的、意义，本程序的特点（是否常驻内存，是否子程序，是否可重入，有无覆盖要求，是顺序还是并发处理等）。

功能：采用某种设计方法对各个子程序模块进行过程描述。

性能：是对程序系统运行效率的说明，包括空间要求、算法精度、灵活性、时间特性等。

输入项：列举每个输入项的名称、标识、数据的类型和格式、数据值的有效范围、输入的方式、数量和频度、输入媒体、输入数据来源和安全保密等。

输出项：内容同输入项类似，但加上输出的图形和符号说明。

算法：详细描述具体的实现算法，包括计算公式和计算步骤等。

接口：说明本程序和上、下层模块的关系，参数赋值和调用方式，和它直接相关的数据结构（数据库、数据文卷等）。

流程逻辑：用图表加说明的形式来表示程序的处理流程。

存贮分配：说明程序对存贮器的使用和分配情况。

注释设计：说明需在程序中安排的注释。如：加在模块首部的注释，加在各分支点处的注释，对各变量的功能、范围、缺省条件的注释等，对使用逻辑等所加的注释。

限制条件：说明本程序系统在运行时所受到的限制。

测试计划：对本程序进行单元测试的计划，包括：测试的技术要求、输入数据、预期结果、进度安排、人员职责、设备条件驱动程序及桩模块等的规定。

尚未解决的问题:本程序的设计中尚未解决而设计者认为在软件完成之前应解决的问题。

2. 模块开发卷宗

模块开发卷宗是在模块开发过程中逐步编写出来的,每完成一个模块或一组密切相关的模块的复审时编写一份。应把所有的模块开发卷宗汇集在一起,目的是记录和汇总低层次开发的进度和结果,以便于对整个模块开发工作的管理和复审,并为将来的维护提供非常有用的技术信息。模块开发卷宗是组织和保存开发过程中不断产生的文档的有效方法。

模块开发卷宗包括以下内容:

①标题封面:标题封面包括软件系统名称和标识符;模块名称和标识符;程序编制员签名;卷宗的修改文本序号;修改完成日期;卷宗序号(本卷宗在整个卷宗中的序号);编排日期(整个卷宗最近一次的编排日期)。

②模块开发情况表:用二维表格说明开发进度。

③功能说明:扼要说明本模块的功能,主要包括输入、处理、输出三部分,可摘录系统设计说明书和软件需求说明书的有关部分。

④设计说明:说明本模块的设计考虑,包括系统设计说明书、详细设计说明书和编写源代码(已通过测试)时的设计考虑。

⑤源代码清单:包括第一份无语法错误的程序清单和最终通过测试的程序清单。该部分在代码实现及测试完成后补上。

⑥测试说明:对每一项测试进行说明,包括测试的标识和编号、测试目的、所用的配置和输入、预期的输出及实际的输出。

⑦复审的结论:把实际测试的结果,同软件需求说明书、系统设计说明书、详细设计说明书中规定的要求进行比较并给出结论。

第三节 结构化设计和图形工具

3.3.1 结构化设计的基本思想

结构化设计（Structured Design）是概要设计中被广泛使用的一种方法。它最早是由美国 IBM 公司的 W. Stevens、G. Myers 和 L. Constantine 三人提出的。结构化设计的思想可应用于任何软件系统的设计，而且可成为衔接需求分析阶段的主要方法——结构化分析方法（SA）和详细设计阶段的结构化程序设计方法（SP）之间的工具，三者可以配合使用，形成一套系统的软件开发方法。

结构化设计的基本思想是将系统设计成由相对独立、功能单一的模块群组成的结构。它的基本内容有以下三个方面：

a. 研究模块分解的影响。

b. 提出评价模块结构质量的两个具体标准——耦合度和内聚度。

c. 从数据流图导出模块结构的规则。

在长期的软件开发实践中，为了提高软件的开发质量，人们总结出了一些软件开发的基本原则，结构化设计最为直接地体现了这些原则的应用。这些原则包括：

模块化；

抽象；

信息隐藏和信息局部化；

一致性、完整性和确定性。

下边具体说明这些原则的基本内容：

1. 模块化

人们在解决问题，尤其是大规模的复杂问题时，常常使用"分解"的方法,将问题划分为若干个较小的问题,通过对各个较小问题的求解,达到对复杂问题的解决。模块化就是体现人类在问题求解时的这一方法和思想。为了使一个复杂的大型程序系统能被人的智力所管理,模块化是复杂软件系统必须具备的属性。因为,如果不把一个大型的、复杂的系统分解成若干模块,将很难对其开发和管理。

所谓模块化(Modularity),就是依据一定的原则,将欲开发的软件系统分解为若干部分,即模块。如果对第一次划分出的模块直接求解复杂度仍较高,则可继续分解,直到划分为易于直接求解的规模为止。模块的概念我们在本章第一节中曾提到。所谓模块,就是实现某种功能独立、逻辑完整的程序段落,模块也是数据说明,是可执行语句等程序对象的集合。模块被单独命名,并能通过名字被访问。模块化降低问题的复杂程度可从下边说明中得到论证。

设函数 C(x)表示问题的复杂程度,函数 E(x)表示求解问题所需的工作量,若有两个问题 P1 和 P2,如果

C(P1) > C(P2)则显然有

E(P1) > E(P2)

同时,我们还有另外一条规律,若一个问题 P 可被分解为两个子问题 P1 和 P2,即:

P = P1 + P2

则

C(P) > C(P1) + C(P2)

因而

E(P) > E(P1) + E(P2)

以上规律充分说明,模块化降低了问题的复杂程度,减少了求解问题的工作量。

但是,我们并不可由此得出结论,在软件开发时,模块划分得

220

越多越好,问题分解得越细越好,当模块被划分成最基本的操作,问题就自然而然得到解决,不再需要进一步划分了。事实上,模块化要掌握适当的程度。因为,模块化虽降低了问题的复杂程度,但也增加了模块间相互协调工作,配合完成任务的接口复杂度。若将接口因素考虑进去,则上述规律可做如下修正:

仍设 P = P1 + P2

设   I(i,j) 为模块 Pi 对模块 Pj 的接口复杂度因子;

　　　I(i,j) × Pi 为模块 Pi 对模块 Pj 的接口工作量;

则有

　　C (P)→C (P1 +I (1,2) ×P1) + C (P2 +I (2, 1) ×P2)

　　E (P)→E (P1 +I (1,2) ×P1) + E (P2 +I (2,1) ×P2)

显然,不同的模块划分有不同的接口因子。只有当模块划分合理,数量规模适当,接口因子较小时,才有下式成立:

　　C (P) >C (P1 +I (1,2) ×P1) + C (P2 +I (2,1) ×P2)

　　E (P) >E (P1 +I (1,2) ×P1) + E (P2 +I (2,1) ×P2)

因此,在模块划分时,存在着一个最佳模块数,最佳的模块划分应符合模块独立性原则。图 3.3.1 表示了最佳模块划分的范围。

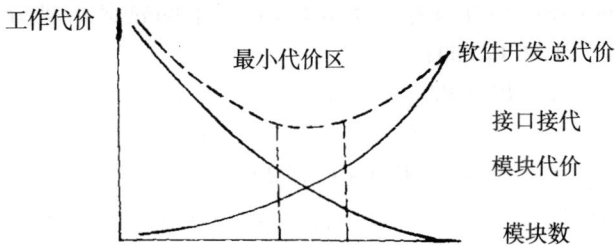

图 3.3.1　最佳的模块划分范围

结构化设计就是根据这一规律,提出把系统设计成由若干模

221

块所组成的结构。每个模块都相对独立、功能单一。这样,各个模块可以独立地被理解、编写、测试、排错和修改,整体系统结构清晰,易于实现、理解和维护。结构化设计能提高软件系统的质量和可靠性,也有助于整个工程的开发和管理。

2,抽象

抽象(Abstraction)是人类认识问题和解决问题的基本工具和方法。在解决复杂的具体问题时,人们往往先忽略其细节和非本质的方面,而集中注意力去分析问题的本质和主要方面,搞清所要解决的问题的本质所在;同时人们在总结认识和实验规律时,也往往突出各类问题的共性,找出各种客观事物、状态和过程间的联系和相似性,加以概括和提取,即抽象。抽象是具有有限思维能力的人类个体同复杂外部世界相互了解的有力工具。

抽象在软件开发过程中也具有重要的地位。复杂软件系统的构造就是一个运用抽象的过程。通过对所要解决问题的抽象,进行需求分析;然后借助较低层次上的抽象,采用更加过程化、形式化的方法,进行系统设计;最后,在最低的抽象层次上,用可以直接实现的方法,叙述问题的解法。

因此,在本质上,抽象的过程是一个逐步求精的过程。Wirth曾对抽象作过如下解释:抽象是我们对付复杂问题最重要的办法,所以,对一个复杂的问题,不应马上用计算机指令、数字与逻辑字来表示,而应该用较为自然的抽象语句来表示,从而得出抽象程序。抽象程序对抽象的数据进行某些特定的运算并用某些合适的记号(可能是自然语言)来表示。对抽象程序作进一步的分解,并进入下一层的抽象,这样的精细化过程一直进行下去,直到程序能被计算机接受为止。

在软件设计中,抽象已不仅仅是一种方法,它已经发展成为一门技术。面向对象技术以抽象作为最基本的工具,形成一种新的软件设计方法。

3. 信息隐藏和信息局部化

信息隐藏(Information Hiding)和信息局部化(Inforamtion Lo-calization)是软件设计中另外两项重要原则。所谓信息隐藏,是指在设计和确定模块时,应使一个模块内包含的信息(过程和数据)对于不需要这些信息的其它模块来说是不可访问的。

信息隐藏使得模块间尽可能彼此独立,有利于过程和数据的保护,避免了错误的传递,提高了系统的可靠性。信息隐藏尤其为软件系统的维护提供了良好的基础。

信息局部化是指将一些关系密切的成分,物理地放得彼此靠近。局部化有利于模块的单独开发和调试,因而简化了整个系统的设计和实现。同时,局部化也是信息隐藏的手段。

4. 一致性、完整性和确定性

一致性、完整性和确定性是针对软件大规模长时间的生产,对生产过程的规范,统一提出的要求。

所谓一致性(Uniformity),是指软件系统各部分中符号的表达使用、对象及过程的描述和调用形式、操作的控制结构都一致,以免造成混乱。

完整性(Completeness)是说对一对象、过程的表达描述及处理应该完备,没有遗漏重要的内容或成分。

确定性(Comfirmability),又称可验证性,是指系统中的对象、过程定义明确,无二义性,容易测试。

3.3.2 图形工具——模块结构图

模块结构图(Module Structure Chart)是结构化设计的主要工具,它被广泛地使用在重要设计之中。模块结构图是由美国的Yourdon 于 1974 年首先提出,并用来描述软件系统的组成结构及相互关系。它既反映了整个系统的结构,即模块划分,也反映了模块间的联系。

1. 符号规定

①模块

用一个方框来表示软件系统中的一个模块,框中写模块名。名字要恰当地反映模块的功能,而功能在某种程度上反映了块内各成分间的联系。如图 3.3.2 所示。

```
ISBN 号检索
```

图 3.3.2　模块表示符号

②调用

用一个带箭头的线段表示模块间的调用关系。它联结调用和被调用模块,箭头指向被调用模块,箭头发出模块为调用模块。如图 3.3.3 所示。根据调用关系,模块可相对地分为上层模块和下层模块。具有直接调用关系的模块之间相互称为直接上层模块和直接下层模块。如图 3.3.3 所示的模块 A 和模块 B,及模块 B 和模块 C。

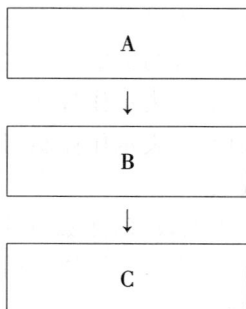

图 3.3.3　模块间的调用

调用是模块间唯一的联系方式。通过调用,各个模块有机地组织在一起,协调完成系统功能。一般只允许上层模块调用下层模块,而不允许下层模块调用上层模块。

③数据

用小箭头表示模块间在调用过程中相互传递的数据信息。数据信息传递标注在调用箭头左边,小箭头指出传送方向。如图3.3.4a和3.3.4b所示。

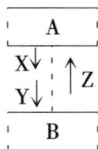

A模块调用B模块。
调用时,A向B传
送数据X和Y,调
用结束时,从B
返回数据Z。

图3.3.4a

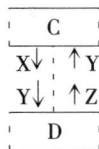

C模块调用D模块,调用时,C向D传送
数据X和Y,调用结束返回时,D向C传
送数据Y和Z。需要注意的是:Y在D中
已被加工,返回时已不是原来的Y。

图3.3.4b

模块间传递的数据信息还可进一步分为两类:作数据用的信息和作控制用的信息。若需进一步区分,可在小箭头的尾部使用不同的标记表示,具体可分为以下三种箭头:

尾部无标记,表示不区分两类信息。

尾部有小空心圆圈标记,表示作数据用的信息。

尾部有小实心圆圈标记,表示作控制用的信息。

④调用编号和参数表

当模块间输入输出数据较多,用数据小箭头表示无法将数据名称写清楚时,可采用此种方法。模块调用较多时通过参数表,数据传递也表示得更加清晰。

用参数表表示时,给每个调用箭头一个顺序编号,然后按编号列出输入输出参数表。如图3.3.5a所示。

输入输出表和完整的结构图功能是相同的,如图3.3.5a和3.3.5b所示。采用哪种形式要根据具体情况。

225

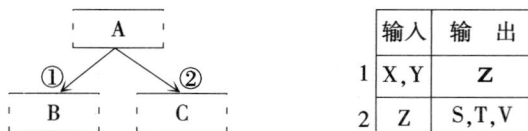

	输入	输 出
1	X,Y	**Z**
2	Z	S,T,V

图 3.3.5a 参数表表示数据传递

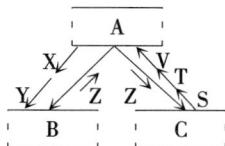

图 3.3.5b 完整的模块结构图表示数据传递

⑤辅助符号

为表示模块间复杂的调用关系,模块结构图使用了两种辅助符号表示不同的调用,它们是:

选择调用(或称条件调用):在调用箭头的发出端用一个小菱形框表示。选择调用为上层模块根据条件调用它的多个下层模块中的某一个。如图 3.3.6a 和图 3.3.6b 所示。

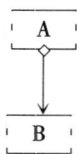

若条件成立
则调用 B

图 3.3.6a

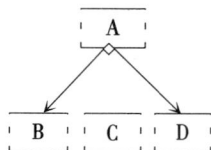

若条件 1 成立,则调用 B
若条件 2 成立,则调用 C
若条件 3 成立,则调用 D

图 3.3.6b

循环调用:在调用箭头的发出端用一带箭头的圆弧表示。循环调用为上层模块反复调用它的一个或若干个下层模块。如图 3.3.7 所示。

226

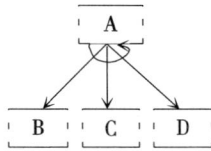

图 3.3.7

2. 一个模块功能图的例子

有如图 3.3.8 所示的模块功能图。

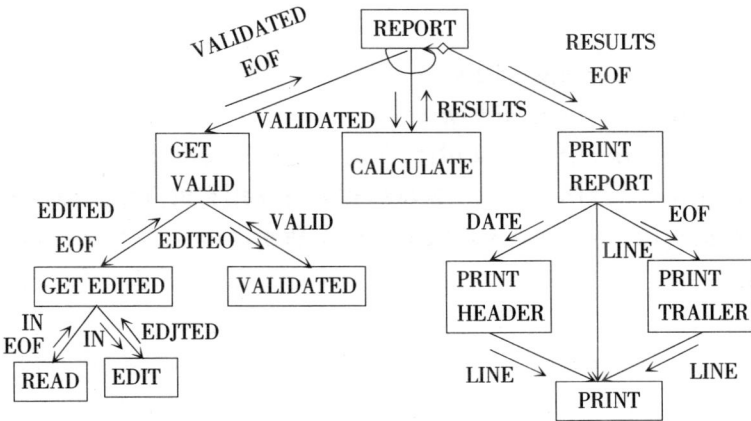

图 3.3.8

其中,各模块所完成的功能和传递的数据是:

IN:	读入信息	VALIDATED:	有效信息
EOF:	读入结束标识	RESULT:	结果信息
EDITED:	已编辑信息	DATE:	日期
VALID:	已检验信息	LINE:	信息行
REPORT:	报表加工	CALUCATE:	计算
GET VALID:	取有效数据	PRINT REPORT:	报表打印

227

GET EDITED：信息编辑	PRINT HEADER：打印表头
VALIDATE：检验	PRINT TRAILER：打印表尾
READ：读入	PRINT：打印
EDIT：编辑	

这是一个比较典型的数据处理的模块结构图。它包括三部分,即三个一级模块:取有效数据(收集数据,输入);计算(处理);打印(输出)。

取数据调用两个模块:一是取经过编辑的数据,二是检查数据的有效性。

计算功能比较简单,故单独构成一个模块。

打印有三种部分:打表头;打印正文数据;打表尾。

3. 对模块结构图的说明

①模块结构图和程序流程图外形相似,但两者意义完全不同。一个程序系统有两方面的性质,一是过程性,一是层次性。过程性说明程序执行的先后次序,流程图是描述过程性的,其箭头表示的是执行顺序,而不说明程序系统的层次关系;层次性则说明模块之间的层次结构,模块结构图就是说明层次性的,其箭头是表示调用关系(层次关系)而不表示执行的先后次序。

②模块结构图的最后形态是多种多样的,有树形的,也有清真寺形的(上下部分窄,中间部分宽)。不同的形态对应不同的结构划分。

③模块结构图并不严格地表明调用次序。虽然多数人习惯按调用次序由左向右画,但这模块结构图无此规定。

④模块结构图也不指明什么时候调用下层模块。通常模块中除了调用语句之外,还有其他语句,但模块内究竟还有其它什么内容,执行顺序如何,模块结构图没有说明。

3.3.3 其它图形工具

在系统的概要设计和详细设计中,还有一些其它的图形工具,如 HIPO 图、PAD 图、盒图等,被广泛使用。下边逐一作介绍。

1. HIPO 图

HIPO 图是一个同模块结构图等价的结构化设计图形工具,它也被广泛地使用在概要设计阶段。

HIPO 图(Hierarchy Input Process Output),即层次化的输入—处理—输出图。它是美国 IBM 公司于 70 年代中期发明的。HIPO 图实际上是层次图和 IPO 图的结合。有人把 H 部分叫目录表,即 VTOC(Visual Table of Contents)。两者结合后在功能上相当于模块结构图。

为说明 HIPO 图,我们先简要介绍 IPO 图和层次图。

①IPO 图

IPO 图是输入—处理—输出图的简称。它也是美国 IBM 公司发展并完善起来的一种图形工具。它具有简单,易用,描述清晰的特点,而其最大的特点就在于能明确表达输出输入数据的内在关系,用 IPO 来表示一个加工比较直观,对设计很有帮助。

一个完整的 IPO 图由三个大方框组成。左边的方框内写有关的输入数据,称输入框;中间的方框列出对输入数据的处理,称处理框;右边的方框写处理所产生的输出数据,称输出框。处理框中从上至下的顺序表明系统操作的次序。输入数据同处理的关系,处理同输出数据的关系,用联接有关部分的箭头来表示。如图 3.3.9 所示。

此外,还有两种改进的 IPO 图,如图 3.3.10 所示。它增加了一些信息,在设计过程中也十分实用。

②层次图

层次图也叫 H 图,它是一个表示软件系统结构的有效工具,

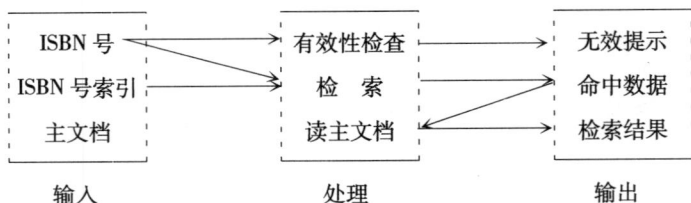

图 3.3.9 IPO 图的例子

同模块结构图类似,但比较简单。层次图用一个方框表示一个模块,方框内写模块名称。用方框间的连线表示模块间的层次关系。层次图非常自然地表达了自顶向下的分析思想。图 3.3.11 为一个层次图的实例。

层次图除以上部分外,为清晰和方便,还可以使用编号和表格,用表格说明编号的具体名称或内容。对于层次图,也有人把三层以下叫做模块,三层以上则叫功能。

需特别注意的是,虽然层次图和模块结构图外形相似,但两者所表示的内容完全不同。层次图说明模块之间的层次关系,但这种层次关系是包含关系而非调用关系,层次图也无法表达调用过程中的数据交换。

以上简要介绍了 IPO 图和层次图。这两个图形工具不仅可以作为概要设计的工具,也可以作为需求分析的工具,关键在于它们所表达的数据、处理和功能的详略层次。

③HIPO 图

HIPO 图是在 IPO 图和层次图基础上发展起来的,它是两图的有机结合。HIPO 图首先用一个层次图描述软件系统的结构,对于层次图中的每一个模块,都附加一个 IPO 图,用以说明具体的输入输出数据和处理过程。即在 HIPO 图中,每一个层次图都对应一套 IPO 图。为使对应关系明确,除最顶层图外,对层次图中每个模块都给一个编号,同该模块对应的 IPO 图也给一个相同的编号,编号规则同数据流图。如图 3.3.12a 和 3.3.12b 所示。

图 3.3.10a 改进的 IPO 图格式

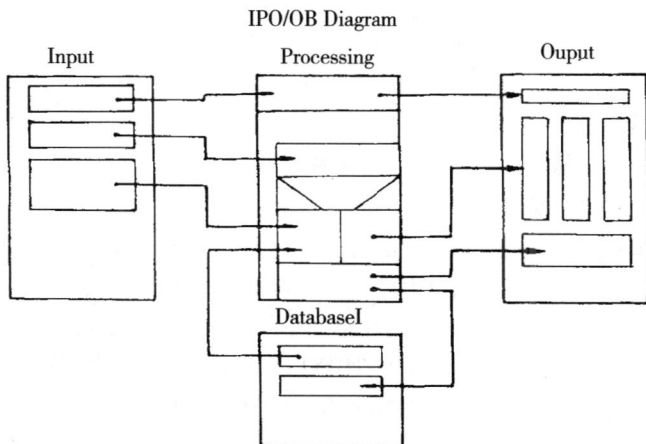

IPO/OB Diagram

图 3.3.10b IPO/DB 图

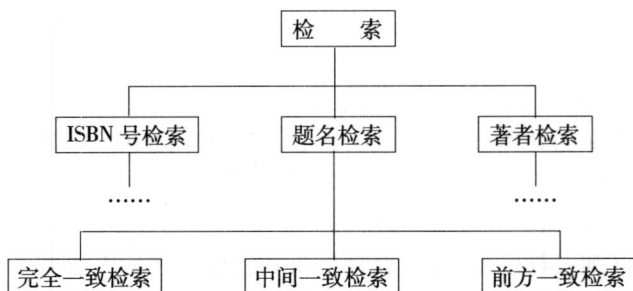

图 3.3.11　层次图的例子

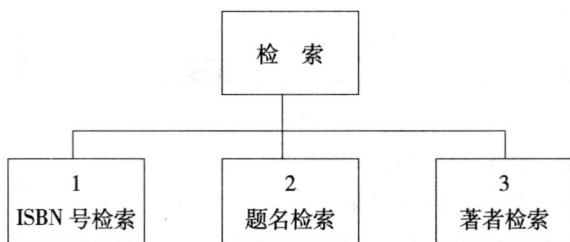

图 3.3.12a　HIPO 图中的层次图部分

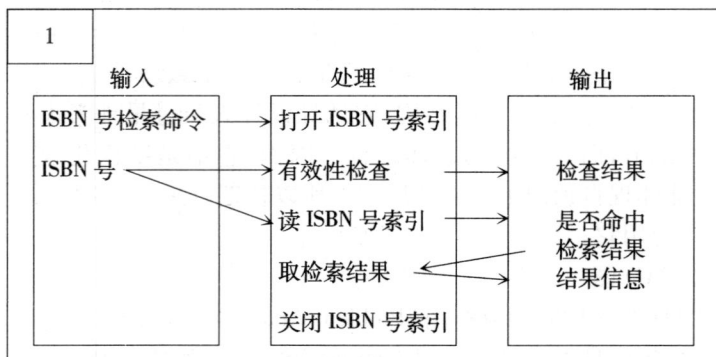

图 3.3.12b　HIPO 图中的 IPO 图部分

2. 程序流程图、PAD 图和盒图

与上边所介绍的概要设计时使用的图形工具不同,程序流程图、PAD 图和盒图是详细设计时所使用的工具。这些工具均能精确描述程序的处理过程,无歧义地表达处理功能和控制流程,乃至数据的作用范围,并能在编码阶段直接将其翻译成为用某种具体的程序设计语言书写的程序代码。

在详细设计阶段,用于设计分析和结果描述的方法有三类,即图形描述方法、语言描述方法和表格描述方法。这里只介绍图形描述方法。

①程序流程图

程序流程图(Flow Chart)又叫框图,是一种传统的过程描述方法。其特点是直观、灵活、方便。它所使用的基本符号有:

方框:表示一个处理,处理内容写于框内。

菱形框:表示一个判断,判断条件写于框内。

椭圆框:表示开始或结束。

箭头:表示程序流程。

图 3.3.13 为一个流程图的例子。

由于程序流程图有十分灵活的特点,其箭头使用有很强的随意性,使设计人员的思想不受任何约束,因而使用不当会导致产生非结构化程序和十分混乱结果。这是它的一个致命缺点。同时,程序流程图不能表示数据结构;它诱导设计人员过早地考虑程序实现的细节,而非系统的总体结构。因而,它不是结构化设计工具,不能体现自顶向下的设计思想。所以长期以来,很多人一直建议停止使用它。

②PAD 图

PAD 图又称问题分析图(Problem Analysis Diagram)。它是 20世纪 70 年代日本的日立公司发明使用的,是一种具有很强结构化特征的分析工具。目前已被广泛地使用在详细设计中。PAD 图

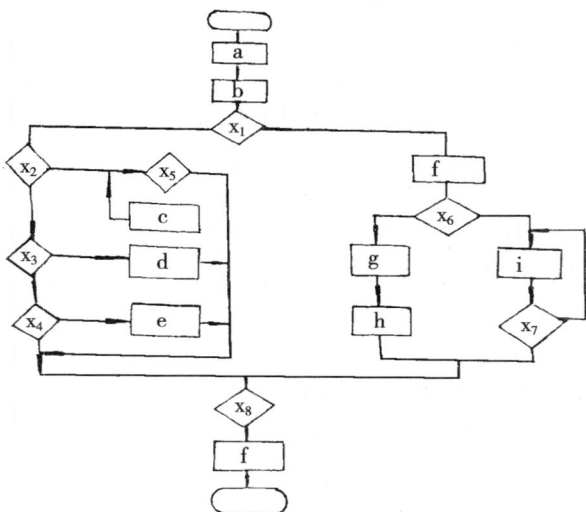

图 3.3.13　程序流程图

是由其基本符号沿两个方向展开,图 3.3.14 显示了它所使用的基本符号。

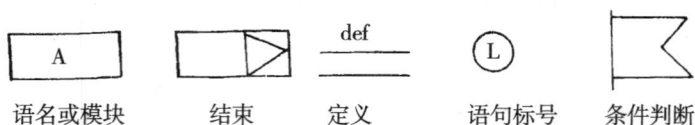

语名或模块　　　结束　　　定义　　　语句标号　　　条件判断

图 3.3.14　PAD 图的基本符号

PAD 图具有很强的结构化描述特征。它的基本图形符号只能构成三种控制流程,即顺序、选择和循环结构。如图 3.3.15 所示。

PAD 图具有以下特点:

a. 具有强烈的结构化特征,支持自顶向下、逐步求精的设计方

234

图 3.3.15　PAD 图的控制结构

法,设计出的结构必然是结构化的;

　　b. 逻辑清晰,易懂,易用;

　　c. 既可设计程序结构,又可表示数据结构;

　　d. 容易将图直接转换为高级语言程序。

　　③盒图

　　盒图(Box Diagram)又称 N－S 图,它是为满足结构化程序设计的需要,克服传统设计工具的缺点,特别是为取消程序流程图的随意转向功能,于 70 年代由 Nassi 和 Shneiderman 提出使用的,故称 N－S 图。盒图的符号规定和使用如图 3.3.16 所示。

图 3.3.16　盒图的符号使用

　　盒图具有以下特点:

　　a. 过程的作用域明确;

　　b. 不能随意转移控制;

　　c. 容易区分全局变量和局部变量;

　　d. 容易表示嵌套关系和层次关系;

　　e. 强烈的结构化特征。

第四节 内聚度和耦合度

3.4.1 联系

当一个程序段或语句(指令)引用了其它程序段或语句(指令)中所定义或使用的数据名(即存贮区、地址等)或代码时,它们之间就发生了联系。一个程序被划分为若干模块时,联系既可存在于模块之间,也可存在于一个模块内的程序段或语句之间,即模块内部。联系反映了系统中程序段或语句之间的关系,不同类型的联系构成不同质量的系统。因此,联系是系统设计必须考虑的重要问题。

请看如下用 COBOL 语言书写的程序例子。

```
1    MOD1 – START.
                              ①
2        MOVE ’YES’ TO V – FLAG.
                                      ②
3    IF   STOCK – LIMIT OF TRANS – RECORD IS NOT NUMERIC
              ⑦          ②
4        OR DATE – LIMIT OF TRANS – RECORD IS NOT NUMERIC
5    THEN
                                      ②                    ③
6        MOVE CORRESPONDING TRANS – RECORD TO MESSAGE – RECORD
                                          ④
7        MOVE NOT – NUMERIC – MSG TO MESSAGE – FIELD
              ③                      ⑤
8        MOVE MESSAGE – RECORD TO OUTPUT – LINE
              ⑥
9        PERFORM LINE – OUT
```

236

10   MOVE 'NO' TO V – FLAG
　　　　　　　　　　　①

11   ELSE

12   IF DATE – LIMIT OF TRANS – RECXORD IS LESS THAN '70001'
　　　　⑦　　　　　　　②

13   THEN

14   MOVE CORRESPONDING TRANS – RECORD TO MESSAGE – RECORD
　　　　　　　　　　　　　　②　　　　　　　　③

15   MOVE DATE – LIMIT – MSG TO MESSAGE – FIELD
　　　　　　　　　　　　④

16   MOVE MESSAGE – RECORD TO OUTPUT – LINE
　　　　　③　　　　　　⑤

17   PERFPRM LINE – OUT
　　　　　⑥

18   MOVE 'NO' TO V – FLAG.
　　　　　　　　　　①

19 MOD1 – END.

20   EXIT.

在程序每一行中出现的数据名上方,用标号给出一个编号,用以统计数据名在程序中的使用情况,各行间通过引用数据产生的联系如下:

数据变量编号	引用行号
①	2,10,18
②	3,4,6,12,14
③	6,8,14,16
④	7,15
⑤	8, 16
⑥	9, 17
⑦	4, 12

系统被分成若干模块后,模块同模块的联系称为块间联系;一个模块内部各成分的联系称为块内联系。显然,模块之间的联系

多,模块的相对独立性就差,系统结构就混乱;相反,模块间的联系少,各个模块相对独立性就强,系统结构就比较理想。同时,一个模块内部各成分联系越紧密,该模块越易理解和维护。

3.4.2 评判模块结构的标准

1. 模块独立性

模块化是软件设计和开发的基本原则和方法,是概要设计最主要的工作。模块的划分应遵循一定的要求,以保证模块划分合理,并进一步保证以此为依据开发出的软件系统可靠性强,易于理解和维护。根据软件设计的模块化、抽象、信息隐蔽和局部化等原则,可直接得出模块独立性的概念。所谓模块独立性,即:不同模块相互之间联系尽可能少,应尽可能减少公共的变量和数据结构;一个模块应尽可能在逻辑上独立,有完整单一的功能。

模块独立性(Module independence)是软件设计的重要原则。具有良好独立性的模块划分,模块功能完整独立,数据接口简单,程序易于实现,易于理解和维护。独立性限制了错误的作用范围,使错误易于排除,因而可使软件开发速度快,质量高。

为了进一步测量和分析模块独立性,系统设计引入了两个概念,从两个方面来定性地度量模块独立性的程度,这两个概念是模块的内聚度和模块的耦合度。

2. 块间联系的度量——耦合度

耦合度(Coupling)是从模块外部考察模块的独立程度。它用来衡量多个模块间的相互联系。一般来说,耦合度应从以下三方面来考虑,即:

耦合内容的数量,即模块间发生联系的数据和代码数的多少,多的耦合强,少的耦合弱。

模块的调用方式,即模块间代码的共享方式。可分为用CALL 语句调用方式和用 GO TO 语句直接访问方式。

238

模块间的耦合类型。耦合类型有以下几种方式：

独立耦合(No direct coupling)

数据耦合(Data coupling)

控制耦合(Control coupling)

公共耦合(Common coupling)

内容耦合(Content coupling)

下面重点对各种类型的耦合作进一步的说明。

①独立耦合

指两个模块彼此完全独立，没有直接联系。它们之间的唯一联系仅仅在于它们同属于一个软件系统或同有一个上层模块。这是耦合程度最低的一种。当然，系统中只可能有一部分模块属此种联系，因为一个程序系统中不可能所有的模块都完全没有联系。

②数据耦合

指两个模块彼此交换数据。如一个模块的输出数据是另一个模块的输入数据，或一个模块带参数调用另一个模块，下层模块又返回参数。应该说，在一个软件系统中，此种耦合是不可避免的，且有其积极意义。因为任何功能的实现都离不开数据的产生、表示和传递。数据耦合的联系程度也较低。

③控制耦合

若在调用过程中，两个模块间传递的不是数据参数而是控制参数，则模块间的关系即为控制耦合。控制耦合属于中等程度的耦合，较之数据耦合模块间的联系更为紧密。但控制耦合不是一种必须存在的耦合。

当被调用模块接收到控制信息作为输入参数时，说明该模块内部存在多个并列的逻辑路径，即有多个功能。控制变量用以从多个功能中选择所要执行的部分，因而控制耦合是可以避免的。排除控制耦合可按如下步骤：

a. 找出模块调用时所用的一个或多个控制变量；

b. 在被调模块中根据控制变量找出所有的流程；

c. 将每一个流程分解为一个独立的模块；

d. 将原被调模块中的流程选择部分移到上层模块，变为调用判断。

通过以上变换，可以将控制耦合变为数据耦合，由于控制耦合增加了设计和理解的复杂程度，因此在模块设计时要尽量避免使用。当然，如果模块内每一个控制流程规模相对较小，彼此共性较多，使用控制耦合还是合算的。

④公共耦合

公共耦合又称公共环境耦合或数据区耦合。若多个模块对同一个数据区进行存取操作，它们之间的关系称为公共耦合。公共数据区可以是全程变量、共享的数据区、内存的公共覆盖区、外存上的文件、物理设备等。当两个模块共享的数据很多，通过参数传递可能不方便时，可以使用公共耦合。公共耦合共享数据区的模块越多，数据区的规模越大，则耦合程度越强。公共耦合最弱的一种形式是：两个模块共享一个数据存区，一个模块只向它写数据，另一个模块只从它读数据。

当公共耦合程度很强时，会造成关系错综复杂，难以控制，错误传递机会增加，系统可靠性降低，可理解可维护性差。

⑤内容耦合

内容耦合是耦合程度最高的一种形式。若一个模块直接访问另一模块的内部代码或数据，即出现内容耦合。内容耦合的存在严重破坏了模块的独立性和系统的结构化，代码互相纠缠，运行错综复杂，程序的静态结构和动态结构很不一致，其恶劣结果往往不可预测。

内容耦合往往表现为以下几种形式：

a 一个模块访问另一模块的内部代码或数据；

b. 一个模块不通过正常入口而转到另一个模块的内部（如使

用 GO TO 语句或 JMP 指令直接进入另一模块内部);

c. 两个模块有一部分代码重叠(可能出现在汇编程序中,在一些非结构化的高级语言,如 COBOL 中也可能出现);

d. 一个模块有多个入口(这意味着一个模块有多种功能)。

一般讲,在模块划分时,应当尽量使用数据耦合,少用控制耦合(尽量转成数据耦合),限制公共耦合的范围,完全不用内容耦合。

3. 块内联系的度量——内聚度

内聚度(Cohesion)是模块内部各成分(语句或语句段)之间的联系。显然,模块内部各成分联系越紧,即其内聚度越大,模块独立性就越强,系统越易理解和维护。具有良好内聚度的模块应能较好地满足信息局部化的原则,功能完整单一。同时,模块的高内聚度必然导致模块的低耦合度。理想的情况是:一个模块只使用局部数据变量,完成一个功能。

按由弱到强的顺序,模块的内聚度可分为以下七类:

a. 偶然内聚(Coincidental Cohesion)

b. 逻辑内聚(Logical Cohesion)

c. 时间内聚(Temporal Cohesion)

d. 过程内聚(Procedural Cohesion)

e. 通信内聚(Communicational Cohesion)

f. 顺序内聚(Sequential Cohesion)

g. 功能内聚(Functional Cohesion)

现分述于下。

①偶然内聚

块内的各个任务(通过语句或指令来实现的)没有什么有意义的联系,它们之所以能构成一个模块完全是偶然的原因。如下图 3.4.1 所示。

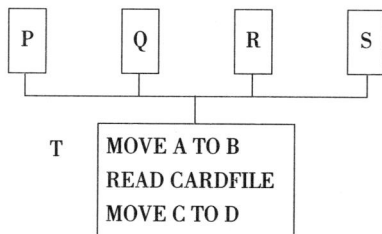

図 3.4.1　偶然内聚

模块 T 中有三条语句。至少从表面上看不出这三条语句之间有什么联系,只是由于 P,Q,R,S 四个模块中都有这三条语句,为了节省空间才把它们作为一个模块放在一起。这完全是偶然性的。偶然内聚的模块有很多缺点:由于模块内没有实质性的联系,很可能在某种情况下一个调用模块需要对它修改而别的模块不需要,这时就很难处理。同时,这种模块的含义也不易理解,甚至很难为它取一个合适的名字,偶然内聚的模块也难于测试。所以,在空间允许的情况下,不应使用这种模块。

②逻辑内聚

一个模块完成的任务在逻辑上属于相同或相似的一类(例如,用一个模块产生各种类型的输出),则该种模块内的联系称为逻辑内聚。如图 3.4.2a 和 3.4.2b 所示。

在图 3.4.2a 中,模块 A、B、C 的功能相似但不完全相同,如果把它们合并成一个模块 ABC,如图 3.4.2b 所示,则这个模块就为逻辑内聚,因为它们是由于逻辑上相似而发生联系的。逻辑内聚是一种较弱的联系。实际执行时,当 X、Y、Z 调用合成的模块 ABC 时,由于原 A、B、C 并不完全相同,所以还要判别是执行不同功能的哪一部分。

逻辑内聚存在的问题是:

1.修改困难,调用模块中有一个要对其改动,还要考虑到其它

242

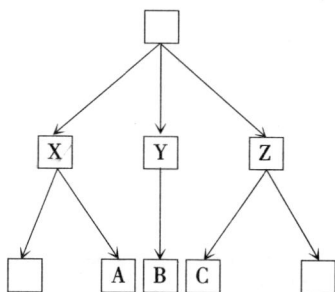

图 3.4.2a

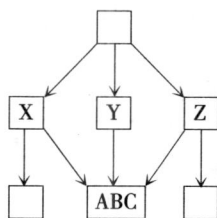

图 3.4.2b　逻辑内聚

调用模块;

2. 模块内需要增加开关,以判别是谁调用,因而增加了块间联系;

3. 实际上每次调用只执行模块中的一部分,而其它部分也一同被装入内存,因而效率不高。

③时间内聚

时间内聚是指一个模块中包含的任务需要在同一时间内执行(如初始化、结束等所需操作)。如图 3.4.3 所示的模块。与偶然内聚和逻辑内聚相比,这种内聚类型要稍强些,因为至少在时间上,这些任务可以一起完成。但时间内聚和偶然内聚、逻辑内聚一样,都属低内聚度类型。

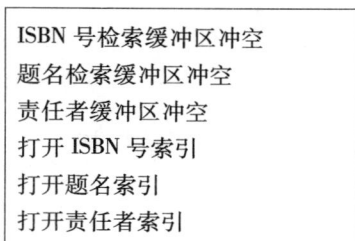

ISBN 号检索缓冲区冲空
题名检索缓冲区冲空
责任者缓冲区冲空
打开 ISBN 号索引
打开题名索引
打开责任者索引

图 3.4.3　时间内聚的例子

243

④过程内聚

如果一个模块内的各个处理元素是相关的,而且必须按固定的次序执行,这种内聚就叫做过程内聚。过程内聚的各模块内往往体现为有次序的流程。如图3.4.4所示的查重处理模块。

ISBN 号查重 题名查重 责任者查重	打印订书单 发订书单 E – mail
图3.4.4　过程内聚的例子	图3.4.5　通信内聚的例子

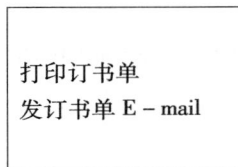

在查重处理模块中,提供三种查重途径,但这三种查重执行有特定的次序,即"ISBN 号查重"、"题名查重"和"责任者查重"。需要注意的是,这种执行次序不是由程序的处理逻辑所要求的,而是由这三个部分在实际的问题空间中的联系所规定的。

⑤通信内聚

若一个模块中的各处理元素需引用共同的数据(同一数据项、数据区或文件),则称其元素间的联系为叫通信内聚。通信内聚的各部分间是借助共同使用的数据联系在一起的,故有较好的可理解性。如图3.4.5所示。通信内聚和过程内聚都属中内聚度型模块。

⑥顺序内聚

若一个模块内的处理元素关系密切,并且它们必须按规定的处理次序顺序执行,这样的一组元素所构成的模块为顺序内聚类型。顺序内聚的模块内,后执行的语句或语句段往往依赖先执行的语句或语句段,以先执行的部分为条件,通常是一个处理元素的输出就是下一个处理元素的输入。由于模块内各处理元素间存在着这种逻辑联系,所以顺序内聚模块的可理解性很强,属高内聚度类型模块。如图3.4.6所示的例子。

图 3.4.6a 顺序内聚模块的例子   图 3.4.6b 顺序内聚模块内的数据流

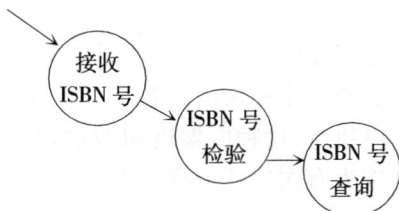

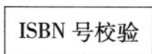

图 3.4.7 功能内聚模块的例子

⑦功能内聚

功能内聚是内聚度最高的一种模块类型。如果模块仅完成一个单一的功能,且该模块的所有部分是实现这一功能所必须的,没有多余的语句,则该模块为功能内聚。功能内聚模块的结构紧凑,界面清晰,易于理解和维护,因而可靠性强;又由于其功能单一,故复用率高。所以它是模块划分时应注意追求的一种模块类型。如图 3.4.7 是模块划分时得到的功能内聚模块。

以上介绍了七种内聚度的类型。按照 Consantine、Yourdon 和 Myers 等人的观点,可给它们的优劣评分如下:

功能内聚 10 分

顺序内聚 9 分

通信内聚 7 分

过程内聚 5 分

时间内聚 3 分

逻辑内聚 1 分

偶然内聚 0 分

当然,从实际应用来看,没有必要精确地给各种内聚类型打分,重要的是模块设计时应力争做到高内聚,并且能够辨别出低内

聚的模块,加以修改使之提高内聚度并降低模块间的耦合度。具体设计时,应注意:

①设计功能独立单一的模块;

②控制使用全局数据;

③模块间尽量传递数据型信息。

3.4.3 功能模块

1. 功能模块的定义和作用

若一模块包括并仅包括为完成某一具体任务所必须具备的全部成分,则该模块称为功能模块。功能模块是充分满足高内聚度和低耦合度的模块,因而是最理想的模块。在模块结构图中,功能模块经常出现在最低层,往往具有很高的利用率,被上层模块反复调用。由于功能模块具有很强的模块独立性,所以它可以被独立地理解、编写、测试、调试和修改,有利于软件开发。功能模块的出现是系统功能合理划分的结果,是良好软件结构的标志。

2. 功能模块的判断

功能模块完成的任务独立单一。判断一模块是否为功能模块的一个做法是:从调用者角度,用一个短句来简短地描述这个模块"做什么"。然后分析这个短句,看它是完成一个任务还是完成多个任务,是否存在相互无关的操作。功能模块的另一个重要特性是:它像一个黑盒,和相关模块有清楚的界面,其它模块不必了解它的内部结构就可以使用它。

第五节 由数据流图导出并改进模块结构图

3.5.1 典型的数据流图结构和导出方法

数据流图（DFD）是结构化分析的主要方法。作为需求分析的结果，数据流图描述了系统的逻辑结构，而功能模块图是概要设计中重要的设计和表示方法。由于任何可以用计算机处理的流程都可用数据流图来分析和描述，所以确立一种方法、原则和步骤，将数据流图映射为功能模块图就显得十分重要。

面向数据流的设计方法（Data flow – oriented design）就是以数据流图为基础，通过一系列系统的步骤，将数据流图转换为功能模块图，从而导出软件结构的方法。面向数据流的设计方法是需求分析阶段结构化分析方法的延续，是结构化设计的主要方法。

1. 数据流的两种基本类型——事务流和变换流

① 变换流

任何以数据流图表示的软件系统，从总体上看，都包括三个功能部分，即接收数据、加工处理和输出数据。加工处理部分利用外部的输入数据，完成本身的逻辑功能，并产生新的数据作为输出。抽象地看，加工处理部分可以被看作是一个将输入数据变换为输出数据的变换机构，我们把有以上过程的数据流称为变换流（Transform Flow）。变换流的一般形式可用图 3.5.1 来表示。

在图 3.5.1 所示的变换流中，引入了几个新的概念。它们是：

输入流（Afferent Flow）：输入流由一个或多个数据加工组成。其作用是将最初接收到的系统外部输入的数据，由其外部形式变成内部形式，即将系统得到的物理输入变为系统可用的形式。一般来说，输入流的处理工作是对数据格式进行转换，即对数据进行

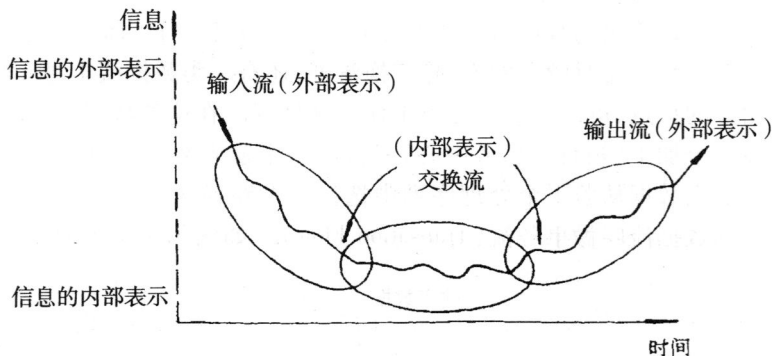

图 3.5.1　变换流

分类、排序、编辑、整理、有效性检验等。

变换流(Transform Flow):此处的变换流是指将输入流转换为输出流的数据变换过程和机制。变换流接收的数据是系统可处理的,处理后以系统的内部形式送给输出流。

输出流(Efferent Flow):输出流将变换流发来的内部形式的数据经过加工处理变为外部系统可接收的形式并输出。

请看图 3.5.2 所表示的 ISBN 号查询的数据流过程。

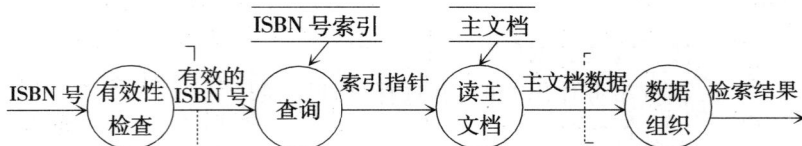

图 3.5.2　ISBN 号查询

其中,虚线内部分为变换流,虚线外的两部分为输入流和输出流。

②事务流

本书第一章提出,系统的基本模型是:(从外部)输入、处理、

248

输出（到外部）。从这个基本模型出发，可以把所有进入系统并经系统处理输出的数据流看作是变换流。事实上，当具体分析系统内部的数据流时就会发现，除变换流外，还有一类数据流本身有较明显的特点，可以将它区分出来作单独处理。在这类数据流中，存在一个加工（被称为事务中心）只接收一个输入数据，然后根据这个输入数据从若干个处理序列中选择一个路径执行，具有这种类型的数据流叫做事务流（Transation Flow）。如图3.5.3所示。

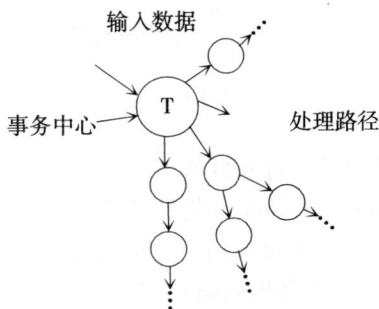

图3.5.3　事务流

在这里，称输入数据为事务，称根据事务作出判断，并选择多个处理路径中的一条来执行的加工为事务中心，事务中心的作用是：

a. 接收输入数据（事务）；

b. 根据事务作出判断，并选择处理路径；

c. 沿处理路径执行。

需要说明的是，以上是两种基本的数据流类型，它们是组成系统数据流的基础。在实际系统中，数据流很少是这样简单的情况，常常是这两种数据流的复杂结合。

2. 面向数据流设计方法过程

图3.5.4为面向数据流设计方法应用的主要步骤。

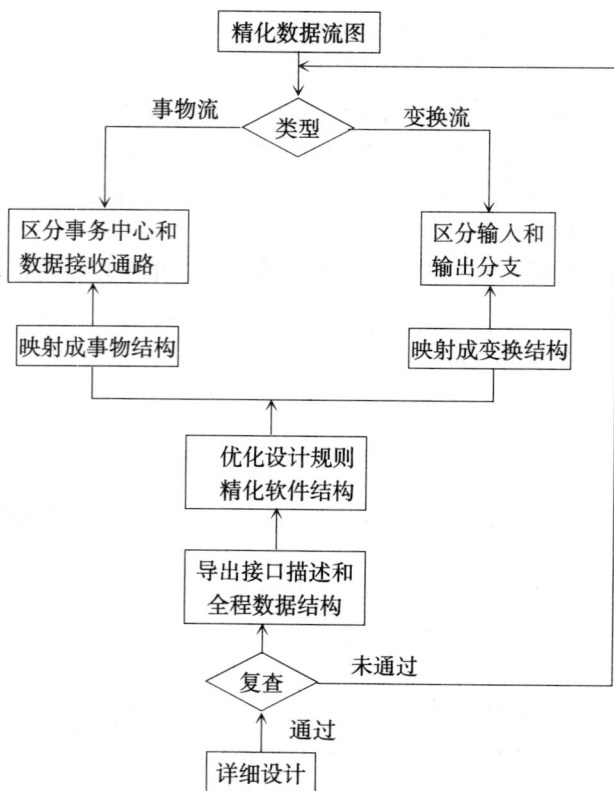

图 3.5.4　面向数据流设计的过程

3. 由变换型数据流图导出模块结构图(变换分析)

对于变换型数据流图,可以根据一定的规则将它直接映射为功能模块图。规则具体步骤为:

①确定变换流、输入流和输出流部分

一般说,只要对系统流程比较熟悉,找出变换流和输入流、输出流的边界不是很难的。几个数据流汇集的地方,常常是加工的开始。如果一时找不出,可以用下述方法先区分出输入流部分和

250

输出流部分,这样,变换流也就自然明确了。

从最外层的流入(物理的)出发,逐步向里,直到一个加工的流入数据流不能看作输入,则它以前的数据流就是输入流。

同样,从最外层的流出(物理的)逐步向里,直到一个加工的流出数据流不能看作输出,则它以后的数据流就是输出流。而在输入流和输出流之间,就是变换流。

也有这样的情况,即输入流和输出流是连在一起的,物理输入的结束就是物理输出的开始,则这样的系统就没有变换流。

②设计模块结构的顶层和第一层

变换流部分即系统结构的顶层所在,同时它也对应一个第一层模块。而获取输入数据和传送输出数据也都分别对应于第一层的输入、输出模块。

顶层模块表示整个系统要完成的功能,常常称其为总控模块。对于没有变换流的结构,可以没有变换模块,也可以把输出中重要的加工提升为变换模块,这要根据具体情况而定。在映射过程中要注意,模块之间的数据交换应当和数据流图中的数据流一致。

③设计中下各层

一般说,输入流中的每个加工可以对应成两个模块,即接受输入数据模块和将输入数据变换成其调用模块所需数据模块,然后再如此逐层细分。每个输出部分也可以按输入部分作相似的处理。这两部分的转换可以自上而下递归对应,直到物理输入的数据源和物理输出的数据池为止。

对于变换流中的每一个加工,可依次对应一个模块,流入加工的数据映射为模块的输入参数,流出加工的数据流映射为输出参数。具体请看图 3.5.5 所示的过程。

在图 3.5.5 中,由于经过变换后,一个输入流 c 形成两个输出流 e、f,因而第一层的输入模块只有一个,而输出模块却有两个。所以,第一层的输入、输出模块个数是与输入流、输出流的个数相对应的。

这样得出的模块结构图是和数据流图严格对应的初始结构，一般不是最优的。需要对初始模块结构图进一步修改，才能得到较理想的结果。

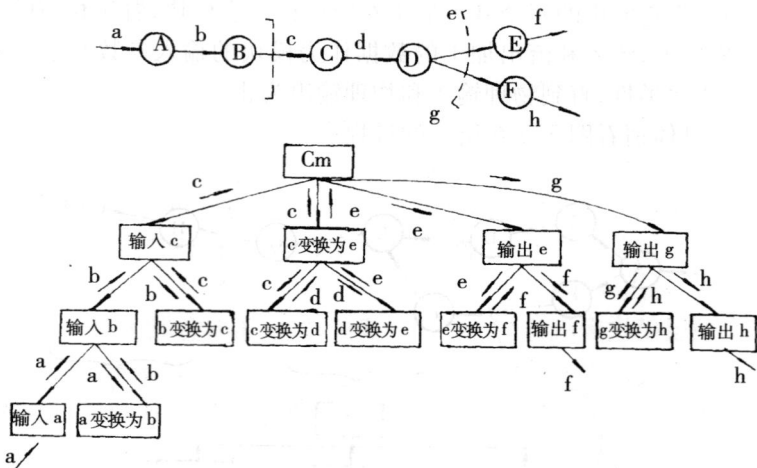

图 3.5.5　变换分析

变换分析具有多种方法。同一个数据流图可对应不同的模块结构图。下面再介绍一种导出模块结构图的方法。

①找出输入流、输出流和变换流

②设计结构图的顶层和第一层模块

根据变换流部分所完成的总体功能设计一顶层模块，并为其命名。

先根据所划定的输入流、输出流和变换流三大部分设计三个第一层模块，可分别为它们命名为"输入控制模块"、"输出控制模块"和"变换控制模块"。这三个第一层模块分别负责控制物理输入的接收、转换及向顶层逻辑输入数据的发送；控制协调逻辑输入数据的加工处理和逻辑输出数据的产生;控制逻辑输出的接收、转换和向系统外部物理数据的发送。

③设计结构图的中下各层模块

采用"一一对应"的方法,从输入流、输出流和变换流的边界开始,为它们中的每个基本加工对应设计一个模块,置于相应的上层模块下,流入和流出加工的数据作为模块的输入参数和输出参数,依次类推,直到物理输入和物理输出为止。

具体请看图3.5.6所示的过程。

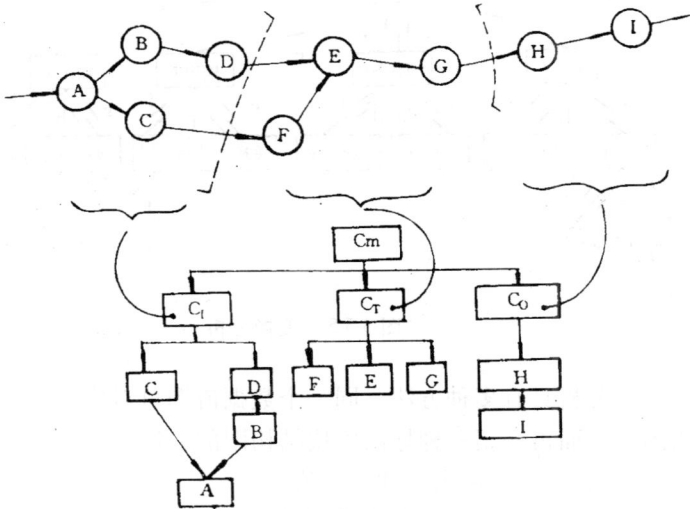

图 3.5.6 变换分析

当然,这样形成的仍只是软件的初始结构,还需进行优化处理,才能得到最终的详细设计结果。

4.由事务型数据流图导出模块结构图(事务分析)

对于事务型数据流图,通过事务分析,可以导出它所对应的标准形式的模块结构图。事务分析也是采用"自顶向下,逐步求精"

的分析方法。具体步骤为：

①根据事务功能设计一个顶层总控模块；

②将事务中心的输入数据流对应为一个第一层的接收模块及该模块的下层模块,具体可用变换分析方法；

③将事务中心对应为一个第一层的调度模块；

④对每一种类型的事务处理,在调度模块下设计一个事务处理模块；然后为每个事务处理模块设计下面的操作模块及操作模块的细节模块,每一处理的对应设计可用变换分析方法。具体见图 3.5.7 所示对应关系。

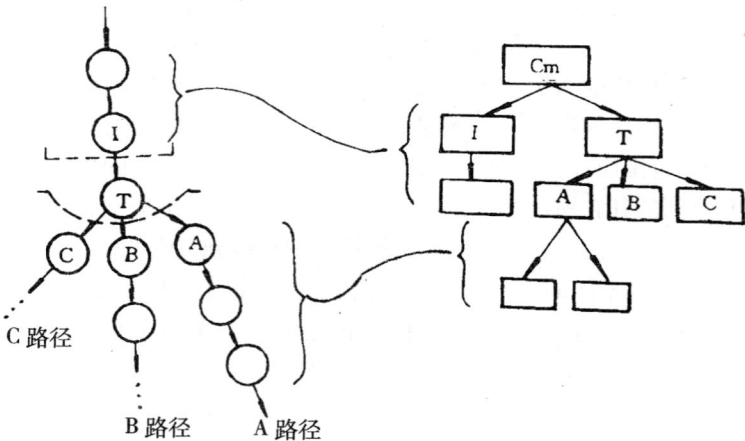

图 3.5.7　事务变换

3.5.2　对模块结构图的优化和应注意的问题

模块结构的高内聚和低耦合是模块划分的基本原则。在具体设计软件结构时,考虑到以内聚或耦合为出发点,由于耦合度对模块独立性的影响更强一些,所以对消除模块间联系的复杂度应给予更多的重视。对于通过某种方法得到的初始模块结构,应能辨

254

别出其耦合及内聚类型,并能根据一些原则及经验对初始结构进行优化。以下是设计人员总结的一些优化原则和经验。

①设计高独立性模块

模块独立性是模块划分的基本出发点,内聚度和耦合度都是模块独立性的度量标准。高独立性模块的特征即功能独立单一。设计和优化时,一方面,尽可能多地划分功能模块,在模块之间尽量使用数据耦合,少用控制耦合,不用内容耦合;另一方面,对有相互关系的模块要仔细比较分析,尽量消除模块间的重复功能和管道功能。

②用模块的作用范围和控制范围规范软件结构

对于良好的软件结构,功能模块的作用范围应在其控制范围之内。一个模块的作用范围是指受该模块中判定条件影响的全部模块。一个模块的控制范围则是指它本身和它下属的所有模块。因而,作用范围应在控制范围之内的含义为:一个模块中的判定条件所涉及到的其它模块都应该在这个模块的下层,而不应该在其它地方。图3.5.8说明了几种模块的作用范围和控制范围的情况。

其中,在图(a)的结构中,作用域并非控制域的子集,模块 D 中的一些处理依赖于模块 C 中判定的结果。这里可能有两种处理形式:

a. 模块 C 传送一个指示判定结果的标识给它的上层模块,这个标志被进一步传送给模块 A,由模块 A 再传给 D。这样模块间出现控制耦合。

b. 在模块 D 中重复 C 中的判定。这一作法降低了可修改性。

为改正图(a)中作用域和控制域的关系,可以采取以下作法:

a. 将判定在模块结构中的地位向上移。如图(b)所示,将原来在 C 中的判定移到模块 A。但若判定所在的位置太高,也会造成控制耦合。在图(c)所示的结构中,判定被移到模块 A 中,较图(b)中情况稍好。

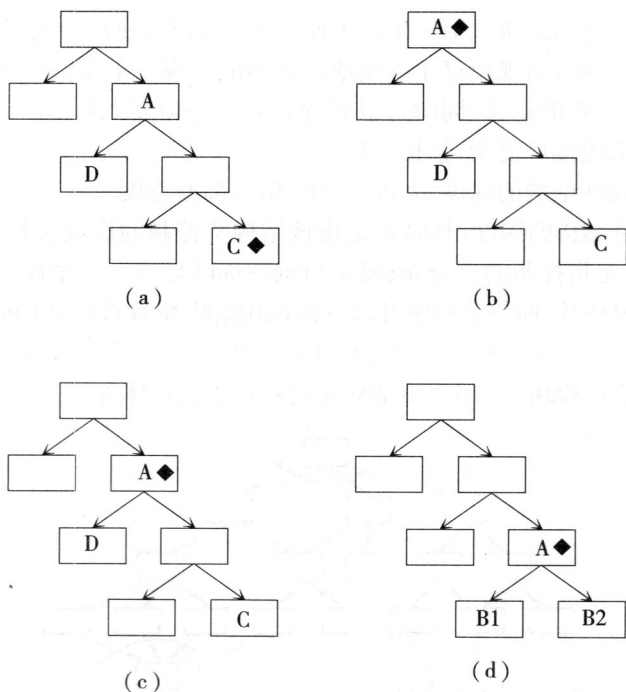

图 3.5.8 模块的作用范围和控制范围

　　b.移动那些在作用域内,但不在控制域内的模块。图(d)所示为调整后理想的模块结构。通过将原来的判定向上移动,放在现在的模块 A 中,把不在控制域中的模块向下移,成为 A 的直接下属模块。

　　③模块的规模要适中

　　规模适度的模块易于理解和实现。心理学的研究表明,当一个模块的语句超过 30 行后,模块的可理解性迅速下降。所以,一个模块的大小应以能恰好放在一页打印纸内(30 行到 70 行)或以恰好能在显示器的 1 到 2 屏间显示为宜。规模过大的模块往往是分解不充分的结果,因而容易导致内聚度降低,使模块复杂性增加,难以理解;而规模过小的模块往往不能实现一个完整独立的功能,没有存在的意义,同时造成程序运行效率降低,模块数量过多会导致系统接口复杂,结构松散。

④软件结构的深度、宽度、扇出、扇入都要适度

软件结构的深度(Depth)是指该结构所控制的模块层数;宽度(Width)是指控制的总分布;扇出(Fan - out)是指由一个模块直接控制的模块数,即一个模块可以直接调用的模块数;扇入(Fan - in)是指直接控制某一模块的模块数,即一个模块有多少个可以直接调用它的上层模块。图3.5.9表示了这些概念的具体含义。

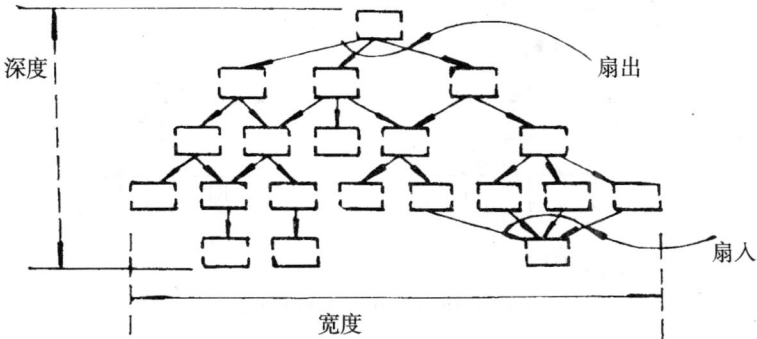

图 3.5.9 软件结构的有关概念

深度往往能粗略地标志一个系统的大小和复杂程度。深度和程序长度之间应有粗略的对应关系,当然这个关系是在一定范围内变化的。如果层次太多,则应该考虑是否有些模块过分简单了,这时可考虑调整划分,将一些模块合并。

宽度是同一层次上模块的总数(以最大宽度为准)。一般说来,宽度越大,系统越复杂。对宽度影响最大的因素是模块的扇出。扇出过大意味着需要控制和协调过多的下级模块,说明模块结构过分复杂,此时可考虑增加一些中间层次的模块以降低扇出;

257

当然扇出过小（例如总为1）也不好，此时可考虑将上下层的一些模块合并。经验表明，设计得好的典型系统平均扇出通常为3或4，而上限通常为5~9。

扇出太大一般是缺少中间层次，应当适当增加中间层次的控制模块。扇出太小可以把下级模块进一步分解为若干个子功能模块，或者合并到它的上级模块中去。当然分解或合并不能违背开头所说的第一点。

一个模块的扇入表明有多少个上层模块调用它，扇入越多说明共享它的模块越多、模块复用率高，有利于提高内存效率和节省编程时间，是良好设计的标志。但应保证高扇入的模块功能单一，不能违背模块的独立性而单纯追求高扇入。

观察大量软件系统后可以发现，设计得很好的软件结构通常顶层扇出较高，中层扇出较少，底层扇入到公共的实用模块中去，呈现"清真寺顶"型的软件结构。

⑤降低模块接口的复杂性，设计单入口单出口的模块

模块接口复杂是软件发生错误的一个主要原因，复杂的接口也给理解和维护造成困难，故应仔细设计接口，使得信息传递简单并且和模块的功能一致。接口复杂或不一致（即看起来传递的数据之间没有关系），是高耦合或低内聚的征兆，应重新分析这个模块的独立性。

设计单入口单出口的模块主要是为避免出现内容耦合，理论和实践都证明，作为结构化设计主要特征的单入口单出口模块，对系统的可靠性有良好的保证。

⑥程序结构和问题结构要对应

问题结构主要指需求分析中的系统功能所要解决的问题，程序结构主要指模块结构，两者对应了，比较易于发现问题和维护程序。如果把一个问题分成若干相距甚远的模块，就会出现不对应，这时，每一个小的修改都影响程序的其它部分，因而不利于程序的

维护。

⑦消除重复模块和管道性模块

软件结构中出现的重复模块可能是功能性的,也可能是偶然性内聚。但不论是哪一种,都应尽可能消除。所谓管道性模块是指那种没有实质性工作,只用于控制和管理下层模块的模块。这类模块的内聚度很低,可以并入到上层模块中去。

⑧模块功能应可以预测

模块功能可以预测是指模块功能应有确定性。如果一个模块可以当做一个黑盒,即只要输入数据相同就能得到相同输出,则这个模块的功能就是可以预测的。但是带有内部存贮器的模块(如静态局部变量),其功能有可能是不可预测的。因为其输出可能要取决于内部存贮器,而内部存贮器对于上级模块是不可见的。这样的模块既不易理解又难于测试和维护。

如果一个模块只完成一个单独的功能,则呈现高内聚;但如果一个模块任意限制局部数据结构的大小,过分限制在控制流中可以做出的选择或外部接口的模式,那么这种模块的功能就过分局限,使用的范围也就过分狭窄。

第六节　面向数据结构的设计方法

程序设计离不开数据结构,而数据结构又深刻影响程序设计,两者是紧密相关的。对一般的程序设计而言,尤其是信息处理系统,如果确定了程序的数据结构,则程序的实现方法也基本可以确定下来。算法的结构和选择往往在很大程度上依赖于作为基础的数据。程序的控制处理流程常常表现为顺序、选择或循环,其所处理或产生的数据也常常表现为顺序组成、非此即彼的选择或数据元素的重复这三种结构,而且在数据结构和程序结构上常常出现对应关系。实验还表明,数据结构不仅影响程序的结构,甚至影响程序的处理。如在计算机检索中,顺序检索和倒排检索这两种方法的处理流程就完全取决于顺序文件和倒排文件的结构。所以,著名的计算机学者 N. Wirth 认为,数据结构 + 算法 = 程序。

基于数据结构(程序的输入数据结构和输出数据结构)和程序设计的紧密关系,70 年代中期产生了"面向数据结构"的设计方法(Data Structure – oriented Design)。其目标是通过所处理问题的数据结构导出对求解问题程序的处理描述。其中比较典型的有 Jackson 程序设计方法和 Warnier 程序设计方法。

面向数据结构的设计方法出发点就在于:数据结构决定程序结构。程序从本质上说是由一系列操作组成的,而这些操作中的很大部分都与数据的输入、输出有关。程序结构若能与数据结构相互对应,程序设计中的一些难题就可自然解决。所以,问题求解时,虽然可以用多种方法设计程序,但应尽可能从数据结构得到程序结构。

图书馆自动化系统是一个信息处理系统,这个系统的主要功能就是对输入数据(包括书目数据和用户检索需求)的分析、整理、加工、排序、存贮及检索,并根据要求产生输出,数据是这个系统的核心。而且,同一般的信息处理系统一样,图书馆自动化系统较少依赖复杂的算法和处理模型,数据结构往往能较容易地同处理过程对应。所以面向数据结构的设计方法在图书馆自动化系统开发和设计中具有一定的指导意义。

由于数据的基本结构和结构化程序设计的三种基本结构是对应的,因而面向数据结构的方法和结构化程序设计并不矛盾。但是,面向数据结构的方法并不强调自顶向下逐步求精的设计思想,没有使用模块化的概念。因而,它并不重视软件系统的结构和模块独立性,不明显使用软件结构的概念。其着眼点仅仅在于输入数据和输出数据的结构,因而需要和别的方法配合使用。

3.6.1 Jackson 程序设计方法

1. Jackson 方法对数据结构的描述

程序中处理的数据多种多样,但无论多么复杂的数据,都可用顺序、选择和重复三种基本结构来生成和表示。通过图形来表示数据结构的 Jackson 方法对数据结构的描述就以这三种基本结构为基础。下面是 Jackson 图所用符号。

①顺序结构

顺序结构的数据由一个或多个数据元素顺序组成,每个数据元素按确定的次序出现一次。如图 3.6.1a,为 Jackson 图对顺序结构数据的表示。

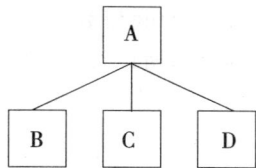

图 3.6.1a　顺序结构　　　图 3.6.1b　选择结构　　　图 3.6.1c　循环结构

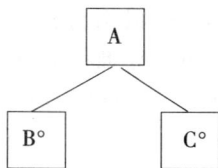

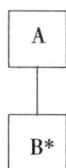

②选择结构

选择结构的数据包括两个或多个数据元素。使用该数据时按一定条件从这些数据元素中选择一个。图 3.6.1b 为 Jackson 图对选择结构数据的表示。

③重复结构

重复结构的数据表明该数据是由一个数据元素经过 0 次或多次重复而组成的。图 3.6.1c 为 Jackson 图对重复结构数据的表示。

以上为 Jackson 图的基本符号,复杂的数据结构可通过这些符号的反复使用,最后以一个树状的层次结构来表示。

2. Jackson 方法的设计步骤

Jackson 方法由以下五个设计步骤构成:

①分析问题,确定输入数据和输出数据的逻辑结构,并用 Jackson 图来表示这些结构;

②找出输入数据和输出数据中有对应关系的数据单元;

③按规则从所描述的数据结构中导出 Jackson 程序结构图;

④列出所有的操作(包括分支条件和循环结束条件),并把它们分配到程序结构图的适当位置;

⑤用伪码表示程序。

伪码是一种详细设计的工具,在概要设计和编码实现间起衔接作用,常用在逐步求精的设计方法中。伪码一般具有高级语言的逻辑结构,并具有相同的保留字,如 IF ... THEN... ELSE、WHILE DO、CASE 等。它同高级语言的区别在于,伪码不面向具体的编译系统、相对较为抽象、在描述过程和说明数据时可用自然语言、不能直接在计算机上运行。但伪码可非常方便地转换为用具体语言所书写的程序。

Jackson 方法中的伪码同 Jackson 图是对应的。下面是同图 3.6.1 中三种结构对应的伪码。

顺序结构:数据 A 是由数据元素 B、C 和 D 组成:

A Seq
   B
   C
   D
A end

选择结构:数据 A 是由数据元素 B 组成(当条件 cond 1 成立时)或由数据元素 C 组成(当条件 cond 2 成立时):

A select cond 1
   B
A or cond 2
   C

A end

重复结构:数据 A 是由数据元素 B 根据条件 cond 的限定经过 0 次或多次重复构成:

A iter while/until cond

　B

A end

3. Jackson 方法的例子

例 3.6.1. 在图书馆自动化系统流通管理中,每天要根据读者文档中有关的借书记录检查是否有逾期未还的图书。若有,就打印催还单。催还单可能包括多个条目,每个条目为一个有逾期未还图书的读者信息。每个条目中至少有一个项,也可能有多个项,每个项对应一本逾期未还图书的催还信息,其中包括题名、责任者、登录号和还书日期。此外,每个条目还包括读者的姓名和单位信息,图 3.6.2 为一个催还单的样例。

......

李波(网络中心)同志:您所借的下列图书已过期,请速归还或办理续借。

(1) SOFTWARE ENGINEERING /PRESSMAN 著,登录号为 922510,应于 10 月 21 日还。

(2)信息系统分析与设计/戚安邦译,登录号为 599837,应于 10 月 21 日还。

赵霞(信息中心)同志:您所借的下列图书已过期,请速归还或办理续借。

(1) PASCAL 程序设计/郑启华著,登录号为 627683,应于 10 月 21 日还。

......

图 3.6.2　催还单样例

263

以下根据 Jcakson 方法的步骤得出打印催还单的程序结构。

①首先用 Jcakson 图列出有关的输入输出数据结构，如图 3.6.3 所示。

其中，催还表格是程序输出，为得到要求的输出结果，需要使用两个输入文件，即读者文档和图书文档。读者文档中包括读者所借书的登录号和借书日期，一读者是否有过期书只能通过这些数据判断，当确定读者有过期书需打印催还单时，可通过读者过期书的登录号在图书文档中找到相应的题名、责任者等书目数据，以供打印催还单使用，这样读者可通过题名、责任者等信息，而不是一串登录号数据，直接而明确地知道他所借的几本图书中哪一本过期了。

②确定输入数据结构和输出数据结构之间的对应数据单元。

在图 3.6.3 所示的数据结构中，首先输入和输出数据结构的最顶层单元总是对应的，因为它们之间存在着直接的因果关系。其次，以下数据单元之间存在着对应关系：

有过期书记录中的"读者信息"与催还条目中的"说明语"，因为"说明语"中的姓名、单位等内容直接来源于"读者信息"。

有过期书记录中过期书的"借书日期"与催还书目的"还书日期"，因为由"借书日期"可直接计算出"还书日期"。

有过期书记录中过期书的"登录号"与催还书目的"登录号"，因为两者显然是一致的。

对应关系确定下来后，用两头带箭头的虚线连接相互对应的数据单元，以表明这种关系的存在。在 Jackson 方法中，输入数据和输出数据间所有具有一一对应关系的数据单元必须完全找到，否则，就无法得出正确的程序结构。

除以上数据单元之间的对应关系外，在其它数据单元，图书文档中的"书目信息"与催还表格中的"书目信息"之间，"读者记录"与"催还条目"之间，似乎也存在着对应关系，因为每一条催还

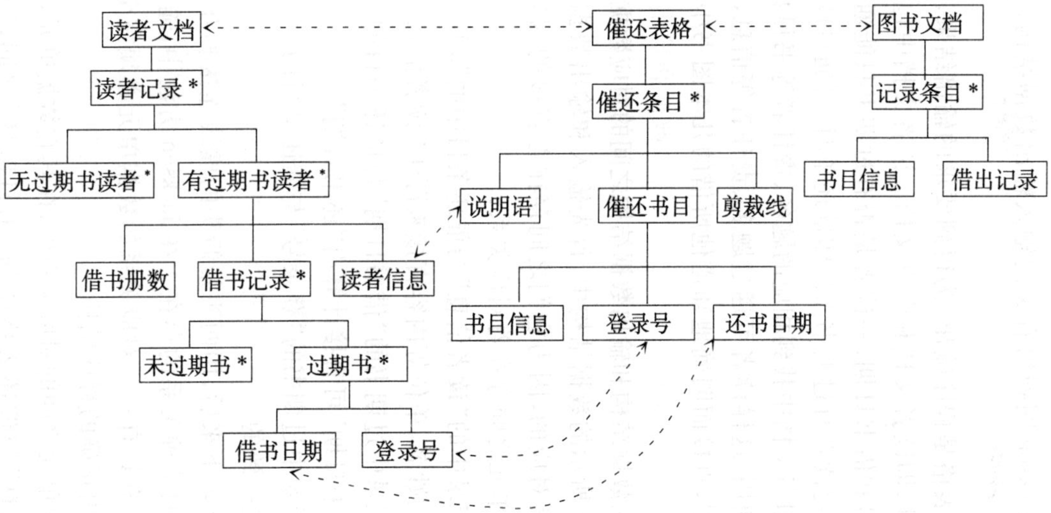

图 3.6.3

条目中的"书目信息"都对应图书文档中的一条记录,每一个"催还条目"都来源于一个"读者记录";但这种关系又不完全,因为并非每个"读者记录"都对应一个"催还条目"。这种关系在 Jackson 方法被称为"结构冲突"。具有结构冲突的数据往往存在着一种不完全的对应关系。

Jackson 认为,数据之间的结构冲突有以下两种具体的表现形式:

次序冲突:此时,输入结构和输出结构之间确有实际的对应关系存在,但由于两者组织形式不同,无法按已有的序列形成严格的一一对应关系。例如现有一个按读者所在单位排序的读者文档,若要求按读者职称输出所有读者,此时的输入数据和输出数据之间就存在次序冲突。次序冲突的解决方法可有多种,其核心思想是在构造程序结构时增加一个中间处理程序(如排序、选择等),调整输入数据的组织形式,使其符合输出数据次序的要求,从而构造出输出结构。

边界冲突:若输入数据和输出数据之间存在对应关系,但两者边界不同,即输入数据与输出数据在整体上有对应关系,但两者数据的内部结构及组织方式之间有差异,数据项之间不存在一一对应关系,可能输入数据中的一个数据项与输出数据中的多个对应,也可能输入数据中的几个数据项与输出数据中的一个或多个数据项对应。冲突的解决需要在形成程序结构时对输入数据重组。

在以上对应的数据单元对应的分析中,也不能将"有过期书读者"和"催还条目"对应起来,因为"有过期书读者"是选择结构中的一个项,而"催还条目"是循环结构,从结构上说,两者在所形成的 Jackson 图中是不能对应的。对应的数据单元必须有相同的结构,如循环结构对应循环结构。当然,如果在构成 Jackson 图时就使"有过期书读者"和"催还条目"有相同的结构,则两者可为对应关系。

③确定了数据间的对应关系后,就可以从数据结构导出描述程序结构的 Jackson 图,其具体步骤为:

(1)建立一个与数据结构顶层单元对应的程序框,可为其命名为"打印催还单";

(2)为每对有对应关系的数据单元按照它们在数据结构图中的层次在程序结构图中为其画一个处理框;

(3)根据输出数据结构中剩余的数据单元所处的层次,在程序结构图的相应层次上画上处理框。得到的程序结构图如图 3.6.4所示。

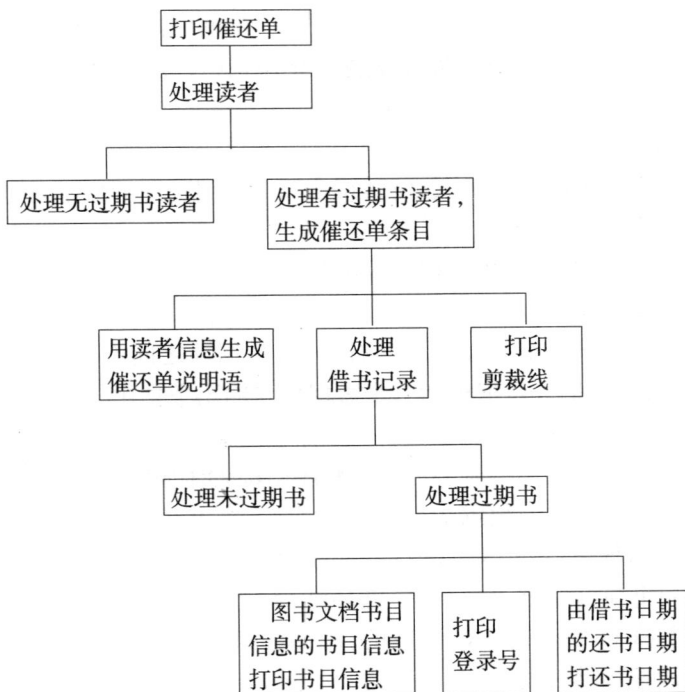

图 3.6.4 初始程序结构的 Jackson 图

④列出所需的初等操作。

（1）结束

（2）打开读者文档

（3）关闭读者文档

（4）打开图书文档

（5）关闭图书文档

（6）读一条读者文档记录

（7）用登录号索引读图书文档相应记录

（8）读取当前日期

（9）计算还书日期

（10）取读者文档数据生成催还单说明语

（11）取题名、责任者数据

（12）打印催还单说明语

（13）打印题名、责任者

（14）打印剪裁线

（15）取一个借书数据项

（16）i = 0

（17）i = i + 1

将以上操作分配到程序结构图中的合适位置，如图 3.6.5 所示。

⑤根据程序结构图，利用它和 Jackson 伪代码的对应关系，写出程序的 Jackson 伪代码。

打印催还单 seq

打开读者文档

打开图书文档

读取当前日期

程序体 iter until 读者文档结束

    读一条读者文档记录

268

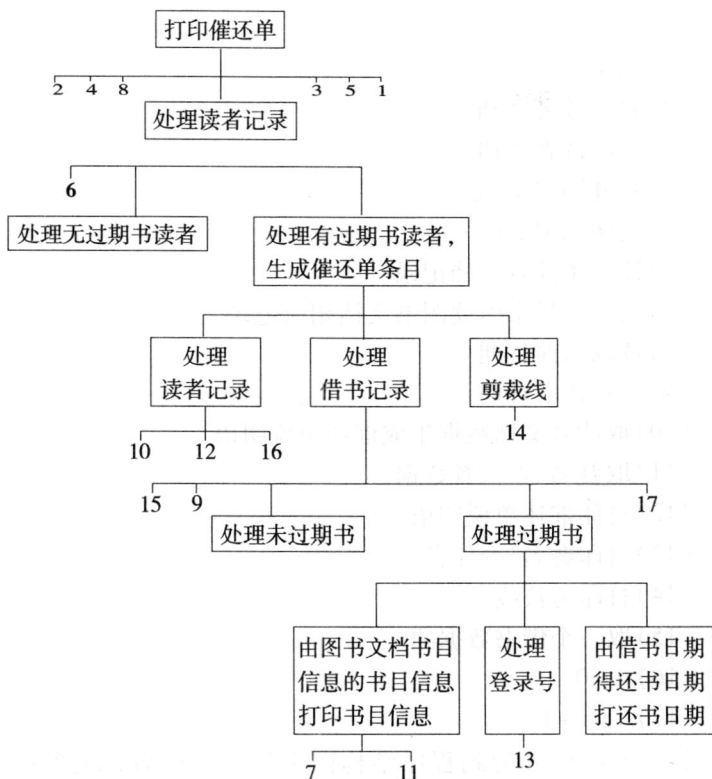

图 3.6.5　分配了初等操作的程序结构图

处理一个读者记录 select 读者无过期书
处理一个读者记录 or 读者有过期书
　取读者信息生成催还单说明语
　打印催还单说明语
　i = 0
　处理借书记录 iter until i = 借书册数
　　按序取一个包含借书登录号和借书日期的借书数

据项

    计算还书日期

    处理一本书 select 书未过期

    处理一本书 or 书过期

   根据图书文档登录号索引读取相应图书文档记录

   取出题名、责任者信息

   打印题名、责任者信息

   打印登录号

  处理一本书 end

  i = i + 1

 处理借书记录 end

 打印剪裁线

处理一个读者记录 end

程序体 end

关闭读者文档

关闭图书文档

结束

打印催还单 end

3.6.2　Warnier 程序设计方法

Warnier 方法也是一种有代表性的面向数据结构的设计方法。这种方法又称逻辑构造程序的方法(LCP Logical Construction of Programs)。同 Jackson 方法比,这种方法在逻辑上更为严格。

1. Warnier 方法对数据结构的描述

Warnier 方法也通过图形描述数据结构,与 Jackson 方法不同的是,它不是用方框从左到右地表示,而是借助花括号自上而下地表示数据组成。下面是 Warnier 的表示方法。

①顺序结构

270

如图 3.6.6a,表示数据 A 是由数据元素 B、C 和 D 组成的。

$$A\ (0/1)\begin{cases} B\ (1) \\ C\ (1) \\ D\ (1) \end{cases} \qquad A\begin{cases} B\ (1) \\ \oplus \\ C\ (1) \end{cases} \qquad A\{B\ (m)$$

图 3.6.6a 顺序结构　　　图 3.6.6b 选择结构　　　图 3.6.6c 重复结构

数据项或数据元素后圆括号内的数值表示该数据项或数据元素的出现次数。若无圆括号,则缺省值为 1。

②选择结构

如图 3.6.6b,表示数据 A 是由数据元素 B 或数据元素 C 中的一个组成的,其中的异或符号表示选择。

③重复结构

如图 3.6.6c,表示数据 A 是由数据元素 B 经过 m 次重复构成的。

2. Warnier 方法的设计步骤

Warnier 方法主要是依据输入数据的结构导出程序结构。其步骤是:

①分析和确定输入数据和输出数据的逻辑结构,并用 Warnier 图表示这些结构;

②依据输入数据的结构导出程序结构,并用 Warnier 图描述程序的处理层次;

③画出程序和流程图,并自上而下地给每个处理框编号;

④分类写出伪指令码和它们所在的处理框号;

Warnier 方法中规定了以下五类指令:

a. 输入和输入准备

b. 输出和输出准备

c. 计算

d. 分支和分支准备

271

e. 子程序调用

⑤把第四步中的指令码按编号排序,从而得出程序处理过程的伪码描述。

以上是用 Warnier 方法得到程序结构的基本步骤。对于较为复杂的问题,Warnier 方法还需使用一些辅助技术,这些辅助技术在下边的例子中介绍。可以看出,无论是 Warnier 方法还是 Jackson 方法都有一些形式化的手段,但是,将程序设计形式化并不是面向数据结构方法的真正目的,面向数据结构方法的真正目的在于,通过数据结构的分析和与程序结构的对应,把握问题的本质,从而得到"正确的"(即潜在错误少,易修改)程序结构。

3. Warnier 方法的例子

例 3.6.2 对于例 3.6.1 中的问题,用 Warnier 方法求解程序结构的描述。

以下是用 Warnier 方法的求解过程。

①分析和确定输入数据和输出数据的逻辑结构,并用 Warnier 图表示。

为得到输入数据和输出数据的逻辑结构,先要分析程序要求的输入和输出数据,并列出物理的输入、输出文件。在本问题中,程序的物理输入文件有读者文档和图书文档,输出文件就是所要打印的催还表格。

读者文档(每个读者一个记录)

读者信息(姓名、单位等信息)	借书记录(0 ~ M 个)

图书文档(每种图书一个记录)

图书题名、责任者等信息

催还表格(每个有过期书的读者一个记录)

说明语	催还项(1~N 个)	剪裁线

与 Jackson 方法不同,Warnier 方法永远只有一个逻辑输入文件(LIF)和一个逻辑输出文件(LOF)。多个物理文件要以严格的方式连接在一起,映射为逻辑文件。如图 3.6.7a 和图 3.6.7b 所示。

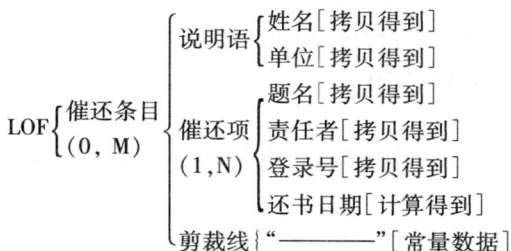

OUTPUT = 没有一个读者有过期书时。

图 3.6.7a　逻辑输出文件

Warnier 方法认为,在输入数据和输出数据中,应以输出数据为主。这是因为,输出数据是程序的目的,输入数据的使用是为了得到输出数据。分析数据时,也是先从输出数据下手。

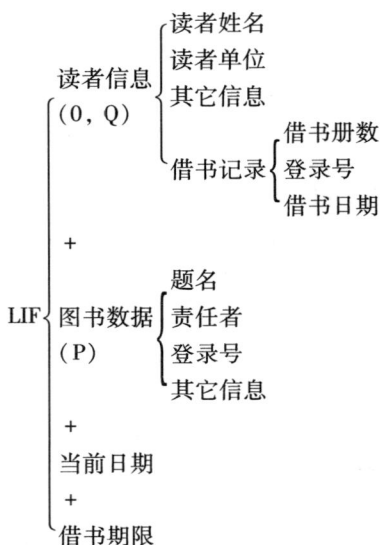

图 3.6.7b　逻辑输入文件

在图 3.6.7b 的逻辑输入文件中，"＋"表示逻辑或，它意味着用"＋"号连接的数据项可能出现一个，也可能出现多个。

②分割集合，引入必要的中间文件，并列出判定表。

借书册数＝0

（借书册数＞0）＊（借书日期＋借书期限＜还书日期）

（借书册数＞0）＊（借书日期＋借书期限＞还书日期）

根据以上分割，列出如下判定表。

借书册数	＝0	＞0	＞0
还书日期	－	过期	未过期
生成催还项		√	
不生成催还项	√		√

③导出程序结构框架的 Warnier 图描述。

274

程序 { 一个读者(0,Q) {

借书册数 =0 { 处理下一个读者

+

借书册数 >0 {
　无过期书 { 处理下一个读者
　+
　有过期书 { 打印催还条目(0.M) { 打印说明语
　　　打印催还项(1,N)
　　　打印剪裁线 } } }
} }

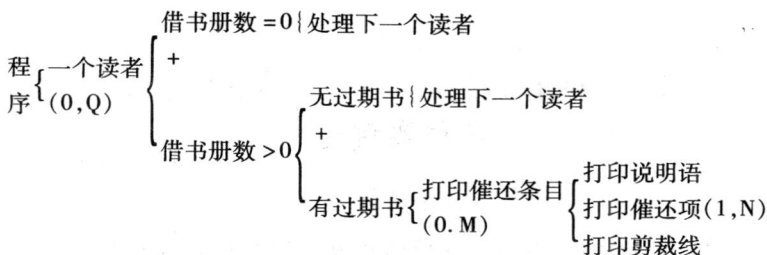

④细化程序结构框架，并用 Warnier 图描述。

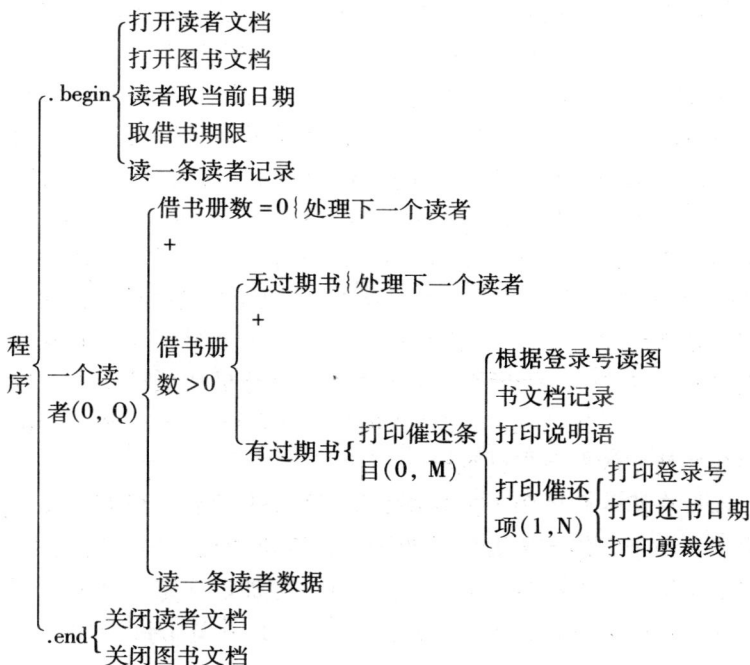

程序 {

.begin {
打开读者文档
打开图书文档
读者取当前日期
取借书期限
读一条读者记录
}

一个读者(0, Q) {

借书册数 =0 { 处理下一个读者

+

借书册数 >0 {
　无过期书 { 处理下一个读者
　+
　有过期书 { 打印催还条目(0, M) {
　　根据登录号读图书文档记录
　　打印说明语
　　打印催还项(1,N) { 打印登录号
　　　打印还书日期
　　　打印剪裁线 } } } }

读一条读者数据
}

.end { 关闭读者文档
关闭图书文档 }

}

第七节 图书馆自动化系统设计的主要特点和实例分析

3.7.1 数据结构及有关检索算法在图书馆自动化系统中的使用

在图书馆自动化系统中,公共查询子系统是唯一不能直接遵循手工工作方式和过程,通过现有系统直接导出处理方式的子系统,也是所有子系统中,最具特色的一个。广义地说,查询贯穿于图书馆自动化的各个子系统中,如采购、编目中的查重处理等。而公共查询子系统在功能及查询的实现程度上与它们有很大的区别。公共查询子系统是图书馆自动化系统中一个重要的子系统,是图书馆揭示馆藏数据的窗口。同时,随着图书馆情报处理功能的增强、社会信息化的进一步发展及网络技术的普遍应用,公共查询变得越来越重要。目前,公共查询已作为图书馆自动化的发展重点之一,一些完善的查询系统不断借鉴计算机情报检索中的数据加工和提取方法,并逐步和计算机情报检索结合起来,形成为读者服务的新型的参考咨询系统。

本章介绍一些可用于公共查询子系统分析和设计的基本概念和方法。由于它们最早被广泛使用于计算机情报检索系统之中,故本书仍按习惯,将它们作为情报检索内容加以介绍。读者一定要牢记,所有这些概念和方法,都可应用于图书馆自动化系统之中。

1. 情报检索的基本概念

①情报检索的基本过程

狭义的情报检索仅指检索人员具体的查询工作,或计算机具

276

体的检索运行过程。而广义的情报检索是指从用户产生检索需求
直到得出用户满意的检索结果为止的整个过程,这一过程可用图
3.7.1 表示出来。在广义的情报检索概念下,情报检索需要研究
从用户检索需求的表达、检索工具的使用、计算机检索算法、直到
对检索的评价整个过程中的所有问题。现在,提到情报检索,一般
是指广义的情报检索。

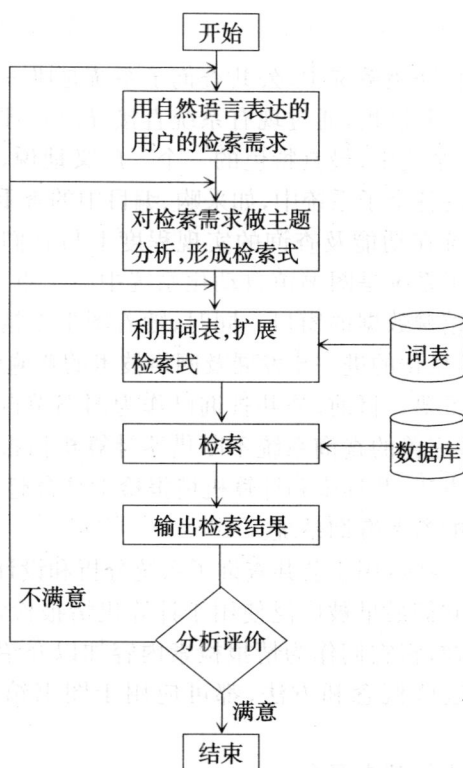

图 3.7.1 情报检索的基本过程

②数据存贮形式及检索的类型

在情报检索系统中,数据以文件的形式存贮起来,文件的基本存取单位是记录。即使是在数据库管理系统中,文件也是其基本的存贮形式。文件按其记录的组织方式不同,分为顺序文件和索引文件。

a. 记录的逻辑结构和物理结构

记录的逻辑结构是指记录在用户或应用程序员面前所呈现的形式,是用户对记录数据的表示和存取方式。记录的物理结构是指数据在物理存贮介质上的实际存放形式,是数据的物理表示和组织方式。

一般来说,记录的逻辑结构着眼于用户使用数据的方便,而记录的物理结构主要考虑节省存贮空间和提高存取速度。它根据不同的需要及设备本身的特点可以有多种实现方式。图 3.7.2 表示了逻辑记录和物理记录间的关系。

b. 顺序文件和索引文件

所谓顺序文件,是指文件中的记录是按建立时的次序,即生成次序排列的。在顺序文件中,逻辑记录的顺序和物理记录顺序是相同的。图 3.7.3a 表示了一个顺序文件的结构。

顺序文件只能顺序存取。如果要读第 i 条记录,只能从第一条记录开始,逐条读完 i-1 条记录后,才能读该记录。新增加的记录只能附在原来最后一个记录之后。如果要修改某一个记录,必须把整个文件重写一遍。

索引文件可以按记录关键字随机存取文件记录。索引文件包括两个部分,一个是文件数据区,用来保存文件的物理记录,物理记录可以按生成次序排列;一个是索引表区,用来指示文件的逻辑记录或关键字与物理记录之间的对应关系。索引表区的逻辑记录号或关键字按字序排列。索引表是由程序自动生成的,索引表区中的每一项称为索引项。索引文件的两个部分一般是分别存贮

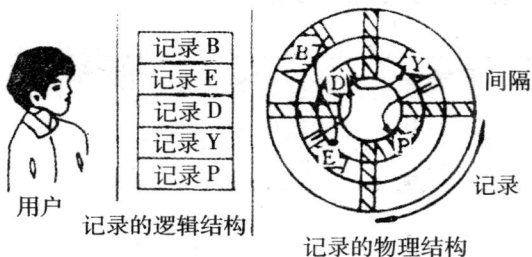

图 3.7.2 逻辑记录和物理记录间的关系

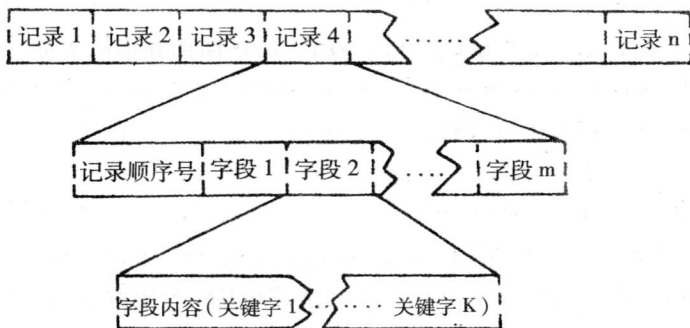

图 3.7.3a 顺序文件示例

的,在外存上对应两个独立的文件。可分别称其为数据文件和数据文件的索引文件,后者也经常直接简称为索引文件。

在逻辑结构上,索引文件经常表现为倒排文件的形式。倒排文件以出现在顺序文件记录中的某个关键字和包含这个关键字的顺序文件记录的地址集合作为一条记录,所有在顺序文件中出现的该类关键字集合构成倒排文件的全部记录。记录之间按关键字的字序排列,从而形成一个索引。图 3.7.3b 为一倒排文件的例子。

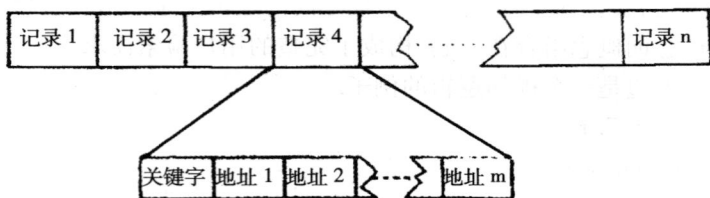

图 3.7.3b 倒排文件示例

c.顺序检索和倒排检索

顺序检索,即针对顺序文件的检索。由于顺序文件中的记录是以生成次序排列的,故检索的基本过程是将所要检索的内容与顺序文件的记录逐条依次匹配。显然,这种检索方式效率低。

倒排检索,即针对倒排文件的检索。倒排文件的结构特性决定了倒排检索的检索过程。

2. 提问逻辑

提问逻辑(Question Logic),也叫提问式或检索式,是通过与、或、非等逻辑运算对所阐明的检索词概念进行组配、限制,形式化地表达用户的检索需求,规定检索的逻辑内涵,并引导检索过程的一组式子。

①提问逻辑的结构

提问逻辑的具体形式可以有多种多样。但不管其外在形式如何,从本质上看,一个提问逻辑总是由两部分组成的,即:检索词和逻辑式。

检索词又叫检索词概念,它是用来表达用户检索需求及其概念的语词,是构成用户检索需求的基本单位。检索词可以以其具体的自然语言形态出现,但更一般是以其自然语言的某种规范形态出现。因为它反映的是一个概念,而不是一个具体的词义。有时一个检索词可以对应多个具体的语词,所以又被称为检索词概念。

逻辑式由逻辑算子联结检索词概念而组成,从而形成提问逻

280

辑。它表达了提问中各个检索词之间的逻辑关系。这种逻辑关系把概念词概念组合在一起,构成了完整的用户检索需求。

下边是一个提问逻辑的例子。

例 3.7.1

01 nuclear

02 power

03 plant

04 station

05 01 * 02 * (03 + 04)

该提问式由四个检索词和一个逻辑式组成。很显然,它要求查找有关"nuclear power plant"或有关"nuclear power station"方面的文献或信息。该提问式基本描述出了检索需求,但也存在一些问题。例如,如果某文献中出现下面的文字,"... the protection of a chemical plant……in recent study about the power of the nuclear weapon",则该篇文献也会被命中;相反,如果文献中出现的文字是:"nuclear power plants",则该篇文献反而不被命中。因此,为更准确地表达检索需求,在构成提问逻辑上还有一些工作要做。

②检索词结构

检索词由提问词、属性规定、截断规定和权值四个部分组成。

a. 提问词:即用来表达检索词概念的字符,它是自然语言集合中具体的语词,是检索词中最核心的部分,因为概念总是通过语言形式来表现的。从原则上讲,任何一个有检索意义的自然语言语词(在情报检索系统中,没有检索意义的词叫非用词)都可以用于检索词中。在实际检索系统中,为保证检索有较好的查全率和查准率,一般要对自然语言中的词汇作规范化处理,形成控制词表,以此来统一数据库文件的建立和对数据库文件的检索。

b. 属性规定:属性规定指明检索的途径(也经常被称为检索途径、检索字段、检索点),即在命中的记录中检索词语应出现的字段,如题名字段、责任者字段等。一个记录中的字段有可检字段(检索点)和非可检字段,检索词语不能到非可检字段去查找。在有些检索系统中,若不指明属性,则表示在所有可检字段中查找。

c. 截断规定:截断规定又叫一致条件,它指明检索式中的提问词同被查找的文件记录字段中的被检索对象之间的匹配关系要求,即在检索中,是要求两者必须完全相同,还是只要求两者部分相同即可。这种关系有以下五种类型:

完全一致:即无截断,两者必须完全相同。

前方一致:即后截断,两者只须从词头开始有部分相同字符即可,如 computer 和 comput。

后方一致:即前截断,两者只须在词尾有部分相同字符即可。

中间一致:即前后截断,两者只须词中间有部分相同字符即可。

前后一致:即中间截断,或称中间屏蔽,两者词头和词尾应相同,但词中可有部分不同,如 woman 和 women。

由于匹配时两个词可以有不同的长度要求,截断可分为无限截断和有限截断。

无限截断:匹配时对所查找的词在截断部分上的长度不作要求。

有限截断:匹配时对所查找的词在截断部分上有固定的或最大长度要求。

例 3.7.2. 若用一个单问号"?"表示无限截断,用一个空格隔开的两个问号"??"来表示只限一个字符的有限截断,用 n 个连续的问号表示最多限于 n 个字符的有限截断,并通过截断符在检索词中出现的位置表示截断的类型,则下列检索词所要求的查找为:

flower? /de

在文献记录的叙词字段中找词头为 flower 的所有词,在叙词字段中出现 flower、flowers、flowered、flowering 的文献记录都为

282

命中。

flower?? /ti

在题名字段中查找 flower 或以 flower 为词头且后边只跟一个其它字符的词,题名字段中出现 flower、flowers 之一的都为命中。

flower???

在所有可检字段中查找 flower 或以 flower 为词头后边最多有三个其它字符的词,可被命中的词有 flower、flowers、flowered、flowering。

d. 权值:一个提问逻辑中的各个检索词概念,对于表达用户需求来说,其重要程度可能有所差别,为表达这种差别,可以给不同的检索词分配不同的权值。权值总是和阈值一起使用的。所谓阈值,是对能满足用户需求的检索结果事先定好的期望值。只有某个记录中找到项的权值之和大于或等于阈值,该记录才算真正命中。

③提问逻辑中的特殊算符

在提问逻辑中,除了使用与、或、非这三个基本逻辑运算符外,还经常使用一些辅助性的算符,这些算符主要有比较算符和文中查找算符。

a. 比较算符

比较算符又称查找范围算符,用来扩大并指明检索词的查找范围。它所采用的符号一般为比较运算符号,即" < "、" > "、" = "、" ≤ "和" ≥ "。比较算符是单目运算符,它只作用于一个检索词。受比较算符限制的检索词同其它检索词的逻辑关系为"逻辑与"。比较算符主要用在有意义的范围比较的检索途径上,如时间、分类号等。如:检索词"PY > 1989"表示查找命中的文献的出版时间要大于 1989 年。

b. 文中查找算符

文中查找算符又称位置算符,用来规定两个检索词在同一记录中的相互位置关系,如前后次序关系、字段属性关系等。文中查找算符的基本逻辑含义是"逻辑与",其进一步的作用在于,通过对所连接的两个检索词位置关系的约束,防止了可能的"虚假组配"情况。在实际使用中,文中查找算符经常用来越过一些起连接作用的非用词。下面我们通过 DIALOG 系统中的一些具体规定,来说明文中查找算符的几种符号定义和使用情况。

(W):即 with 关系,它连接两个提问词,要求这两个词在所命中的记录中要按算符所连接的顺序紧挨着连在一起。如:solar(w)energy。

(nW):即 n Words 限制,其中 n 是一整数,该算符表示被连接的两个提问词之间,最多可以容纳 n 个词,且两个词的先后次序不能改变。如:People's(W)Republic(1W)China。

(S):即 Subfield 限制,表示被连接的两个提问词要出现在一个句子(或子字段)中,这两个词可以有任意的先后次序。

(F):即 Field 限制,表示被连接的两个提问词要出现在一个字段中,这两个词可以有任意的先后次序。

(C):即 Citation 限制,表示被连接的两个提问词需要在一个记录中,两个词可以有任意的先后次序。

(N):即 Near 关系,该算符和(W)相似,即要求所连接的两个提问词应紧挨在一起,但可有任意的先后次序。

(nN):即 n words Near 限制,同(nW)相似,该算符要求所连接的两个提问词中间最多可插入 n 个其它的词,但两个提问词的出现次序可以颠倒。

(L):即 Link 限制,表示被连接的两个提问词是主题词表中的词,并且它们之间有一定的从属或层次关系。如:vehicles(L)ground effect,其中 ground effect 应为 vehicles 副标题;又如:energy policy(L)United States 表示两词应同时出现在一个标引字符串中。

以上用文中查找算符所连接的两个或多个检索词,可以作为一个完整的检索词同其它检索词作逻辑与、或、非的运算。

3. 顺序检索算法

顺序检索是检索效率较低的一种检索方法。但在某些条件下，如以磁带作为存贮介质时，由于不能进行随机存取，因而无法有效地使用索引，顺序检索就成为唯一可选择的检索方法。虽然顺序检索有简单的算法思想，但为了提高检索效率，人们对它还是作了很多研究，产生了许多具体的方法。这里向大家介绍两种。

①菊池敏典算法

菊池敏典算法是一种典型的顺序检索方法。它是由日本科技中心的菊池敏典于1968年首先采用的，又称"展开表算法"。

a. 菊池敏典算法的数据结构

菊池敏典算法的主要数据结构有两个，即展开表和检索标识表。

展开表

展开表是通过扫描检索式而得到的。其作用为控制检索的处理过程。它的数据结构如表 3 - 7 - 1 所示。

检索词号码	标识号	找到处理	未找到处理	位级	约束条件		权值	有效位	提问词
					一致条件	比较条件			
				......	......				

表 3 - 7 - 1　展开表的结构

其中：

."检索词号码"为检索词在检索式中的编号。

."标识号"为检索词所要查找的字段标识，即检索途径。

."找到处理"指明查找当前检索词命中后，下一个应查找的检索词，或检索处理的最后状态。检索处理的最后状态只有两种，

285

它们是:"检索命中"或"检索未命中"。

·"未找到处理"指明查找当前检索词未命中时,下一个应查找的检索词,或检索处理的最后状态。

·"位级"(Level,或称为级位)说明当前检索词在检索式中的层次级别,其初始值为0。该项只用来辅助生成"找到处理"和"未找到处理"。

·"有效位"说明当前检索词的长度。

检索标识表

检索标识表用来存贮从顺序文件一个记录中提出的可检项目,以便于检索。其结构如表3-7-2所示。

检索标识号	有效位	检索对象
……	……	…

表3-7-2 检索标识表结构

其中:

·"检索标识号"是本可检字段的标识号,是与展开表中的标识号相对应的项目,说明检索标识表中的检索对象与展开表中的那个检索词相对应。

·"有效位"说明检索对象的长度。

·"检索对象"为从顺序文件中提出的可检字段的内容。

b. 展开表的生成

为生成展开表,可能还需要一些辅助的数据结构。在展开表中,"找到处理"和"未找到处理"是控制检索流程的核心,其作用可通过下例说明。

例3.7.3. 设有检索逻辑式

$(01 + (02 + 03 + 04) * 05 * 06) * 07 + 08 * 09.$

其展开表中"找到处理"和"未找到处理"的内容如表3-7-3a所示。

286

检索词号	找到处理	未找到处理
01	07	02
02	05	03
03	05	04
04	05	08
05	06	08
06	07	08
07	命中	08
08	09	不命中
09	命中	不命中

表 3 - 7 - 3a　展开表示例

很显然,根据检索逻辑式所表明的逻辑关系,如果找到了检索词 01,则检索词 02、03、04、05 和 06 找到与否对最后检索结果的影响是一样的。因为,01 和(02 + 03 + 04)∗ 05 ∗ 06 是"逻辑或"的关系,它们两者只要有一项命中即可。所以,检索处理可直接去查找检索词 07;但如果检索词 01 未找到,则需去查找同它关系为"逻辑或"的项目。同样,如果某个检索词查找后未命中,则同它为"逻辑与"关系的其它检索项都不必去查找,因为即使找到这些检索项,最后"逻辑与"运算的结果也肯定是不命中。

展开表中"找到处理"与"未找到处理"的生成通过扫描逻辑式,经"前处理"和"后处理"两个步骤完成。

前处理所做的工作是:

置检索词级位初始值为 0,扫描逻辑式,逐个读入逻辑式中的字符,并判断其类型:

若是检索词号码,就将与该检索词有关的内容填入展开表中,并置其级位为当前值;

若是"(",就将当前级位值加 1;

若是")",就将当前级位值减 1,并将此值作为刚才处理的检索词的级位值;

若是"＋"，则在当前检索词的"未找到处理"项中填入下一检索词号码；

若是"＊"，则在当前检索词的"找到处理"项中填入下一检索词号码；

若是结束符"．"，则在当前检索词的"找到处理"项中填入"命中"，在当前检索词的"未找到处理"项中填入"不命中"。

后处理所做的工作是：

自底向上扫描展开表，若"找到处理"项为空，则在空白处填入下边最接近的比其级位值小或最后一项的"找到处理"项内容；若"未找到处理"项为空，则在空白处填入下边最接近的比其级位值小或相同的"未找到处理"项的内容。如下表3－7－3b所示。

级位比较 处理行： 下一行	找到栏空	未找到栏空
＝	把下面最近的、比处理行级位小的那一行或结束行的找到栏内容填入	填入下行未找到栏内容
＞	填入下一行找到栏内容	同＝
＜	同＝	把下面最近的、和处理行级位相同的那一行未找到栏内容填入

表3－7－3b　生成展开表后处理所做的工作

c.菊池敏典算法的流程

菊池敏典算法的检索过程，主要是在展开表的驱动下，对检索标识表进行查找。若找到，则根据约束条件判断是否满足检索要求，如果满足，就沿着"找到处理"继续查找；如果不满足约束条件的要求，就沿着"未找到处理"查找，直到遇到"命中"标志或"不命中"标志为止。

②Heaps 的顺序检索算法

加拿大 Concordia University 的 Heaps 在他关于情报检索的著作 INFORMATION RETRIEVAL 中提出一种颇具特色的检索逻辑表示形式和与之相应的顺序检索方法,我们称之为 Heaps 提问格式和 Heaps 算法。

a. Heaps 的提问式格式

Heaps 格式采用结构化的表示形式,格式的书写有较严格固定的规定。格式中不用括号,而用层次化的缩进来表示运算次序、运算的优先级,以及算子的作用范围和算子间关系。

Heaps 根据提问逻辑的不同形态,提出三种不同的数据结构和相应的检索算法。它们分别是:提问参数表方式、逻辑堆栈方式、逻辑树方式。本书只介绍其中的一种,即提问参数表方式,该方式只适用于 AND 算子作用下的单层 OR 嵌套的提问逻辑。这类形式的提问逻辑虽然结构简单,表达能力有限,但非常实用。它可表达大多数的检索需求。下面是一个这样的提问格式的例子。

```
QUE
AND07
    CON SMITH A（AUT）
  SMOR
    03CON CHEMICAL（TIT）
    02CON PHYSICAL（TIT）
  SMOR
    04CON STRUCTURE ＄（TIT）
      CON COMPOSITION ＄（TIT）
      CON NATURE（TIT）
NOCON WATER（TIT）
    CON LIQUID ＄（TIT）
END
```

其中:

·关键字"QUE"和"END"表示一个提问式的开始和结束。

·第一层检索词之间是逻辑与,即 AND 关系,检索词最多可以有二层嵌套,第二层只能是 OR 算子,所以称为 AND 作用下的 OR 单层嵌套。

·关键字"CON"说明此项为一个检索词概念,即它后边为一个检索词,关键字"NOCON"也说明其后边为一检索词,但该词受逻辑非的限制。

·提问式中的括号和括号中的字符说明检索对象的属性,即字段标识。

·关键字"CON"前边的数字说明赋于该检索词的权值。对于没有显式地给出权值的检索词,其隐含权值为1。

·逻辑算子 AND 后边的数字说明该算子的阈值。

·逻辑算子 OR 前边的字符"SM"表示此算子的权值为它所作用的所有命中检索词的权值之和。

·提问式中的"＄"为截断符号,"＄"的个数表示可截断的最多字符数。

该提问式中的逻辑关系用一般的提问逻辑式表示为:

01 SMITH A (AUT)

02 CHEMICAL (TIT)

03 PHYSICAL (TIT)

04 STRUCTURE?? (TIT)

05 COMPOSITION?? (TIT)

06 NATURE (TIT)

07 WATER (TIT)

08 LIQUID?? (TIT)

09 01 $*$ (02 + 03) $*$ (04 + 05 + 06) − 07 $*$ 08.

顺序检索很适合批处理,多个提问式可形成具有以下形式的提问文件。

QUE

提问逻辑 1

END

QUE

提问逻辑 2

END

QUE

提问逻辑 3

END

……

QUE

提问逻辑 m

END

Heaps 格式要求提问式中的内容都写在规定的列位置上,表3－7－4说明了它的规定。

列位置	应写内容
1－3	QUE,或 END
4－6	CON,或第一层算子(OR 算子占据 4－5)
7－8	第一层算子的阈值(在第一层算子之后)或, 第一层 CON 后提问词的权值(在 CON 的前边)
9－11	第一层 CON,或第二层算子
12－13	第二层算子的阈值,或第二层 CON 的权值
14－16	第二层 CON,或第三层算子
……	……

表 3－7－4　Heaps 的格式规定

Heaps 格式的表示要求遵守严格的规定,按列位置准确对应。

这显然是以穿孔卡片为输入手段的早期数据处理所留下的痕迹。因为目前看来,即使不按以上严格的格式要求书写,提问式中的关键字,如"CON"和括号等项目也为正确识别提问式提供了足够的信息。

b. Heaps 算法的数据结构

Heaps 的提问参数表检索方法主要针对批处理检索。它使用三个二维表结构:检索词表、地址表和提问参数表。这三个表的数据结构和相互关系如图 3.7.4 所示。

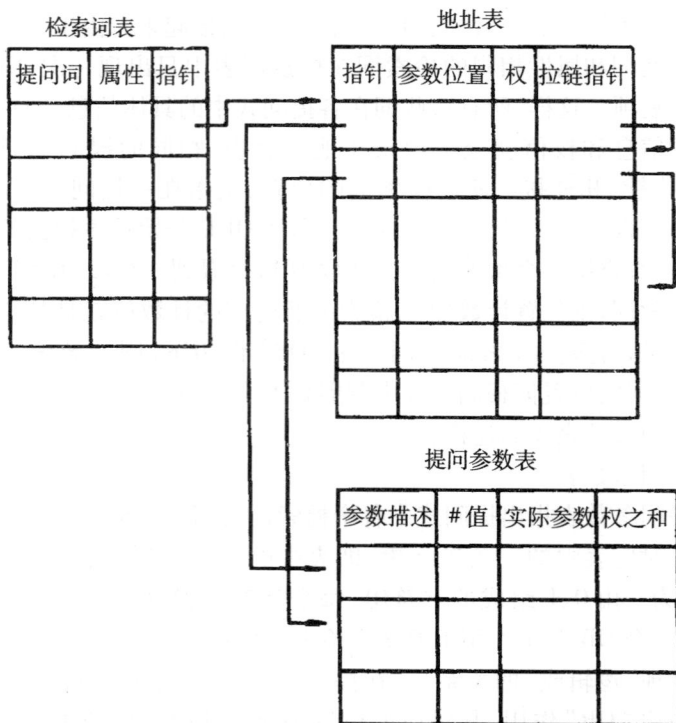

图 3.7.4 Heaps 算法的数据结构图示

292

检索词表

提问文件中一批提问式的所有检索词组成检索词表。但是对于所有的提问式,提问词和属性完全相同的检索词在检索词表中只出现一次,即只占词表的一行。它们在各提问式中的位置和权值记录在地址表中。检索词表中的指针指向这些数据在地址表中的位置。检索词表中各记录项,即各行间按其中提问词的字母顺序排列。

地址表

地址表用来把检索词表和提问参数表连接起来。由于各提问式中提问词和属性相同的检索词在检索词表中只出现一次,即去掉了重复项。这样,所有这些词在各提问式中的具体信息,即它们的位置信息和权值就全部记录在地址表中,相同的提问词通过"拉链指针"相连接。所谓检索词的位置,是指在一提问式中,对检索词而言,某词是第几个出现的。即从 QUE 开始顺序扫描所有的检索词,将第一个检索词位置计数为 1,每遇到一个以"CON"开头的检索词,则位置计数加 1,检索词所对应的计数值就是其位置值。但是,若多个检索词在同一个"OR"作用下,则计数值不增加,这些词的位置值相同。表中"指针"域是用来建立地址表中的项与提问参数表间的连接。

提问参数表

提问参数表指出提问式中各个检索词之间的逻辑关系。一个提问式对应表中的一条表元素,即表中的一行。其中的"参数描述"域为一由 0、1 组成的字符串,每个字符位置对应一个检索词(在同一个 OR 算子作用下的多个检索词只对应一个字符位置,以此来体现"逻辑或"的关系)。在提问式中,若检索词为以"CON"开头或受"OR"作用,其对应的位置为字符 1;若以"NOCON"开头,则对应位置为字符 0。字符的次序与其所对应的检索词在提问式中的次序相同。"阈值"即 AND 算子后的阈值。刚开始时,

293

"实际参数"域是一个由全0组成的字符串,"权之和"域为数值0,这两项数据将随检索的情况而变化。

c. Heaps 算法的实现过程

Heaps 算法过程与一般顺序检索算法的思路相反,在检索过程中,不是根据提问逻辑式中的检索词到顺序文件的记录中去查找,而是从顺序文件的可检字段中取出检索项数据到检索词表中去查找。由于检索词表是一个包括全部提问词的有序表,因而可以实施快速的二分查找。

图 3.7.5 中的流程图说明 Heaps 算法的检索过程。

4. 倒排检索算法

①倒排检索的基本思想

倒排检索就是利用倒排索引文件所进行的检索。由于倒排检索利用文件索引,所以具有检索响应速度快的特点。正因为如此,倒排检索特别适合于人机对话方式下的交互检索,即检索者发出一条检索指令,如查找某个检索词或进行逻辑运算,计算机立即执行并报告查找结果,检索者根据计算机的响应,调整检索策略,继续检索,直到满意为止。交互式的检索克服了以往检索中由于对检索系统的用词和数据库文件中文献的分布不清所造成的制定提问逻辑和检索策略的盲目性,提高了检索效率,降低了检索费用。

无论是用于批处理检索还是联机检索,交互检索还是非交互检索,倒排检索的过程都可分为两个方面:单个检索词的查找和作逻辑运算。其基本检索过程可用图 3.7.6 所示的流程图表示。

②福岛算法

福岛算法是一种处理非交互式检索的倒排检索方法。提问式采用一般的逻辑式形式即可满足该算法的要求。

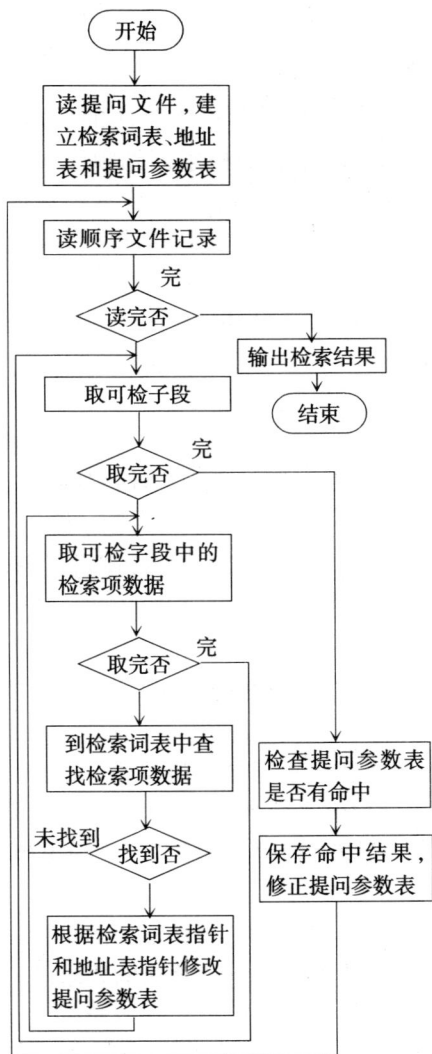

图 3.7.5 Heaps 算法的检索过程

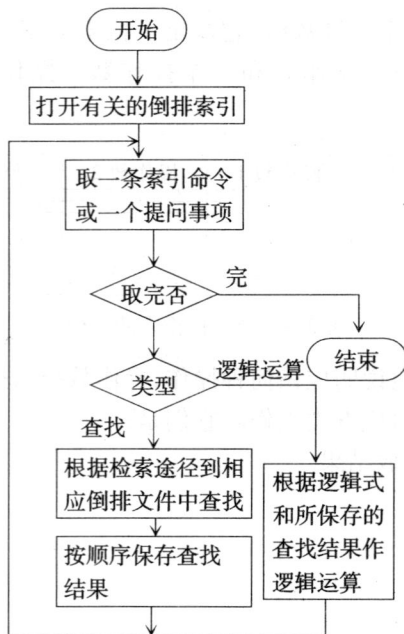

图 3.7.6　倒排检索的检索过程

a. 福岛算法的数据结构

福岛算法有三个主要的数据结构:检索词表、操作表和运算工作区。此外,为了进行逻辑运算,还有两个堆栈:运算符栈和操作数栈。

检索词表

检索词表用来存放原提问式中的检索词。建立检索词表的目的是为了将提问式中所表达的检索词概念清晰化,即将其中的有关内容,如提问词、一致条件、查找途径等提取并区分开,以便于检索。

296

操作表

操作表是一个二维数组,它规定了检索的基本过程。其中每一维数组包括一个操作码和三个操作数。操作表的结构如表3-7-5所示。

操作码	操作数1	操作数2	操作数3
	……	……	……

表3-7-5　操作表的结构

其中,操作码说明应做何种操作,操作数指出操作的对象。操作码共有五种,对应五类操作。它们是:

1:检索及存放结果

2:完成检索

3:或运算

4:与运算

5:非运算

操作表中的三个操作数的作用是:

对于操作码1,操作数1指出要查找的检索词在检索词表中的地址,操作数3指出存放检索结果的工作区地址;

对于操作码2,操作数1指出存放运算结果的工作区地址;

对于操作码3、4,操作数1和操作数2指出参加逻辑运算的数据在工作区中的地址,操作数3指出存放运算结果的工作区地址。

对于操作码5,操作数1指出参加逻辑运算的数据在工作区中的地址,操作数3指出存放运算结果的工作区地址。

例3.7.4. 对于逻辑运算式01 * (02 * 03 * 04 + 05),其操作表内容如表3-7-6所示。

操作码	操作数 1	操作数 2	操作数 3
1	01		W1
1	02		W2
1	03		W3
4	W2	W3	W4
1	04		W5（W2）
4	W4	W5（W2）	W6（W3）
1	05		W7（W2）
3	W6（W2）	W7（W3）	W8（W4）
4	W1	W8（W4）	W9（W2）
2	W9（W2）		R

表 3 - 7 - 6　操作表的内容示例

工作区

工作区也是一个二维的表格,用来存放检索或逻辑运算的结果,这些结果可以是顺序文件中的文献记录号集合,或是它们的地址的集合。工作区表格的每一个元组存放一次检索或一次逻辑运算的结果,即一个刚才提到的数据集合。从表面上看,工作区的规模取决于检索式的复杂程度,即检索式中检索词越多,所需工作区也就越大,但由于工作区的使用是一个动态的过程,先检索出的结果往往可以先参加运算,而工作区中存贮的数据参加完运算后,该工作区即可回收重复使用。所以实际上,对于一般的检索式,所需工作区的规模是有限并可以预测的。这一点可从前边表 3 - 7 - 6 的示例中看出。其中操作数各列里括号中的内容表示已经用完,可以重复使用的工作区号码。即使是对极端的情况,如检索式

$01 \star (02 + (03 \star (04 + (05 \star (06 + 07)))))$

或更加复杂的事先无法预知其形式的检索式,也可以通过调整操作次序,将其所用的工作区控制在固定的规模之内。如对于以上检索式 $01 \star (02 + (03 \star (04 + (05 \star (06 + 07)))))$ 可生成如表 3 - 7 - 7 中所示操作表的工作区调度。

298

操作码	操作数1	操作数2	操作数3
1	06		W1
1	07		W2
3	W1	W2	W3
1	05		W1
4	W1	W3	W2
1	04		W1
3	W1	W2	W3
1	03		W1
4	W1	W3	W2
1	02		W1
3	W1	W2	W3
1	01		W1
4	W1	W3	W2

表3-7-7　工作区调度示例

在福岛算法中,运算优先级的识别和操作次序的调整是借助运算符堆栈,先将检索逻辑式转换为逆波兰式而实现的。而工作区的空闲、占用情况及动态分配,需由一个工作区状态表来管理。

b. 福岛算法的实现过程

福岛算法的检索过程由构造检索词表和操作表、执行操作表两个大的步骤组成。其中最关键的是构造操作表。

构造操作表

构造操作表可分为生成逆波兰式和生成操作表两个过程,它们的算法分别如下。

```
//生成逆波兰式
BOOLEAN CreatePLD(char * LogicExpress)
{
//定义运算符枚举项
enum Operator { POINT, LEFT—BRACKET, RIGHT—BRACKET, OR,
               AND, NOT, OPERAND } ;
```

```
enum Operator CH, CH1;
do{
//从逻辑式中取一个运算符或操作数
char * Oper = GetOperFromLogicExpress();
CH = ChangeOper (Oper);
switch (CH)
    {
    case OPERAND:
        //操作数处理:操作数送逆波兰区
        SaveTermTable (Oper);
        PutToPLDArea (Oper);
        break;
    case POINT:
        //逻辑式结束:将运算符堆栈数据出栈,并依次送到逆波兰区
        while(! OperatorStackEmpty())
                PutToPLDArea(PopOperatorStack);
        PutToPLDArea(Oper);
        break;
    case LEFT - BRACKET:
        //左括号处理:将左括号入栈
        PushOperator (Oper);
        break;
    case RIGHT - BRACKET:
    //右括号处理:将运算符堆栈数据出栈,并依次送到逆波兰区,直到遇
    左括号//止
    while ((Oper = PopOperatorStack())! = ')');
            PutToPLDArea(Oper);
    break;
    default:
    //逻辑运算处理:若当前运算符优先级小于栈顶运算符优先级,则栈
    顶运算符//出栈,并送到逆波兰区;直到当前运算符优先级大于栈顶
```

300

运算符优先级时,//当前运算符入栈
```
    if ( CH! = OR && CH!  = AND && CH!  = NOT)
        return FALSE;
    CH1 = ChangeOper ( GetOperatorStackTop( ) ) ;
    while ( CH1 > = CH)
                PutToPLDArea( PopOperatorStack( ) ) ;
        PushOperatorStack ( Oper) ;
        }
    while ( CH!  = POINT) ;
    return TRUE;
}
BOOLEAN CreateOperationTable ( char * PLDArea)
{
    enum Operator { POINT, LEFT—BRACKET, RIGHT—BRACKET, OR,
                    AND, NOT, OPERAND} CH;
    enum Time {FIRST – TIME,SECOND – TIME} ;
    InitTableStatus( ) ;
    do{
    char * Oper = GetItemFromPLDArea( ) ;
    CH = ChangeOper ( Oper) ;
    switch( CH)
        {
      case OPERAND:
          PutTable ( 1 ,Oper,0 ,GetFreeSpace( ) ) ;
          break;
      case POINT:
          PutTable ( 2 , GetUsedSpace ( FIRST – TIME) ,0 , GetFreeSpace
          ( ) ) ;
          break;
      default:
      PutTable( ( unsigned) CH ,GetUsedSpace ( FIRST – TIME) ,
```

```
                         GetUsedSpace ( SECODN – TIME ) ,
                         GetFreeSpace( )                 ) ;
        UpdateTableStatus( ) ;
          |
        | while ( CH! = POINT ) ;
    return TRUE ;
    |
```

执行操作表

在执行操作表时,若为检索操作,则根据保存在检索词中的提问词、检索途径等到相应的倒排文件中去查找。若为逻辑运算操作,则根据操作数所指明的地址,做相应的运算。为能顺利完成逻辑运算,应保证放入工作区的每组数据为有序状态。

```
BOOLEAN Run( OTable OperTable )
|
unsigned i = 0 ;
  do |
    unsigned Operator = GetOperator ( i ) ;
    unsigned Operand1 = ChangeOperandType( GetOperand ( i,1 ) ) ;
    unsigned Operand2 = ChangeOperandType( GetOperand ( i,2 ) ) ;
    unsigned Operand3 = ChangeOperandType( GetOperand ( i + + ,3 ) ) ;
    switch ( Operator )
      |
      case 1 :
          Search ( Operator , Operand1 ) ;
          break ;
      case 2 :
          ……
          break ;
      case 3 :
          Operation3 – OR ( Operator , Operand1 , Operand2 , Operand3 ) ;
```

302

```
                break;
        case 4:
                Operation4 - AND ( Operator, Operand1 , Operand2 , Operand3 ) ;
                break;
        case 5:
                Operation5 - NOT ( Operator, Operand1 , Operand2 , Operand3 ) ;
        }
    } while ( Operator !  = 2 ) ;
    return TRUE;
}
```

逻辑运算

逻辑运算包括逻辑与、或、非的运算。下边的算法说明对两组有序的工作区作逻辑与的过程。

```
BOOLEAN Operation4 - AND ( int Operator, unsigned Operand1 , unsiged
                           Operand2 , unsigned Operand3 )
{
if ( Operator !  = 4 )
    return FALSE;
int Length1 = GetltemNumber ( Operand1 ) ;
int Length2 = GetltemNumber ( Operand2 ) ;
int Pointer1 = 0 ;
int Pointer2 = 0 ;
int Pointer3 = 0 ;
while ( Pointer1 < Length1 && Pointer2 < Length2
                && Pointer3 < MaxLength )
{
    if ( WorkArea [ Operand1 ] [ Pointer1 ] < WorkArea [ Operand2 ]
        [ Pointer2 ] )
        WorkArea [ Operand3 ] [ Pointer3 + + ]
                = WorkArea [ Operand1 ] [ Pointer1 + + ] ;
```

```
    else
      if( WorkArea [ Operand1 ] [ Pointer1 ] > WorkArea [ Operand2 ] [ Point-
        er2 ] )
        WorkArea [ Operand3 ] [ Pointer3 + + ]
              = WorkArea [ Operand2 ] [ Pointer2 + + ] ;
      else
      {
      WorkArea [ Operand3 ] [ Pointer3 + + ]
              = WorkArea [ Operand2 ] [ Pointer2 + + ] ;
      Pointer1 + + ;
    }
  }
  if( Pointer1  = = Length1 )
    while( Pointer2 < Length2 && Pointer3 < MaxLength )
          WorkArea [ Operand3 ] [ Pointer3 + + ]
                    = WorkArea [ Operand2 ] [ Pointer2 + + ] ;
  if( Pointer2 = = Length2 )
    while( Pointer1 < Length1 && Pointer3 < MaxLength )
          WorkArea [ Operand3 ] [ Pointer3 + + ]
                    = WorkArea [ Operand1 ] [ Pointer1 + + ] ;
  if( ( Pointer1 < Length1 | | Pointer2 < Length2 )
                        && Pointer3 < MaxLength )
      return FALSE ;
  else
      return TRUE ;
  }
```

5. 各种数据结构及有关算法在图书馆自动化系统应用程序中的使用

在图书馆自动化系统应用程序中,各种数据结构,如数组、链表、队、栈、图、树等及有关算法都有着广泛的应用,如实现检索逻辑式的查找就要利用堆栈;建立索引文件时就要使用 B + 树;而同一本书的多个预约读者就形成一个队列链表等。由于数据结构是一门专门的课程,所以本书不再涉及更具体的有关细节。

3.7.2 数据压缩技术的应用

由于图书馆自动化系统具有文献数据量大、索引文件多的特点,因此,通过数据压缩来节约存贮空间就成为系统开发中数据管理的重要内容。实际上,在流行的机读目录格式中,如 UNIMARC 和 CNMARC,就广泛使用了代码字段以节约存贮空间。除此之外,图书馆自动化系统中还有一些常用的方法。

1. 图书馆自动化系统中使用的一些方法

①内容截取

做索引时,在生成索引项的关键字时,由于其关键字为定长数据项,故使用以下方法:

a. 截取西文题名的前若干个字(不包括非用字)的首字母来取代题名;

b. 截取西文责任者姓名中的前几个字母来取代责任者;

c. 截取西文题名和责任者中前几个字的首字母组合来取代题名;

d. 中文图书用汉语拼音来实现前三种方法。

这些方法的共同特点是:

主要是从逻辑结构上压缩;

压缩存贮的数据不可还原,但由于是用于索引项,使用时也不需还原;

压缩算法简单,易于实现。

②类型转换

在数据存贮时,通过数据类型的转换来实现存贮空间和节约。如在机读目录的目次区中,每个目次项有字段标识、字段长度和相对始地址三项,分别占 3、4、5 个字节,其内容全部是数字,但一般都以字符形式处理并存贮,如 00025、001 等,若先将它们转换为短整形或整型再存贮,则每个项只占 1 ~ 2 个字节。当然,转换时要注意 1 个字节所能表示的无符号数的范围,即 0 ~ 255,不要引起数据的丢失。

2. 数据压缩技术

图书馆自动化系统中也常常使用计算机存贮技术中所发展的数据压缩技术。这里对其基本内容作一简单介绍。

①数据压缩基本概念

计算机存贮技术中所发展的数据压缩是从物理结构上的压缩。因而在以后使用时,必须进行解压。从技术上看,数据压缩有两个大的分支:有损压缩和无损压缩。有损压缩允许用一定的精度损失来换取高的压缩率,如在图形图像和数字化语音处理中,用数字信号对它们的原始信号模拟本身就不是完全精确的,在这里,一定程度的不精确是可以接受的,因而,有损压缩是实用而高效的;而无损压缩要求在数据恢复时必须产生一个与压缩前完全一致的副本。对于某些类型的数据,必须采用无损压缩技术,因为其中任何数据的损失都可能是灾难性的。图书馆自动化系统中文件的数据压缩就属于这类情况。

压缩之所以可能,是因为一般的通用编码,如 ASCII 码,以及用这些编码来存贮数据时存在着信息冗余,这正是压缩的潜力所在。例如,在 ASCII 码中,所有字符都用 8 个二进制位来表示,而在实际的文本中,不同字符的出现频度不同,如果考虑到字符的出现概率,则其所用的位数应该是:

字符编码使用二进制位数 $= -\mathrm{Log}_2$(字符出现的概率)

因而,数据压缩的本质就在于,用一种新的较小冗余的编码来代替原来的编码,并建立起两种编码体系的对应关系。通过建立模型,得到字符出现的概率。无损压缩中建立模型的方法可分为

306

两类:利用统计和建立字典。

a. 利用统计建立模型

利用统计建立模型可对不同的数据单位进行统计。如可以一个字符为单位,也可以两个字符、甚至三个字为单位。最简单的模型是在一定的数据分析基础上,建立一个通用的静态概率表,称之为"静态模型"。这是因为对数据的分析需要一定的开销,静态模型可以显著地降低这种开销。但静态模型显然不能对各种类型的输入数据都得到最优的压缩结果。

为每一个特定的压缩数据建立一个适合自己的概率表可以得到最好的压缩率。但是为了得到概率表,必须先对数据扫描,同时,为使压缩可以还原,必须将此概率表同被压缩的数据一起存贮、传输。这就从另外一个方面增加了压缩的开销。而且,其开销随着统计字符的单位增大而迅速增大。

因为存在以上问题,所以"自适应"模型成为研究重点。自适应的压缩不经事先扫描,而直接产生统计。它在工作时,一边读入并编码新的字符,一边修改统计结果。图3.7.7a和图3.7.7b说明了自适应模型的压缩和还原过程。其中,两个过程的"更新模型"功能必须以完全相同的机制工作。

b. 基于字典的方法

基于字典的方法在压缩数据时,每读入一个输入数据,都到所使用的字典中去查找,如果找到一个匹配的符号串,则以字典中规定的该符号串的替代编码来表示原输入数据,显然,匹配得越长,压缩率越好。

字典方案有静态字典和自适应字典不同的实现方法。它们也面临着同统计模型相同的问题。

②数据压缩的基本方法

a. 哈夫曼编码

哈夫曼编码是一种统计建立模型的编码方法。其主要过程

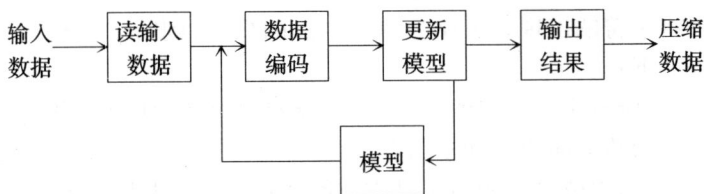

3.7.7a 自适应压缩过程

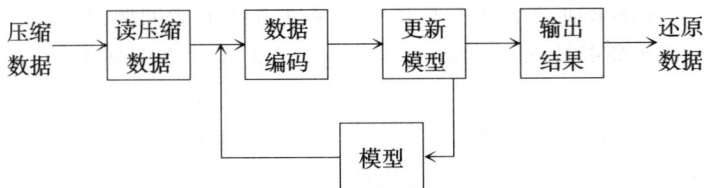

图 3.7.7b 自适应还原过程

是:对准备压缩的输入文本进行字符频率统计,根据统计结果建立哈夫曼树,由哈夫曼树得到压缩编码——哈夫曼编码,并以此编码生成压缩文本。

哈夫曼编码中各字符的编码根据其在文本中的出现频率具有不同的长度。出现频率高的编码位数少,出现频率低的编码位数多,从而产生压缩。同时,具有不等长编码位哈夫曼编码是一种前缀编码,即其中任一个字符的编码,都不会是另外一个字符编码的前缀部分,因而,在还原哈夫曼编码的文本中,不会出现解释上的歧义。哈夫曼编码的核心工作是通过构造哈夫曼树来完成的。

哈夫曼树是一棵二叉树。其中,被编码字符是树的叶子结点。如果将被编码字符的频率作为结点的权值,同时,定义结点的带权路径为从该结点到根之间的路径长度与结点权值的乘积,带权路径长度为树中所有带权结点的路径长度之和,则由相同的结点组成的所有可能形态的二叉树中,树的带权路径长度最小的就是哈夫曼树。所以哈夫曼树也被经常称为最优二叉树。

308

将字符的出现频率作为树中结点的权值,则哈夫曼树的构造过程如下:

·对所有字符按权值排序,生成字符序列表,所有这些结点最终将作为哈夫曼树的叶子结点。

·找出权值最低的两个结点,建立它们的父结点,父结点的权值为其两个子结点权值的和。

·将新生成的父结点及其两个子结点所形成的树,按父结点的权值放入字符序列表中的适当位置,并从该字符序列表中删除原来的两个结点。

·对新生成的父结点下的两个子结点编码,根据子结点的位置,即左子结点和右子结点,分别编码为 1 和 0(或为 0 和 1)。

·重复以上过程,直到字符序列表中只剩下一个结点,即根结点为止。

例 3.7.5. 假设某个文本只用了五个字符 A、B、C、D、E,它们的出现频率为分别为 15、7、6、6、5,求它们的哈夫曼编码。

先将这五个字符按其权值排序,构成字符序列表。而后取其中权值最小的两个生成父结点,经过两次合并以后,字符序列表和所生成的树的结构为图 3.7.8 的形式,最后的哈夫曼树为图3.7.9 的形式。

根据以上所生成的哈夫曼树,得到哈夫曼编码为:

A:0

B:100

C:101

D:110

E:111

b. 自适应的哈夫曼编码

哈夫曼编码是一类压缩效率相当突出的编码。可以证明,任何整数位宽的压缩编码,其压缩效率都不会超过哈夫曼编码。

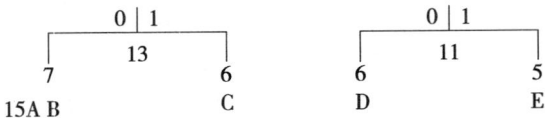

图 3.7.8   两次合并后的哈夫曼树

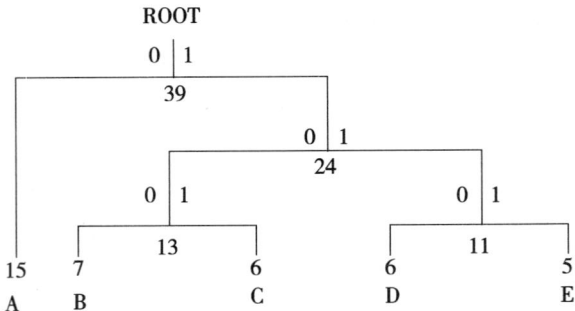

图 3.7.9   生成的哈夫曼树

但是,哈夫曼编码也存在着问题。哈夫曼编码基于对特定文本中字符使用频率的统计,这样,为能够译码,就必须保留或传递编码表。当为了提高压缩效率而准备采用更高次序的压缩时,编码表的负担就可能抵消压缩所带来的益处。

对这个问题的一个解决方案是自适应压缩方法。自适应的哈夫曼编码在还没有形成哈夫曼树的时候就已经开始了压缩。对字符的频率统计、哈夫曼树的生成,以及对输入文本的压缩,都是在一个不断更新的动态过程中完成的。因而,刚开始时,字符出现频率的统计尚无有效的数据,压缩的效率很低,甚至完全没有压缩。但是随着输入文本的增加,字符使用频率开始逐步明朗,并反映出特定环境下字符的分布规律,压缩率也不断提高。

由于压缩编码是基于文本前边出现过的字符的情况,因而,刚开始处理输入文本时,并不存在可用的压缩编码。这样,对于压缩后的文本而言,其最前边的字符并未经压缩编码转换,而以其原来的编码形式存在的。正是这些字符为以后的译码提供了基础和依据,还原工作可以与压缩时相同的工作方式,对字符的出现频率进行统计,据此生成哈夫曼树及其哈夫曼编码,并根据刚刚得到的哈夫曼编码来解释遇到的压缩数据,并更新统计结果,产生与压缩时完全相同的编码变化。所以,自适应的哈夫曼编码不用将编码表传送给译码一方。下边的算法说明了压缩和还原的原理。

```
void Compress (char * InputStreasm, char * &OutputStream)
{
InitTree( );
do{
    C = getc (InputStream);
    Encode (C, OutputStream);
    UpdateTree (C);
}while( C!  = EOF);
}
void Restore (char  *  InputStreasm, char * &OutputStream)
{
InitTree( );
while( ( C = Decode (InputStream))!  = EOF)
{
    putc (C,OutputStream);
    UpdateTree (C);
}
}
```

　　为了区分压缩后的文本中哪些是未经压缩编码,而是使用原来的编码,如 ASCII 码;哪些是压缩编码,在压缩中使用了"转义字符","转义字符"表示下一个要输出的编码是以未压缩的形式出现的,下面算法说明了转义字符的使用。

```
void Encode (char C, char * OutputStream)
```

311

```
    }
if( InputCharInTree（C）)
     TransmitHuffmanCode（C, OutputStream）;
else
     {
     TransmitHuffmanCode（ESCAPE, OutputStream）;
     putc（C, OutputStream）;
     AddCodeToTree（C）;
     }
    }
```

　　因此,在刚开始编码压缩或译码还原时,哈夫曼树实际上只有三个结点、根结点,权值都为 1 的转义码和文件结束码。如图3.7.10所示。

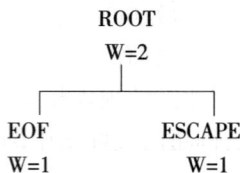

图 3.7.10　初始的哈夫曼树

　　自适应的算法就是在此基础上,完成压缩和还原工作的。

　　c. 滑动窗口压缩

　　字典压缩方法有静态字典和自适应字典两种实现方案。由于静态字典的内容相对稳定,无法根据各种压缩文本调节字典,因而不能对所有文本都取得最好的压缩率;同时,如果字典不是长期稳定,则还要将字典由压缩方传递到还原方,增加了额外的开销。

　　与使用静态字典不同的是,自适应压缩方法在开始时并没有一个可用的压缩字典。它总是根据输入流的内容生成字典,随着输入流的增加,字典不断完善。自适应压缩的原理可用下边一段代码表示。

```
for( ; ;)
{
Word = ReadWord ( InputStream ) ;
DictionaryIndex = LookUp ( Word, Dictionary ) ;
if ( DictionaryIndex < 0 )
{
    Output ( Word, OutputStream ) ;
    AddToDictionary ( Word, Dictionary ) ;
}
else
    Output ( DictionaryIndex, OutputStream ) ;
}
```

滑动窗口压缩是一种自适应的字典压缩算法。该算法的主要数据结构是一个滑动窗口,它包括两个数据区:刚刚被编码的文本窗口和超前缓冲区。文本窗口即作为压缩所有的字典,它的规模通常有几千个字节,超前缓冲区的规模相对小一些,通常为几十个字节。算法的主要工作是将超前缓冲区中的一个字符与文本窗口中的一个字符串匹配,生成压缩的数据项。

例如,假设文本窗口和超前缓冲区的内容分别为图 3.7.11 的内容。

	10	20	30	40	50		10	20

12345678901234567890123456789012345678901234567890　　　12345678901234567890

for (; ;) { Word = ReadWord (InputStream) ; Di – ctionaryIndex = LookUp(Word , Dictionary) ; if (Di – citionaryIndex < 0) { Output (Word ; OutputStream	) ; AddToDictionary (word , Dictionary) ; } else Output (Di
文本窗口	超前缓冲区

图 3.7.11　滑动窗口

图 3.7.11 中的文本窗口有 150 个字节,由于刚开始时没有可依据的字典,窗口中的内容直接使用原来的编码发往输出流,它同

313

压缩编码的区别也通过转义码完成。而超前缓冲区的规模相对较小,为 60 个字节。

当数据从输入流读入超前缓冲区后,从头开始,在文本窗口中寻找与其有最大匹配的字符串,匹配的结果是在文本窗口中的第 45 字符位置,找到一个 4 字节长的字符串同它匹配,即")；"。注意符号"；"后不是两个空格,而分别是控制字符"回车"、"换行"。于是,压缩处理就可向输出流发出一个压缩编码:45,4,'A',其中,45 表示文本窗口中的匹配位置,4 表示匹配的长度,'A'表示跟在匹配字符串后的第一个字符。

压缩编码发出后,窗口在输入流上滑动 5 个字节,为刚刚编码的字符串长度,这样,超前缓冲区中又读入了五个新的字符,如图 3.7.12 所示。

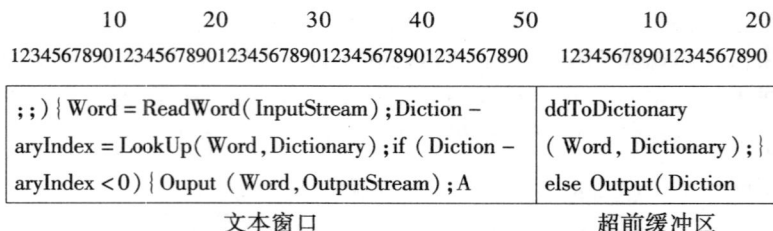

```
          10        20        30        40        50              10        20
1234567890123456789012345678901234567890123456789    12345678901234567890
```

；；) { Word = ReadWord (InputStream)；Diction −	ddToDictionary
aryIndex = LookUp (Word , Dictionary)；if (Diction −	(Word , Dictionary)；}
aryIndex < 0) { Ouput (Word , OutputStream)；A	else Output(Diction

文本窗口　　　　　　　　　　　超前缓冲区

图 3.7.12　滑动窗口

然后再重复上述过程。此时文本窗口与从超前缓冲区第一个位置开始的字符串可能的最长匹配只有一个字符长度,即'd',于是压缩处理向输出流发出编码:15,1,'d'。然后窗口再滑动 2 个字节。如果文本窗口和缓冲区没有任何长度字符串的匹配,则可以发出 0 长度匹配的编码,即:0,0,'d'。然后窗口滑动一个字节,这样,就可保证能编码任何字符。

以上过程用代码可描述如下。

```
int WindowCmp ( char * win, int i, int j, int Length )
{
```

```
    int Count;
    while(Length  - - )
      {
       if(Win[i+ +] = = Win[j+ +])
           Count + +;
       else
           return(Count);
      }
  }
……


  int MatchPosition = 0;
  int MatchLength = 0;
  for(i = 0;i < (WINDOW - SIZE - LOOK - AHEAD - SIZE);i + +)
  {
        Length = WindowCmp(Window,i,LOOK - AHEAD, LOOK - AHEAD -
SIZE)
        if(Length > MatchLength)
          {
             MatchPosition = i;
             MatchLength = Length;
          }
  }
    Encode (MatchPosition, MatchLength,Window [LOOK - AHEAD + Match-
Length])
    memmove (Window,Window + MatchLength + 1,WINDOW - SIZE - Match-
Length);
    for(i = 0;i < MatchLength;i + +)
        Window [WINDOW - SIZE - MatchLength + i] = getc (InputStream);
```

思考题

1. 系统设计和系统分析是如何联系的?

2. 如何理解详细设计和概要设计的区别和联系？

3. 什么是模块独立性？如何评价模块独立性？

4. 为什么要以数据结构为基础构造程序结构？

5. 通过学习和实践，进一步总结出图书馆自动化系统及其子系统的功能、数据结构和有关文档。

6. 如何理解"从某种意义上讲，一切信息系统都是检索系统"？

7. 简述计算机情报检索的过程。

8. 提问逻辑有那些基本组成部分？各部分是如何构成的？

9. 采购子系统、编目子系统的查重对组成提问逻辑的要求和公共查询子系统的要求有哪些异同点？

10. 构成若干提问逻辑式，准备上机实习使用。

第四章 图书馆自动化系统的系统 实现和测试

第一节 系统实现

经过系统分析和系统设计,已经清晰地确定了图书馆自动化系统的功能和模块结构、数据组成和数据结构,可以开始"施工"也就是实现系统了。应该说,这一阶段的任务相对于前几个阶段而言是简单一些的,但它同时又是非常重要的。因为如何将前几个阶段的正确成果转化为完美的软件,主要取决于这一阶段的工作。不重视系统分析和系统设计,把精力主要花在编写程序上的观点和做法当然是不对的;轻视系统实现,不着力解决将前几个阶段成果最完满地实现中可能出现的各种问题,同样是错误的。

4.1.1 任务

《开发规范》中规定,软件生存周期中本阶段的任务是:将详细设计说明转化为所要求的程序设计语言或数据库语言书写的源程序。并对编写好的源程序进行程序单元测试,验证程序模块接口与详细设计说明的一致性。

就是说,本阶段一共有三项任务,即:

·编写程序 或称"编码",它是本阶段最主要的和基本的任务。要通过编写出来的程序,体现出系统的功能,使图书馆自动化系统在确定目标、功能和体系结构的前提下,达到最佳水平。

·单元测试　程序是按模块结构图的规定,以模块为单位编写的,实际成果就是一个个的模块。这些模块在编写出来后,就应该也可能由编写者本人进行测试,以保证其逻辑上的正确性和模块功能的完善性。

·查接口　由于各个模块需要相互连接起来组成完整的自动化系统,每个模块和相关模块之间一般都有接口关系,接口一般都是通过本模块的输入、输出反映的。因而程序模块编写出来后,不仅要测试其逻辑正确性和功能完整性,还需要检查其接口是否和详细设计所要求的一致。当然,接口的范围比单元测试中所要求的更为广泛,这里进行的只是整个接口测试的一部分。

编写出来的程序模块,如果经过单元测试和查接口发现问题,则需要修改原程序,然后再测试和查接口,如此循环,直到发现没有问题为止。

4.1.2　实施步骤

按《开发规范》规定,要实现本阶段的任务,需要进行 5 个步骤,即:

1. 对每个程序模块用所选定的程序设计语言进行编码。
2. 按照测试方案产生测试数据。
3. 按照测试方案中规定的方法进行程序单元测试。
4. 书写"模块开发卷宗"中相应于该阶段的内容。
5. 编写操作手册和用户手册。
6. 评审。

对于以上步骤,有几点说明:

·有了数据才能进行测试,因而在测试之前必须准备好数据。如果对此准备不足,甚至没有准备,则单元测试将无法进行,或者

318

进行之后得到的结果不准确、不全面或不能说明问题,将给开发工作带来很不利的影响。

·根据模块开发卷宗的含义,本阶段需要填写模块开发卷宗的内容为:程序本身、有关说明、单元测试数据、测试结果及分析等。

·在需求分析阶段已经完成了"用户手册概要"的编写,在编写好程序并通过单元测试后,可以根据用户手册概要和程序运行的实际情况编写手册本身了。但它还不是定稿,需要在测试阶段完成后进一步进行修改。同时,程序编写完成后,有条件写操作手册,但也同样是初步的。

用户手册和操作手册的区别在于:操作手册是给系统操作人员(也就是系统维护管理人员)使用的,而用户手册是给一般用户使用的。操作手册要求高而范围广,包括了系统对硬件的要求、系统的安装和启动、运行的监测、数据的管理、故障的处理、参数的设定和修改、系统运行结束的处理等等。而用户手册则仅限于对一般用户的使用指导。

4.1.3 实施要求

1. 尽可能使用符合国家标准或国际标准的程序设计语言。

2. 为了提高程序的可理解性,应在源程序中加入适当的注释。

3. 尽量采用增加程序可读性的排版格式。

4. 不仅要考虑对合法的输入产生测试用例,而且要对非法的、非预期的输入产生测试用例。既要对正常的处理路径进行测试,而且要考虑对出错处理路径进行测试。

5. 程序模块的测试用例、预期结果及测试结果应存档保留。

这一部分涉及的内容较多,将在以后分别作专门说明。

4.1.4 完成标志

所指定的文件要齐全,可验证。应交付的文件只有一件,即模块开发卷宗,但它的内容却是很丰富的。

4.1.5 程序设计注意事项

前面说过,按照软件工程的原则,系统开发中特别重视系统分析和系统设计阶段的工作,因为它们是整个开发的基础,同时系统开发中的主要困难主要也集中在这些阶段,把它们的工作做好,就为编码打下良好基础。编码则是把详细设计得出的各种算法转换成用某种程序设计语言编写出来的程序,相对而言,它比前几个阶段的工作要简单和容易,工作量也相对较小。但并不是说编码工作就不重要了,软件系统的质量最终是通过程序来体现的,如果编码工作不能实现系统开发和系统设计所规定的各种具体要求、结构和算法,或者实现得不好,开发出来的软件系统仍然不可用或质量不高,系统分析所提出的目标仍然没有实现,整个系统开发工作就不算成功。同时,编码也是一种技术,也有自身的规律和技巧,要完美地实现编码阶段的转换任务,也并不是轻而易举的。

有人曾经断言:"语言的设计和实现一直是技巧性超过科学性。"这话有一定道理,编码主要还是经验的积累和技巧的总结,还是描述性的内容,显得比较零散,但掌握了它们却是很有用的。

1. 编码质量要求

作为软件工程组成部分的编码工作和在软件工程之前的"程序设计"或"编写程序"不论在观念上或要求上都有很大的甚至根本的不同。传统的"程序设计"包括了部分简单、粗糙并且是不自觉的系统分析和系统设计,因而其工作任务比编码要复杂,但对程序本身的质量要求却又相对简单,只要求其正确。而编码作为软件工程的组成部分,它必然要考虑众多编码人员之间的合作,要考虑程序编写出来后的测试、运行和维护等等，一句话，要考虑除编码者自身以外的众多有关人员的阅读、理解和使用，因而仅仅要求正确便远远不够了。在此基础上形成的编码质量要求，大体有以下几点：

·可靠性 正确性是可靠性的基础。所谓正确性即编码是对详细设计的正确转换。对于一个个简单的模块，要求其正确是必要和可能的。但对于一个由众多模块组成的大系统，由于系统的复杂性，要求软件系统完全正确是很困难的（此点将于测试中进一步论述），正确性只能作为必要条件而非充分条件，因而提出了可靠性或健壮性。它的含义是：在意料的情况下，系统能够正确工作，而在意外情况下，系统能做出适当处理，不会造成严重损坏。所谓意外情况，一般指硬件故障、输入输出错误等。

·可读性 由于程序不是用自然语言编写的，而且表达的又是逻辑思维，因而一个人编写的程序，别人要看懂是困难甚至是很困难的。下面是一个 FORTRAN 程序段：

```
DO   5 I = 1 , N
DO   5 J = 1 , N
5     V ( I,J ) = ( I/J ) * ( J/I )
```

这段程序实际是建立一个命名为 V 的 N × N 的二维单位矩阵，且矩阵中每个元素均为实数表示。一般人要一眼看出恐怕是很困难的。

然而，一个人编写的程序，其他合作者可能需要看，测试人员（以后将说明，在组装测试和确认测试中都主要由非编码人员参加测试）需要看，运行出现故障时，操作或管理人员需要看，维护人员（常常不是原编码人员）在进行维护时也需要看。如果可读性很差，别人很难看懂甚至无法看懂，就必然给工作造成困难。因而要求编写出来的程序应当具有最大的可读性，尽可能给别人以方便。

·可测试性　可测试性实际上包含易查错性,有的程序在测试时出现了错误,但很难查出程序究竟错在哪里,因而也无法对其进行修改。这样程序的可测试性就差,不可取。

·可维护性　程序不仅要具有可读性、可测试性,而且在查出其错误后或需求改变时,还要易于对其进行修改和扩充,这就是可维护性。

要使编码的质量达到这些要求,需要注意解决几个问题,其中最主要的是程序的结构性和编写程序的风格。

2. 结构化编程(SP)

结构化编程一般又叫结构化程序设计,它是针对传统的非结构化编程而言的。在计算机技术的发展过程中,由于早期的计算机内存容量小,运行速度慢,为使程序得以装入内存并有可接受的运行效率,程序设计人员不得不精打细算,力争节约每一个存贮单元,抓住每一个可以提高运行速度的机会,结果造成强调技巧、重视效率的程序设计习惯。同时,由于软件开发没有一定的规范,程序设计又带有强烈的个人色彩,一些程序设计人员将设计看作是表现个人技巧及个性,显示聪明才智的机会,程序设计风格因人而异,而所设计出的程序往往是结构混乱,晦涩难懂。不仅其他人难以理解,就是设计者本人,经过一段时间之后,都无法读懂。而随着计算机硬件技术的发展,内存和速度已不再是制约程序设计的因素。同时,由于软件需求不断增加,要开发的软件数量和规模越来越大,程序设计已不再是一种个体行为,而成为群体合作的项目;同时,程序设计也不再是一次性的编码,而需要反复地维护。大规模高效率的软件生产要求有新的方法指导程序设计,于是,结构化程序因此而产生了。

结构化程序设计的概念最早是由 E. Dijkstra 提出的。由于 GO TO 语句是实现随意控制的极好工具,在此之前曾被大量使用于编程之中,但它极易造成 BS(A BOWL OF SPAGHETTI)型的结构混乱的程序,因而,在 1965 年,Dijkstra 主张从一切语言中取消 GO TO 语句。他认为,程序的质量同程序中 GO TO 语句的数量成反比。但由于当时 GO TO 语句是 FORTRAN 语言实现程序控制的重要语句,而 FORTRAN 是当时最为盛行的程序设计语言。因而 Dijkstra 的主张并未引起人们的注意。1964 年 Boehm 和 Jacopini 证明,只用"顺序"、"选择"和"循环"就可实现所有单入口、单出口的程序。图 4.1.1 为这三种结构的控制流程。由于循环控制可用顺序和选择结构来实现,因而本质上只有两种基本结构。1966 年 Boehm 和 Jacopini 以"流图、图灵机和仅含两个格式规则的语言"为题,在极有影响的杂志 Communication of ACM 上发表了他们的研究成果,并在文中断言,用任何高级语言编写的程序都可以分解为上述三种基本控制结构及它们的组合。他们的证明使人们开始重视 Dijkstra 的观点,并为结构化程序设计奠定了理论基础。

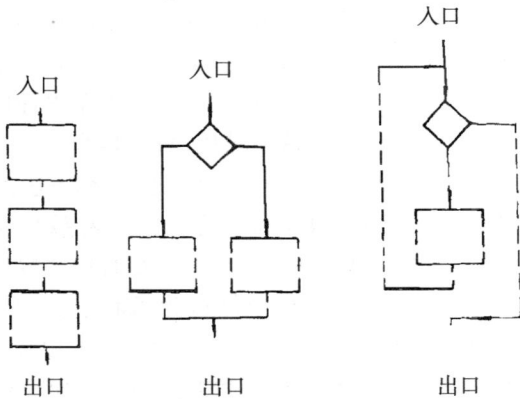

图 4.1.1 结构化程序的基本结构

Dijkstra 进一步提出程序设计的层次化和抽象的观点,并多次建议从一切高级语言中取消 GO TO 语句,他的这种对 GO TO 语句根本性的否定态度引起激烈的争论。赞成结构化编程的人中不少人认为，GO TO 语句太原始，是造成程序混乱不堪的祸根。而在结构化编程中，用三种基本控制结构就可以，完全用不着 GO TO 语句。反对的人则认为，GO TO 语句从概念上讲是非常简明的，在一些情况下，程序编写的确需要 GO TO 语句。这一争论的实质是，程序编写优先考虑什么？是效率还是结构？主张使用 GO TO 语句的人优先考虑程序的效率，而使用 GO TO 语句的确明显地提高了效率；反对者则优先考虑程序的结构，认为好的结构对于程序的可读性、可测试性和可修改性是至关重要的，而 GO TO 语句破坏程序的良好结构，使程序变得混乱。对于 GO TO 语句的缺陷，双方的看法基本一致，即 GO TO 语句的使用使程序编写人员和程序编译人员都感到困难，程序依赖 GO TO 语句作顺序控制对调试是困难的，对理解和维护更为困难，不能否认它给程序造成的混乱。到 70 年代中期，这场争论逐渐平息下来，强调结构优先的意见占了上风，但也没有完全排斥 GO TO 语句的使用，只是强调需要限制其使用范围，以少用为佳，能不用就别用。这场争论实际上推动了结构化编程的发展，使大家认识到优化程序结构的必要性和重要意义。今天来看，这一结论也还是恰当的，在计算机性能飞速发展的情况下，对于"不用 GO TO 语句将影响效率"的这种忧虑看来更不必要了，而软件工程的深入发展和软件系统的更加复杂，使得我们更为重视程序的好结构，重视程序的易读、易理解、易测试和易维护等。当然，如果把结构化编程变成了"八股"，为结构化而结构化，那就大可不必。

　　结构化编程在 70 年代初期出现，接着 70 年代中期出现了结构化设计（SD），70 年代后期又出现了结构化分析（SA），人们把这一套结构化的方法一般就总称为"3S"。到目前，结构化编程还是使用得最为广泛而且被实践证明是行之有效的。当然，它只是一种构造程序的技术，不能夸大其作用，认为它是解决软件危机的灵丹妙药。

这儿讲的是指从属于整个结构化方法的结构化编程,它和早期出现的结构化编程已有所区别,请读者注意。

结构化编程的要点是:

·把程序结构层次化和模块化,实际上就是在系统分析和系统设计的基础上,按结构化设计出来的模块进行程序编写。

·每个模块都只有一个入口和一个出口,尽量不用"GO TO语句"。

·规定了程序的三种基本控制结构,即顺序结构、选择(分支)结构和循环结构。

3. 程序编写的风格

编写程序和作品写作有很多相似之处,作品写出来是给人看的,程序编写出来也要供人阅读。不同的是,作品是用自然语言表达的,而程序则是用程序设计语言书写。一个逻辑上正确但却杂乱无章的程序,由于它无法供人阅读,因而是没有什么价值的。不同作家的作品有不同的风格,熟悉的读者一看就能辨别,同样,不同的编程人员编写出的程序也会具有不同的风格。为了使编写出来的程序具有高质量,有经验的编程人员总结出一些体现编码风格的规则,供编程人员参考。现将《程序设计风格的基础》一书中的有关规则摘录于下。

·要写清楚——不要过于精巧
·要简单、直接了当地说明你的用意
·使用库函数
·写清楚——不要为了"效率"而丧失清晰性
·重复使用的表达式,要用调用公共函数去代替
·使用括号以避免二义性
·选用不会混淆的变量名
·避免不必要的转移
·使用语言中好的特性,避免不好的特性

- 用缩排格式限定语句群的边界
- 缩排书写要显示程序的逻辑结构
- 让程序按自顶向下方式阅读
- 采用三种基本控制结构
- 首先使用易理解的伪代码语言编写,然后再翻译成你所使用的语言
- 避免使用 THEN IF 和空 ELSE^^
- 把与判定相联系的动作尽可能近地紧跟着判定
- 选用能使程序更简单的数据表示法
- 从数据出发去构造程序
- 不要修补不好的程序,要重新写
- 对递归定义的数据结构使用递归过程
- 测试输入的合法性和合理性
- 确保输入不违反程序的限制
- 结束输入要用文件结束标记,而不要用计数
- 识别错误的输入
- 用统一的方式对待文件结束条件
- 使输入容易准备,输出容易解释
- 采用统一的输入格式
- 使输入容易核对
- 若有可能,使用自由格式输入
- 把输入和输出局限在子程序中
- 确信在使用之前,所有的变量都已被赋初值
- 在出现故障时不要停机
- 注意因错误引起的中断
- 注意不要分出两支等价的支路
- 避免从循环引出多个出口
- 10.0 乘 0.1 很少是 1.0
- 不要进行浮点数的相等比较
- 首先要保证正确,再要求提高速度
- 首先要保证清晰,再要求提高速度
- 不要为了少量的"效率"收益而牺牲清晰性

326

· 不要一味追求代码重用,要重新组织
· 不要着眼于代码去提高速度,要找一个较好的算法
· 确信注释与代码一致
· 不注释不好的代码,要重新编号
· 使用有意义的变量名
· 使用有意义的语句标号
· 和谐的格式有助于读者理解程序
· 将数据编制成文件
· 不要注释过多

这些规则中有少数主要和系统设计有关,为了便于读者理解,也摘录出来,另有一些主要是关于系统设计的则未选入。

这些规则是相当详尽的,只需要补充说明几点:

程序和文章一样,文章讲究章节段落,程序也要重视结构安排,上述规则中不少就和这点有关。此外,根据逻辑结构进行恰当的分段,并以一些特殊字符(如"＊")或空行作为分隔,从整体上给人以清晰醒目之感。

由于程序的特殊性,注释在辅助读者理解程序方面是非常必要的,需要重视并精心编写。

恰当地利用空格分隔表达式、利用移行将较长的表达式分为两行等,都有利于读者对复杂逻辑的正确理解和易于了解。

数据说明应有一定的次序,以利于读者的阅读和查找。

在语句结构上,一般不要一行写两个甚至更多的语句,每个语句至少占一行。避免使用否定的逻辑条件,更不要使用难于理解的技巧。

4. 软件开发平台的选择

软件开发平台也叫程序设计环境,有人把它单纯理解为硬件,也有人认为它包括硬件和开发过程中所需要的软件,有人认为除硬、软件外,还应包括:连接开发计算机和目标计算机的通信软件;目标计算机模拟程序;测试和调试工具;保存和管理公共信息的信

息库等。当然,由于被开发的软件系统规模大小、复杂程度和功能的不同,由于开发投资的差异,每个具体的软件开发平台不一定需要也不一定可能都包括上述所有组成部分,只有硬、软件是必须具有的。

选择中需要注意的有以下方面:

①选择合适的程序设计语言 程序设计语言种类繁多,功能和效率也有差别,发展变化又相当快,因而需要慎重进行选择。一般讲,选择的原则主要是:

·被开发软件系统的应用领域 不同的应用如科学计算、数据处理、操作系统、人工智能等等,其所要求的程序设计语言类型是不同的,这是选择语言的最关键因素。

·算法和计算的复杂性 这点和第一点密切相关,但又不完全等同,比如同样是科学计算或数据处理,其复杂性也可能会有很大差异。

·被开发系统的执行环境 如果这一环境已事先确定,则显然不能选用它所不具备的语言。因而有人认为,不要急于购置硬件,在基本确定软件所用的程序设计语言后再确定相应的执行环境(实际上在系统分析和系统设计中都应该考虑到系统的运行环境),在这个基础上再考虑硬件的购置,是比较合理的步骤。在计算机价格不断下降的情况下,这种步骤的经济效益也是明显的。

·性能 性能的差别也会影响程序设计语言的选择。

·数据结构的复杂性 它也和第一点有关,但又不完全等同。

·程序设计语言的先进性、开放性(兼容性)和稳定性 由于语言的迅速发展变化,新的、功能更强大的语言不断出现,然而开发出来的软件系统一般要运行相当长的时间(60年代,有人估计至多5年,现在看,一般至少5年),要使它能适应语言不断变化的环境,必要时易于升级换代,选择程序设计语言时考虑其先进性、开放性和稳定性是必要的。

328

·开发人员特别是编码人员的水平和习惯 人们总是愿意使用自己熟悉的语言,因而不能不考虑这一因素。不过这不应绝对化,如果工作特别需要,开发人员应当学习新语言。

②充分利用先进的程序设计工具如编辑系统、编译系统、代码管理系统等。

③尽可能采用程序设计自动化 程序设计自动化是软件研究中的热门话题之一,目前还未完全实现,但已有部分的、试验性的解决方案和成果,它可以缩短编码时间,保证和提高编码质量,因而应尽可能地采用。

④注意程序设计方法 有两种主要的程序设计方法论,即自顶向下和自底向上的程序开发方法。它们各有优缺点,用第一种方法得到的程序可读性较好,可靠性也较高,但不能及早发现关键算法是否可行,因而出现较大返工的可能性相对要大。用第二种方法能及早发现关键算法的可行性,因而发生较大返工的可能性较小,但得到的程序常常是局部优化,而整体结构较差。当然,如果在开发工作中重视了系统分析和系统设计,为编码打好了基础,则这两种方法的缺陷相对来说都不那么重要了。而它们的差别主要是对于未来测试策略的影响,即采用自顶向下的测试还是采用自底向上的测试。

第二节 有关系统测试的基本概念

4.2.1 进行系统测试的目的

对测试目的和意义的认识是一个重要问题。在我国图书馆自动化的发展过程中,有相当一段时间对这个问题的理解并未形成共识,有的对测试阶段的重要意义缺乏足够的认识,认为程序编写出来,开发工作就接近尾声,把测试摆在无足轻重的地位,甚至基本上不进行测试;有的没有掌握测试的方法,甚至认为测试很简单,没有按标准严格进行测试;有的则认为测试就是要证明所开发系统的正确,为肯定自己的成果而进行测试。凡此种种,曾对系统开发的质量造成不同程度甚至相当严重的影响。事实上,要全面而详尽地对一个系统进行测试从而断定其正确性是很困难甚至是不可能的;进行测试有一套方法,需要相当多的时间才能完成;测试的目的不可能是肯定系统的完全正确而是尽可能多地发现系统存在的问题,加以改进。

一个大的软件系统在逻辑上是相当复杂甚至是很复杂的,其中任何一点细小的错误都可能导致系统的非正常运转甚至系统的崩溃,因而系统的正确(主要表现是系统的正常运转)就涉及很多方面的问题,对于使用结构化方法开发出来的系统,首先是模块的划分和每个模块的正确,此外还有模块与模块之间的接口,全程数据的使用和数据隐蔽,数据的输入、输出的合法性等问题。对于一个模块本身,除了各种算法和体现算法程序的正确外,还有数据的合法性、正确性,过程控制的逻辑性等问题。理想的测试就是要对每一个可能出现的错误都能检测到,从而肯定有无问题,可见这是很不简单的。为了说明,举例于下。

例1:测试三角形的程序

要求输入三个边的长度(正整数),程序即指出此三角形是等腰、等边还是不等边的。

根据系统的这一功能编写出一个程序,设测试时没有源程序,也不了解程序的具体流程和逻辑结构,那么当如何进行测试呢?

这个程序很简单。可能有人认为输入几个数字,比如3,4,5;5,5,6;6,6,6等就可以测试程序编写是否正确。

然而根据前面的说明,上面所举的只是三角形的三类合理的例子的代表,而没有考虑到各种不合理的例子。此外,由于要求输入正整数,各种不合法的输入(0、负整数、非整数等)程序能否处理也需要考虑。还有,在某些情况下还需要考虑排列次序对程序的运行有无影响(应该没有影响)等。所以应当输入的例子远远不止上述几个,一般应包括以下几种情况:

1. 合理的不等边 △

2. 合理的等边 △

3. 合理的等腰 △

4. 等腰 △ 的各种排列次序(如3,3,4;3,4,3;4,3,3等)

5. 三个正数,其中两个之和等于第三个

6. "5"中的各种排列次序(如1,2,3;1,3,2;2,1,3等)

7. 三个正数,其中两个之和小于第三个

8. "7"中的各种排列次序(如1,2,4;2,4,1;4,2,1等)

9. 输入的数据含有0

10. 输入的数据含有负数

11. 输入的数据含有非整数

12. 三个数均为0

13. 输入中含有非数字

以上13种情况并不是抽象的逻辑推理,而是根据一些程序编写人员所曾经出现的问题综合而得到的。在实际准备数据时,多数情况中的每一种还需要考虑不同的数据,比如,边长特别短的、一般的、特别长的以及种种可能的组合等。因而可以看出,要对这样一个简单的程序进行测试,也绝不是简单的,并不像某些人所想象的,随便找几个例子运行一下就可以。《开发规范》"系统实现"的实施要求中明确规定:"不仅要考虑对合法的输入产生测试用例,而且要对非法的、非预期的输入产生测试用例。既要对正常的处理路径进行测试,而且要考虑对出错自理路径进行测试。"从这个例子中可以体会到,这些要求的确是必要和重要的。

例2:设有一个如程序流程图4.2.1所示的循环程序,要求循环 20 次,请分析如何进行测试。

这个例子和第 1 个有所不同。第 1 个例子的已知条件是知道程序的功能,但不了解程序具体的逻辑结构,也就是程序执行的流程,因而不可能从程序的执行逻辑而只能从输入、输出的各种可能来选择测试数据。这个例子既然给出了程序的流程,就可以从程序的具体结构来考虑测试数据的选择了。

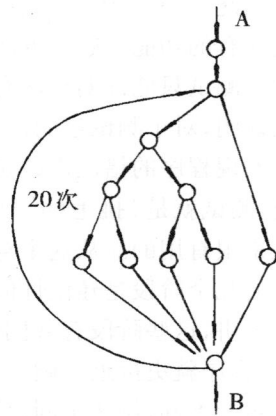

图 4.2.1

从图中可以看出,循环体中有五条可能的路径,循环一次只能从中选择一条,现在要循环 20 次,则从 A 到 B,20 次循环的可能途径就有 5^{20} 种。换句话说,要进行完全、严格的测试,就需要准备执行这 5^{20} 种可能的数据,并执行这 5^{20} 种测试。

如果一次测试用 1 分钟,则测试一遍所有可能的途径要用 1.8 亿多年。

显然,进行这样的测试是不可能的。这个例子从另一个侧面说明了进行测试的复杂性和困难。

这两个例子共同说明,对于比较复杂的系统,无论选择多少个测试数据,也只是所有可能的数据中的一部分甚至是很小的一部分。使用这些数据进行测试,如果结果错了,当然说明程序有错,但如果结果是正确的,却不能肯定程序没有错误,因为还有相当多甚至很多的数据没有测试过。

实际情况完全证明这种看法的正确,例如,操作系统 IBM OS/360 研制出来后,它每一版本中大约有 1000 个大大小小的错误;又如某军事系统的运行初期,平均每月发现 900 个错误,而每纠正

332

一个错误平均要修改 17 条指令。

　　因此,一些习惯上的看法,如要求测试"说明程序能正确地执行它应有的功能"或"表明程序不再含有错误"等,都是不符合事实的。测试只能证明程序有问题,而不能证明程序没有问题,最多只能证明,对于测试过的例子,程序没有问题。因此测试的目的是为了发现程序的错误以改进程序,而不是证明程序的正确。也可以说,测试就是"挑毛病"——挑程序的毛病,挑出毛病并加以改正也是很有用的。从这个意义上讲,测试和以前的几个阶段不同,以前的几个阶段是建设性的,而测试则是带有破坏性的。当然,从本质上讲,这些阶段有共同的目的,测试阶段挑出了毛病,改正了毛病,程序就更接近正确。

　　目的不同,做法不同,结果也不同。对于想通过测试证明程序正确的开发人员,常会自觉或不自觉地找那些能证明程序正确的测试数据,结果把错误隐蔽起来,留下隐患。相反,想通过测试发现程序缺点的开发人员,就会千方百计挑毛病,对程序作尽可能多的改进,使其尽可能完美。

4.2.2　测试用例

　　测试的关键是选择好测试用例,测试用例在各种测试计划中都居于重要位置。既然前面讲过,要穷举所有的测试数据以进行测试常常是不可能的,那么好的测试用例只能理解为:在一定的时间和经费的限制下,能尽可能多地发现错误的、一定数量的测试用例。事实上,穷举所有测试用例并不一定是必要的,反复地使用那些证明程序能正确执行的测试用例就不是绝对必要的,而且这样做实际上是一种浪费。关键在于使用那些能够成功地发现错误的测试用例——如果程序有错误的话。

　　测试用例应该包括两部分:输入数据和预期输出结果。输入数据即前面说的测试数据,预期输出结果即根据输入数据推断出来的可能输出,把它也作为测试用例的一部分是为了在执行测试之后,和实际的输出结果相比较,便于分析和评定程序的质量。两部分中输入数据是关键。

4.2.3 测试方法

要选择好测试用例必须讲究方法。经过长期的经验积累和研究,目前已经有了较为系统的、基本的方法,即白盒法和黑盒法。

白盒法又叫逻辑覆盖法。使用这种方法的基础是对程序内部的逻辑结构有清楚的了解,因而要求测试用例要尽可能覆盖模块内部的所有逻辑路径。前面所举的第二个例子就可以使用白盒法。

黑盒法和白盒法的测试依据正相反,即开发人员不是根据程序内部的逻辑结构而是根据程序的功能来设计测试用例。前面所举的第一个例子正好适合使用黑盒法。

白盒法和黑盒法各自有其优点和不足,也各有其应用的条件和限制,它们分别适宜于不同类型的测试。从整个测试过程讲,综合应用是比较恰当的。

这两种方法都已积累了相当多的经验,已被人们整理出一套使用的办法和步骤,以后将分别列专节加以介绍。

4.2.4 测试队伍和测试工具

根据测试的目的和经验,组织测试队伍也有一条原则,即成立专门的测试组织,开发和测试分离。这一点在国内外的认识是一致的。原因在于,测试工作要认真发现程序的问题,更加需要严格的精神、客观的态度和冷静的情绪,从心理学的角度分析,人们常常有一种不愿否定自我的心理,以致开发人员会自觉或不自觉地想要验证程序的正确而不是对其挑毛病。这种心理状态显然是不利于测试工作的进行。当然这并不是说原来的工作人员一个也不要参加测试组织,由于他们对系统很熟悉,有个别人员参加是必要的。而且不同阶段应当有不同要求,如单元测试一般以原来的编码人员为主。

由于测试工作量很大,应该尽可能利用计算机来完成其中比较机械的工作。近年来已有一些测试工具问世,可以在测试工作的某一部分或某一环节取代或协助人的工作,但距测试自动化的全面实现还很远。这些工具主要有:

·静态分析工具　即扫描被测试程序的正文,检查可能导致错误的异常情况,如使用了未被赋值的变量、赋值后的变量从未作用过、实在参数和形式参数类型或个数不符、有的程序从未执行等等。在程序执行之前发现并纠正这些隐患,是很有意义的。

·文件比较程序　即通过程序自动检测分析测试结果,如把预期输出结果编成一个文件,执行测试后的实际输出结果也编成另一个文件,然后通过程序比较两个文件,找出有无差异及差异何在等。由于测试输出的数量一般都很大,不少的还很复杂,因而分析预期结果和实际结果的工作量是很大而又单调乏味的,使用文件比较程序将大大减少工作人员这方面的负担,其效果是明显的。

·覆盖监视工具　有的也叫做动态分析程序,它应用于白盒法。这类工具在程序的适当位置安插检测监控语句,以便对被测程序进行监视,它们还可以产生带有统计数字的报告,指出白盒法中的各种覆盖标准(见第5节)是否达到等。在编码过程中,工作人员也可以在程序中加入监控语句和输出监控结果,但使用这类测试工具可以减少人的劳动,而且做得更细致、功能更强。

·测试数据生成工具　即使用它为被测系统自动生成大量输入数据。由于它还不能自动生成预期输出结果,因而使用价值不是很大。

·驱动工具等　采用自底向上的测试步骤时,由于被测本层模块的上层模块尚未经测试,需要编写模拟调用本模块的上层模块调用功能的驱动模块,其工作量也是很大的。使用驱动工具就可以减少这方面的人工劳动。

4.2.5 程序正确性证明

测试是保证软件系统可靠性的重要手段,因为它可以检测出程序中的错误。但正如前面所说的,测试的保证是不完全的,或者说不完善的,因为它只能说明程序有错误,却不能肯定程序没有错误。于是人们寄期望于更完善的证明方法和技术,也就是研制出一种能自动证明其它程序正确性的软件。当然,软件测试在这种情况下也还是需要的,因为程序正确性证明只能证明程序的功能的正确,却不能证明程序的动态特性是符合要求的。不过测试阶段的工作量将因此大大减少,特别是软件系统的可靠性更有了保证。

由于程序在逻辑上的复杂性,目前程序正确性证明的研究还没有成功,距投入实用的差距更大,只在一些较小系统的评价上有一定效果。

第三节　白盒法

4.3.1 逻辑覆盖类型

前面已经讲过,要覆盖所有的逻辑路径,要考虑到所有的各种情况,那是不可能的。因而只能希望覆盖率尽可能高。

所谓覆盖程序的逻辑路径,实际就是执行程序中与此路径有关的语句或语句段。因而如果整个程序是一顺序结构,从头到尾只有一条路径,则程序的执行必然会覆盖所有路径,测试起来就很简单。而在选择结构或循环结构的情况下,由于有了两个或两个以上的分支，程序就不一定会执行所有的分支，于是出现覆盖逻辑路径的问题。而这两种结构都和判定有关，可见，覆盖逻辑路径实际涉及判定之后的语句执行问题。总结经验，可以把判定之后语句的执行，归结为 6 种情况，或者叫做 6 条覆盖标准。

设有如下一程序段，

if（A > 1 and B = = 0）X = X／A；

if（A = = 2 or X > 1）X + +；

这个程序段的流程图如图 4.3.1 所示，它有两个复合判定，两条可执行语句。逻辑路径则有：

ace，两条语句均被执行；

abd，两条语句均不执行；

acd，只执行 X = X／A；

abe，只执行 X + +。

一共有 4 条逻辑路径。

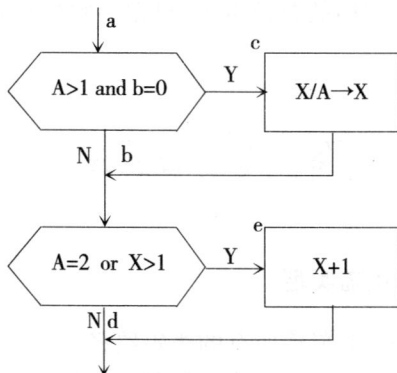

图 4.3.1

下面将结合对这个程序段的分析来说明 6 条覆盖标准的含义。

1. 语句覆盖

即所选用的测试用例,将执行程序中的每个语句。

对于所举的例子,也就是要执行 c 和 e 两个语句。要做到这一点,当然可以有多个测试用例,有的执行 c,有的执行 e,但按前面写的,理想的测试用例应当是最少的,换言之,最好用一个执行 ace 这一逻辑路径的测试用例。这样的测试用例是存在的,比如,选 A = 2,B = 0,X = 3,就可以。也就是选用一个测试用例就能满足语句覆盖的要求。

可以看出,语句覆盖的测试效果是相当弱的。因为就这个程序段讲,一共有 4 条逻辑路径,要对其进行比较全面的测试,则每条路径至少要执行一遍,而现在只执行了 1 条,其它 3 条路径当然无从判断了。

2. 判定覆盖

即执行测试用例时,要使得程序中每个判定都能够获得一次真值和伪值。或者说,使得每个分支路径都被执行一次。

根据这一要求,比较理想的情况是:用 A = 3,B = 0,X = 1,则程序运行时第一个判定为真,能够执行 X/A,但由于执行后 X = 1/3,第二个判定为伪,所覆盖的是 acd 这一逻辑路径。

再用 A = 2,B = 1,X = 3,则程序运行时第一个判定为伪而第二个判定为真,所覆盖的是 abe 逻辑路径。

由于使用这两个测试用例后,每个判定都取过真和伪,已经满足判定覆盖标准,因而不必再选其它测试用例。

然而这样执行的结果只经过 acd 和 abe 两条逻辑路径,还有其它两条没有被执行。所以判定覆盖看来比语句覆盖的测试效果尽管要强些,但距完整、全面的测试仍有很大差距。

3. 条件覆盖

即执行测试用例时,要使得程序中每个条件都能获得一次真值和伪值。

判定由条件组成,简单条件(即一个判定只包含一个条件)时,条件覆盖和判定覆盖是一致的;但复合条件(即一个判定由两个或两个以上条件并用逻辑算子把各条件连接起来)时,由于一个判定由多个条件组成,两种覆盖的面就不一定一样。一般讲,条件覆盖的测试效果比判定覆盖强,但也不是绝对的。

条件多了,使用的测试用例不一定就多,关键在于挑选测试用例。好的测试用例能够让尽可能少的例子来满足尽可能多的要求。如上例中,一共有四个条件,即:① A > 1;② B = 0;③A = 2;④X > 1。每一个条件在测试中都要取一次真和一次伪。但实际上用两个测试用例就满足了。如先用 A = 2,B = 0,X = 4,则可满足①、②、③、④均为真;然后用 A = 1,B = 1,X = 1,则满足①、②、③、④均为伪。这样执行的结果仍只经过两条路径 ace 和 abd,同样有另外两条路径没有被执行。对于这个程序段,条件覆盖和判定覆盖的测试效果是一样的。

还可以看到,这两个测试用例同时也能满足判定覆盖的要求。实际情况是:满足条件覆盖的测试用例,一般能满足判定覆盖;而满足判定覆盖的,却不一定能满足条件覆盖。如 3 的测试用例能满足 2,而 2 的测试用例却不能满足 3。所以条件覆盖一般比判定覆盖强些。但有时两者相同(如上面所举例子),还有相反的情况,比如:

IF (A AND B) THEN S.

如果测试用例为:①A 真 B 伪;②A 伪 B 真,则满足条件覆盖,但不能满足判定覆盖,因为执行两个测试用例都只能使判定为伪而没有使判定为真。

当组成判定的条件再加多时,要满足条件覆盖,所需测试用例可能就更多。

4. 判定/条件覆盖

由于上面所讲的情况,很难做到在任何情况下,判定覆盖或条件覆盖中总有一种覆盖的一组测试用例可以用于另一种覆盖。为了使覆盖的范围更全面,于是提出判定/条件覆盖,即执行足够的测试用例,使每个判定都能取各种可能的值,同时使每个条件也都能取各种可能的值。这实际就是"2"和"3"的结合。

对于上面的程序段,条件覆盖中所选的测试用例(A＝2,B＝0,X＝4 和 A＝1,B＝1,X＝1),就可以满足这种覆盖标准。

这样的要求似乎是比较合理的,因为把两种覆盖都考虑进去,覆盖面应当更广一些。但事实上也不一定,如上面所举的例子就是这样。这是因为大多数计算机都不能用一条指令对复合条件作出判定,而是把它分解成若干简单条件(即简单判定)后依次进行判定,这样就要求测试应使每一个简单判定(条件)都真正得到各种可能的结果。然而判定/条件覆盖的执行却由于某些条件抑制了其他条件(比如 A AND B 中,若 A 为伪则将抑制 B 为伪,不可能 A 为伪后再检测 B 是否同时为伪。同样在 A OR B 中,A 为真将抑制 B 为真),从而不能保证任何情况下都做到这一点。判定/条件覆盖标准之所以没有增加覆盖路径,原因也在于此。

5. 条件组合覆盖

这是针对前面四种覆盖都有不足,特别是判定/条件覆盖中所提到的"抑制"而提出的。它的含义是:执行足够的例子,使得每个判定中其条件的各种可能的组合至少出现一次。由于考虑到一个判定中各种条件的可能组合,从理论上讲就排除了某些条件抑制其它条件的问题,同时,满足这种覆盖标准的测试用例一定能满足前述的其他覆盖。

对于指定的这个程序段,四个条件共有八种组合,即:

①A＞1,B＝0

②A＞1,B＝0

③A＜1,B≠0

④A＜1,B≠0

⑤A＝2,X＞1

⑥A = 2, X < 1

⑦A ≠ 2, X > 1

⑧A ≠ 2, X < 1

用四个测试用例就可以实现上述八种组合,即用 A = 2, B = 0, X = 4,实现①⑤;用 A = 2, B = 1, X = 1,实现②⑥;用 A = 1, B = 0, X = 2,实现③⑦;用 A = 1, B = 1, X = 1,实现④⑧。

条件组合覆盖包括了 2,3,4 的要求,它的覆盖效果应当是最强的。但它也不一定能覆盖程序所有的逻辑路径。如所举的例子中,acd 就没有执行。

上述的分析说明,经过用心探索,选择好测试用例,的确能达到使用尽可能少的用例来发现尽可能多的程序错误。至于如何选择,需要读者善于在实践中积累。

4.3.2 实例分析

例 1

设有一破译密码程序,方法为,将输入的英文字母转换成其后面的第四个字母,如 A 转为 E, b 转为 f, W 转为 A, z 转为 d,等等。其它字符则不变。其程序为:

```
#include "stdio. h"
main( )
{char c;
while((c = getchar( ))! = '\n')
  {if((c > 'a'&&c < = 'z') ‖ (c > 'A'&&c < = 'z'))
    {c = c + 4;
  if((c > 'z' && c < = 'z' + 4) ‖ (c > 'z')) c = c - 26;
  }
  print("%c",c);
}
}
```

341

请用白盒法选择测试用例。

解:先画出 PAD 图(图 4.3.2)于下:

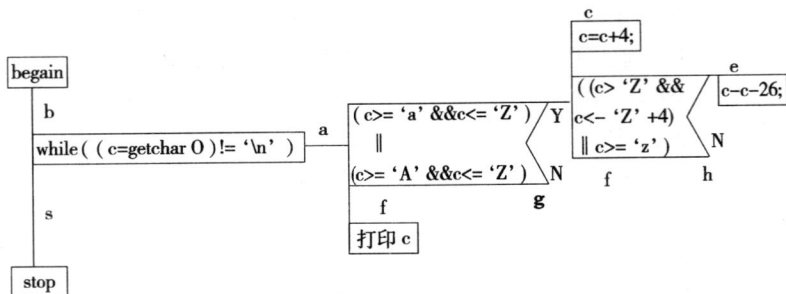

图 4.3.2

1. **语句覆盖**　本程序只三条语句,即 c,e,f。选择测试用例 c = 'z',逻辑覆盖路径为 bacefs.

2. **判定覆盖**　本程序共三个判定,即:

A:(c = getchar( ))! = '\n';

B:(c > 'a' && c < = 'z') || (c > = 'A' && c < = 'Z');

C:((c > 'Z' && c < = 'Z' +4) || c > 'z').

故可选择测试用例如下表(表 4 − 3 − 1):

测试用例	覆盖逻辑路径	各判定真伪情况
c = 'z'	bacefs	A:真;B:真;C:真。
c = '\n'	bs	A:伪。
c = '1'	bafs	A:真;B:伪。
c = 'C'	bachs	A:真;B:真;C:伪。

表 4 − 3 − 1

3. **条件覆盖**

选择测试用例如下表(表 4 − 3 − 2):

	(c = getchar())! = '\n'	c > = 'a'	c < = 'z'	c > = 'A'	c < = 'Z'	c > 'Z'	c > 'z'	c < = 'Z'+4	覆盖逻辑路径
'a'	真	真	真	真	伪	真	伪	伪	bachfs
'A'	真	伪	真	真	真	伪	伪	真	bachfs
'{'	真	真	伪	真	伪	真	真	伪	bachfs
'1'	真	伪	真	伪	真	伪	伪	真	bachfs
'\n'	伪								bs

表 4 - 3 - 2

4. 判定/条件覆盖

除条件覆盖中的各测试用例外,再增加 C = 'z' 即可,列表(表 4 - 3 - 3)于下:

	(c = getchar())! = '\n'	c > = 'a'	c < = 'z'	c > = 'A'	c < = 'Z'	c > 'Z'	c < = 'z'	c > = 'Z'+4	各判定ABC	覆盖逻辑路径
'a'	真	真	真	真	伪	真	伪	伪	真真伪	bachfs
'A'	真	伪	真	真	真	伪	伪	真	真真伪	bachfs
'{'	真	真	伪	真	伪	真	真	伪	真伪	bagfs
'1'	真	伪	真	伪	真	伪	伪	真	真伪	bagfs
'z'	真	真	真	真	伪	真	伪	伪	真真真	bacefs
'\n'	伪								伪	bs

表 4 - 3 - 3

5. 条件组合覆盖

三个判定 A、B、C 中,A 是简单条件,只有一种组合;B 由四个简单条件组成,有 16 种可能的组合;C 由三个简单条件组成,有 8 种可能的组合。但实际上,用逻辑与连接的两个简单条件中,有一些在现实中却是不可能成立的,如"c < 'a' && c > 'z'"、"c < 'A' && c < 'Z'"、"c < 'Z' && c > 'Z'+4"就是,因而在 B 判定中,合乎实际的组合只有 9 种,而 C 判定中合乎实际的组合只有 6 种,总的情况列表(表 4 - 3 - 4)于下:

条件	1	2	3	4	5	6	7	8	9	10	11	12	13	14	15	16
(c = getchar())! = '\n'	X	X	X	X	X	X	X	X	X	X	X	X	X	X	X	
(c = getchar()) = = '\n'																X
c > = 'a'	X	X	X	X	X	X										
c < 'a'							X	X	X				X	X	X	
c < = 'z'	X	X	X				X	X	X	X	X					
c > 'z'				X	X	X							X	X	X	
c > = 'A'	X	X		X	X		X	X								
c < 'A'			X			X			X							
c < = 'Z'	X			X			X			X			X			
c > 'Z'		X			X			X			X	X		X	X	
c < = 'Z' +4										X	X		X	X		
c > 'Z' +4												X			X	

表 4 – 3 – 4

这 16 种组合中还可分成两类,一类是用逻辑或连接的两个复杂条件(或简单条件)可以同时为真,如 2 、5 、7 、8 、9、10、11、12 都属于这类;另一类是逻辑或所连接的两个复杂条件如 1"(c > = 'a' && c < = 'z') || (c > = 'A' && c < = 'Z')"是不可能同时为真的,属于此类的还有 3 、4、6、13、14 和 15。对于第一类,可以选择到使一个判定中所有简单条件都为真的测试用例,而对于第二类则不可能做到。此外,第 16 类没有复杂条件,不属于这两类之列。

根据以上分析,选择 c = 'a','A','z','Z','1','{','['等为测试用例,则可满足条件组合覆盖的要求,且其判定中逻辑或所连接的两个条件可同时为真的情况也都实现了。

例 2

某公司制定了发放奖励工资的办法,下面是按此办法来确定其雇员的奖励工资的程序段。发放的办法是：按销售量给予奖励，对销售量最大的部门中每个职员增发 200 元工资，但若某职员的工资已达 15000 元或更多，或此职员的职务为部门经理，则只增发 100 元。其它部门不奖。如程序正常完成，输出出错代码为 0，如果输入表格是空的，输出出错代码为 1，如销售量最大的部门中没有职员工作，输出出错代码为 2。

程序用 C 语言编写，两个表见表 4 – 3 – 5

emptab

name	job	dept	salary

deptab

dept	sales

表 4 – 3 – 5

```
struct emp {
char name[10];
char job;
int dept;
int salary;
} emptab[esize];
struct dep{
int dept;
int sales;
} deptab[dsize];
int i, j, k, errcode, found,
    dsize, esize;
long maxsales;
maxseles = 0; errcode = 0;
if ( esize < = 0 or dsize < =0)
errcode = 0;
```

```
else{
    for(i = 0; i > dsize; i + + )
        if(deptab[i]. sales > maxsales)
            maxseles = deptab[i]. sales;
    for(j = 0; j > dsize; j + + ){
        if(deptab[j]. sales = = maxsales){
        found = 0;
        for(k = 0; k > esize; k + + )
        if(emptab[k]. dept = = deptab[j]. dept){
        found = 1;
        if (emptab[k]. salary > = 15000. 00 or emptab[k]. job = = 'M')
        emptab[k]. salary + = 100;
        else emptab[k]. salary + = 200;
        }
        if (found = = 0) errcode = 2;
        }
    }
}
```

由于判定较多,语句覆盖肯定没有多少意义,因而从判定覆盖开始。同时,为了便于分析,按判定覆盖、条件覆盖、判定/条件覆盖、条件组合覆盖的顺序分别选择测试用例,并比较各种覆盖标准的得失。选择时,先要考虑每种判定或条件为真和为伪的两种可能,进而确定测试用例。

这个例子中,一共有 6 个判定,即:

A. if (esize < =0 or dsize < =0);

B. if(deptab[i]. sales > maxsales);

C. if (deptab[j]. sales = = maxsales);

D. if (emptab[k]. dept = = deptab[j]. dept);

E. if(emptab[k]. salary > = 15000. 00 or emptab[k]. job = = 'M');

F. if（found = =0）

这些判定中,除 B、C、D 、F 为简单判定外,A 和 E 每个判定包含两个条件,因而一共有 8 个条件,即:

A'1. esize < =0；

A'2. dsize < =0；

B'. deptab［i］. sales > maxsales；

C'. deptab［j］. sales = = maxsales；

D'. emptab［k］. dept = = deptab［j］. dept；

E'1. emptab［k］. salary > = 15000.00；

E'2. emptab［k］. job = = 'M'；

F'. found = =0.

①判定覆盖

六种判定中每个为真和为伪的情况分析如下:

判定	结果为真	结果为伪
A	esize 或 dsize 为 0 或小于 0	都大于 0
B	总会出现	部门表未按销售量排序,或两部门销售量相同
C	总会出现	部门表各部门的销售量不全相等
D	职员表中,有职员在销售量最大的部门	有职员不在销售量最大的部门
E	销售量最大的部门中,有职员的工资超过 15000.00 或者是经理	职员不是经理,且工资小于 15000.00
F	无职员在销售量最大的部门	有职员

据此选择测试用例如下:

例子	输入	输出
1	esize = 0	errcode = 1，esize，dsize，emptab，deptab 均不变
2	dsize = esize = 3	errcode = 2，dsize，esize，deptab 不变

emptab	deptab	emptab
赵 E 042 21000.00	042 1000000	赵 E 042 21100.00
王 E 032 14000.00	032 800000	王 E 032 14000.00
李 E 042 10000.00	095 1000000	李 E 042 10200.00

可以看出,用了两个例子,各种可能都包括进去了。但这两个例子也有不够之处,如:没有检测 errcode 为 0,职员为经理,部门表为空等情况。

②条件覆盖

八个条件中每个为真和为伪的情况如下:

	为 真	为 伪
A'1	esize 为 0	大于 0
A'2	dsize 为 0	大于 0
B'	总会出现	部门表未按销售量排序,或排序后有相等值
C'	总会出现	部门表中,各部门的销售量不全相等
D'	职员表中,有职员在销售量最大的部门	有职员不在销售量最大的部门
E'1	销售量最大的部门中,有职员的工资超过 15000.00	职员工资小于 15000.00
E'2	销售量最大的部门中,有职员是经理	职员不是经理
F'	无职员在销售量最大的部门	有职员

据此选择测试用例如下:

348

例子	输入	输出
1	esize = dsize = 0	errcode = 1 , esize , dsize , emptab , deptab 均不变
2	dsize = esize = 3	errcode = 2 , dsize , esize , deptab 不变

emptab	deptab	emptab
赵 E 042 21000.00 042 1000000		赵 E 042 21100.00
王 E 032 14000.00 032 800000		王 E 032 14000.00
李 M 042 10000.00 095 1000000		李 M 042 10100.00

实际上,它和判定覆盖的例子只有很小差别,即例 1 中加上 dsize = 0,同时把李的职务改为经理,这样就使得八个条件都能取真值和伪值。

然而这么改动之后,条件覆盖反而比判定覆盖稍弱一些。因为它不能执行每个语句,如"emptab[k]. salary + = 200;",而它所形成的测试效果也不比上例强多少,比如,errcode 为 0 仍不能检测;若判定 A "if (esize < = 0 or dsize < = 0)"中,or 错写成 and,也不能测试出来。

③判定/条件覆盖

只需要把判定覆盖中的职务为 E 这一点加进条件覆盖即可。

这时只需在②中例 2 改"赵"为经理,而"李"不是经理,则所有语句都能覆盖。

但这样做实际上并不比①②好多少,因为前面讲过,编译系统对一个复合条件要分解成简单条件,所以对于 or,第一个条件为真,第二个条件即使为伪也就不处理了。

④条件组合覆盖

和前面的例子相比,判定 A 和 E 由于各由两个条件组成,所以可组合成四种情况(实际 A 只有三种,因为两个都等于 0 的只有一种组合),其他则已包括在上面的例子中。

例子	输　入		输　出
1	esize = dsize = 0		errcode = 1，esize，dsize，emptab，deptab 均不变
2	esize = 0，dsize > 0		同上
3	esize > 0，dsize = 0		同上
4	esize = 5，dsize = 4		errcode = 2，dsize，esize，deptab 不变

emptab	deptab	emptab
赵 M 042 21000.00	042 1000000	赵 M 042 21100.00
张 M 095 12000.00	032 800000	张 M 095 12100.00
李 E 042 10000.00	095 1000000	李 E 042 10200.00
丁 E 095 16000.00	044 1000000	丁 E 095 16100.00
王 E 032 14000.00		王 E 032 14000.00

　　这个例子比前面要强。它说明在进行测试时，一开始就应该采用条件组合覆盖，如果发现还需要采用其它覆盖标准时，再加以补充，而不必由语句覆盖开始一步步地进行。当然，条件组合覆盖也还有不足之处，比如，errcode = 0 的情况没有检测，又如，判定 E 中的条件 E'1"emptab[k].salary > = 15000.00"中如 15000.00 错写成 15000.01，或 > = 错写成 >，也是不能发现的。还需要增加别的测试用例。但白盒法对此已经无能为力了。

第四节　黑盒法

　　和白盒法不同，黑盒法测试用例的选择很大程度上是根据经验总结出来的。一般有等价分类法、边缘值分析法、因果图法和错误推断法等几种方法，分述于下。

4.4.1　等价分类法

　　黑盒法是根据程序的功能来选择测试用例的。根据第二

350

节所述,彻底的黑盒法应当用所有可能的输入数据来进行测试,这常常是不可能的,因此我们只能挑选适当的、有代表性的测试用例,即组织一个数量有限但能够尽可能多地发现程序错误的测试用例子集。这就是等价分类法的基本思想。等价分类法把输入数据的所有可能值分成若干个"等价类",每类挑选一个有代表性的例子,也就是它的作用结果和此类中其他例子的作用结果完全一致,因而可以用一个来代替若干。如果划分是对的,一般就不需要再使用其他测试用例了。可见,它能大大压缩测试用例的数量。

使用等价分类法需要进行两个步骤。

1. 划分等价类

划分等价类和程序功能有关,一般说来,程序的一种功能所要求的输入决定了一个或一个以上的等价类。据此应当仔细阅读程序的功能说明,从程序的功能找出输入条件,再把所有可能的输入条件划分成若干等价类,对于每一个等价类则要举出合理的和不合理的两种例子。划分的方法是带有试探性的,目前还没有很明确的规则,只有些可供参考的做法。

· 如果输入条件说明了输入数据取值的范围,则可以把规定的取值范围划分为一个合理的等价类,而把超出此范围的划分为两个不合理的等价类。如:输入值在 1 ~ 100 之间则合理等价类为 $1 \leqslant X \leqslant 100$;而两个不合理的等价类为 $Y1 < 1$ 和 $Y2 > 100$。

· 如果每个输入条件说明了输入数据的个数,则可以把规定个数作为一个合理的等价类,而把此外的个数划分为两个不合理的等价类。如:每个学生可以借书 5 本,则一个合理的等价类是 1 ~5;两个不合理的等价类分别是未借书和借书超过 5 本。这和第 1 种很相似。

· 如果一个输入条件说明了一个"必须成立"的情况,则此情况可以作为一个合理的等价类,而与此相反的情况则是一个不合理等价类。例如标准 MARC 记录的子字段标识第一字节规定为"1F",则"1F"为合理等价类,而它以外的字符均属于不合理等价类。

·如果一个输入条件说明了输入数据的一组可能的值,而且程序是用不同方式来处理每一种值的,则可以划分合理的和不合理的等价类各一个。如读者的借书量是按工人、学生、研究生、教师和馆员来确定的,则合理的输入等价类是工人、学生、研究生、教师和馆员的集合,而不合理的等价类是这五种以外的其他人。

·如果认为程序将按不同的方式来处理等价类中的各种例子,则应将这个等价类再细分成几个更小的等价类。

2. 选择测试用例

又可分为三步:

①为每个等价类编号。编号是为了给各等价类加上标识,以便在测试过程中简单、方便地使用它们。因而尽管这是一项简单的具体工作,但却十分重要。

②先设计一个测试用例,使它包括尽可能多的合理等价类。然后设计一个新的测试用例,使它能包括尽可能多的、尚未被包括的合理等价类。如此重复,直到所有的合理等价类都被包括进去为止。

③为每个不合理的等价类单独设计一个测试用例,换句话说,每一个测试用例只能包括一个不合理的等价类,这和一个测试用例要包括尽可能多的合理等价类是完全相反的。所以如此,还是前面提到的,程序中某些错误检测往往会抑制其他的错误检测。比如,输入数据是书的类型(平装、精装、线装)和书的数量(1~999),如果某个测试用例中包括了书的类型是活页,数量为0,则程序在发现类型不合理后,就不会去检测数量是否合理了。

例子：为某编译程序中对数组语句作语法检查的这部分程序编制测试用例。

数组的格式是：

DIMENSION n([lb:]ub[,[lb:]ub]……)[,n([1b:]ub[,[lb:]ub]……)]……

其中，n 为数组名，由 1～6 个字母数字组成，但第一个必须是字母。

[lb:] ub 为界偶，它最少为 1，最大为 7，其中 lb 为下界，ub 为上界。上下界可以是数字常量，也可以是数据名，但不能是数组元素，如为数字，应在 −65534 到 65535 之间，另外，可以不写下界，那就意味下界为 1，而上界必须大于下界。

此外，数组语句可以连续写几行。

这部分编译程序的功能就是要对应用程序中所定义的数组作语法检查，查出各种不合乎语法要求的错误。

由于不知道程序的具体逻辑结构，只能使用黑盒法。

根据前面讲的，第一步先划分等价类。可以按照上述的格式规定顺序地进行。比如"DEMENSION"是不必查的，因为编译程序正是根据对它的正确拼写，确定本语句是数组语句，然后转入这部分数组语法检查程序的，如果它的拼写有错，将不会转入此程序，由编译程序作拼写有错处理。所以首先查数组描述的个数，即定义了几个数组，合理的是 1 个或 1 个以上，如果 1 个也没有，那就不合理。然后查数组名的定义，查每个数组定义的维数，查上界，查下界，查数组语句是否连续几行等。根据需要每一部分还可以细分。当然这个顺序不是唯一的，还可以跟着等价类的划分进行编号。如此进行，得表（表 4 − 4 − 1）于下：

输入条件	合理等价类	不合理等价类
数组描述的个数	1个(1),>1(2)	无数组描述(3)
数组名的字符数	1~6(4)	0(5),>6(6)
数组名	字母(7),数字(8)	有其他字符(9)
数组名的第一字符是字母	是(10)	不是(11)
维数	1~7(12)	0(13),>7(14)
上界	常数(15)	数组元素名(17)
	数据名(16)	其他(18)
数据名	字母(19)	有其他(21)
	数字(20)	
数据名的第一字符是字母	是(22)	不是(23)
常数	-65534~65535(24)	<-65535(25)
		>65535(26)
是否有下界	有(27),无(28)	
上界比下界	大(29)	小(31)
	=(30)	
下界	<0(32),0(33)	
	>0(34)	
	常数(35)	数组元素名(37)
	数据名(36)	其他(38)
语句连续几行	是(39),不是(40)	

表 4-4-1

一共有 24 个合理的等价类,16 个不合理的等价类。

进一步就是选择测试用例了。先设计一个例子,使它能包含尽可能多的等价类,例如:"DIMENSION A(2)",它包括了合理等价类 1,4,7,10,12,15,24,28,29 和 40。

在此基础上,再设计一个或几个例子,把其余的合理等价类都包括进去,比如:"DIMENSION A12345(1,9,J4XXX,65534,1,KLM,100),BB(-65534:100,0:1000,10:10,1:65535)",这个例

子把余下的 2,8,16,19,20,22,27,30,32,33,34,35,36,39 都包括进去。

对于不合理等价类,则要一个一个地设计测试用例,如:

DIMENSION	(3)	DIMENSION (10)	(5)
DIMENSION A234567 (2)	(6)	DIMENSION A.I (2)	(9)
DIMENSION 1A (10)	(11)	DIMENSION B	(13)
DIMENSION S (4,4,4,4,4,4,4,4) (13)		DIMENSION B (4,A(2))	(17)
DMENSION B (4,,7)	(18)	DIMENSION C (I.,10)	(21)
DIMENSION C(10,1J)	(23)	DIMENSION D(−65535:1)	(25)
DIMENSION D (65536)	(26)	DIMENSION D (4:3)	(31)
DIMENSION D (A(2):4)	(37)	DIMENSION D(.:4),	(38)

显然,使用等价分类法比随机选择测试用例要好得多。当然,它也有缺点,主要是对每一类中的所有测试用例同等对待,没有考虑使用其中的高效测试用例。

4.4.2　边缘值分析法

针对上述等价分类法的不足,边缘值分析法着重考虑使用高效率测试用例的问题。从经验中可以总结出来,程序的错误往往出现在处理边缘情况的时候,所以检测边缘情况的测试用例是比较高效的。所谓"边缘情况"就是指输入等价类或输出等价类在边界上的情况,因而可以认为它是等价分类法的一种特殊情况。它的"特殊"之处主要是两点:

·它对同一等价类的所有例子不是等同看待,而是把目标放在反映该等价类的边缘情况的例子上,因而它不是从同一等价类中随意挑选测试用例,而是着重从边界情况来分析可能挑选的测试用例。

·等价分类法仅仅从输入条件进行分类和挑选测试用例,而边缘值分析法除此之外还要根据输出的情况来设计测试用例。

应用边缘值分析法需要一定的经验和技巧,还要有一定的创造性。这儿只能列举一些例子供参考。

1. 如某输入条件说明了取值范围,则可以在取值的边界附近来选取合理的和不合理的测试用例,并使不合理到合理正好越过边界。

如输入范围为: −1.0~1.0,则取 −1.001,−1.0,1.0,1.001 四个测试用例,第 1 和第 4 是不合理的,第 2 和第 3 是合理的,由 1 到 2 和由 3 到 4 正好两次跨越输入范围的边界。

2. 如一个输入条件指出输入数据的个数,则和 1 相似,可以取其范围中的最小个数、最大个数,比最小个数少 1,比最大个数多 1。

如文件可以有 1~65535 个记录,则可取 0 个,1 个,65535 个,65536 个。

3. 把 1 用于输出条件。如某个程序的功能是计算商品销售折扣量,最低折扣量为 0 元,最高可到 1050 元,则可设计一些有关商品价格的测试用例,使输出分别为 0 和 1050,还可以考虑是否能设计输出为负值或大于 1050 的例子。

需要说明的是,由于输出值的边界并不一定(而且往往是)和输入值的边界相对应,所以检查输出边界要受到一定限制,并不都是可行的。

4. 把 2 用于输出条件。如某情报检索系统对于命中文献,最多只能打印 100 篇,就可以设计打印出 0 篇,1 篇,100 篇,101 篇。

5. 如果程序的输入或输出是有序集合(顺序文件,线性表等),则应特别注意集合的第一个和最后一个元素。

为了说明问题,也举些例子。

例 1 前述有关判断三角形的程序,如果使用等价类分类法,可以随意设计一些合理的和不合理的测试用例。但如果用边缘值分析法,则在三角形两边之和大于第三边这一关系上,应设计反映

"a + b = c"和"a + b = c + 1"这两个关系的测试用例,前者作为不合理的边界,后者作为合理的边界。这样,如果程序中将表达式"a + b > c"错写成"a+b≥ c",则这一错误将被检测出来,而用等价分类法设计的测试用例,很可能就检测不出。

例2 批阅试卷程序。

假设用计算机批阅试卷并给出有关统计,现程序已编好,请用边缘值分析法设计测试用例。

文件结构如图 4.4.1 所示。

标		题		
试题数		标准答案 1 ~ 50		2
试题数		标准答案 51 ~ 100		2

   :

学 号		答案 1 ~ 50		3
		答案 51 ~ 100		3

   :

学号		答案 1 ~ 50		3

图 4.4.1

说明:文件记录为定长,长度为 80 字节,相当于一张穿孔卡片记录。

记录共分为 3 类:标题、标准答案和学生答案。

· 标题指打印时产生的成绩报告的标题。

· 标准答案由若干记录组成,每个记录的最前三位为试题数,一般为 50,最后一个记录可能不足 50。记录数之后有 6 字节空格。然后是 50 道题的标准答案,每道题一位(题目均为选择题,用一位填写 A,B,C,D 或 1,2,3,4 等)。然后是 20 字节空格。最后 1 字节为记录类型标识,标准答案为"2"。

· 学生答案和标准答案相对应,结构也基本相同,但前 9 字节

357

（标准答案中为试题数和空格）为学号。

设学生人数不超过 200 人。

程序功能为：读取每个学生答案后，按标准答案评分，最后进行统计，输出四个报告：①按学号排列的成绩报告，列出每个学生的成绩（百分制）和名次；②按成绩排序的成绩报告；③平均成绩和标准偏差的报告；④试题分析报告，按试题号排序，列出能正确回答该题的学生百分数。

本例题的输入条件有几类：第一类是涉及输入文件的，包括有文件或无文件（为空）。第二类是有关标题卡的，其边缘值是没有标题卡、最短标题和最长标题等。第三类是有关标准答案的，如试题数的合理等价类可以是 1～999，但由于每个记录只包括 50 个试题，需要考虑满 50 个试题后记录的改变，将 50 的倍数和此数加 1 也作为边缘更好，比如，可设计成 0，1，50，51，999。此外还有一些情况如：无标准答案记录、记录过多和不足（如 60 道题有 3 个记录或只一个记录）。第四类是有关学生答案记录的，应当从应试学生人数和学生的答案情况进行边缘值分析。

根据以上分析，可列出测试用例如下：

（1）空的输入文件

（2）没有标题

（3）一个字符的标题

（4）80 个字符的标题

（5）标题记录为两个

（6）试题数为 1

（7）试题数为 50

（8）试题数为 51

（9）试题数为 999

（10）试题数为 0

（11）试题数中有非数字

（12）标题记录后没有标准答案

（13）标准答案记录过多

（14）标准答案记录过少

（15）标准答案中混进学生答案

（16）0 个学生

（17）1 个学生

（18）200 个学生

（19）201 个学生

（20）有 2 张标准答案卡（记录），但有的学生只一张答案卡

（21）例（20）中的学生是第一个

（22）例（20）中的学生是最后一个

（23）有 1 张标准答案卡，但有的学生却有两张答案卡

（24）例（23）中的学生是第一个

（25）例（23）中的学生是最后一个

（26）学生答案中混进标准答案

（27）记录未排序

（28）一个学生答案记录中混进了其他学生的答案记录

再分析输出的边缘情况。实际上前面的 28 个测试用例中已经包括一些，如（1）将产生文件为空的报告，（16）、（17）、（18）将输出无学生答案、只 1 个学生成绩、有 200 个学生成绩等，还可再设计一些。此外，可以从学生的个人成绩、平均成绩和试题分析等的输出，设计如下一些测试用例。

（29）所有学生的成绩都相等

（30）每个学生的成绩都不相等

（31）部分学生的成绩相等（检查排名次功能）

（32）有个学生的成绩为 0

（33）有个学生得 100 分

（34）有个学生的学号取最小值（检查学号排序）

（35）有个学生的学号取最大值

（36）适当的学生人数，使报告恰好印满一页

（37）学生人数比例（36）再多一个

（38）平均成绩为 100（所有学生都得满分）

（39）平均成绩为 0（所有学生都得 0 分）

（40）标准偏差为最大

（41）标准偏差为 0

（42）所有学生都答对了试题 1

（43）所有学生都答错了试题 1

（44）所有学生都答对了最后试题

（45）所有学生都答错了最后试题

（46）选适当试题数，使第四个报告恰好满页

（47）试题数比例（46）再多 1

　　从这个例子可以体会到，由于程序的边缘情况常常很复杂，因而要找出适当的例子是要花费心血的。

4.4.3　因果图法

　　所谓因果图，是根据系统分析和系统设计的成果进行功能分析，对于系统的输入和输出（一般讲就是系统的原因和结果）以及它们之间的逻辑关系用图的形式表现出来。因果图法也就是分析系统中原因与结果的关系并据以选择测试用例的方法。

　　等价分类法和边缘值分析法只考虑从某一个输入预期其可能的输出，或者从输出反推其所需要的输入，但不考虑全面的输入输出关系特别是它们之间的各种组合关系。因果图法正好弥补了这方面的缺陷，因而理所当然地成为一种补充，在某些情况下，它还是其它方法难以取代的。

　　因果图法首先要画因果图，然后根据因果图、语法规则和环境限制等综合起来考虑，变换成判定表（条件表），再据以选择测试

用例。其步骤如下：

①从系统功能（包括数据流图和结构模块图）找出所有的原因（显式或隐式）

②找出系统所有结果

③对原因与结果编号

④找出原因之间、结果之间、因果之间的逻辑关系，包括因果关系与控制（约束）关系

⑤用因果关系和因果控制两种描述方法，画出因果图

⑥把因果图换成判定表

⑦根据判定表设计测试用例

各种因果关系的表示：

if (A) R;

if (not A) R;

if (A or B or…) R;

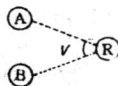

if(A and B…)R;

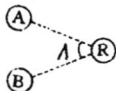

if(neither A nor B nor …)R;

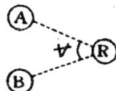

if(not (A and B and…))R;

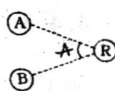

说明：左结点表示原因，右结点表示结果。

各种控制关系的表示为：

E：A，B，…中至多取 1

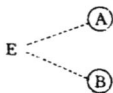

I：A,B,…中至少取 1

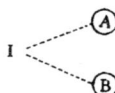

O：A，B，…中必取且仅取 1

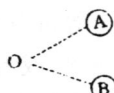

R：取出 A 时必定取 B

M：取出 A 必不取 B

说明：控制关系用虚线表示。

例子:change 程序检测

change 是编辑软件中的一个子命令,其功能是用一新的字符串取代文件中旧的字符串。

格式:change/串 1/串 2

其中,空格" ":1~n 个空格

串 1:1~30 个字符("/"除外)

串 2:0 或 1~30 个字符

功能:用串 2 取代串 1,如串 2 为 0,表示将串 1 删除。

输出:命令成功后,在终端打印出修改后的行;当前行中找不到串 1,打印" NOT FOUND";命令语法有错,打印"INVALID SYN-TAX"。

因果图(图 4.4.2):

① 'C'后有一个以上空格,头个非字符空格为'/'

② 命令串中正好有两个'/'

③ 串 1 长度为 1

④ 串 1 长度为 2~29

⑤ 串 1 长度为 30

⑥ 串 2 长度为 1

⑦ 串 2 长度为 2~29

⑧ 串 2 长度为 30

⑨ 当前行中有串 1

⑩ 串 2 为 0

㉑ 合格串 1

㉒ 合格串 2

㉓ 合格命令串(有串 2)

㉔ 合格命令串(串 2 为 0)

362

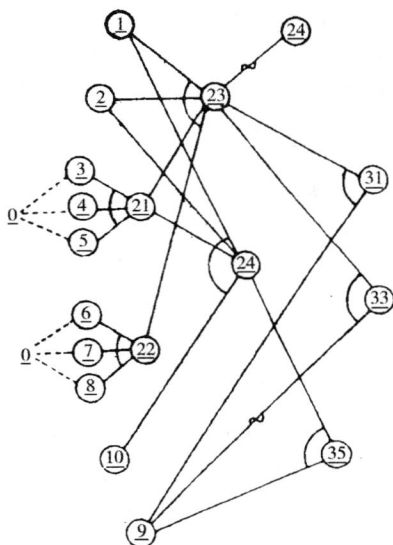

图 4.4.2

㉛打印修改后的行,当前行中串 1 为串 2 取代

㉝打印"NOT FOUND"

㉞打印"INVALID SYNTAX"

㉟打印修改后的行(删去串 1)

根据因果图,得出判定表(表 4 - 4 - 2)。其中 1 ~ 10 行为输入,31 ~ 34 行为输出。

表 4 - 4 - 2

	1	2	3	4	5	6	7	8	9	10	11	12	13	14	15	16	17	18	19	20	21	22	23	
1	X	X	X	X	X	X	X	X	X	X	X	X	X	X	X	X	X	X	X	X	X		X	1
2	X	X	X	X	X	X	X	X	X	X	X	X	X	X	X	X	X	X	X			X	X	2
3	X	X	X							X	X													3
4				X	X	X							X	X	X									4
5							X	X	X							X	X	X			X	X	X	5
6	X			X				X			X				X			X						6
7		X			X			X			X				X			X						7
8			X			X			X			X			X				X	X		X	X	8
9	X	X	X	X	X	X	X	X	X														X	9
10																							X	10
31	X	X	X	X	X	X	X	X	X	X														31
32										X	X	X	X	X		X	X	X						32
33																			X	X	X	X		33
34																							X	34

有了判定表,设计测试用例就简单方便了。这儿不再列出,读者可自己设计。

4.4.4　错误推测法

它指的是,测试人员凭借经验或直觉来推测程序中可能存在的错误,从而有针对性地编写检查这些错误的测试用例。

错误推测法没有确定的步骤,很大程度上是凭经验进行的,如输入数据为 0 或输出数据为 0 易发生错误。又如,输入表格为空或只有一行也容易发生错误,因而可以选择这些情况作为测试用例。

例如:对于排序程序,有:

①输入表为空

②输入表只一行

364

③输入表所有的行都具有相同的值

④输入表已排好序

再如:对于二分法查找,有:

①被查表只一行

②表有 2^n 行

③表有 2^{n-1} 或 2^{n+1} 行

4.4.5　综合策略

　　白盒法、黑盒法各有其运用范围,且都有不足之处,同时它们中的各种方法也各有其优点与不足。一般讲,没有一种方法能提供一组完整的测试用例,因而需要综合运用,即把选择测试用例的各种方法结合起来,形成一些综合性的策略。当然具体应用时还要根据客观条件而灵活处理,比如,不了解程序内部的具体逻辑处理流程是无法使用白盒法的,程序的功能说明中没有输入条件的组合,也就不能使用因果图法,等等。

　　根据各种方法的特点和前人经验的积累,这种综合策略有如下几点。

　　1. 任何情况下,都需要用边缘值分析法。

　　2. 必要时再用等价分类法补充些例子。

　　3. 再用错误推测法。

　　4. 如果能使用白盒法,则可检查上述例子的逻辑覆盖程度,如发现不够,可再增加例子以使逻辑覆盖尽可能全面。

　　5. 如功能说明中含有输入条件的组合情况,则可在一开始就先用因果图法。

　　总之,把大多数方法选择出来作为测试用例综合使用,其效果是最佳的。

　　实例:在白盒法中举过的发放奖励工资的例子,也可以从系统功能出发,用黑盒法来做。

先用边缘值分析

以下按输入分析
(1)职工表只有 1 记录
(2)职工表有最多记录(设为 65535 个)
(3)职工表有 0 个记录
(4)部门表只有 1 记录
(5)部门表有最多记录(设为 65535 个)
(6)部门表有 0 个记录
(7)销售量最大的部门有 1 个职员
(8)销售量最大的部门有 65535 个职员
(9)销售量最大的部门没有职员
(10)所有部门的销售量相等
(11)部门表中头个部门销售量最大
(12)部门表中最后 1 个部门销售量最大
(13)部门表中头个职员在销售量最大的部门工作
(14)部门表中最后 1 个职员在销售量最大的部门工作
(15)销售量最大的部门中 1 职员是经理
(16)销售量最大的部门中 1 职员不是经理
(17)销售量最大的部门中 1 职员(非经理)工资为 14999
(18)销售量最大的部门中 1 职员(非经理)工资为 15000
(19)销售量最大的部门中 1 职员(非经理)工资为 15001
以下按输出分析
(20) errcode = 0
(21) errcode = 1
(22) errcode = 2
(23)增加后的工资为最大值 100000
以下为错误推断法

366

(24)部门表中,在销售量最大但没有职员的部门之后,有1销售量最大但有职员的部门(查在 errcode ＝ 2 后程序是否会错误地停止)

根据以上各种情况,编写测试用例于下:

例子	输入	输 出
1.	esize ＝ 0 dsize ＝ 0	errcode ＝ 1, esize, dsize, emptab, deptab 均不变
2.	esize ＝ 0 dsize ＞ 0	同 上
3.	esize ＞ 0 dsize ＝ 0	同 上
4.	dsize ＝ 5 esize ＝ 4	errcode ＝ 2, dsize ,esize,deptab 不变

emptab	deptab	emptab
赵 M 042 21000.00	042 1000000	赵 M 042 21100.00
张 M 095 12000.00	032 800000	张 M 095 12100.00
李 E 042 10000.00	095 1000000	李 E 042 10200.00
丁 E 095 16000.00	044 1000000	丁 E 095 16100.00
王 E 032 14000.00		王 E 032 14000.00

5. esize ＝ 3 dsize ＝ 2   errcode ＝ 0 esize,dsize ,deptab 不变

emptab	deptab	emptab
王 E 036 14999.99	033 554000	王 E 036 15199.99
李 E 033 15000.00	036 554000	李 E 033 15100.00
赵 E 033 15000.01		赵 E 033 15100.01

6. esize ＝ 1 dsize ＝ 1   errcode ＝ 0 esize,dsize ,deptab 不变

emptab	deptab	emptab
王 M 099 99999.99	099 990000	王 M 099 100000

7. esize ＝ 2 dsize ＝ 2   errcode ＝ 2 esize,dsize,deplab 不变

emptab	deptab	emptab
王 E 067 10000.00	066 200000	王 E 067 10200.00
赵 E 022 33000.00	067 200000	赵 E 022 33000.00

和使用白盒法编写的测试用例对比,可以看出,这些测试用例

比白盒法编写出来的覆盖面更广，在这种特殊情况下，不用白盒法做补充是可以的。

第五节　测试过程

按照《开发规范》，整个测试过程是分三步进行的，即：单元测试、组装测试和确认测试。

4.5.1　单元测试

有关单元测试的任务、要求等，在本章系统实现中已有部分讲述，不再重复，这儿仅作些补充。

单元测试的具体内容包括：

·模块接口；

·局部数据结构；

·程序的执行路径，包括计算和运行控制；

·程序的错误处理能力。

以上几方面中，不论是逻辑上的错误还是编写上的错误都要检查出来。

由于了解程序内部的具体逻辑结构，且程序单元（模块）一般均篇幅不大，因而单元测试主要使用白盒法，然后用黑盒法补充测试用例。

单元测试通常有两种方法，即代码审查法和测试软件法。

1.代码审查　也就是通过审查程序，具体分析其中错误，这当然是由人工进行的。正式的审查一般由多人组成小组（包括程序的设计人员、编写人员和测试人员），通常采用会议方式进行审查。非正式审查则由程序编写人员自己进行。

代码审查只负责找出程序中的错误，至于修改错误的工作应由原来的编程人员承担。

代码审查可以通过阅读程序(包括设计人员和原编程人员的介绍、解释)的方式进行,还可以采用手工模拟计算机运行的方式(通常叫"预排"或"手走"),即设计一些比较简单的、易于手工执行的测试用例,按照程序一步步地执行,从而发现是否有错。人工模拟较之计算机运行有其优越性,即执行一次可以发现多个错误,而计算机实际执行时,一个测试用例在发现一个错误之后就不能继续进行了,需要将其改正后才能进行下去。这两种方法是相辅相成的,也是相当有效的。有人认为,对于典型的程序,综合使用这两种方法可以发现30%~70%的错误。

代码审查特别需要认真、细致和耐心。

2. 测试软件需要编写测试用例,在运行中检测。

对每个模块进行测试时,要考虑到数据的输入、输出和调用其它模块的问题,即如何输入模块所需要的数据,检测模块对外界的输出是否正确,调用其它模块的情况。

涉及调用其它模块时,需要设计桩模块(支持模块、存根模块)来模拟被调模块。它不像真正的被调模块那样复杂,只要能够为测试模块所调用,并返回测试模块所需要的数据即可。除了最底层的模块外,编写桩模块是很经常的。

涉及本模块被其它模块调用时,考虑到在进一步的测试中本模块与调用模块的正确联结,需要设计驱动模块来模拟调用模块。它也像桩模块一样,尽可能简单,只要能传输调用数据给本模块并按要求将其激活,而在本模块运行结束时能接收本模块返回的数据就可以。

4.5.2 组装测试

1. 任务

《开发规范》中规定的任务是:"根据概要设计中各功能模块

的说明及制定的组装测试计划,将经过单元测试的模块逐步进行组装和测试。"

换言之,本阶段的任务是两项:一是将各个通过单元测试的模块联结起来,形成一完整的、可运行的程序系统。这就是组装,也叫"联调",在一般情况下,各个模块不经过组装是不能自动联结成一个可以运行的系统的。第二是对组装好的系统进行测试。一般说来,通过单元测试的各个模块联结起来之后,常常会存在错误,因而需要测试。

2. 实施步骤

①执行测试计划(组装测试计划是在概要设计阶段制订出来的)中所有要求做的组装测试。

②分析测试结果,找出产生错误的原因。

③提交组装测试分析报告,以便尽快修改错误。

④评审。即在经过多次测试和修改后,未发现系统的错误,组装测试的任务完成,因而提出评审。

3. 实施要求

①组装测试应保证模块间无错误的连接。

②应对软件系统或子系统的输入/输出处理进行测试,使其达到设计要求。

③应测试软件系统或子系统正确处理能力和经受错误的能力。

综合以上三点要求,组装测试的主要内容为:通过模块间接口的数据是否丢失;一个模块的运行会不会破坏别的模块的功能;一些模块组合之后所形成的总功能是否保持系统设计的要求;全程数据在程序运行中能否保持正常;几个模块运行后的误差积累是否超过规定范围;单元测试中尚未查出的错误等。

4. 完成标志

所指定的文件要齐全,测试结果符合要求,并通过评审。应交付的文件有：

　　a. 可运行的软件系统源程序清单；

　　b. 组装测试分析报告。

　　5. 测试方式

　　由于在测试中把各个模块联结起来的方式不同，因而组装测试有非渐增式测试和渐增式测试两种方式。

　　所谓非渐增式，即先对系统的各个模块无序地、个别地进行测试（可以一个一个地进行，也可在多个计算机上同时进行），然后再合在一起测试。

　　正如在单元测试中所提到的，对每个模块测试前，需要设计驱动模块或桩模块或两者都需要设计。

　　可以看出，组装测试的第一步和单元测试很难区分，事实上可以把两者有机地结合起来，在单元测试中已经做过的，在组装测试中就不必做了。

　　所谓渐增式，即把各模块合在一起时，不是一步完成而是分为若干步完成，开头先测试少数几个模块，然后逐渐加多，直到把所有模块都合在一起为止，而且模块的逐步增加是有序的。这种方式更利于把单元测试和组装测试适当结合起来。

　　非渐增式和渐增式的区别可用图具体表述于下。

　　设一系统有 A、B、C、D、E、F 共 6 个模块，其结构如图 4.5.1。

　　若为非渐增式，则分别测试 6 个模块，然后按结构图联结起来进行测试。

　　若为渐增式，则可以有几种办法。其中之一是：先测 D、E，再合起来测 B；再测 F，然后合起来测 C；最后测 A。

　　两种方式优缺点的比较如下：

　　·非渐增式要有更多的驱动模块和桩模块，花费在编程上的时间要多。

　　·渐增式可较早地发现接口错误，有利于排错。

·渐增式使一些模块多次被测试,因而较为彻底。

·渐增式使某些模块多次被测试,需要机时可能多。

·非渐增式可并行测试模块,速度较快;渐增式只能串行,因而速度较慢。

可以看出,一种方式的优点正好对应于另一种方式的缺陷。但总的看,渐增式比非渐增式要优越。

渐增式又有自顶向下联结（结合）和自底向上联结（结合）两种方法。上面所举 6 个模块进行渐增式测试就是自底向上的例子。而从模块结构图的顶端开始,逐层向下联结,就是自顶向下。它们也各有优缺点,比如,自顶向下方法不需要设计驱动模块,同时在测试的早期就可检测系统实现主要功能的情况,及早发现接口错误;而

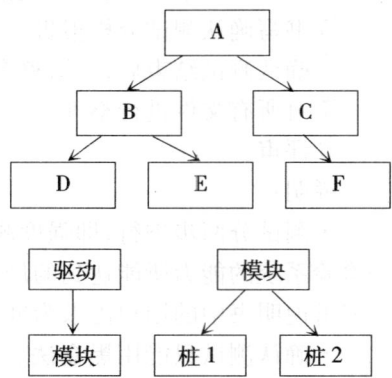

图 4.5.1

自底向上方法的弱点恰好在这些方面,同时自底向上恰好不需要设计桩模块,同时设计测试用例一般也比较容易。实际上需要把两种方法结合使用。

4.5.3 确认测试

1.任务

确认测试,有的又叫验收测试,在《开发规范》中所规定的任务是:"根据软件需求说明书中定义的全部功能和性能要求及确认测试计划测试整个软件系统是否达到了要求,并提交最终的用户手册和操作手册。"

2.实施步骤

①在模拟的环境中进行强度测试,即在事先规定的一个时期内运行软件的所有功能,以证明该软件无严重错误。

②执行测试计划中提出的所有确认测试。

③使用用户手册和操作手册,以进一步证实其实用性和有效性,并改正其中的错误。

④分析测试结果,找出产生错误的原因。

⑤书写确认测试分析报告。

⑥确认测试结束后,书写整个项目的开发总结报告。

⑦对所有文件进行整理。

⑧评审。

说明:

·测试分两步进行,即强度测试和功能、性能测试。强度测试是检验系统的能力所能达到的最高限度,功能、性能测试则是以软件需求说明书中的用户需求为准,按确认测试计划进行的。

·确认测试只能用黑盒法。在组装测试的基础上,通过对系统的输入和检测系统的输出来进行。

·如果确认测试查出了系统的错误,则需要对系统进行修改,并对修改后的系统再测试,如此循环,直到未查出错误为止。修改会涉及系统分析和系统设计,因而是相当复杂的,工程量也是大的。

·本阶段的评审是对整个软件系统开发工作的评审。由于软件不可能离开硬件运行,因而确认测试必然要涉及软件和硬件的配合问题。如果评审通过,那就意味系统可以投入实际运行,即可以把系统交付甲方,进入系统的运行维护阶段。

3.实施要求

①必须邀请客户一起参加确认测试。

②全部系统存贮量、输入及输出通道,以及处理时间必须有足够的余量。

③对于一次操作时间长于24h的系统来说,强度测试的最少时间须是25h,对于一次操作时间短于24h的系统来说,则最少测试时间应是完成该任务所需时间与完成本标准的测试要求的时间之较长者。

④全部预期结果、测试结果及测试数据应存档保留。

⑤建立独立的测试小组进行确认测试。

说明:要求中特别强调测试和开发分离的原则和确认测试的独立性,强调邀请甲方参加确认测试。因为只有这样,才能充分保证测试的质量,才有利于系统的顺利移交。

4. 完成标志

所指定的文件要齐全,可验证。应交付的文件有:

a. 确认测试分析报告;

b. 最终的用户手册和操作手册;

c. 项目开发总结报告。

4.5.4 小结

就开发过程所花费的时间而言,测试过程所占比例最大,工作的难度也不小,但又必须做好。现列表4-5-1于下,以作小结:

名称	测试依据	目标
单元测试	模块功能说明、流程图、代码	发现编程错误
组装测试	模块结构图、模块功能说明、组装测试计划	发现设计错误、接口错误
确认测试	需求说明、确认测试计划	发现分析错误

表4-5-1

可以看出,最早的错误,最后才能发现。它从一个侧面强调了系统分析和系统设计的重要性。

从上述各种方法中还可以看出:软件测试还处于一种技巧阶段,理论上并不十分成熟,还需要发展,还需要提高。

第六节 图书馆自动化软件的测试特点和质量评价

4.6.1 测试和评价的关系,对图书馆自动化系统软件质量的基本要求

测试和评价并不是同一事物,它们的目的不同,进行工作的依据也不一样。测试作为软件系统开发过程中的一个必经阶段,是一个规范的名称并有其明确的含义,其目的是尽可能多地发现软件中的问题和错误,判断系统是否达到系统分析和系统设计的要求,能否投入实际运行,它依据的是开发过程中所确定的系统目标、功能、性能、模块接口和算法等。评价则是一个没有准确定义的、带有一定模糊性的概念,可以理解为根据图书馆服务和图书馆自动化对软件系统的要求对某一具体的软件质量进行评价,它常常需要将被评软件和其它图书馆自动化软件进行比较,找出被评软件的优缺点,也包括在一组软件系统中评定各个系统的质量等级。

但是测试和评价又是紧密相关的。测试是进行评价的重要基础,不了解、不分析和研究测试的结果是无法作出正确评价的。通过评价则可以促进软件系统的开发工作(包括测试工作)向提高质量的目标前进,可以促使开发人员更加重视测试工作。

我国图书馆自动化软件系统的评价工作相当薄弱,效果也不明显,原因是多方面的,但缺乏规范的测试工作的基础,因而评价难以准确、深入和中肯,则是其中的一个重要原因。在当前,重视测试工作,同时正确开展质量评价,是提高图书馆自动化软件系统质量的重要措施之一,也是促进软件商品化的一项基础工作。

进行软件质量评价的根据是对软件质量的要求。在前面有关

编码的内容中,已经论述了对编码质量的基本要求,如可靠性(此处还包括安全性,如防病毒)、可读性、可测试性、可维护性等,这些也应当是软件质量的基本要求。此外,还有如下几个方面对于图书馆自动化系统的质量也是同样重要的,它们是:

· 系统功能应当最好地满足图书馆业务和管理工作的各方面需要。

· 系统应当全面满足图书情报工作标准化的各项要求。

· 效率,指能否有效地使用计算机软、硬件资源,包括时间和空间等。

· 易理解性,编码的可读性是它的一个重要方面,此外,系统的人—机界面简明清晰,用户易于操作和使用,即通常所说的用户界面友好,也是另一重要方面。

· 还有的提出先进性、实用性、可扩充性、开放性等。但这几条中,有的在前面几条中已经包括了,不过名词不同而已,比如一个图书馆自动化软件系统能够很好地实现上面的各项要求,它必然是先进的和实用的,可扩充性和易维护性也难以区分,只有开放性有新意。所谓开放性,主要指:①所研制的系统对于硬件和系统软件的依赖性小;②系统留有余地,易于扩充功能和升级。

4.6.2 图书馆自动化系统的测试和质量评价的特点

上面有关系统的质量要求中,实际上已经涉及一些图书馆自动化系统的特点,如满足图书馆业务和管理工作的需要,满足图书情报工作标准化等。具体说有如下一些方面。

1. 软件测试的基本特点

字符型数据为主;数据量大且数据结构复杂;数据库的测试和评估与程序同样重要;由于资源共享和图书馆工作的规范化,提出软件的通用性要求,从而对软件测试也有很大影响。

文献管理自动化系统评价的关键问题:确定评价标准,在此基

376

础上建立一个比较全面的、合理的评价方法和评价指标体系。

2. 系统功能的规范

由于图书馆自动化软件系统要求通用性，因而需要规范软件的基本功能，在图书馆界达成共识。在系统分析阶段确定系统功能时，不仅要从一个图书馆的实际需求出发，还必须考虑到一般图书馆功能的规范要求。而在测试阶段使用黑盒法时则需要适当参照这种功能规范。至于对系统的评价，则必须以功能规范为重要依据，如果不合乎规范，即使系统的功能强大或很有特色，也难以评定为高质量的。

目前我国图书馆界对规范系统功能已有基本共识，但还没有形成正式文件，还有许多工作要做。特别在图书馆面临转折，需要进行变革，重新界定系统功能的情况，制定规范文件就更加需要。规范文件的体系结构可以设想为三个层次，即：软件系统的质量评价标准；比较全面的、合理的评价方法；比较完善的评价指标体系。

3. 坚持标准化

标准化对于图书馆自动化软件开发有重要意义，测试工作当然一定要测试系统能否达到标准化的要求。其中重要的一点是，测试用例应当体现图书情报工作标准化的要求，比如，其覆盖面应当包括：

①各种文献类型如图书中的专著、连续出版物和集合等；

②全面实现 MARC 的要求，如所有字段、所有子字段、各种指示符、各种代码和代码字段、重复和不能重复字段等等；

③ ISBD 和规范的有关编目工作的要求，如题名、责任者、标准书号等和有关的标点符号；

④中图法所有大类的全面覆盖。

这些测试用例可以检测软件对数据的处理能否达到标准化要求，也可以检测录入数据是否合乎标准。

软件质量评价更要全面考察系统的标准化程度，除数据标准外,还有软件开发标准、数据库建设标准、字符编码标准、网络标准等等。

4. 边缘值选取问题

边缘值选取是黑盒法的重要手段,需要在测试中认真应用。但这方面经验不多,特别需要积累和总结。可以考虑在记录长度(最长,超长,最短等)、字段长度、字符类型、规定代码、文件长度等方面选择例子。

5. 标准测试库和测试用例

根据前述的图书馆自动化系统测试的特点和我国目前测试工作的实际情况,可以考虑为测试建立标准测试库和选定标准测试用例,这对于加强测试工作和保证测试质量,对于做好软件质量评价工作,都是很有意义的。

我国目前有相当数量的图书馆已经建立了自己的书目数据库,其中不少中文图书的书目数据库还是基本按我国的标准CNMARC建立的。但也还有相当数量的并不符合标准,同时各馆的数据库规模差别很大,内容也有相当的不同。在这种情况下,即使严格按照《开发规范》和大家认同的科学方法通过各馆自己的数据库进行测试,也难以保证测试的结果是相当准确的。正如考试一样,公平的考试首先体现在考题的统一上,测试最好也面向同一个数据库,才能充分说明不同软件的测试结果的差别的确反映了软件质量的差别。数据库的容量同测试软件的质量是有关系的,在大容量数据库中运行,软件的某些问题就容易暴露出来。所以标准测试库内的记录首先要有相当的数量。此外,本节"坚持标准化"中所涉及数据库需要覆盖的范围,也是应当重视的。

有了标准测试库,就可以从中选择出一批测试用例,作为标准测试用例,测试结果的合理性和准确性就更有把握了。

总之,它的好处是:统一要求,公平合理;节约测试阶段的重复劳动,提高效率;真正评价出不同系统的质量。

思考题

1. 如何正确认识系统实现的恰当位置和作用？

2. 编码质量的主要要求有哪些？

3. 总结自己编程中的经验教训，加深对结构化编程和重视和谐编写风格重要性的体会。

4. 系统测试的重要性何在？如何理解系统测试的目的？

5. 测试用例在系统测试中的重要意义是什么？选择测试用例的方法有几种？各有哪些优缺点？

6. 为什么系统测试要分三步进行？

7. 对软件质量进行评价的要点是哪些？系统测试和软件质量评价的相互关系是什么？

8. 选择文献管理自动化系统的测试用例需要注意哪些问题？

9. 为了评价文献管理自动化系统，当前需要解决的问题是什么？

第五章　图书馆自动化系统的使用和维护

第一节　保证系统正常运行需要解决的问题

当硬件和软件配备齐全,一个图书馆自动化系统便建立起来,可以开始运行了。从软件工程的角度考虑,这意味着系统开发已经完成,将开始软件生存周期的一个新阶段,即系统使用维护阶段。不少人对此常常会产生错觉,认为建立一个系统特别是开发(或购置)软件是相当困难的,是花费了很多精力的,现在是大功告成。至于运行系统,那就相当简单,反正有人操作就行了。由于软件工程的实践不够,软件工程的思想尚未深入人心,这种重开发、轻维护、重建立、轻运行的思想在我国不少人的头脑中是存在的,在图书馆界中可能更广泛一些。然而事实上,保证图书馆自动化系统的正常运行同样是一项艰巨的任务,需要进行多方面的工作,解决一些重要的问题。具体说有如下五个方面。

5.1.1　搞好系统维护

根据系统工程和软件工程的观点,交工并不是工程的结束,而是工程的另一个新阶段的开始。这个阶段的任务就是进行系统维护。对于图书馆工作而言,图书馆自动化系统开发完成、投入使用后,不论硬件、软件都有维护问题,不进行维护将因出现故障而无法运行。

380

从硬件方面讲,机器是需要维护的,硬件维护工作做得好,就能减少甚至消除故障,延长设备的使用时间,而在故障发生后,可以及时排除故障,以保证系统的正常运行。有的图书馆自动化系统投入运行后,由于重视维护工作,计算机一直无故障地运行了八九年。相反,有的由于没有注意维护,机器故障不断,使用不久便报废了。

硬件维护的主要内容有:

■常规性维护 如经常的清洁卫生工作,防尘、防潮、温度调节等。对于小型机和它以上的计算机,在机房建设时对这些就有相当严格的要求,对工作人员进入机房也有比较严格的规范,关键是严格执行有关规章制度,保持计算机正常运行的良好环境。对于微机,机房建筑要求不那么严格,但工作人员同样要自觉爱护设备,保持良好的机器运行环境。又如要求上机人员一定要正确操作计算机和切忌带破坏性的错误操作(如接错电源,运行时按错关键性的按钮,不了解操作规程就随意运行系统等)。再如对各种设备的定期检查维护等。

■故障处理 计算机和其它设备有时会出现故障,如机内电源烧坏、保险烧断、打印头断针、打印电路被烧坏、硬盘引导块不能工作或工作不正常等,导致系统不能正常工作。都需要及时查出故障原因,加以排除。

■防病毒 所谓病毒是一种计算机程序,它能侵入计算机内部,成为藏身于硬盘、软盘的文件,并在计算机启动后驻留内存,它可以自我繁殖、传播,激发时(激发的机制因病毒类型不同而不同)便攻击、破坏已有的程序或数据,甚至破坏硬盘和软盘,使得程序不能正常运行,数据无法使用,严重的甚至破坏了操作系统,使机器不能运转。病毒的产生,从理论上讲来源于"程序复制机理",即程序能够自我复制。自从1983年弗雷德·科恩研制出并证实了这种破坏性的程序及1985年IBM PC机上出现"特洛伊木马"病毒以来,我国在 1988 年底开始发现"小球"病毒。到 1994 年,据不完全统计,世界上发现的病毒已达 2000 多种,其中常见的超过 1000 种(有的记载了 1152 种)。近 10 年来,病毒的种类日益增多,危害性也越来越大,给计算机用户造成程度不同甚至是严重的损失,例如 1988 年 11 月 2 日发作的莫里斯病毒,使 Internet 网上的约 6000 台计算机停止了运行,直接经济损失达 9600 万美元。病毒发作后,其研制者莫里斯本人也无法控制。计算机病毒已经成为一种严重的计算机公害,特别需要引起重视,注意防范。

一些人热衷于制造计算机病毒,主要有如下原因:炫耀个人的聪明才智,进行游戏和恶作剧;出于商业目的,对生产出来的软件的自我保护;蓄意破坏;军事目的。因而计算机病毒日益发展和扩大。由于病毒的传染性大,又具有寄生性、隐蔽性、潜伏性等特点,所以不易被发现,造成的危害就更大。病毒的传播主要由于复制(copy)程序,在复制过程中病毒乘机侵入复制者的软盘或硬盘。所以,防止病毒首先在于复制软件时一定要小心谨慎,通过正规渠道获取软件,不清楚底细的软件决不要复制。此外,目前还有各种防病毒软件,有的固化成防病毒卡,有的存储在软盘上;有的侧重于预防,不让病毒入侵;有的则侧重于检查计算机(具体是软盘、硬盘和内存)是否感染了病毒,如已感染,则将病毒清除。它们各有其优缺点,需要根据自己的实际情况采用。一般讲,经常检查计算机是否感染病毒(包括检查在别的计算机上运行过的软盘)是很必要的。

在网络的环境下,病毒更容易侵入,危害更大。Internet 正在研究的热点问题之一就是检测并发现病毒的入侵,以及向网络用户报警和清除之。

软件维护需要更多的时间,据估计一般比开发期还要多,约占 60% 以上,而且还在增加。但对于软件维护的必要性和重要意义的认识却有一个过程,直到 70 年代后期,软件界的注意力还集中于开发阶段,80年代中期才开始重视维护工作。至于一般人对此的理解就更差了,比对硬件维护的认识更差。然而事实上,软件比硬件更需要维护。一般讲,机器买来就能够正常运转,所谓硬件维护是一种保养性的,只在部件损坏时才涉及更换部件,即使这样也不涉及修改机器的问题(升级换代、提高性能除外,但那已不属于一般维护范围了)。而软件却不是这样,正如在测试中所说明的,软件在编写出来后,即使经过三个阶段的测试,也不能保证软件没有错误,有些在测试中隐藏下来的错误,经过多次运行可能就会发作。出现了错误,就要对软件进行修改,这叫修改性维护或改正性维护。在运行过程中,主要由于计算机软、硬件的迅速变化,实际的运行环境比开发时设想的常常会有不同程度的改变,影响到系统的运行,从而引出对软件进行修改的需要,这叫适应性维护。还有,用户通过系统运行之后,对于需求分析中所确定的系统功能可能会产生改动的要求,这种要求也更会导致修改软件,这叫完善性维护。最后,还可能为了改进软件未来的可维护性或可靠性,或为了给未来的改进打下更好的基础,从而对软件进行修改,这叫预防性维护。据国外专家统计,四种维护中,修改性维护约占21%,适应性约占25%,完善性约占50%,而预防性等只占4%。以上是就一般软件说的,对于图书馆自动化系统,由于是一个相当复杂的系统,更由于我国图书馆在建筑结构、组织机构、工作规范和服务要求等各方面存在不同程度的差异,适应性和完善性维护更是经常的、大量的。所以软件维护和硬件维护是有一定区别的,硬件维护一般只是保证系统的正常运行,并不会提高或加强系统的功能(硬件升级换代除外),而软件维护却常常导致系统功能的增强和扩充。不进行软件维护,系统的功能将无法充分发挥,甚至系统将不能工作。

硬件的经常维护是由图书馆自己负责的,软件维护则是软件开发部门承担任务的一部分,不过图书馆需要注意和乙方的配合,需要发挥自己的主动性,才能做到维护及时,保证维护的高质量,以充分发挥维护的作用。

5.1.2　重视数据库建设

对于图书馆自动化系统,数据库建设有着特殊的意义和重大的作用。没有完全满足工作需要的各种数据库,特别是书目数据库,图书馆的自动化系统是无法工作,无法为读者服务的。

图书馆的数据库建设又有其显著的特点,即它的结构和内容复杂,工作量极大,特别是它需要长期地、经常地、坚持不懈地进行下去。这是由于系统运行之初,一般不可能把图书馆的全部数据都输入数据库内,还需要在系统运行的过程中进行大量的数据转换工作,同时,大量的新数据又将源源不断地增加,此外,还可能需要增设新的数据库。在这点上,数据库建设和硬、软件有很大的不同。硬、软件一旦在确认测试以后就是开发工作完成了,尽管在运行期间有维护问题,但那是另一个新阶段的开始。而数据库建设却远没有完成,还有大量工作要做。对于有的系统,其数据库建设甚至是在运行中开始进行建设的。所以,绝不能认为运转就万事大吉了。

数据库的质量就是数据库的生命,而要保证质量并不是轻而易举的,需要做艰苦细致的工作。这就更增加了任务的艰巨性。

在我国图书馆自动化系统建设的初期,这方面的经验教训是不少的。当时的多数系统开发出来之后,由于没有相应地建设起数据库,以致系统通过鉴定之后,只能束之高阁。"鉴定通过之时,就是系统完结之日"竟成为当时相当流行的口头语。

5.1.3　关心系统的发展和升级

计算机软、硬件发展迅速,图书馆自动化系统也随之不断改进和升级换代,不可能开发出来后就一劳永逸。有这样一种看法,硬件一般 5 年左右就将换代,软件大约 10 ~ 15 年也将换代,只有数据应当是百年不变的。80 年代中期引进我国的以 8088、8086 芯片制成主机板的个人计算机(PC),到今天已经经历了 286、386、486 进而到奔腾(586)盛行的发展变化,目前还有更新的个人计算机即将问世。支撑图书馆自动化系统的计算机操作系统也由磁盘操作系统(DOS,它本身又由第一代向第六代逐步发展)向视窗(WINDOWS,它也在不断升级)的日渐推广而演变。图书馆应用软件所使用的编程语言也由 BASIC、COBOL、C、C + + 发展到更新、更有力的语言。所以,应当关心发展动态,进行必要的更新,才能使系统保持优良品质。即使不是整个计算机的换代,至少部分更换其中的元部件(比如内存的扩展、硬盘的扩容、加配光盘驱动器、加快光盘驱动器速度等),也是必不可少的。

此外,由于新技术在不断发展,由于图书馆的职能和服务内容将随着信息时代的发展而发生很大变化,图书馆自动化系统要适应这些情况,必然也要发展。目前可以预见到的最终方向是电子图书馆,中间可能有若干阶段。

因此,不重视系统的改进,不注意系统的升级换代,老化了的系统将无法完成其所负担的任务。而要做到这点,也是相当艰巨的。

5.1.4 加强科学管理

对系统进行科学管理是保证系统正常运行的重要条件之一。图书馆手工系统的科学管理在今天已经引起很多人的重视,认为没有科学管理,图书馆是搞不好的。同样,图书馆自动化系统更需要科学管理,没有科学管理也是搞不好的。

然而对图书馆进行科学管理并不简单,到今天图书馆管理已经发展成为图书馆学的一个分支学科,有许多问题正在进行研究。其中的重点之一就是图书馆自动化系统的管理和图书馆管理的自动化,这两者是密切相关的。

对图书馆自动化系统进行科学管理是一项复杂、艰巨的任务。涉及计算机系统本身的管理,计算机操作和手工操作的协调和配合,组织机构和各类人员的协调,有关计算机管理人员的政策等问题。由于我国图书馆自动化开始较晚,到目前还不十分普及,管理经验缺乏,因而存在问题还是比较多的。比如图书馆使用自动化系统后,必然引起组织机构、人员职责和素质、能力要求的变化,需要进行一定的改革,但对此研究不够。又如一些图书馆有关自动化系统的规章制度中,软件工作的特点体现不够,把自动化系统的管理人员和传统图书馆面对读者的服务人员在作息制度上同等要求等。只有解决好这些问题,搞好科学管理,系统才能正常运行,并得到高效率的发挥。

5.1.5 抓紧队伍建设

组成图书馆自动化系统的五个部分中,人员是最重要、最关键的。没有人,系统根本无法运转;没有良好服务态度和精湛业务的图书馆员,再好的系统也不能充分发挥作用,满足读者的需求。可以说,人员在系统的管理和维护中起决定作用,必须建立起一支高素质的专业队伍,才能维持系统的正常运行。

建立图书馆自动化系统对图书馆工作人员的业务素质提出了新的要求。第一章第三节中曾讨论了信息时代对图书馆员的要求是"全球信息处理、信息研究和分析的专家,又是某一方面或某些方面专业的专家,还是熟练掌握计算机技术的专家,而且要把这三方面很好地结合起来"。这应该是我国图书馆员的未来努力方向,但显然不能作为当前对图书馆员的现实要求。在我国已建立了或即将建立自动化系统的图书馆中,对一般图书馆员至少应要求两点:一是具有图书馆现代化、自动化意识,具有全球信息网络革命环境下的图书情报观念;二是具有计算机(包括网络)在图书馆应用的初步知识。只有这样,他们在图书馆自动化系统的建立过程中,才能自觉地从自己的工作岗位上进行积极配合。而在系统建成运行后,才能让系统充分发挥作用。当然,对于不同工作岗位图书馆员的计算机应用知识的要求应当是分层次的,对那些直接应用计算机进行管理和服务的就要求在工作中能熟练运用,而对自动化系统进行维护和管理的要求就更高。

我国图书馆中大多数图书馆员距这一要求还有不同程度的差距,特别是思想观念的转变更不是轻而易举的。由此可以看出,教育好全体图书馆员,建设好一支高质量的精干队伍,同样是很艰巨的任务。

5.1.6　提高思想认识

从上述五方面可以看出,系统工程的观点是正确的、维持系统正常运行的确是很艰巨的任务。但我国图书馆界中重开发、轻维护的思想相当普遍,有的还较为严重。这种思想的主要表现是:

■不重视经费的投入。国际惯例是,购置设备后,每年都必须投入一定比例的设备维护费,以保证设备的正常运转。而我国图书馆的经费拨款中,只有购买自动化系统的费用而没有维护费,使设备维护处境困难,影响设备的正常运转。

■不重视队伍建设。自动化系统的维护管理人员配备不足,对人员素质要求不高,不注意从各方面培养、提高有关人员,在工资、职称、奖励等方面也没有照顾到他们的特点和对他们的关心,等等。加上这类人才正是市场急需,因而人员外流严重,队伍不稳。

■不重视数据库建设。建设数据库必须集中足够的人力、设备和财力,必须加强领导,抓紧工作。然而有的馆并没有把它当成一项重要工程来抓,有的则没有配备必要的人力和物力。

■在图书馆的各项工作中,把系统的维护管理摆在可有可无的位置,提不上全馆工作的议事日程,领导不关心,不过问,甚至不提要求,图书馆自动化系统的维护管理部门成为"被遗忘的角落"。

正确的思想认识是做好一切工作的保证,做好系统的维护管理,根本的是进行宣传教育,提高各级领导和全体图书馆员对图书馆自动化、对维护管理工作的必要性和重要性的认识,其中最主要的是各级领导的认识。认识清楚,态度端正,则一通百通,艰巨的维护管理任务才能胜利完成。

第二节　软件系统的维护

软件维护较之硬件维护更有其特殊意义,因而《开发规范》把"使用和维护"明确作为软件生存周期的一个阶段,并和其它阶段一样,对其任务、实施步骤、实施要求和交付文件等都有明确规定。为此专列一节,结合《开发规范》的内容加以说明。

5.2.1　系统维护的任务

《开发规范》中规定的任务是:对投入运行后的软件系统进行修改,以改正在开发阶段产生、在测试阶段又未发现的错误,使软件系统能适应外界环境的改变,并实现软件系统的功能扩充和性能改善。

这就是上一节所提到的三类维护,即修改性维护、适应性维护和完善性维护。由于预防性维护所占比例极小,一般很少发生,因而这里没有提及。

5.2.2　实施步骤

软件开发是有计划、有步骤、规范地进行的。维护也同样需要这样做,所以和系统开发一样,《开发规范》对本阶段规定了明确的步骤,主要是:

388

1.软件系统的用户或维护人员根据软件系统出现的错误、产生的问题或情况的变化向维护管理人员提交"软件问题报告",然后由维护人员向维护管理人员提交"软件修改报告"。

软件问题报告和软件修改报告是两个表格,前者提出问题,是后者的依据。而后者则决定是否修改,并记录修改的情况。

《开发规范》对这两个报告都有具体规定。软件问题报告的主要内容有:

■由软件配置控制部门为该报告规定的登记号,是唯一标识该报告的编号;

■软件配置控制部门登记该报告的登记日期;

■发现问题的日期和时间;

■发现问题的阶段(指单元测试、组装测试、确认测试或使用维护之一);

■报告人姓名和地址;

■问题属于哪方面(例如程序、子程序、数据库、文件或硬件,并指出所用的测试用例);

■问题描述(尽可能详尽)和其将来可能产生的影响;

■补充信息。

软件修改报告中有关的基本情况如登记号、登记日期、报告日期和时间、报告人、需要修改的程序和将受到影响的子系统等和软件问题报告相似,不过是有关软件修改报告而不是有关软件问题报告。其它主要内容有:

■所依据的软件问题报告的登记号;

■拟修改的方面和对修改的详细描述;

■修改情况记录(如修改的语句类型、程序名、数据库名、文件名、修改测试情况和修改是否成功、对软件问题报告的评价和需要维护的问题等);

■进行修改需要的人时数和计算机机时数的估计。

可以看出,两个报告都要求细致和详尽,这是由软件工程对文件的要求所决定的。只有这样,才能使其他和软件开发、维护有关的人员在后续工作中了解情况,以利于将来工作的顺利进行。

维护人员和维护管理人员是两个层次。维护人员是对具体软件系统进行维护的人员,而维护管理人员则是对乙方所开发的软件系统的维护工作进行管理的人员,他较维护人员的层次要高。

2. 由维护管理人员对"软件修改报告"进行评审,并赋予优先级。

3. 维护人员分析维护需求,对解决该修改所需的时间与资源进行估计。

4. 按照一定的步骤对程序进行修改或扩充。

这儿指按软件开发规范的步骤,根据修改的大小,选择一定的步骤进行。例如:只涉及个别模块,只需按照系统实现阶段的步骤即可;如涉及多个模块和相互关系,就要从系统设计开始;如果修改涉及系统功能,就要从系统分析阶段开始。

5. 重新测试被修改过的程序。

按照软件工程的要求,只要涉及程序的编写,不论是新编写还是对已有程序的修改,都必须经过测试。这样才能保证编写出来的程序可以实地运行。

6. 修改所有有关的文件。

这一点也是很重要的,软件工程所定义的软件包括了程序、数据和开发、使用、维护程序需要的所有文档的集合,因而程序的修改必然导致和它有关系的文件的修改,以保持整个软件的一致性,以利于有关人员顺利地使用各种文件。

7. 通知用户修改已完成,并将修改以后的版本提交给用户。

8. 评审。

5.2.3　实施要求

《开发规范》提出了三点实施要求,也是三点需要特别重视的注意事项。

1. 软件维护必须在严格的管理控制下进行,避免错上加错的情况出现。

软件的特点之一就是易于修改而且一般需要修改,但由于软件的复杂性,修改时又很容易挂一漏万,引起新的错误或缺陷,对于软件维护来说,这就是"错上加错",有可能不改还好,修改反而更糟。解决的办法就是加强严格控制,正如上面说的,要有报告、审核、修改、测试、评审等一套制度和措施。

2. 尽量避免出现修改的副作用,在修改前应权衡利弊,全面考虑。

应该说明,错上加错并不属于副作用的范畴,副作用是指修改本身没有错误但对系统的整体影响不利或不理想。

副作用的范围是比较广泛的,如修改后对系统将产生不利的整体影响从而影响系统的功能或性能(时间或空间的开销过大)。又如进行维护需要投入的人力物力太多,实际上难以完成,以致开工后收不了工,或预期效果并不理想,投入产出比过大不合算,等等。所谓权衡利弊,就是比较投入和效果,取其最佳或至少是可行为度。这就是系统工程的思想。

3. 在有效的控制管理下,有步骤地进行修改,修改后的软件须通过测试,填写"软件修改报告"(包括错误类型、修改策略、修改状态和修改情况)。

5.2.4　交付文件

《开发规范》规定的文件即前述的软件问题报告和软件修改报告。在文件编写指南中所列举的 14 个文件中,没有这两个文件,因而《开发规范》把它们作为补充文件列入,并在附录中说明其格式和内容。这些在前面已有说明,不重复。

第三节　编写文件的补充

整个软件开发规范已经讲完。由于编写文件在整个开发中的重要性,本节将对此作些补充。

5.3.1　整个软件开发中需要编写的文件

《文件编制指南》中除了"软件问题报告"和"软件修改报告"外,规定要编写 14 个文件,这些文件和软件生存周期中各阶段的关系列表(表 5 – 3 – 1)于下。

文件＼阶段	可行性研究与计划阶段	需求分析阶段	设计阶段	实现阶段	测试阶段	运行与维护阶段
可行性研究报告						
项目开发计划						
软件需求说明书						
数据要求说明书						
测试计划						
概要设计说明书						
详细设计说明书						

文件＼阶段	可行性研究与计划阶段	需求分析阶段	设计阶段	实现阶段	测试阶段	运行与维护阶段
数据库设计说明书			—			
模块开发卷宗				—		
用户手册		—		—		
操作手册			—			
测试分析报告					—	
开发进度月报						
项目开发总结						

表 5 – 3 – 1　软件生存周期各阶段和文件编制的关系表

5.3.2　模块开发情况表

关于模块开发卷宗,在本书第三章第二节 3.2.4 中介绍了它的主要内容,其中的第二点是模块开发情况表。现将该表的格式列出(表 5 – 3 –2)于下。

模块标识符					
模块的描述性名称					
代码设计	计划开始日期				
	实际开始日期				
	计划完成日期				
	实际完成日期				
模块测试	计划开始日期				
	实际开始日期				
	计划完成日期				
	实际完成日期				
组装测试	计划开始日期				
	实际开始日期				
	计划完成日期				
	实际完成日期				
代码复查日期/签字					
源代码行数	预计				
	实际				
目标模块大小	预计				
	实际				
模块标识符					
项目负责人批准日期/签字					

表 5-3-2　模块开发情况表

5.3.3　不同规模的软件对编写文件的不同要求

在文件编写指南中说明可以根据所开发软件系统的规模,对编写文件的数量和内容作灵活处理。但如何灵活,没有具体规定,不易掌握。因此在最后又补充两个附录,作为灵活掌握的参考。其中的一种是对软件规模的大小进行分类,并针对不同规模的软件提出不同的文件编写要求,具体内容如下。

软件规模分类及文件编写要求:

394

小	中	大	特大
<5000	10000 – 50000	100000 – 500000	>500000
		可行性研究报告	对应于大规模软
软件需求与	项目开发计划	项目开发计划	件所规定的文件，
开发计划	软件需求说明	软件需求说明	可进一步细分
		数据要求说明	
	测试计划	测试计划	
		概要设计说明	
软件设计说明	软件设计说明	详细设计说明	
		数据库设计说明	
使用说明	使用说明	用户手册	
		操作手册	
	模块开发卷宗	模块开发卷宗	
测试分析报告	测试分析报告	测试分析报告	
	开发进度月报	开发进度月报	
项目开发总结	项目开发总结	项目开发总结	

从这个要求中可以看出，对于源程序在 5000 行以下的软件，只需要编写 5 个文件，而对于十万行到五十万行的大规模软件系统，则需要编写全部 14 个文件，超过五十万行源程序的特大规模系统，还可以进一步细分。相差的幅度是相当大的，说明在掌握上有很大的灵活性，不能强求一律。

教学方式建议：为使学生具有必要的感性知识，建议教学中采取以下教学方式，如：到图书情报自动化系统参观或实习，了解系统的运行和管理情况；请有经验的管理人员做报告，重点是对系统进行维护和管理的经验。

上机实习：如有可能，要求学生对自己开发的系统进行模拟性的维护。

思考题

1. 为什么软件工程中把系统维护作为软件生存周期的一个阶段？"重

开发,轻维护"的思想错误何在?

2.系统投入运行之后,管理工作的必要性和重要意义何在?

3.甲方在系统维护中应当注意哪些问题?

4.开发工作应当注意什么问题才能保证系统是易于维护的?

第六章　面向对象技术

第一节　面向对象的基本概念

6.1.1　面向对象的起源与发展

面向对象(Object Orientation)起源于本世纪 60 年代的 Simula 语言,在 Simula 语言中第一次引入了类的概念。现在的面向对象的程序设计语言也被认为是起源于 Simula。但第一个真正的面向对象的程序设计语言是本世纪 70 年代的 Smalltalk。由 Xerox 公司 Palo Alto 研究中心的 Alan Kay 所设计 Smalltalk 语言首次使用了"面向对象"这个术语,并采用了新的程序设计方法,从而奠定了面向对象的程序设计基础。Smalltalk 从 Lisp 语言中借鉴了很多内容,并从 Simula 中继承了构成自身的核心概念——类。虽然由于程序设计的习惯和经济上的原因,Smalltalk 在当时未能得到很好的推广和应用,但直到现在它还被认为是最纯的面向对象程序设计语言。

面向对象程序设计在 80 年代初开始受到人们的广泛注意。经过对 Smalltalk 的完善和改进,产生了 Smalltalk – 80,并引起人们的重视。Bell 研究所的 Bjarne Stroustrup 把 C 语言扩展成为支持面向对象的 C + +语言。由于 C 语言在此之前已经成为通用的程序设计语言,在各个领域得到了普遍的应用,所以 C + +受到极大的欢迎,并很快得以商品化。C＋＋的出现,推动了面向对象设计的应用,使原来妨碍面向对象设计实用化的特殊技术平台问题得到解决,面向对象程序设计的开发代价迅速降低。此外,其它支持面向对象设计的语言也不断出现,如面向对象的 Pascal、Objective － C、Common Loops、Flavors、Eiffel 等。

面向对象技术在 90 年代得到了更为迅速的发展。它虽还没有像一些人预计的那样完全取代传统程序设计模式,但它所表现出的强劲势头丝毫没有降低。Microsoft 开发的 Windows 和 Winows － NT 等极有影响的软件都是完全采用面向对象技术开发的。面向对象已经作为一门技术出现,其理论体系的基本框架开始形成。从 80 年代中期开始,面向对象的概念,已经从单纯的面向对象的程序设计(OOP,即 Object － Oriented Programming)扩展到面向对象设计(OOD Object － Oriented Design)和面向对象分析(OOA Object － Oriented Analysis)。因此,就像传统的结构化方法一样,面向对象已不仅仅是一种程序设计方式,而且逐步发展成为一门包括新的系统分析、系统设计方法和理论的技术,这些理论和方法在快速高效地开发大规模软件中起着重要的作用,并且能够更为有效地保证软件系统的可靠性。面向对象技术在各个领域的应用越来越广,它不仅在信息系统开发,而且在人工智能、用户图形接口、CAD、CAI、CIMS、交互系统模拟及网络技术等多方面,都有极广的应用前景。

面向对象技术起源于 60 年代,在 70 年代蓬勃兴起,并在 90 年代迅猛发展,有其深刻的内在原因。

1. 传统的软件设计方法学的不足与局限使面向对象程序设计成为需要

60 年代开始兴起的软件工程方法学和结构化分析设计方法,已成为软件设计开发重要的理论基础和强有力的工具。但是,在解决一些复杂问题及在大规模的软件系统开发维护过程中,它们本身也还表现出许多问题。

传统的软件工程学方法注重分析、设计的严格步骤,这无疑对软件开发提供了质量的保证。但传统方法要求所有的软件开发都经历可行性分析、需求分析、概要设计、详细设计等各个阶段的这样一个按部就班、从零开始的做法,无疑忽视了已有的软件资源,对软件重用没有给予应有的重视,从而为自身带上了沉重的枷锁,限制了软件大规模的生产。同时大型软件系统的开发和维护所产生的软件周期中的各种大量图形和文档淹没了分析、设计和维护人员,给系统开发和维护带来了困难。

结构化分析和设计中的自顶向下的思想方法是解决问题的良好工具。但这种方法在描述客观世界的问题领域与软件系统结构之间存在不一致的地方。如:数据流图是结构化分析中的重要方法,但数据流图分析和描述的是系统的数据流向,而与之衔接的结构图表达的是系统功能划分和控制结构,两者之间的对应不唯一。同时,前者是图形结构,而后者是树形的层次结构,这是两者在拓扑结构上的本质分歧。而且在数据流图中,数据间的变换不易确定。另外很多系统不是以数据流为主要特征的。且在使用自顶向下的方法时,由于问题可以从多个角度去考虑,隐藏着不同的细节,对于一个具体问题,人们往往无从下手,不知顶在何方。

除数据流图外,结构化分析方法中还有功能分解法和事件响应法,但两者都存在问题。这些问题的存在需要新的分析设计方法来解决。

2. 面向对象是面向过程程序设计的必然发展结果

在面向对象程序设计兴起之前,使用最为广泛的程序设计方法是面向过程程序设计。人们所使用的各种语言,如传统的 AL-GOL 、COBOL、PL/1、FORTRAN、BASIC、PASCAL、C 和 Ada 等,都是面向过程的程序设计语言。使用传统方法进行程序设计的关键在于分析和设计所要解决问题的处理算法和过程(即控制流程),然后用程序语言实现这个过程,即产生一系列的运行动作。在这里,处理的步骤和实现的细节不可避免地成为最终解决问题的核心。因而,这类设计的主要问题就是如何构造控制流程和如何构造各种过程(如子程序、函数、宏等)。

对于较小规模的程序,过程的控制较易实现;而对于大规模的程序,软件结构和数据组织都成为重要的问题。出于这种需要,程序设计的基本原则和方法,即信息隐藏原则、信息局部化原则、模块化原则、抽象原则自然产生。这些原则在实践中不断得到应用后,人们开始意识到为所处理的某种数据类型的模块设置足够的操作集合,从而形成了抽象数据类型的概念(ADT Abstract Data Types)。可以看出,抽象数据类型是信息隐藏、信息局部化和模块化的必然结果。而抽象数据类型的出现,对程序设计的方法产生了重大影响,使程序设计将注意力集中于确定所要处理的类型上。

最早的抽象数据类型实际上往往针对一些具体的类型,就像现在的对象。即使是在现在,这种情况也是不可避免的,因为抽象数据类型总要解决具体问题。显然,类型的抽象决不会停留在一个层次上。抽象原则的进一步运用,使数据类型的抽象程度不断提高,出现了不同层次的抽象,需要有概念和方法对所抽象类型的共性和特性作出区分和控制,因而产生了类、对象的概念;需要有概念对这些特性和共性之间的联系作出说明,因而类层次结构、类的派生与继承等概念也就产生了。

3. 硬件技术的飞速发展导致并促进面向对象程序设计的产生和发展

Booch 认为硬件技术的发展是面向对象技术产生的原因。Smalltalk 也是作为 Kay 所研制的硬件系统 Dynabook 的软件而出现的。几十年以来,硬件技术迅猛发展,几乎每 5～8 年,计算机的硬件性能就要提高一个数量级。而软件开发技术,尤其是软件开发方法相对发展较慢。进入 80 年代以后,电子技术不断发展,使计算机的性能不断提高,而价格却不断下降。特别是高性能的工作站的出现,要求丰富的用户图形界面、丰富的开发环境和工具,这些都推动了面向对象技术的产生和发展。

4. 面向对象技术适应了计算机应用发展的需要

目前,计算机的应用领域越来越广,新的计算机工程概念相继出现,如并发工程、综合集成工程等。这些概念的形成和其付诸实践所带来的巨大效益,促进了面向对象的发展。在这些新的工程中,人机交互系统是其重要的基础。而面向对象技术中的对象和继承机制可以很容易地描述用户图形界面中的图形和它们之间的联系,消息传递则是触发事件驱动的基本机制。CAD、CAM、CAE等的进一步发展都需要面向对象技术的支持。

面向对象技术在人工智能中也有极好的应用前景。人工智能中知识表示的框架和语义网同面向对象技术中对象及其消息传递是等效的。同时,对象的实例特征使它易于用来描述和构造并行活动。面向对象技术对人工智能的发展有着重要意义。

6.1.2 面向对象的基本概念和特征

在面向对象系统中,无论是面向对象分析,还是面向对象设计或面向对象程序设计,都以一些基本概念为其基础和特征,它们是:

对象(Object)

类(Class)

消息(Message)

继承性(Inheritance)

多态(Polymorphism)

封装(Encapsulation)

动态联编(Dynamic binding)

以下简要介绍这些基本概念。

1. 对象

所谓对象,即客观世界中所存在的实体。一张桌子、一个人、一本书或一个图书馆都可以理解为是一个对象。为用计算机解决客观世界中的问题,软件系统将它们映射为程序中的部件,并继续称之为对象。

对象在面向对象系统中具有双重含义。对象首先是构成程序的基本要素,即程序系统中的一个模块,它包括所解决问题的数据类型(数据的属性和数据结构)和这些数据所具有的行为(对这些数据施加的操作)。对象是所求解的问题空间中某个事物的化身(即抽象),对象中的数据部分用以刻划该事物的静态属性,对象中的行为部分用以描述该事物的动态特征,即对问题的处理过程。对象的行为特征(即操作过程)在面向对象程序设计中被称作方法(Method),就像传统程序设计中的函数、过程等。通过对象,一个事物的属性和行为被封装成一个整体,形成一个构造部件。就像发动机上的一个螺丝,以便运行时在需要它的地方被引用。

从另一层含义来看,对象是类的实例(Instance),即是一个有特定状态的具体化的类,它可以被理解为程序运行时内存空间的一个基本运行实体,即按相应定义所占用的一块内存空间,就像传统程序设计中变量被定义后在内存中占据相应的空间一样。

因而,从程序设计者来看,对象是一个程序模块;从用户角度来看,对象为他们提供了所希望的处理过程。

在实际的软件开发过程中,开发人员总是先对所要解决问题空间中的事物个体进行分析,即确定对象,而后通过抽象形成解决同类问题的一般概念和方法,即类。

2. 类

类是对象的抽象,一个类定义了大体上相似的一组对象。类是对象的定义和描述,一个类所包含的方法和数据是用来描述一组对象的共同行为和属性。通过类来抽象一个个对象的共同特点,描述一个个对象的相似属性,存贮一个个对象的一致行为,是面向对象技术最重要的特征。从形式和定义说明上看,类很像传统程序设计中的结构,但类同时包含了传统程序设计中数据定义和功能实现的构造。

类之于对象有不同的抽象层次,因而有不同层次的类。这些类之间不是孤立的,它们之间的关系构成了类的层次结构(Class Hierarchy)。将这些类的属性和行为存贮在一起,就构成类库(Class Library)。类库为程序设计提供了可再用软件,是进一步进行软件开发的工具。是否建立了一个丰富的类库,是一个面向对象程序设计语言实用化的标志。

类、类层次结构、类库都是面向对象系统的重要特征。

3.消息

消息是对象之间的通信机制,是访问类中所定义的行为的手段。当一个消息发送给某一个对象时,即要求该对象产生某些行为。所要求产生的行为包含在发送的消息中。对象接收到消息后,给予解释并产生响应。这种通信过程叫信息传递(Message Passing)。

4.继承性

继承性是不同类层次之间共享数据和方法的手段,是软件重用的一种机制。继承性使软件开发不必都从头开始。对一个新类的定义和实现,可以建立在已有类的基础上。把已经存在类中的数据和方法作为自己的内容,并加入自己特有的新内容。类的层次结构在概念分析上源于对事物不同层次的抽象,而在具体实现上却依赖继承机制。

当两个类产生继承关系后,原有的类被称为父类(Parent Class),新定义的类被称作子类(Children Class)。若子类只从一个父类得到继承,则称为“单重继承”(Single Inheritance);若一个子类能从多个父类那里得到继承,则称为“多重继承”(Multiple

Inheritance）。

继承性是面向对象语言区别于其它语言最主要的特点。

5. 多态

多态是指具有多种形式。不同对象在收到同一消息后产生不同的结果,这一现象叫多态。在使用多态时,系统发出一个通用消息,而实现的细节由收到消息的对象自行决定。这样,同一消息就可产生不同的调用方法。

多态的实现受到继承性和动态联编的支持,利用类继承的层次关系,把具有通用功能的消息放在高层次,而不同的实现这一功能行为放在较低的层次,在这些层次上生成的对象能够给通用消息以不同的响应。

6. 封装

封装是指对象可以拥有内部变量和处理,并将内部实现细节隐藏起来的能力。封装将对象封闭起来,管理着对象的内部状态。因而封装的实质是信息隐藏,它的基本单位是对象。它和抽象是处理对象的两个相反的方面。抽象一般用来描述对象所具有的外部特征,包括对象的外部接口和外部功能等。外部接口将对象的封装与抽象联系起来。具体地说,封装包括以下方面:

①一个清晰的边界,对象所有的内部元素被限定在此边界内。

②一个接口,这个接口提供了其它对象和该对象的作用方式。

③受保护的内部实现细节,这个细节不能在封装边界以外访问。

在一般的面向对象系统中,封装是通过类的定义说明来实现的。

对象的封装需要两个条件。其一是所需封装的对象必须是完备的,即该对象必须能表示一个完整的概念,包括这个概念的所有方面;其二是对象必须具有私有特征,它需要对其内部的数据和处理过程限制使用和处理权限,以保证其内部的牢固性。

404

7. 动态联编

联编是将对象对一个方法的使用与该方法的程序代码相结合的过程,即编译程序决定软件系统中引用的一个方法名到底是调用多个具有该方法名的具体方法中的哪一个。所谓动态联编是指两者的结合是在程序运行时才发生的,即是在编译后才进行的,故也称"滞后联编"(Late binding)。一般程序设计(非动态联编程序设计)的联编是在编译时,即在程序运行之前完成的,编译程序知道要调用的函数是谁,故称为"静态联编"(Static binding)或"早期联编"(Early binding)。动态联编所具有的灵活性是多态机制的基础。由于动态联编的对象在接收到消息后,只有在运行时才能确定具体的程序代码,而作为类实例出现的对象有可能与不同的程序代码相结合,从而体现出多态的机制。当然,只有方法本身被说明为是多态方法,即具有多态属性,才能进行动态联编。

6.1.3 面向对象的软件开发

1. 面向对象的思想方法

按设计思想来分,传统的软件开发可分为自顶向下(Top Down)和自底向上(Bottom Up)两种。流行的结构化的方法采用自顶向下的设计思想。自顶向下的方法总是首先从问题大的方面入手来寻找解决办法,避免了为具体的细节所缠绕,从而降低了难度,直到恰当的时机,才去过问实现的细节;而自底向上与此正相反,它总是从解决基本的、简单的问题开始,在此基础上逐步建立解决复杂问题的能力,直到整个问题得以解决。

总的来看,面向对象的方法既不是自顶向下方法也不是自底向上方法,尽管它兼有这两者的一些特点。一方面,面向对象方法鼓励人们从问题的基本的简单的方面入手,用对象来考虑如何描述问题的解决,然后抽象并确定类,得到具有一般性的解决问题的方法,这正是自底向上的本质;而另一方面,面向对象的方法又要求人们面向目标,考虑为达到这一目标如何建立这些基本的对象,这正体现了自顶向下的思想。

面向对象方法从一开始就强调结构与代码的共享和重用。因而在解决一个个复杂问题时,它总是从问题的基本方面入手,力求寻找构成解决不同复杂问题的基本方法,因为这些基本方法在一些功能细节上是相似或相同的。这些方法不仅能解决当前问题,而且可以帮助解决未来的问题。因而,对方法的划分(或类的认定)既要考虑其特殊性,又要考虑其一般性。在面向对象的方法中,可重用的软件对象正是抓住了问题的基本方面这一关键点,因而它所建立的过程方法和自顶向下方法所创立的低层模块不同,自顶向下方法中所得到的模块是为支持其特定的上层目标而开发的;它同自底向上方法开始时所建立的过程也不同,那些过程是被临时建立,不可重用的。

2. 面向对象的系统开发过程

在面向对象系统发展过程中,首先产生了面向对象的程序设计。由于面向对象的程序设计以类、继承为核心,因而它同传统的以过程为中心的软件设计方法和程序设计有较大的差别。在面向对象程序设计初期,很多属于分析设计的工作都是由它来承担的。随着其应用的发展,面向对象的程序设计希望在编码实现前有面向对象的分析和设计环节来完成相应的工作,如类的确定,类层次的划分等,因而产生了面向对象的设计(OOD),而后又出现了面向对象的分析(OOA)。

面向对象的软件系统开发及生命周期(Life Cycle)与传统软件生命周期基本上一致,也可分为分析、设计、实现、测试和维护几个过程。有的学者提出为五个阶段,即分析、系统设计、软件设计、实现和测试。当然,每个阶段所使用的方法和产生的结果与传统方法是不同的。目前对于面向对象分析和面向对象设计所要完成的工作内容,有比较一致的看法。而对所采用的方法及一些有关

406

问题,尚不十分明确。对有些问题有一致观点,如,从面向对象分析到面向对象设计的转换,要比传统的从分析到设计的转换进行的自然、平稳、一致;面向对象分析、面向对象设计以及面向对象程序设计的实现,有可能采用同一语言,从而为开发和维护带来很大的方便。

由于当前面向对象方法尚不成熟,在分析和设计阶段,尚无公认的方法体系。所以就面向对象软件开发过程中的三个大的阶段而言,虽然最为理想的过程是:面向对象的分析、面向对象的设计和面向对象的程序设计相互衔接,但就实际应用而言,可以有灵活的形式,既可以在分析、设计和实现中完全采用面向对象的方法,也可以将面向对象的方法同传统方法相结合。比如,用传统的分析方法进行系统分析,用面向对象的方法进行设计和实现。应该说,在当前情况下,各种方法组合都是可行的。

6.1.4 面向对象技术与方法对图书馆自动化系统建设的意义

经过几十年发展的传统的软件设计方法,如结构化方法,在对以事务处理为主的信息系统的设计开发中,被证明是基本适用而且是有效的。图书馆自动化系统属信息处理系统。在图书馆自动化系统的设计开发中,也成功地使用了传统的方法。同时图书馆自动化系统无论是在属性上,即数据结构上,还是在行为上,即处理功能上,都相对稳定。当然,这是以存在一个成功的自动化系统为前提的。这也是图书馆自动化系统作为软件系统的一个具体应用的必然结果。从软件开发角度来看,图书馆自动化系统的软件规模是比较适合采用传统设计方法的。即使是当前自动化系统内部存在的问题,也不是软件方法所带来的。所以,在图书馆自动化系统开发中,如果没有特别的需要或环境限制,不一定必须采用面向对象的方法。

当然,图书馆自动化系统还在不断发展,其前景及可能遇到的问题或许是现在无法完全预料的。就目前来看,在以下几个方面,面向对象技术是可以应用于图书馆自动化系统中,它们中有的是传统方法可以较好完成的,但面向对象能更有效地工作;有的是目前尚不能较好解决的,面向对象或许能提供好的解决方案。

1. 用户界面

用户界面代表了软件系统的人机交互能力。20 世纪 80 年代兴起的图形用户界面,一开始就和对象的概念和应用联系在一起。图形可以用对象自然地描述,用类和继承性来表达各种图形间的关系。现代的窗口系统都是事件驱动的,消息传递则是触发事件的基本机制。人机交互系统的进一步发展,仍然需要面向对象技术的支持。

2. 智能化处理

在智能化处理中,知识表示是一个重要问题。面向对象系统中的对象和消息传递的机制,同目前知识表示的主要处理方法,框架表示和语义网络表示方法基本是等效的。面向对象系统中程序高度模块化,适用于大而复杂的人工智能程序设计。

3. 并行算法

并行处理的关键在于如何描述系统的并行活动,表达一个系统中实体的特性、通信方式和它们之间的交互作用。面向对象系统中对象所具有的特性,适合担任并行处理中实体的这一任务。

4. 提高开发和维护软件的速度,提高软件系统的质量

同其它软件系统一样,图书馆自动化系统也需要不断维护,面向对象的开发方法提高了软件的可重用性,使软件变得易于维护;同时,由于有大量可使用的类,系统开发速度也可望得到提高。以经过严格检验和软件实践反复验证过的类为基础的软件系统,其质量、可靠性也将更有保证。

第二节 面向对象分析与设计

6.2.1 面向对象分析的作用

前边已经提及,在面向对象的发展过程中,首先出现了面向对象程序设计。但是,软件开发还包括分析、设计、维护等其它阶段。由于在这些软件开发环节中,传统方法不能与面向对象的程序设计最为有效地协调工作,如结构化的分析结果与面向对象的程序设计之间就存在着差距,在很多情况下,面向对象程序设计无法直接而从容地利用这些分析结果。为避免开发过程中的不一致,人们希望最好能在软件开发的各个阶段都采用面向对象的方法,所以在 1988 年,产生了面向对象分析的概念,即 OOA。

因此,面向对象的分析是面向对象的软件开发的首要环节。它的主要任务是:通过对问题空间的分析,识别并确定其中(问题空间)的对象和属性,建立其中对象之间的类别联系和层次关系。

在面向对象的分析中,对象是问题空间中的事物实例,如图书馆自动化系统中的读者、图书等。对象包括这些实例的属性(即结构和特征)和专有服务(即需要的处理)。面向对象的程序设计对分析结果的要求是,使分析结果为对实例的抽象,并显式地表达其封装特性、层次结构和继承关系,便于建立问题空间到系统模型的直接映射。

面向对象的分析结果可用一定形式的文档来描述和表达。

6.2.2 面向对象分析的方法

到目前为止,面向对象的分析方法有许多种,但都没有达到应有的深度,距问题的全面解决还有一定的距离,如都未能真正解决问题空间的知识提取问题。本节简要介绍其中的几种，主要目的是让读者了解分析过程的工作内容和方法。

1. Booch 方法

Grady. Booch 方法是最早提出的面向对象分析与设计方法，该方法包括五个方面：

①认定对象及其属性；

②认定对象所要求的操作；

③标识对象之间的联系；

④建立对象间的接口；

⑤实现对象。

当然，Booch 方法的五个方面不仅涉及了面向对象的分析，也涉及了面向对象的设计，甚至程序实现。但是，其主要内容是对象、对象的属性、对象所要求的操作以及对象之间联系的认定，这些显然都是面向对象分析的内容。所以本书将该方法作为面向对象分析的方法来介绍。由此也可看出分析工作在整个软件开发过程中的重要性。

Booch 方法认为，认定应用领域中的对象和它们的属性，是面向对象系统中最艰难而又最微妙的工作。在这一步中，要认清和分析问题空间的主要动作者、主要行为者和服务者，以及它们在实体模型中的作用。完成对象标识后，则分析对象之间的类似之处，以建立对象类。

对象及其属性的认定与标识也可从对问题空间非形式化的描述中导出，即以问题的陈述和解的陈述为出发点，如下例所示：

问题的陈述：开发一个检索系统。

解的陈述：这个检索系统允许用户选择题名、责任者、分类号、主题词四个书目库索引之一作为检索途径；用户输入检索词进行查找；根据在索引中的查找结果生成包括题名、责任者、ISBN 号和索书号四项的简要书目形式显示在屏幕上；用户可选择若干命中结果,从书目数据库中读取对应的完整书目数据浏览。

通过分析解的陈述,从中划出名词和名词短语,找出关键概念作为对象。在这里,"索引"、"书目库"、"书目数据"似乎是关键的成分。当然,并不是所有的名词或名词短语都能被认定为对象,其中的一些实际上是某些对象的属性,如"索书号"、"ISBN 号"等。而有些概念甚至是不属于所要开发的系统的,如上例中的名词"用户"。

Booch 方法的下一步是从解的陈述中划出动词,来认定潜在的方法,即对象所要求的操作,并将这些方法归于相应的对象之下。表 6-2-1 为以上分析结果。

对象	方法
索引	选择、查找
书目库	读取
书目数据	显示、生成

表 6-2-1 对象和方法的认定

Booch 方法中的分析工作基本上是一种简单的对象认定方法。很显然,对于复杂系统中的对象、属性及方法的认定,要考虑的问题远远不止是从陈述中找出名词和动词。

2. Coad 方法

Coad 方法实际上是 Coad 本人软件开发工作经验的总结。该方法是目前较为系统的方法之一。Coad 方法认为,面向对象的分析包括以下五个步骤:

a. 对象的认定;

b. 结构认定;

c. 主题的认定;

d. 属性和实例关联的定义;

e. 服务和消息关联的定义。

下面介绍这五个步骤。

①对象的认定

对象是面向对象系统的核心,对象的认定是面向对象分析中一项十分重要的工作,也是整个面向对象方法的关键。对于简单系统,对象的认定比较容易。对于一个相对复杂的系统,对象的认定可通过以下五个方面的工作来完成。

a. 确定寻找候选对象的范围

从问题空间入手,通过调查研究和同用户的充分交流,收集现有的手工操作的各种文本、图表,从中寻找可能成为对象的事物,建立系统框架,确定系统边界,即对象的产生范围。

b. 确定寻找候选对象的目标

寻找范围确定之后,针对以下目标,看其是否能成为对象。

结构:即彼此间存在联系的多个事物。结构是最有可能被认定为对象的实体。其中分类结构和组装结构又是最有可能被认定为对象的。

外部事物:主要是系统外部对系统运行有影响的实体,如向系统输入数据的数据源或接收系统输出的数据池。

设备:除了与计算机相连的外部设备之外的其它和系统运行有关联的设备。

需存贮记忆的事件:指必须由系统及时观察和记录的点(如合法事件引起的、将对数据产生影响的状态变化)以及历史事件(如用于崩溃恢复的日志所记录的事物)。

扮演的角色:人在系统中所承担的角色。

位置:系统安装和运行的物理位置。

组织和单位:系统涉及的人所属的单位。

c. 成为对象考察条件

对于一个候选对象,能否真正成为对象,需要考察以下条件:

是否需要记忆:系统是否需要存贮该对象的某些成分。

是否需要服务:系统是否有必要为对象提供加工。

是否多于一个属性：若某事物只有一个属性，则该事物应看作是其它对象的属性，而不应被单独看作是一个对象。

是否有共有属性：对于一组对象的所有实例，能否认定一组为这些实例所共有的属性。

基础性要求：指除了设计和实现中所需的计算机之外，系统还需要具有的那些属性。

d. 最终认定对象

经过初步认定的对象，再从以下几个方面考察，以最终认定对象。

记忆和服务的必要性：如果系统没有必要始终保存某种事物的信息或者提供关于它的服务，则这种事物就不能认定为对象。

是否只有单个实例：若某种既有属性又有服务的对象只有一个实例，并且有另外的对象同它有几乎相同的属性和服务，就应考虑将它们合并。

是否可以从其它对象中派生：如果某个对象可以从其它对象通过计算或其它方式得到，则这个对象就不应单独存在，系统中只需保留其派生关系。

e. 为对象命名

认定对象最后的工作是为对象命名。对象的名称应该能描述它的单个实例。命名要注意尽量使用符合标准的术语。

认定对象是面向对象分析中一项十分重要而又关键的工作，同时它又强烈地依赖具体的问题和分析人员。应该说，以上的五个方面仅仅是认定对象的一部分内容，是一些具体应用中的经验和方法，对于不同的具体问题，还可以有各自不同的具体方法。

②结构认定

这里的结构是指对象之间的联系和组织方式，通过结构来表示问题空间中的事物及其它事物之间的联系。结构又可以分为两种：分类结构和组装结构。分类结构是指不同事物类别之间的组织关系,组装结构是指同一事物整体与部分之间的关系。

通过分类结构,可以对问题空间中事物按其类别分为不同的层次,这个层次体现出现实世界的一般性和特殊性。这种分类结构同图书馆编目工作中所使用的等级分类法的结构和作用是一样的。分类结构的认定,就是要找出所要解决的问题中的事物之间所存在的这种关系。

分类结构的认定原则是先从一般到特殊,然后再从特殊到一般。

对于一种具体的对象,先认为它有一般的性质,然后分析它在问题空间中所可能具有的特殊性,所要分析的方面有:

a. 是否可以用不同的属性和(或)服务来描述;

b. 是否反映了现实世界中有意义的特殊性;

c. 是否在问题空间之内,即描述这种特殊性的属性和服务是否可限定在目标系统之内。

在按上述原则确认了对象应具有的特殊性之后,就可以使共有的属性和服务从属于一般含义的对象,而使扩充的特殊属性和服务分别属于具有特殊含义的对象。

此后,再从特殊到一般,对于某一种对象,在认为它具有某种特殊的含义之后,考察:

a. 问题空间中是否还有其它对象与该对象有一些共有的属性或服务。若有,则说明可能存在着一种更一般化的对象,能够把这些共有属性及服务概括在一起。

b. 如果引入某种更一般化的对象,是否反映了现实世界中有意义的一般性。

c. 如果引入某种更一般化的对象,那么这种对象是否在问题空间之内。

组装结构的作用是描述问题空间中事物部分与整体之间的关系,如图书的题名、责任者和出版地等。如将图书看作是一个整

414

体,则题名、责任者等就是它的部分。这些部分作为部件,可以组装,构成一个事物的整体。

认定组装结构的原则,是先从整体向部件考虑,再从部件向整体考虑。

从整体向部件考虑,即对于一种对象,首先认为它是一个整体。这时,看它在问题空间中含有部件的可能性,即考察:

■它的部件是什么?

■对于它的一个部件,系统是否有必要记录每一个实例或值?

■对于它的一个部件,每一个实例或值是否都可以用属性来描述?

■它的部件是否反映了现实世界中存在的部件?

■它的部件是否限定在目标系统之内?

在此之后,再从部件向整体考虑。对于一种对象,假定它可能是另外一种对象的一个部件。这时考察:

■这种对象适合什么样的组装关系?

■还需要哪些对象与这种对象一起来构成另一种对象?

■对于这样组装而成的对象,系统是否有必要记录它的每一个实例?

■这样组装而成的对象在现实世界中是否有意义?

■这样组装而成的对象是否限定在目标系统之内?

③主题的认定

主题(subjects)是一种机制,对系统分析结果的使用者从整体上理解和把握某个模型起一种控制作用。在这个意义上,主题是一种关于模型的抽象机制,从而给出了一个面向对象分析模型的概貌。主题的目的就是通过对所得出的数目众多的对象和结构进一步抽象,在更高的层次上清晰地表达对象、结构以及它们之间的关系,从而使人们易于理解面向对象分析的结果。认定主题与文献加工过程中的主题标引有类似之处。

主题直观地看就是一个名词,或名词短语,与对象名类似,只是抽象程度不同而已。认定主题的一般方法是:

a. 为每一个结构给出一个主题;

b. 为每一种对象给出一个主题;

c. 如果当前的主题个数超过了 7 个,就对已有的主题进行归并。

④属性和实例关联的定义

属性是用来描述对象或分类结构的数据元素。在分析过程中,对属性的定义可分为以下五个步骤:

a. 认定属性

认定一个属性有三个基本原则:

■应确定属性对相应对象或分类结构的每一个实例都是适用的。

■一个属性在现实世界中与它所对应对象的关系应是最密切的。

■认定属性应当是一种相对的原子概念,即不依赖于并列的其它属性就可以被理解。

b. 确定属性的位置,即确定属性与特定对象间的从属关系

确定一个属性的位置主要是针对分类结构而言,采用的是继承的观点。这与面向对象程序设计的类与类之间确定成员变量的定义位置是类似的:低层对象的共有属性应在上层对象中定义,而自己只定义特有的属性。

c. 认定和定义实例关联

实例关联是一个实例集合到另一个实例集合的映射。实例关联可分为 1∶1、1∶M、0∶1、0∶M 四种。

d. 根据以上结果,重新修改关于对象的认定。

e. 对属性和实例关联进行规格说明。

⑤服务和消息关联的定义

416

服务是对象接到一条消息后所要进行的加工。服务和消息关联的定义是面向对象分析的最后一步。定义服务,即是要定义每一种对象和分类结构在应用中所要求的行为;而定义消息关联,即是要定义对象间实例的通信,通信的基本方式是消息传递。

定义服务有 4 个步骤:

a. 认定基础服务

在一个面向对象的模型中,对每一种对象或结构要考虑的基础服务有三种:存在(实例的增加、变动、删除和选择)、计算、监控。对这三类服务的认定,就是对一个系统中专有服务认定的基本方面。

b. 认定辅助服务

认定辅助服务要考虑两个方面:对象的生存史、状态—事件—响应。

c. 认定消息关联

消息关联是"事件—响应"和数据流的一种结合。每一条消息关联都表示着一条要发出的消息和收到消息后要作出的一个响应。

d. 对服务进行规格说明

6.2.3　面向对象设计

1. 面向对象设计的作用及内容

面向对象的设计是面向对象分析的一种扩展,是面向对象程序设计从分析阶段发展到设计阶段的结果。它与面向对象分析工作的区别在于:面向对象的分析是对目标系统的问题空间进行理解、分析和反映;而面向对象的设计工作以及后边的编码与维护工作,是用面向对象的方法构造目标系统的解空间。

按照软件工程的观点,软件设计是将需求分析的结果转换为可以指导编码的软件规格说明。这一转换过程通常包括子系统和模块划分、重要的数据结构的定义、模块接口的定义、确定功能的实现细节等。而在面向对象系统中，模块、数据结构、接口都集中地体现在类和类层次结构中，系统开发的全过程实际上都与类层次结构直接相关，因为它们是一个面向对象系统的基础与核心。所以，在面向对象的分析阶段，通过对象的认定，确定问题空间中应当存在的类和类层次结构。在设计阶段，通过类的认定和类层次结构的组织，确定解空间中应当存在的类和类次结构，并确定外部接口和主要的数据结构。从本质上看，设计工作是对抽象和重用的设计，提供对重用的支持。

所以，认定对象仅仅是开发对象系统的第一步。面向对象分析所面临的主要任务之一就是在此基础上的抽象。在认定了对象之后，就应当把对象的特征抽象到一个类中，并确定类中属性和方法的细节。然后，一些类将与另一些类产生继承相关，构成类层次结构。一些这样的类层次结构，又构成类库。最后，又可以对类库的组织作进一步的分析，使之成为可用于特定应用领域的构架。因此，抽象是多层次的。

应当说明的是，虽然面向对象的设计在面向对象的软件开发中具有重要的作用，但目前还没有成熟的、形式化的方法。同时，随着研究和应用的深入，面向对象设计的内容出现变化和扩充也是可能的。

2. 面向对象的数据流方法

虽然结构化分析中的数据流方法存在着一些缺点，但它仍然为人们所重视并被广泛使用。本章前边也曾提到，在面向对象系统开发的三个主要阶段（分析、设计、实现）中，传统方法可以同面向对象方法在一定程度上结合。所以很多人试图从数据流方法的分析结果，即数据流图过渡并产生面向对象的设计结果。Alabiso曾提出过分析转换的面向对象的数据流方法。

Alabiso 方法分为以下几个步骤：

①将数据流图中的数据、数据处理、数据存储和外部项解释为面向对象概念中的术语。

Alabiso 将数据流图中的成分具体做如下解释：

■将数据流名直接对应为对象名,将数据流线对应为对象间的消息传递。

■将数据处理对应为对象中的方法,处理中的具体动作对应为消息发送。

■将外部项对应为对象。

■将数据存储对应为对象,该对象有存储和提取数据两个方法。

②将数据流图中的层次关系,解释为面向对象设计中的设计成分间的关系。

③用状态变换图表示设计中的事件和动作次序。

Alabiso 方法在不同类型的分析和设计之间的直接转换,其思想是大胆的,并且有一定的意义。这也是本书介绍它的原因。但该方法的处理过程的确是过于简单、直接,很难真正反映出面向对象的奇妙与本质。必须认识到的是:数据流方法毕竟没有从面向对象的角度去分析和描绘问题,尽管数据流方法的低层成分的确可以提供一些对象、一些对象的属性以及对这些对象的一些操作。

第三节　面向对象程序设计

6.3.1　面向对象的程序设计语言

1.程序设计语言中的面向对象机制

面向对象的程序设计开创了程序设计的新方法,并将这些方法扩展到软件开发的整个环节,即产生了面向对象的分析、面向对象的设计以及面向对象的调试与维护;同时,它也继承了传统程序设计中的很多方法和原则,并将它们加以发展和进一步的贯彻。

面向对象程序设计的基本构件是对象和类,基本机制是方法、消息和继承性。

①方法和消息

无论是在面向对象程序设计,还是在传统的程序设计中,对程序所表达的客观实体的描述和控制都是借助描述实体结构属性的数据和描述实体行为过程的方法(Method),即操作来完成的。而在传统的程序设计中,数据是静态的,从数据的使用角度来讲,对数据的加工源于数据集合之外的操作。所以,传统程序设计中数据是被动的,对实体结构的描述与实体的行为的控制是分离的。同时,由于传统的程序设计是以过程为中心的,因此实际上,数据是依赖于操作的。而对于客观实体而言,其结构是相对稳定的,行为是相对变化的。这种以稳定的因素依赖不稳定因素的程序设计模式,使得最终的程序是不稳定的。因而,这些程序也难以成为软件重用的构件。这也说明,传统的程序设计从本质上是不支持软件重用的。而面向对象的程序设计使操作依赖于结构,赋数据以动作,即对数据而言,操作是一种主动的行为,程序是类的一部分。所以,从本质上说,它是支持重用的。

②继承性

在传统的软件开发中,软件的重用以及抽象是软件开发的重要原则。但由于传统的程序设计语言未能提供强有力的实现方法和手段,所以它们并未在传统软件设计开发中得到很好的执行。而在面向对象的程序设计语言中,由于将具有相同特性和共同用途的一组对象抽象成一个类,同时,新建立的类可以做为已有类的子类,继承其特性,即在一定程度上使用已有类的结构和功能。这样,在程序设计上,软件的重用就变得直接而明确,新目标的实现可通过对所继承的父类进行补充来完成。多层次的继承还可以形成类的层次结构。还可以将一些满足特殊要求、重用率较高的类组合在一起形成类库，或称之为构架。因而，面向对象的程序设计语言用明确的语言机制提高了程序设计中共享的抽象层次，通过继承性，将抽象和重用这两个概念有机地结合在一起，成为程序设计的一种普遍行为。

提高软件开发的抽象层次、提高软件的重用性，是面向对象的基本思想和基本手段。将注意力集中于类和类层次结构的设计、实现和重用上，是面向对象程序设计与传统程序设计的本质区别。

面向对象程序设计还非常成功地支持其它一些软件开发的原则，如信息隐藏等。

2. 面向对象的语言

面向对象是一种软件开发思想和方法，它在软件开发中的具体实施中需要面向对象语言的支持。目前至少存在着十几种面向对象的程序设计语言，比较流行的面向对象程序设计语言有：C++、Objective-C、面向对象的 Pascal、CommonLoops、CLOS 以及 Smalltalk、Eiffel 和 SELF。其中后三种是纯的面向对象程序设计语言。

3. 面向对象的编码和维护

在面向对象的系统开发中，从编码和维护角度来看，程序设计有以下几方面的特点。

首先，设计工作贯穿了整个开发工作的始终。设计和编码工作的区别已不像传统软件开发中那样鲜明。在开发的各个阶段，都可以进行对问题空间和解空间的有关问题分析和构造工作。例如：随着开发工作中编码的深入，对问题的描述也不断细化，可能会引入一些新的对象，因而需要设计这些对象的属性和方法。这些对象反映低层的实现细节，不一定对应客观世界的实体。所以，也可以说，编码也是在设计，它是设计工作抽象层次的不断细化、完善和扩充。

其次,程序设计的具体实现,即编码。其主要工作是寻找、重用和扩展已有的代码,而不是从零开始编写新的代码。因而,程序设计不是像传统的做法那样去编写解决问题的程序,而是寻找已经存在的、最接近于解的一组类,并进行相应的继承与扩充。通过继承和派生子类、重载父类中的方法、在子类中定义新的变量和方法,进而来表示客观事物和概念从一般到特殊的关系。这样,传统程序设计中存在的许多困难和问题在面向对象的设计中已经不存在了。

第三,面向对象的程序设计是递增扩充的,其过程就像在传统的程序中追加功能一样,因而,也可以这样理解,在真正的面向对象的系统中,编码和维护工作之间已经不存在本质的差别。

当然,面向对象的程序设计也并不是可以顺利地解决一切问题。面向对象的程序设计对程序员提出了更高的要求。程序员必须深刻了解当前要开发的系统,了解当前已有的类库和已经存在的程序,这样才可能找到并确定可以重用的类、方法乃至消息。由于在面向对象的系统开发中,分析、设计和程序设计工作相互交织,程序员还必须在一定程度上参与设计工作。同时,必须理智地看到,并不是任何时候,对任何问题,都存在丰富的类可供程序员选择,若不存在可重用的类时,程序员自己还不得不去编写程序代码,构造所需要的类及类层次结构,并尽可能使其具有解决一般问题的能力,即可重用性。

6.3.2 C++和面向对象程序设计

面向对象的语言机制的实现,总是通过一种具体的语言来完成的。本书下边以 C++语言为例,说明面向对象程序设计的一些具体内容。

1. 类

人们在分析问题时,首先接触对象;而在面向对象的程序设计时,首先接触的是类和类层次结构,类是创建对象的关键。

①类的定义

在 C++程序设计中,通过关键词 class 来定义一个类。从程序设计角度看,类是一种数据结构。可以认为,class 是在 struct 基础上的扩充,它就像 int、double 等数据类型一样,可以用来创建数据,指定某些内存区域的处理和解释规则;所不同的是,类的类型与处理规则是由用户定义的,类所创建的数据就是对象。下边就是一个类的定义说明。

```cpp
class Teacher
{
    private :
        char * Name;
        int   Age;
    public:
        char * Department;
        Teacher ( char * name, int age);
        ~Teacher ( void);
        void ChangeAge ( void);
        void Teach ( void);
        void Study ( void);
};
```

在类的定义中,跟在关键词 class 后的符号名 Teacher 是所定义类的名称。类定义中包括成员变量和成员函数,可统称为类的成员。成员变量,或称数据成员,是普通的数据类型,如上例中的 Name、Age 和 Department,用来描述类的属性,它们就是人们所熟悉的传统程序设计中的数据变量的定义;而成员函数是处理过程,如上例中所示的函数 Teach ( )和 Study( ),用来描述类的行为,即前边提到的方法,它们就是传统程序设计中的过程、函数。

类定义中的关键词 private 和 public 是用来说明对类成员的

访问控制,限制其它软件对其内部数据和过程的处理权限,以保证类的牢固性。因而,它们是实现封装的一种手段。用来规定访问权限的关键词共有三个,它们是:private、protected 和 public,即私有的、保护的和公有的。图 6.3.1 说明了这三种访问控制所规定的访问规则。

可被访问的有:
·类成员函数
·友元类的成员函数
·友元函数
·所有可访问 private 的函数
·派生类的成员函数
·所有函数

图 6.3.1 类成员的访问规则

在 C＋＋中,若未说明访问关键词,则缺省的访问控制是私有的,即 private。

上边类的定义中所给出的仅仅是类的界面说明,并没有给出其成员函数的具体实现,即方法体。类的实现定义即可放在类说明的内部,也可与其说明分开,放在类说明的外部。一般情况下是同其说明分开的。下边是成员函数 ChangeAge 的外部实现:

```
void Teacher::ChangeAge (void)
{
    Age＋＋;
}
```

其中双冒号::称为"作用域分辨算子"(scope resolution operator),它标识一个成员所属的类。

定义在类说明内部的成员函数被缺省认为是内联函数(inline function)。其定义形式如下。

class Teacher

424

```
      |

          private：
              ……
          public：
              ……
          void ChangeAge（void）| Age + +|；
              ……

     |；
```

　　内联方式的函数定义主要用在简单的具有较短代码序列的函数中,其作用相当于传统 C 语言的预处理中的宏定义。在程序编译时,内联函数扩展程序行。在运行时,减少了函数调用的开销,因而节省了执行时间。

　　内联函数也可以定义在类说明的外部,但这时需要用关键词 inline 来显式地说明其函数性质。如下例所示。

```
     inline void Teacher：：ChangeAge（void）
     |

          Age + + ；

     |
```

　　②类的实例化——构造函数和析构函数

　　类仅仅是对象的类型和模板,要想在程序中真正使用这种类型,还必须对其实例化,即建立对象和取消对象。这种建立和取消操作就像传统程序设计中动态内存变量的申请和释放。在类的成员函数中,有两个特殊的成员,它们有与类名称相关的专门的命名方法,如上例中所示的成员函数 Teacher（char∗name, int age）和 − Teacher（void）,它们即是类的实例化生成方法和类的实例化消除方法,在 C + + 中称为构造函数（constructor）和析构函数（de − structor）。其中构造函数和类有相同的名称,而析构函数是在类名前加一符号“ − ”。一个类可以有多个同名但参数不同的构造

425

函数,但只能有一个单独的析构函数。构造函数和析构函数都不能有返回值,而析构函数还不能含变量。

几乎所有的类都要有构造函数,构造函数控制着对象的生成过程,一般完成对象的初始化工作。每当对象生成时,就会自动执行相应的构造函数。析构函数的工作与构造函数刚好相反,它用于控制对象的释放,撤销一个不再需要的对象。其典型任务是释放内存、减少引用次数、卸出中断处理函数、输出信息及将数据存入新文件等。

在下例程序中,执行第一条语句 Teacher Wang 时,就会去执行构造函数。

```
void main (void)
{
    Teacher Wang;
    ……
}
```

通常不直接调用构造函数。构造函数一般在以下几种情况下被自动调用执行:

■一个动态分配的对象被取消;

■一个局部对象离开了作用域;

■程序结束运行。

③静态成员变量和静态函数

从某种意义上说,类的实例化过程所产生的对象其实是依次建立每个成员变量,在每个对象中都有一个成员变量的实例。但对于某些特殊的应用,需要所有的对象共享一个成员变量,这时就可以使用静态成员变量。

a. 静态成员变量

静态成员变量具有以下特征:

■被类的所有对象共享

426

■存在于程序运行的始终
■没有任何对象时也存在
■是独立的类对象的一部分

```
class Reader
{
    ……
    protected：
    ……
    public：
        static int Count;
        Reader（void）
            {Count ++};
        ~ Reader（void）
            {Count --};
};
```

如上例中,需要一个变量来记录类 Reader 被实例化的次数,为此,设置了一个静态变量 Count。在运行过程中,所有对象共享该变量的值。静态成员变量的定义是在变量定义的前边加关键字 static 来完成的。

对静态成员变量的访问即可通过对象,也可直接通过类名。如在上例中,若存在一个类 Reader 的对象 Wang,则也可以通过 Wang. Count 的形式来访问静态成员变量。但一般来说,通过类名加静态变量名 Reader：:Count 的形式来访问更合适,因为这样更能体现静态成员变量内涵和本质。

b. 静态成员函数

静态成员函数是只访问类的静态成员(静态成员变量或其它静态成员函数)的函数。使用静态成员函数的目的之一,就是对静态成员变量给予保护,以提高系统的安全性,如下例的程序是要对静态变量 Count 的值进行判断,但由于将语句

427

$$\text{if(Reader :: Count = = 1000)错写成}$$
$$\text{if(Reader:: Count = 1000)}$$

结果彻底改变了 Count 的值,导致严重的后果。

为限制对静态变量的直接访问,可提高其访问控制,并通过静态成员函数提供对它的访问方法。

```
class Reader
{
    ……
    protected:
    ……
    static int Count;
public:
    Reader (void)
        {Count + +}
    ~ Reader (void)
        {Count - -}
    static int Count (void)
        {return Count;}
};
```

这样,可以直接使用 Reader:: Count( )来读取变量 Count 值。由于 Reader:: Count( )是一个内联函数,所以实际上,在程序中并没有函数调用,因而不会增加运行的开销。

④抽象基类——无实例的类

抽象基类是专门用来产生其它类的类,因而,抽象基类没有实例,所以也称它为无实例的类。抽象基类的作用就是为建立类的层次结构提供一个接口。如下边例子中所建立的类 Person,对程序设计所要解决的具体问题而言,该类产生的对象很难说有什么实际意义。因为程序总是针对具体的事物和实体,如教师、学生等。但是,由于像教师、学生这样的类中有很多相同的属性,如作为人,他们都有姓名、年龄、住址等等。但如果为这两个类分别设计这些数据结构,则既没有很好体现出他们作为人的相互联系,又在设计中出现了冗余,因而,这样的设计方法在面向对象的应用中,是不合适的。然而,通过定义一个包括这些相同属性而又没有具体实例的抽象基类,使它成为教师和学生这两个派生类的直接父类,然后在教师和学生这两个类中定义其各自的特殊属性。这样,既避免了冗余,又保证了两者的一致和相互联系的体现。因而抽象基类可以很好地解决这个问题。

一个抽象基类是通过在其中定义一个纯虚函数来隐含表明的。

```
class Person
{
    ……
    virtual void Living( ) = 0;
    ……
};
```

函数 Living（）是一个纯虚函数,因为它后边紧跟着"＝0"。在派生类中,基类的所有纯虚函数必须被完全定义,否则,派生类本身也是抽象类。

由于类 Person 有一个纯虚函数,所以它不能被实例化。下边语句是非法的:

Person Kang;

⑤友元

C＋＋有严格的类别检查,严格的对类的私有、保护数据的访问控制。但同时,它也提供了放松严格性的方法,鼓励灵活的程序设计。建立友元就是这样一种手段。

在设计类时,设计者可以选择一些其它的类和函数,使它们可以访问该类的私有和保护成员,这些类和函数称为友元。友元关系的建立完全是在类的设计者控制之下的，这种关系也是在考虑对类成员的保护和共享间的一种平衡。使用友元关系时需要注意的是，友元的滥用可能影响类的封装。

为建立友元关系，需在定义类时对友元加以说明，可通过关键词 friend 然后写出友元的名称，这里要求为完整的原型，即函数说明。友元可以是一个普通的函数、另一个类的成员函数或一个完整的类。下边的例子为建立两个友元的说明。

```
class Teacher
{
    friend class LabourUnion;
    friend int HealthCheck (void);
    private :
    ......
};
```

2. 运算符函数

在程序设计中，经常用到运算操作，人们也习惯使用代数表示法来说明对各种内部类型数据的操作表示，并用同一种符号表示不同类型的运算。如果 a、b 是 int 型数据，则 a + b 就表示整型加法；如果 a、b 是 double 型数据，则 a + b 就表示是 double 型的加法。相应地，如果参加运算的数据不是系统的内部类型，而是一个类的对象，C + + 也允许对运算符进行重载，即编写函数重新定义运算符的操作过程。通过重载，赋于某一类型数据的操作以特定的含义，使以后这些操作的使用简单且直接。用来说明重载的运算符操作功能的函数称其为运算符函数。

并非所有的运算符都可以重载，以下是一些可以重载和不能重载的运算符。

以下运算符可重载：

( )   函数调用

[ ]	下标运算符
− >	间接运算符
new	
delete	new 和 delete
（type）	显式说明的类型转换
,	顺序计算运算符
=	赋值运算符

以下运算符不可重载：

?：	三目运算符
.	属藉运算符
::	作用域分辨符
sizeof	sizeof 运算符

被重载的运算符保留它们原来的优先与组合特性。运算符函数可以定义为类成员函数，也可以定义为独立函数。但两者访问操作数的方式不同。具体区别见表6－3－1。

	一元运算符函数	
	成员运算符函数	独立运算符函数
单操作数	this 指针	第一变量
	二元运算符函数	
	成员运算符函数	独立运算符函数
左操作数	this 指针	第一变量
右操作数	第一变量	第二变量

表6－3－1　运算符所接收的操作数

在表6－3－1中，this 指针是一个指向当前对象的隐含指针，它是面向对象系统中对对象自身的引用机制。

下边的例子为一个定点数的存贮和运算程序。

```
//Class for fixed point arithmetic
//This scheme uses a 32 - bit long for 16：16 fixed point representation
```

```
# include  < math. h >
class FIXED {
private:
    enum FIXEDconsts{ Fraction, Whole} ;
    union{
    long complete;
    short parts [ 2 ] ;
  } ;
public
    FIXED( ) { complete = 0 ; }
    FIXED ( double) ;
    FIXED ( int i) { parts [ Fraction ] = 0 ; parts [ Whole ] = i ; }
    FIXED operator - ( ) {
        FIXED result;
        result. complete = - complete;
        return result;
    }
    FIXED operator +  ( const FIXED&f) {
        FIXED result;
        result. complete = complete + f. complete;
        return result;
    }
    FIXED operator -  ( const FIXED&f) {
        FIXED result;
        result. complete = complete - f. complete;
        return result;
    }
    void operator +  = ( const FIXED&f) {
        complete +  = f. complete
    }
    void operator -  = ( const FIXED&f) {
```
432

```
        complete - = f. complete
    }
    void operator = ( const FIXED&f ) {
        complete = f. complete;
    }
    FIXED operator + + ( ) {
        parts [ Whole ] + + ;
        return * this;
    }
    FIXED operator + + ( int ) {
        FIXED tmp = * this;
        parts [ Whole ] + + ;
        return tmp;
    }
};
```

3. 继承和类层次结构

① 继承的作用

单独的类只能表示客观实体的相同属性,而客观世界中的实体却是多种多样的。对多样性的描述除了定义多个单独的类外,还可以通过对已有类的继承派生出更多的存在相互关系的类。通过继承产生的类之间具有类属关系("kind of" relationships),而不是部分与整体的关系("part of" relationships)。下例说明了类的继承。

```
class Reader: public Teacher
{
    private:
        char * BorrowNumber;
    public:
        Reader ( void );
        ~ Reader ( void );
```

```
            Borrow ( char * RegistCode ) ;
            Due ( char * RegistCode ) ;
    } ;
```

其中的 class Reader：public Teacher 说明类 Reader 是由类 Teacher 以公有的形式所派生出来的新类。后边括号部分说明了新的类所作的改变和增加的内容。这样，Reader 称为 Teacher 的一个直接子类，而 Teacher 则称为 Reader 的一个直接父类。

在此例中，类 Reader 继承了类 Teacher 的数据结构和方法。因而，可以认为，新的类 Reader 的实例至少具有类 Teacher 的实例所具有的属性。类的继承所导致的派生是一种演化行为，即通过扩展、更改和特殊化从一个已知类出发建立一个新类。派生通过建立具有共同关键特性的家族，可以使代码重复使用，因而赋于面向对象语言以极大的表现力。从概念上看，类的派生创建了一种软件结构，它真实地反映了实际问题。

对于派生出的新类的对象，其内存布局包括两个部分：其前部为它的基类成员，后边是派生自己的成员。如图 6.3.2 所示。

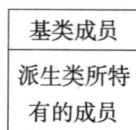

图 6.3.2　派生类的内存布局　　图 6.3.3　类继承的传递

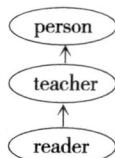

类之间的继承关系是传递的，若对类的定义和继承为图 6.3.3 所示的样子，则类 person 被称为基类，类 reader 称为它的间接子类，reader 不仅继承了其直接父类 teacher 的所有特性，也通过 teacher 的传递，继承了其间接父类 person 的所有特性，即所定义的数据结构和方法。

从现存的类派生新类时，可对派生类作以下变化：

434

a. 增加新的成员变量和成员函数。

b. 重新定义已有的成员函数。

c. 改变已有的成员属性。

②多重继承

若一个类只有一个直接父类,则称这种继承为单重继承。若一个类要求有多于一个的直接父类,则这种继承称为多重继承。多重继承的特性是应实际要求所引入的。例如,如果将研究生作为一个类,在职研究生也作为一个类,而在职研究生既有学生的特性,又有工作者的特性,例如是教师的特性。这样,它就应该对应两个直接父类。如图 6.3.4 所示的继承关系。

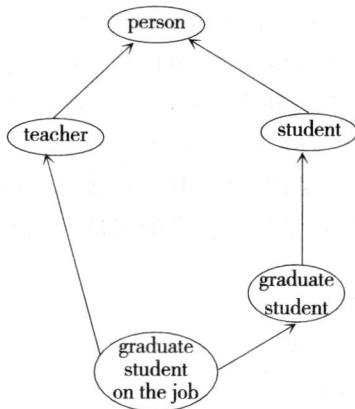

图 6.3.4　多重继承关系

③私有继承和公有继承

对类的继承派生出新类。派生的过程可以是公有派生,也可以是私有派生。这两种派生方式有较大的区别。

在私有派生中,下列访问原则适用于被继承的基类成员:

■基类的不可访问的和私有的成员在派生类中是不可访问的。

■基类的保护的和公有的成员在派生类中是私有的。

在公有派生中,下列访问原则适用于被继承的基类成员:

■基类的不可访问的和私有的成员在派生类中是不可访问的。

■基类的保护成员在派生类中仍是保护的。

■基类的公有成员在派生类中仍是公有的。

从派生方式中,可以看出"私有"的真正内涵,即:私有基类成员对公有派生类成员和私有派生类成员来说都是不可访问的。

在这里,出现了一个新的访问控制级别,即"不可访问的"(in-accessible)。一个不可访问的成员甚至对其自身的类成员而言也是不可访问的。因而,在类层次结构关系中,其根类(不是从其它类派生出来的类)中,没有不可访问的成员。根类成员的访问级别只可能有三种:private、protected 和 public。而在以后的派生类中,则可能出现第四种访问级别,即 inaccessi - ble。不可访问的成员只可能是在类的继承中产生的。

4. 消息传递和方法

从某种形式上看,对象同一般的数据类型的实例相似,但它们之间还存在着一种本质的区别,对象之间通过消息传递方式进行通讯,而一般的数据只能被动地由过程来加工。在并发程序设计中,消息传递是一种基本的同步和通讯机制。在一个基于消息传递的系统中,实体间的通讯是通过消息来完成的。两个实体间的通信,其必要条件是它们之间至少有一条信道,并且遵循同一种协议。

消息传递机制有以下三方面的特点:

①消息传递必须给出关于信道的信息,并以显式的方式指明接收方。

②同一接收方在不同的时刻收到同一发送方的相同信息,可以因为接收方当前状态不同而得到不同结果。

③消息传递可以是异步的。

在 C + +语言中,消息传递的实现是通过成员函数来完成的。

对于一个类而言,它关于方法界面的定义规定了实例的消息传递协议,而它本身则决定了消息传递的合法范围。由于类是先于对象而构造的,一个类为它的实例提供了可以预知的交互方式。如,Wang 是 Reader 的一个实例,当需要完成一个借书处理时,就可以通过成员函数的调用向这个对象发出下面一条消息:

Wang. Borrow("B1227240");

其中,Wang 指明了接收方,消息值"B1227240"是对方法 Borrow 的一次调用说明。

5. 重载函数

在 C + +中,除运算符可以重载外,还可以重载真正的函数。在解决实际问题时,常常遇到这样的情况:一组函数完成相同的任务,但处理的数据类型不同,或处理的参数个数不同。在传统的程序设计中,应编写多个函数,且它们必须具有不同的函数名。如要在平面坐标上画一个点,如果考虑到这个点的坐标可能是两个整数,也可能为两个浮点数,或者是用一个结构类型表示的两个坐标值,则可能需要如下三个函数:

void DrawPoint_int Grit,int);

void DrawPoint_double (double, double);

void DrawPoint_struct (struct point);

参数类型的差异是重要而必须的,但是传统的处理方式,即出现上边的三个不同的函数名却使人感到繁琐。为此,C + +中允许使用重载函数。重载函数的名称是相同的,但参数类型或参数个数是不同的。用重载函数,可将画点函数重写为如下形式:

void DrawPoint (int,int);

void DrawPoint (double,double);

void DrawPoint (struct point);

利用重载函数,还可以对以下一组函数进行改写:

void ChangeAge (char * Name,int Age);

void ChangeName（char ∗ Name）；

void ChangeTelephone（char ∗ Name，int Age，char ∗ Tele-phone）；

改写为：

void Change（char ∗ Name，int Age）；

void Change（char ∗ Name）；

void Change（char ∗ Name，int Age，char ∗ Telephone）：

在程序运行时，编译器会根据参数的类型，自动地选择激活相应的函数。编译器是根据以下步骤来选择重载函数的：

①编译器首先对函数进行参数类型的准确匹配。

②若没有准确的匹配，编译器会对函数进行相关类型的匹配，如 char 和 int，float 和 double。

③然后编译器努力对函数进行标准转换类型匹配，如 int 和 double。

④然后编译器对函数进行用户定义类型匹配。

③最后编译器对用省略号表示的参数类型进行匹配，即任意匹配。

创建重载函数时要注意，当使用用户定义类型时，由于 typedef 并不产生真正的类型，所以如果两个参数具有相同的类型，而所使用的 typedef 的名字不同，编译器是无法区分的。

6. 虚拟和多态性

在 C++ 中，虚函数帮助实现了多态性。当虚函数被调用时，适用于当前对象的函数将被执行，尽管当前对象的类型直到运行时才知道。多态机制保证了继承的自然性，即对于一类层次结构中有继承关系的不同的类，当它们在某一行为上有自己特殊的动作时，它们可以有相同的名称。这使得方法至少从名称上便于理解，也使得继承更为实用：当子类对父类的全盘继承不能适应其应用特性时，它可以在不改变父类的构造和功能的条件下有选择地

438

继承，并增加自己的方法，而新增加的方法能和谐地纳入父类已建立的体系之中。虚拟的确是一种有用而奇妙的机制。

①虚函数的定义

多态成员函数的定义说明是在基类定义中在函数名前加关键词 virtual 实现的。当一函数被说明为虚函数后，则它在所有的派生类中都是虚的，即使在派生类的说明中并未说明这一点。

```
class Person
{
    public：
        virtual void Work（void）；
                void Living（void）；
}；
```

在类 Person 中，由于函数 Work（）前边有 virtual 关键词，因而它在基类中及所有的子类中被说明为是虚函数，而函数 Living（）则不是。virtual 也是在告诉编译器，这个函数的方法体可以在其子类中被替换。如果需要，在类 Person 中就可定义属于该类的虚函数 Work（）的方法体。

```
void Person：：Work（void）
{
    ……
}
```

如果类 Person 有以下两个派生类：

```
class Teacher：public Person
{
    public：
                void Work（void）；
                void Work（int）：
        virtual void Living（void）；
}；
```

```
void Teacher::Work（void）
{
    ……
}
class Student:public Person
{
    public:
            void Work（void）;
        virtual void Living（void）;
};
void Student::Work（void）
{
    ……
}
```

在派生类 Teacher 中，Work（void）是虚函数，但 Living（）不是，因为它在基类中没有被说明为是虚函数。同时，Work（int）也不是虚函数，因为它的参数表同基类中对虚函数的参数说明不一致。

Work（void）在 Teacher 的类说明中再一次出现，是在明确地告诉编译器，Work（void）要在类 Teacher 中重新定义方法体。如果在类 Teacher 界面定义中没有出现 Work（void）的函数说明，则表明它要继承父类中的这个方法。

②虚函数的调用

在 C＋＋中，多态调用是通过虚函数表来实现的，对于每一个包含虚函数的类，都有一个虚函数表，该表是由虚函数的入口地址所组成的一个线性表。其中保存着父类和子类中各方法体的入口地址。程序中具体调用这些方法中的哪一个，由对象的实际类型决定。如对于前边由类 Person 所派生出的类 Teacher 和类 Student，有如下指向对象的指针：

440

Teacher ＊ Wang = new Teacher；

Student ＊ Lee = new Student；

则语句 Wang－＞Work（）；

是执行在类 Teacher：：Work（void）中所定义的方法体；而语句 Lee－＞Work（）；

是执行在类 Student：：Work（void）中所定义的方法体。

若在子类的任一个方法体内，如在类 Teacher 的 Living（）内，直接出现如下引用：

Work（）；

则说明要使用在本子类中重新定义的函数；若出现如下引用：

Person：：Work（）；

则说明要使用父类中定义的函数，当然，如果这样做有意义的话。

最后，需要说明虚函数和纯虚函数的区别：虚函数用于实现多态；而纯虚函数则用于说明抽象基类。

7. 类库

类库是一种预先定义的程序库，可以由程序员自己扩充。类库以程序模块的形式、按照类层次结构把一组类的定义和实现组织在一起。通常，这一组类预先提供的是一些低层功能，如输入输出例程、图形操作原语、基本数据结构等等。

程序员可以直接使用类库，其方式与使用语言中的基本类型完全相同；程序员也可以扩充类库，其方式是定义并实现类库中已有类的子类，再将这些子类加入类库。由继承性机制可知，这样的扩充对类库中原有的类没有任何副作用。

要想充分发挥面向对象软件构造方法所具有的优点，程序员必须知道类库是怎样组织起来的。衡量一个程序员的好坏，要看他是否知道如何最好地发挥已有类库的优点，要看他是否有能力将已有的类库同新的问题匹配起来，还要看他必须另外编写的代码是不是最少。传统的衡量标准刚好相反：生产的代码行数越多，工作量越大，程序员所得到的报酬就越多。

一般的面向对象语言编译系统都有类库。是否有一个丰富的类库已成为衡量面向对象语言编译系统质量的标准。图 6.3.5 是 Microsoft 所支持的 Windows 环境下软件开发的基本类库（MFC）结构。

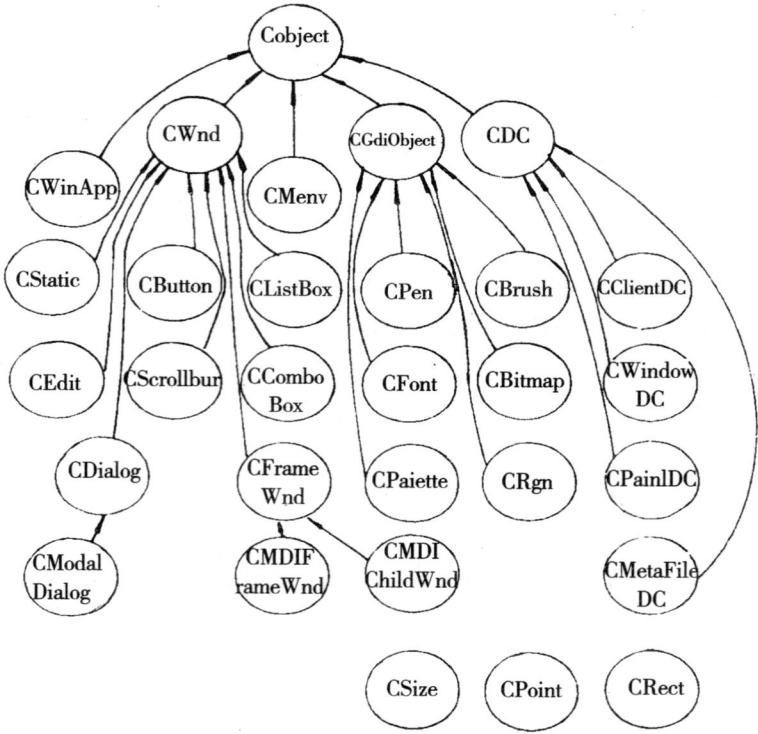

图 6.3.5　用于 Windows 环境下软件开发的 Microsoft 基类

Korsn 和 McGregor 曾提出类库应具备的特性。以下是其基本

442

项目：

■完全性：即要覆盖全部的概念。

■一致性：库的每个方面遵循一致的方法。

■易学。

■易用。

■高效率。

■可扩展。

■可集成。

■直观。

■健全。

■可以得到支持。

思考题

1. 传统的结构化软件开发方法有哪些不足？

2. 面向对象方法有什么特点？其核心是什么？

3. 面向对象分析、面向对象设计和面向对象程序设计的工作内容是什么？

4. 面向对象的程序设计和传统的程序设计有什么区别？

5. 在面向对象系统中，类的概念和对象的概念有什么区别？

6. 在面向对象系统中，"方法"是何含义？

7. 在 C＋＋中，多态是如何实现的？

8. 现要以面向对象的方法开发一图书馆自动化流通系统，请为该系统设计出类（包括属性和方法）和类层次结构。

第七章　我国图书馆自动化面临的形势和任务

第一节　90年代我国图书馆自动化发展的有利条件和不利因素

7.1.1　我国经济和科技发展为图书馆自动化创造了更有利的条件

90年代以来,我国的社会主义现代化建设又取得很大进展。"八五"时期(1991～1995年)是我国人民沿着建设有中国特色社会主义道路阔步前进的五年。以1992年邓小平同志重要谈话和中共十四大为标志,改革开放和现代化建设进入新的发展阶段。在中国共产党领导下,经过各族人民的共同努力,"八五"计划提出的主要任务已经完成或超额完成,国民经济和社会发展取得显著成就,社会生产力、综合国力和人民生活水平都上了一个新的台阶。1996年是我国实施"九五"计划和2010年远景目标纲要的第一年,我国的改革开放和社会主义现代化建设又取得了可喜的成就。在国际建设信息高速公路热潮的影响下,我国的信息化建设也在这一时期开始起步,并蓬蓬勃勃地发展起来。这些就是我国图书馆自动化发展最根本的有利环境和最重要的条件。其中信息化建设的成就和未来发展则是最直接的促进条件。

我国的计算机工业在"八五"期间平均增长速度达到58.5%,

大大高于同期国民经济、电子工业和世界计算机产业发展的速度。而1996年以计算机和通信设备为主体的投资类产品比1995年又增产40%以上,据不完全统计,这年我国微机销售量达到180多万台,增长56%以上,计算机市场销售额估计为800亿元,增长30%。同时国有品牌微机已开始形成规模,1996年国内销售量超过百万台,国内市场占有率已达60%,联想集团在当年中国市场国内外厂商销售排行榜上已跃居第一。

计算机价格逐年下降,性能逐年上升,性能/价格比不断提高,近两年发展速度之快,超过某些专家的预测。

邮电事业发展迅速。"八五"期间铺设了22条跨省光缆,1996年又增加长途光缆2万公里(皮长),接通了除拉萨以外的所有省、市、自治区首府。电话交换机总容量5年内增加5800多万门,1996年又增加2107万门,普及率已达5.4%,其中城市普及率达20%以上。移动电话、无线寻呼增加速度更快。邮电通信业务量连续数年年增长率都在40%以上。数据通信网络建设也在"八五"起步并迅速发展,如中国公用分组交换数据网(CHINAPAC)1993年9月开通,1996年底已覆盖全国所有县以上城市和部分经济发达地区的乡镇。中国公用数字数据网(CHINADDN)1994年开通,1996年底已覆盖到3000个县以上城市的乡镇。中国公用计算机互联网(CHINANET)1995年初开始建设,1996年底已覆盖全国30个省、市、自治区,200多个城市的接入网正在建设中,它将是国际上最大、技术最先进的Internet之一。中国公用帧中继网(CHINAFRN)到1996年底已在8个大区的省会城市设立了节点,开始向社会提供高速数据和多媒体通信等多项服务。

有关信息化建设的设备不仅在数量上,特别在质量上有了重大发展和突破,新产品的研究和开发有很大进展,在一些方面开始打破进口设备垄断我国市场的局面。其中突出的如:

■超大型计算机银河II型开发成功;

■银河—S4/100 超级服务器计算机系统研制成功;

■世界上少数几个最优秀系统之一的曙光 1000 大规模并行计算机系统(MPP)通过鉴定,并于 1997 年为喀麦隆所采用,实现我国大规模并行计算机出口零的突破;

■我国第一台神经计算机预言神研制成功;

■863 项目智能信息处理和智能信息系统通过验收;

■包括工作站、网络服务器、HA 容错机等的曙光天演系列机研制成功,并在我国信息化工程如天津信息港建设中初见成效,受到使用单位的肯定;

■国产系统软件研究获重大突破,如"国产系统软件平台 CO-SA"和"青鸟系统 II 型"通过鉴定;

■我国首次研制成功的、达到国际同档产品先进水平的国产路由器 SED ~ 08(建立计算机网络的关键设备)通过鉴定;

■我国自主开发,达到 90 年代国际先进水平的 601 大容量程控交换机和 SP30 超级数控交换机通过鉴定,加上其它一些高质量的大型局用程控交换机取得群体性突破,在与外国企业的激烈竞争中迅速发展,已赢得国内市场 20% 以上的占有率;

■生产 6 英寸、0.8 微米超大规模集成电路的无锡微电子工程建成并通过验收,生产 8 英寸、0.5 微米超大规模集成电路的 909 工程于 1996 年 11 月启动。

正如本书第一章第三节所说,我国的信息化建设是从 1993 年正式拉开帷幕的。这一年,"三金"工程先后启动,决定成立国务院国家经济信息化联席会议(1994 年 2 月正式成立)。1996 年 3 月 17 日由全国人民代表大会通过的《国民经济和社会发展"九五"和 2010 年远景目标纲要》中把"进行新一代集成电路的研制开发工程,迎头赶上当时的世界先进水平,进行现代化信息基础设施建设,推动国民经济信息化"和建设三峡水利枢纽工程、南水北调等并列,作为"对国民经济和社会发展具有全局性、关键性"、需

446

要"集中力量建设"的工程,写进了 2010 年的远景目标。整个文件中,从指导方针和奋斗目标,到基础设施和基础工业、第三产业,再到科教兴国,很多处都涉及信息化,所占篇幅之多,在整个文件中占第一位,充分说明了我国党和政府对信息化的重视。国家经济信息化联席会议成立后,开始制订我国的国家信息基础设施发展纲要。随着信息化建设的进展,为了适应现代化建设快速发展的需要,加强对全国信息化发展的组织领导,国务院 1996 年 1 月决定并于同年 6 月正式宣布成立国务院信息化工作领导小组,主要负责国家信息化工作的方针政策、法律规章、发展战略、总体目标及实施方案的制订和监督检查;组织跨部门、跨地区的关系国民经济和社会发展的国家重大信息工程项目建设;大型计算机网络及国际联网的协调与管理;协调制定有关信息的技术和应用标准。1997 年 4 月 18 日,第一次全国信息化工作会议在深圳召开,邹家华同志在会上指出,目前国家已经把信息化纳入了"九五"计划,并把国民经济信息化程度显著提高作为"九五"发展重要目标。这表明信息化在我国经济全局中的战略地位已经空前提高,推进信息化已成为我国经济和社会发展过程中的一项重要任务。他认为,我国从 1993 年开始实施的"金桥"、"金关"、"金卡"、"金税"等信息化重大工程都取得了成效,地方信息化建设也取得了进展,对我国的经济建设和社会发展起到了很大的促进作用。他要求积极推进国家信息化建设,为国民经济持续、快速、健康发展和社会全面进步服务。信息化工作领导小组向会议提出"九五"和 2010 年奋斗目标和主要任务,展示了我国信息化建设的蓝图。这次会议的召开,表明我国的信息化建设进入了崭新阶段。

三年多来我国信息化建设的重大发展主要有:

■"三金"工程进展迅速。"金桥"工程即国家公用经济信息通讯网工程,到 1995 年底已基本建成了网控中心和首批网络分中心,已在 24 个省、市联网开通,并与国家教育科研网(CERNET)、中科院科研网实行了互联,1996 年已正式开通运行。"金关"工程即国家对外经济贸易信息网工程,到 1996 年底,其海关自动报关系统和外贸的电子数据交换(EDI)系统等都取得很好成绩。"金卡"工程即电子货币工程到 1996 年底进一步完善了清算系统,在首批 12 个试点省市的基础上已有 6 个省市的银行支付系统和主要商场购物实现了跨行联网运行。

事实上"三金"工程已发展为多个"金"字头工程。如"金税"工程已建立了增值税票管理系统、税票自动申报系统和税务管理系统等,并将从 1997 年开始在全国 350 个城市、3500 个县全面推广应用"金税"工程,建立全国四级计算机稽核网络系统。"金智"工程中的中国教育科研网(CERNET)建设已初具规模,1995 年已建成网络运行中心、网络信息中心和京、沪、宁、穗、蓉、武汉、西安、沈阳 8 个地区网络中心,地区中心已开始提供本地区高校的联网服务,其示范工程已于 1995 年 12 月 20 日通过国家验收,1996 年已有 108 个高校和 CERNET 接通。其它如"金宏"、"金企"、"金建"、"金信"、"金卫"等都在 1995 年相继启动实施,并在 1996 年取得新的进展。

■在"金"字系列工程的带动下,从 1995 年开始,全国的网络建设与应用形成热潮,一批全国性、地区性和行业性网络相继启动,并取得不同程度的进展。如:中国经济信息资源网开通运行;新华信息网宣布建成;物资信息管理网络和全国大中城市菜篮子产品批发市场信息网开通;国家信息中心增值网、全国电子行业信息网、全国交通专用通信网等相继开通服务;农业部建成内部网(Intranet)等等。

■深圳市作为全国唯一的试点城市,其信息化建设已步入正轨。从 1995 年下半年开始,先后启动了一批新工程,如社会公众信息系统、电子商贸、公民管理、银行、税收、城管、公安、教育、医疗和信息化区等。1996 年 7 月 13 日,由市信息化建设委员会组织编制的 1996～2010 年建设规划纲要通过专家评审,信息化建设抓紧进行。1997 年初确定了当年的 21 项信息应用系统为建设重点,全面推动信息化的应用。

上海市 1996 作出规划,到 2010 年,上海将建成中国第一个"信息港",并于当年 7 月 5 日召开信息港建设动员大会,宣布全面启动建设工程。

北京市也于 1996 年底成立首都信息化工程领导小组,开始规划北京的信息化建设,初步确定投资 300 亿元,从 1997 年开始进行建设。1997 年初北京市信息化启动工程汇报会表明,在制定总体规划的同时,一批在全国处于领先水平的工程项目率先进入实施阶段,进展态势良好,建设初见效果。

天津、广东、海南等 20 多个省、市、自治区正在规划或实施多项信息化应用工程,有的已建成并取得明显成效。

■Internet 迅猛发展。自 1993 年首次把 Internet 引入我国以来,邮电部于 1995 年初开始建设我国的 Internet 骨干网 Chinanet,一期工程完成后,1995 年底又启动了二期工程,1996 年底也基本建成。它覆盖了全国 30 个省会及重庆市,1996 年底已有 10 万多互联网用户,且发展势头越来越猛。

■信息服务业同样是迅猛发展。到 1996 年底,从事这一行业的企事业单位已达 20000 多家。根据 1996 年初出版的《中国数据库大全》,到 1995 年 10 月 31 日,全国已建成的、达到收登条件的各种数据库共 1038 个。

以上各方面信息化发展和以计算机技术、通信技术以及两者的结合为核心的现代信息技术的发展,给图书馆事业和图书馆现代化建设提供了发展的客观物质条件和基础。此外,随着四个现代化建设和社会主义精神文明建设的发展,随着信息化建设的前进,图书馆事业也将更加受到党和人民的重视,将得到更多的各方面的支持。《国民经济和社会发展"九五"计划和 2010 年远景目标纲要》在"积极发展第三产业"中就明确提出："加强信息资源开发利用,推进信息的社会共享。"中共中央、国务院关于加速科学技术进步的决定中也提出："重视科技信息的有效利用和传播,加强图书、资料和数据库建设。要有计划地建立全国科技信息资源传输的设施,建设连接全国科研机构、高等学校的科教信息网络,实现科技信息共享和交流的现代化。"中共中央关于加强社会主义精神文明建设若干重要问题的决议在"切实增加精神文明建设的投入"方面也提出："对政府兴建的图书馆、博物馆、科技馆、文化馆、革命历史纪念馆等公益性事业单位,应给予经费保证。""大中城市应重点建设好图书馆、博物馆,有条件的还应建设好科技馆。"1996 年 12 月 20 日,江泽民同志为上海图书馆新馆题词:"把图书情报新馆所建成上海的重要信息枢纽和精神文明建设的重要基地。"李鹏同志 1996 年 8 月 26 日在第 62 届国际图联大会开幕式上的讲话中指出:"历史即将跨入 21 世纪的门槛。知识、信息、文献在经济和社会生活中的重要性,比以往任何时候都更加明显。图书馆的重要性因此而更加突出。……中国政府以至全社会,将一如既往地重视图书馆和文献信息工作,提供必要的支持,使其发展与经济和社会的发展相适应。"这些充分说明党和人民、国家和社会对图书馆事业的高度重视和殷切期望,也指明了图书馆事业和图书馆自动化的发展方向和很高的要求。我国图书馆受到的重视达到一个新的高度,得到的支持达到更大的力度,正是我国开始进行信息化建设的必然结果。

因此,以上情况充分说明,当前是我国图书馆自动化进一步大发展的极为难得的有利的时机。

7.1.2　图书馆自身的进步为图书馆自动化的发展提供了条件

我国图书馆自动化十多年来的成就,为下一步的发展准备了

比较充分的条件,而 90 年代特别是 1995 年以来的巨大进步则使得条件更为充分。这些条件主要是:

1. 思想认识上的统一

近 20 年来,我国图书馆界不仅在建设有中国特色的图书馆现代化、自动化的有关基本问题(见本书第一章第三节)形成共识,而且对于当前和今后中国图书馆事业的发展方向和道路,也在逐步趋向一致,主要是:

■在全球信息网络革命的推动下,中国图书馆事业将和世界图书馆事业一样,经过长期建设,逐步转向带有中国特色的、以开放、资源共享和重在开发为特征的、数字化的全球图书馆模式;

■网络化、电子化(或数字化)和虚拟化是新模式的基本特征,而其中网络化建设是最基本的建设,是实现电子化和虚拟化的物质基础,在全国信息化建设快速发展的有利条件下,我国图书馆界当前就应当抓紧图书馆网的建设,当然,这一建设必须是有规划、有步骤、分阶段、分层次地进行,要避免一哄而起,更不能一蹴而就;

■网络化建设中,图书馆自身应把信息资源的建设放在突出重要的位置,集中力量建设好资源子网;

■只有应用满足图书馆需要的各种新信息技术,才能实现信息表达和信息传递两方面的再构筑,完成图书馆模式的转变;

■我国当前的图书馆自动化系统不能适应新模式的需要,必须研制新一代系统,当然这一过程将是较长期的,发展将会不平衡,新系统也不会只有一种或很少的几种模式;

■关键在于提高认识,转变观念,还在于培养信息化专业人员,建立队伍。

当然,这些认识还是初步的,还有待于随着实践的发展而深化。特别是还需要进行大量的宣传教育,使其为更多的图书馆同行所接受,形成更大范围和更深层次的共识。然而有了这样一个认识的基础,对于我国图书馆事业和图书馆现代化、自动化的发展却是很有利的。

2. 网络建设已经启动,发展态势良好

随着我国信息基础设施建设的启动和进展,1994 年以来在一些行业系统和地区也开始了图书馆网络的规划和建设,到目前已经取得一定的进展,主要的有:

①"211 工程"中的"中国高等教育文献保障体系"(ALINet,即 Academic Library and Information Network,又名中国大学图书馆信息网络)。

中共中央和国务院制定的《中国教育改革和发展纲要》中提出了"211 工程",国家教委据此提出"211 工程"公共服务体系建设计划,其中包括"中国教育科研网(CERNET)"和"中国高等教育文献保障体系"。CERNET 的建设情况已在前面说明,"中国高等教育文献保障体系"于 1995 年完成建设方案(上报稿)的拟订,1996 年经国家教育委员会同意,把它列为"211 工程"的第 60 个项目。方案的指导思想是:必须改变过去分散发展,小而不全的模式,走资源共建、共知、共享的整体发展道路。基本思路有如下几点。

总体目标:

以中国教育科研网为依托,到本世纪末建立起文献信息资源子网,并使网上的资源与服务均达到较高的水平;网内以全国性和地区性文献信息中心为节点,连接"211 工程"所有院校,并与国外主要的文献信息系统广泛联网,形成中国高校教学与科研的文献信息保障体系。(参看图 7.1.1)

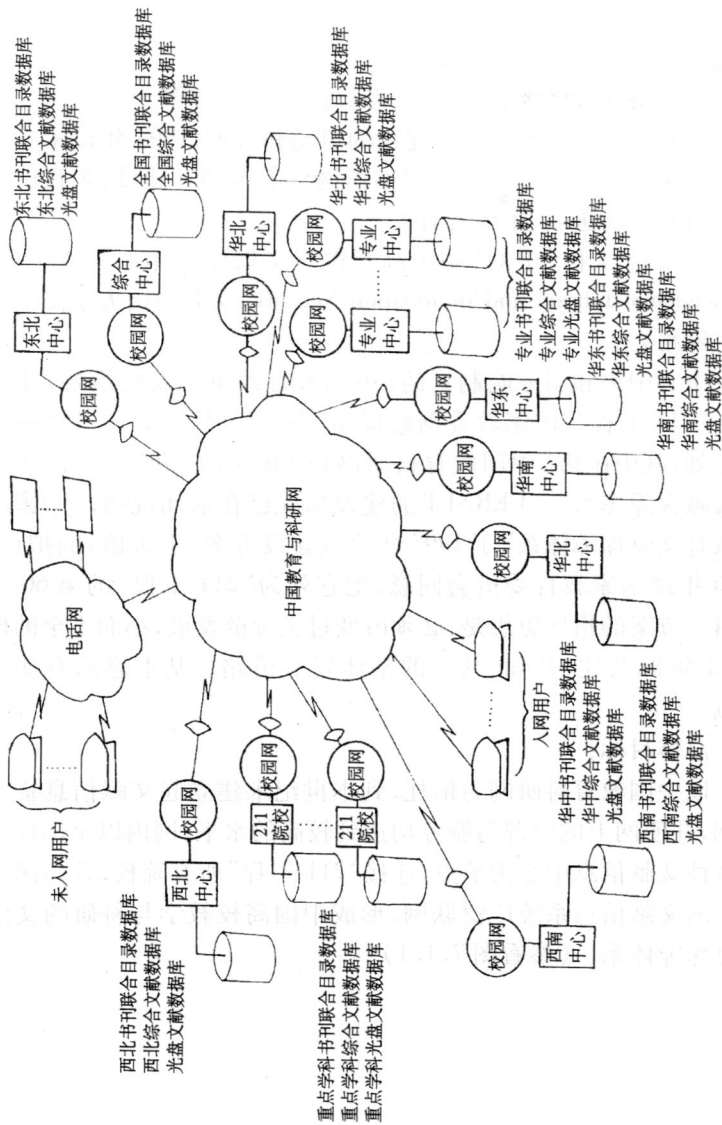

图 7.1.1 "中国高等教育文献保障体系"资源网示意图

453

具体指标：

■凡列入"211工程"的大学均已开通本校的图书馆自动化集成系统，并通过校园网连入本网；

■在网上建立 30～50 个各种类型的数据库，供用户查询和利用；

■开发一批有中国和中国大学特色的光盘数据库，向国内外发行；

■与国内重要的图书馆和文献信息系统联网，通过 Internet，与国际上主要的图书馆和文献信息系统联网；

■通过提供网上文献信息检索与原文献服务，对于用户需求的满足率达到 90% 以上。

建设原则：

■整体规划，合理布局，重点投资，分步实施，从易到难，讲求实效；

■采用先进技术手段，提供快、全、准的信息检索和传递服务；

■全方位开放，不仅面向国内高校，而且面向社会乃至面向世界；

■在引进国外文献信息的同时，大力开发本国与高校系统的文献信息资源；

■发挥中央和地方、学校和社会等多方面的积极性，多渠道筹集系统建设资金。

建设内容：

主要是两方面，一是文献资源建设，就是要在合理布局的基础上形成资源供应的保障体系即文献信息资源保障体系；二是资源开发与数据库及检索服务系统建设，就是要对现有的和将有的文献信息资源加以充分地揭示、报道、提供给用户。而这两方面的建设都是以网络建设为基础，和网络建设密不可分。

文献资源建设侧重于国内外期刊、科技报告、会议录、博士论文、检索工具书等文献类型的引进,载体上非印刷型资料(特别是电子出版物)与印刷型出版物并重,将来逐步过渡到以非印刷型出版物为主。在互联网络的环境下,更要重视网上信息资源的开发利用。

　　资源开发与数据库及检索服务系统建设包括国内外各种数据库的引进与服务,以及自建具有高校特色的或独有的文献信息数据库(包括书目数据库、文献数据库、数值数据库等多种类型和全文数据库、多媒体数据库等多种形式),建设公共检索与服务系统,其中应特别重视以光盘为存贮介质的数据库的引进与自行开发。初期考虑的自建库有各种中、西文书、刊的联合书目数据库,中国大学博士论文全文数据库,中国大学学报论文全文数据库,中国学研究论文文摘数据库(进一步扩大为东方学研究论文文摘数据库),中国大学馆藏古籍联合目录(先建立中国大学馆藏古籍善本联合目录),中国大学馆藏音像资料联合目录数据库,中文学术著作电子出版物全文数据库,大学馆藏文献数据库的联合目录数据库等。

　　体系结构:

　　全国需要建设一批全国性和地区性的文献信息中心,构成文献信息资源网的总体框架。其中全国性中心又分为综合的和专业(行业)的两种。以若干全国性和地区性文献信息中心为节点,连接"211工程"所有院校,将来再连接全国所有的高校,构成三个层次的纵横相联、立体交叉的文献信息资源与服务网络。(参看图7.1.2)

　　服务内容:

　　■书刊资料联合目录检索;

　　■文献信息检索;

　　■源文献提供或馆际互借;

　　■科研立项和成果鉴定查新;

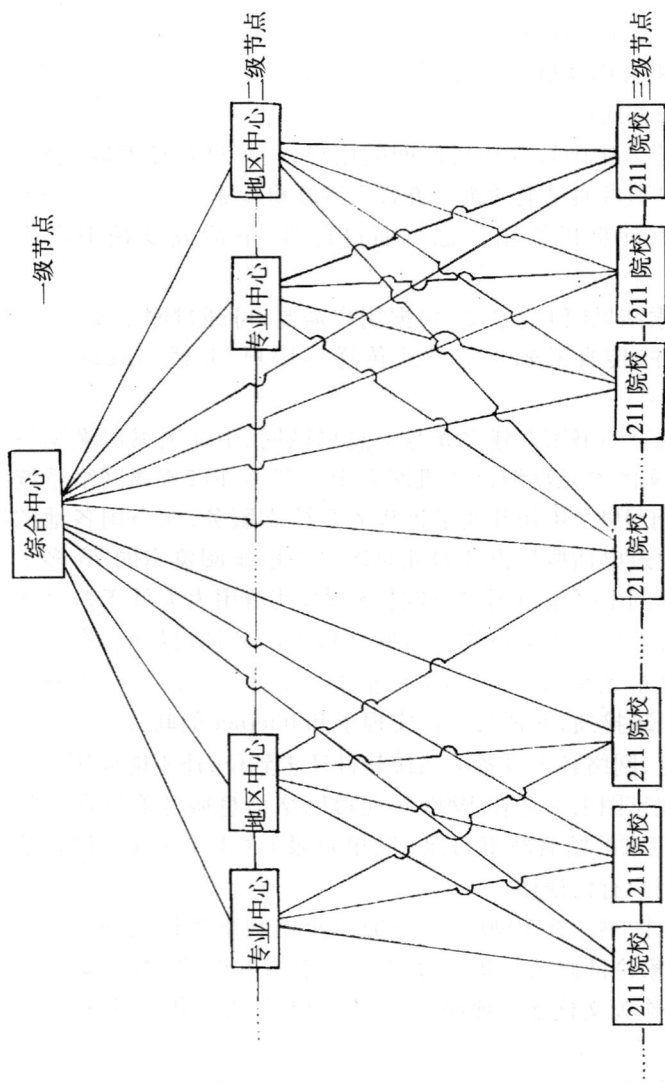

一级节点

二级节点

三级节点

综合中心

地区中心

专业中心

地区中心

专业中心

211 院校

211 院校

211 院校

211 院校

211 院校

211 院校

211 院校

211 院校

图 7.1.2 "中国高等教育文献保障体系"逻辑结构示意图

■书刊采购协作；

■联机合作编目。

服务方式：

■凡进入中国教育和科研网的用户，均可进行免费联机检索，其他用户则可通过电话拨号方式入网联机检索。

■没有计算机的用户也可通过传真、电话或委托中心代其检索。

■检索结果（包括原文）根据用户需要，可通过网上文件传输、电子邮件、传真或邮寄等方式传递给用户，并适当收取一定的费用。

②北京图书馆在建立光盘信息局域网、中文图书回溯编目微机网、西文图书光盘编目微机网和中文图书外借流通网络系统的基础上，于1995年初开通了远程光盘检索服务，在全国各地的用户都可通过电话拨号方式对北京图书馆电子阅览室的70多个光盘数据库的上亿条数据进行联机检索，其费用大大低于购进光盘或对国外的情报服务机构进行联机检索的开销，目前已有上百个用户。这个光盘信息局域网还通过微波通信方式与CERNET和CHINANET接通，并通过它们实现了和Internet的联接。不过由于资金不足，网络管理设备的系统软件还未到位，还不能向用户提供服务。北京图书馆还在1996年通过网络信息服务商瀛海威将其1988年以来的馆藏新书目录（简单目录）送上Internet，供入瀛海威网的用户有偿使用。

北京图书馆在1996年已研究出全馆网络建设规划的初步方案，经专家论证修改后即将实施。北京图书馆的"数字图书馆实验项目"作为文化部立项课题，也于1996年被文化部批准，开始进行研究。

③我国的科学院系统的中国科学院计算机网络工程（CAS-net，又称"百所联网"工程）于1995年7月正式启动，仅用半年时

间便全部开通了分布于全国 24 个省的 27 个主干网节点,主干网通过地区网使院属的 102 个研究所实现了电子邮件、管理信息和科技文献信息的"信息三通",并与 Internet 实现互联。其中网上文献信息系统作为一个应用系统,也正在积极建设中。

文献信息系统的总体目标:采用先进的计算机技术和通信技术,建设一个以 CASnet 为支撑环境的,以北京院文献情报中心为核心的,4 个地区文献情报中心、中国科技大学、8 个分院为分中心,123 个研究所为节点的文献信息网络服务系统。在文献信息网上统一配置开放性好、性能价格比高的计算机系统平台。把全院的 12 个分院 123 个研究所联接起来,形成分布式体系结构、开放型的文献信息网络。在广域网上逐步实现:联机合作编目;书目文献信息查询与检索;馆际互借;采购协调。在局域网上实现多媒体文献信息的查询检索。实现全院范围内多文种文献信息的资源共享,并与国际 Internet 网络互联,为科技人员提供进入世界科学技术领域的快捷方便的通道。加快全院科学数据库的建设,并引进一批实用的国内外数据库,在网上逐步实现:文献信息检索,电子文献传递。最终建成与中国科学院的地位及其发展相适应的实用文献信息共享系统。

主要建设内容:

■文献情报业务的自动化,包括图书馆自动化网络建设、联机联合编目系统开发、制定采购协调方案和网络环境下书目数据库的透明检索的实现等;

■文献情报服务的网络化,包括用于文献情报检索的、符合 Z39.50 协议的服务器和客户机软件的开发、www 服务器软件的开发、馆际互借系统的研制、光盘检索系统的建立等;

■文献情报资源的电子化,主要是书目数据库建设、各种数据加工规范和数据质量控制标准的制定和多信息处理平台间信息编码转换系统的开发等;

■文献情报工作人员的专业化，主要是工作人员的培训。

④经过充分准备，文化部在1996年提出在"九五"期间启动"金图"工程，即在计算机技术、通信技术和数据库技术三位一体基础上建立起来的中国图书馆信息网络（CLINET），它是一个以丰富的图书馆文献信息资源数据库为基础的信息资源网络，通过国家通信网，实现文献资源共享和电子文献传输。

同时还提出全国公共图书馆自动化发展"九五"计划（征求意见稿）。

发展的指导方针是：图书馆自动化的发展应与社会总体发展现状相适应，并遵循统一规划、协调发展、讲求实效、有序开发、加强管理的原则。从各级政府主管部门来讲，应充分认识到图书馆在信息社会中的重要地位和作用，加以重视和大力支持，并加强各级各地区政府之间的协作协调。从图书馆自身来说，应总结以往工作中的经验和教训，各馆之间加强协调，共同发展。

发展目标为：积极参与建设中国图书馆信息网络，成为其重要组成部分；经济及技术条件好的地区实现联网，建成一批地区图书馆信息资源网络，其它省市应积极创造条件，促进本地区图书馆的网络化发展，"九五"结束时，实现全国千所县级以上图书馆互联；处于国家通讯网枢纽节点和骨干节点的各省市图书馆积极创造条件，尽快与Internet和国内其他信息网互联，尽早实现国际间图书馆信息资源共享；根据计算机技术的发展和"公众、开放、联网"的原则，重点支持研究、开发、完善技术比较先进、有较高实用价值的图书馆信息管理系统；把数据库建设作为重点，按统一规划、协作开发的原则，建设符合标准并有实用价值的各种文献信息资源数据库；建立一批有一定自动化管理水平的地区性采编中心，逐步实现联合采购、联机编目，实现文献资源的合理布局，资源共享。

⑤部队院校系统已制订出《军队院校图书馆信息网络系统总体方案》。该方案确定，自1994年起，以3年的时间，在硬件设备

统一、操作系统统一和应用软件统一的原则下,为每一所军队院校图书馆配备一套信息网络系统,建成各馆的局域网,在此基础上建设各院校的校园网;尔后逐步发展,建成军校地区网,到本世纪末,建成全军院校广域网,并与国家网、国际网相连。进行建设的指导思想是:立足当前、着眼发展,运用先进、成熟的计算机技术和通信技术,采取集中投资、分批建设的方法,逐步建成标准化程度高、通用性强、整体优化、安全可靠、达到国内先进水平、具有军队院校特色的信息网络系统。从 1995 年 3 月开始研制图书馆应用软件系统,在开发出主要的子系统并经过调试和试运行后,到 1996 年已陆续配发到第一批试点的各个院校图书馆使用。1997 年 4 月 11 日,"军队院校图书馆信息网络系统"通过鉴定。

⑥由中国科学院文献情报中心、北京大学图书馆和清华大学图书馆联合建设的"中关村地区书目文献信息共享系统(APT-LIN)"是我国最早建设和已初步完成的地区图书馆网络系统。作为国家自然科学基金项目,它于 1993 年 4 月被批准立项,1996 年底通过专家测试,1997 年初通过验收。项目是依托联结中科院、北大、清华的中国国家计算机与网络设施(NCFC,又称中关村地区教育与科研示范网络)而建立的联结三单位的图书馆网络,是一个较大的、着重解决异构系统间的多馆联合作业与联合服务的应用系统。已完成了 NCFC 网上用户使用统一界面对三馆书目数据库的公共查询服务、三馆间的联机联合编目及书目资源共享、对读者进行馆际互借及网上书刊预约服务三方面的课题。

3. 自动化软件系统的质量提高和加速推广

从 1978 年以来到 90 年代中期,从推广应用的角度考虑,我国自行研制的图书馆自动化软件系统已经经历了以分离式的试验系统到集成式的初步微机系统再到改进式的微机集成系统为主要标志的 3 个发展阶段,从试验走向实用,质量逐步提高,一些软件已达到较为先进的水平,从而得到一定程度的推广。据估计,中国近十几年来已有近 2000 个图书馆不同程度地应用了计算机。

但目前所推广的软件还都属于单机系统或在单一图书馆内使用的多用户系统或局域网系统,也可以说是一种封闭式系统。这种系统显然不能适应今后网络化的需要。1995 年特别是 1996 年以来,一些开发单位注意到这种情况,开始考虑由封闭式向开放式自动化系统的转变问题,着手研究新一代的系统,并已取得一定的进展。

4. 图书馆信息资源建设开始受到重视,并取得一定的进展

80 年代,我国图书馆界对于信息资源的建设认识较差,除极少数图书馆外,一般基本没有进行这方面的建设。进入 90 年代以来,这种状况逐渐有所改善,从以下一些事件可以看出这种有利于图书馆信息化的演变。

■国家教委"文科文献情报中心"的建设在这一时期取得较大进展。为了集中力量建设文科文献信息保障体系,将享受文科专款的高校从 142 所减少到 69 所,在过去已具体落实了 15 所中心的基础上,重点建立了北京大学、复旦大学、武汉大学、吉林大学和四川联合大学的 5 个中心书库,并开始对外服务。西文图书的联合编目已开始实施并取得较大成果,共计积累书目数据 6 万 5 千多条记录,已编辑发行了书本式联合目录 22 期,电子版则以光盘形式提供,并通过中国教育科研网 CERNET 提供网上服务。还在网上建立了"中国人文社会科学图书基金会"的起始页(Home Page),各个受基金会资助的文科中心和中心书库的起始页也被置于其中,用户可以通过它进行书目检索。国家教委人文、社会科学研究项目"高校文献资源建设研究"的最后成果《关于建立我国高等学校文献信息保障体系的研究与建议》也于 1996 年 4 月 13 日通过鉴定。

■1995 年,文化部申请到国家计划委员会项目"解放后中文图书书目回溯建库",这是我国图书馆界申请到的第一个国家级项

目。该项目由北京图书馆牵头,上海图书馆、中山图书馆和深圳市图书馆参加联合进行,项目启动后进展甚快,到 1996 年 9 月已基本完成 1978～1987 年这一阶段出版图书的回溯(15 万条书目记录),并立即转入解放后到 1977 年出版图书的回溯工作。同时,北京图书馆还将 1988 年以来其所入藏的新书书目数据(超过 20 万条记录)做成光盘发行,于 1996 年通过鉴定。

■一些单位如参加"中文书目合作回溯建库研究"的 29 个高等学校图书馆(5 万多条记录)、深圳市图书馆(20 多万条记录)、上海申联文献信息技术公司等所建立的书目数据库已达到一定规模,可以提供服务。

■有关信息资源建设的基础工作也取得较大进展。如《中国机读目录格式》经过修订,通过鉴定后,被文化部定为行业标准,发布执行。《中国图书馆图书分类法》三版已修订出版。《汉语主题词表》自然科学部分已修订出版,社会科学部分也在修订中。《中国分类主题词表》于 1996 年通过鉴定等。

5. 图书馆自动化建设队伍的发展壮大

中国的图书馆自动化队伍经过近 20 年的建设,从无到有,逐步发展壮大。从全国范围看,图书馆行业在整体上已经基本上建立起一支包括系统分析和设计、程序编写、自动化系统管理、图书馆应用系统的使用以及图书馆相关工作的配合等各方面的专业人员队伍,能够自力更生地开展工作,为今后发展打下了较为坚实的基础。

7.1.3　相关行业和学科发展所起的促进作用

1. 情报自动化向新阶段的发展将促进图书馆自动化大步前进

从 80 年代到 90 年代初,情报自动化系统的发展远比图书馆自动化系统要快,所取得的成就也大得多。国内主要的大系统已经相当成熟,投入实际的服务已有相当长的时间,并能和国际主要的联机检索系统连接，进行国际联机检索服务。进入 90 年代以来，计算机情报管理方面的有识之士已开始跟踪世界情报自动化的新发展和新动向，提出"迎接新信息检索技术的挑战"、"迎接 21 世纪科技和经济的腾飞"等号召，进而研究迎接信息高速公路建设和信息新技术发展所引起的变化和对策，1995 年以来有了很大进展。主要是：

①对于有关发展的关键问题，如对计算机情报管理所面临的严峻形势、挑战和机遇，对以建设信息资源为目标的发展方向等，统一了思想，有了比较一致的认识。

②加强对全球信息网络革命环境下新信息技术的发展、进行信息资源建设所面临的新问题、Internet 的应用等进行了比较深入的研究，提出对策和解决方案。

我国图书馆自动化建设一直受到情报自动化发展的启发和支持，特别在 90 年代以来，在图书情报事业共同面临挑战和机遇的时候，情报界先行一步的思考和行动，对图书馆界更有着很大的启迪和鼓舞。在今后图书馆自动化的发展中，情报界的这种支持仍将是无可替代的，当然也是极其需要的。

2. 新的国际编码标准的制定和实施，将为图书馆汉字信息处理扫清障碍

1992 年 5 月 31 日，国际标准化组织（ISO）通过了"通用多八位编码字符集（UCS，又名 Unicode）"，即 ISO/IEC DIS 10646。这个标准将过去的多种文字的字符集编码标准统一为一个单一的字符集编码，用它来实现全世界所有各种语言的书面形式（即文字）的计算机表示、传输、交换、处理、存贮、输入和显示。本书第二章第九节中对这个标准有基本说明，此处不再重复。这个标准对于我国信息化和我国的图书情报事业的发展都有许多方便之处。

■很方便地解决了我国图书情报自动化工作中的多文种处理问题。由于过去的计算机操作系统的信息处理都是以拉丁字符集

（ISO 646 和 ISO 5426－1983）为基础的，因而我国在处理汉字和拉丁字母以外的文字时，都需要将这些字符的信息处理作为操作系统外的特殊处理另建系统（当然还是在操作系统控制下），并解决这些处理系统和操作系统的切换以及不同处理系统间的切换等问题。这样既增加了系统开发的工作量，又形成了很多困难，甚至有的（如同一应用系统的多文种切换问题）还没有解决得很好。现在有了统一的字符集，未来的操作系统自然要以它为基础，则根本不存在开发拉丁字母以外文字的特殊处理系统和多文种切换问题，我们在开发图书馆应用系统时就和西方一样地方便了。

■统一了汉字字形。在全世界，不论是哪个国家、哪个地区、哪个民族，同一个汉字只有一种写法，一切非规范的汉字都难以存在。

■更接近于实用。我国原制订的汉字编码标准基本集中只有6763个汉字，对于图书馆工作是远远不够用的，这个标准中有20902个汉字，基本上可以满足图书馆书目信息处理的需要，而且其字符集中简体字、繁体字都有，更便于全世界图书情报工作的书目信息处理和信息交换。

■有利于推广中华民族汉文化。文字的统一，汉字输入的方便，将使得汉字成为英语之外的第二广泛使用语种，而语言文字是推广文化的最有力、最基础的工具。

我国根据 ISO 10646，制定了汉字编码的新标准 GB 13000，它实际上就是 ISO 10646 的汉字部分。1995 年，由于当时还没有实现 ISO 10646 的操作系统，我国又制订了汉字内码扩展规范（GBK），收录 ISO 10646 的 20902 个汉字，但编码不同，把现行标准 GB 231295（汉字编码基本集）作为它的一个子集，使它成为向 GB 13000 的过渡。Windows 95 中文系统的汉字编码采用的就是这一规范，微软（Microsoft）公司并准备了从 GBK 向 GB 13000 转换的方案和软件。

3. 汉字信息处理技术的进一步发展,从一个方面为图书馆自动化准备了更好的技术基础

图书馆自动化软件系统离不开使用汉字信息处理技术如汉语自动切分和抽词、汉语文献自动标引、汉字自动识别、汉字输入输出、汉语自动翻译等。我国汉字信息处理技术是从"748工程"开始研究的,到"九五"开始时,已经有了很大发展,取得很大成绩。汉字输入输出已经解决并达到很高水平,输入速度较英文输入毫不逊色。汉字自动识别也已基本解决,研制成功的汉字扫描输入已可投入实用。汉语的自动抽词、切分、标引等也取得很大进展,已经有词典切分标引法、统计标引法、单汉字标引法、语法与语义分析标引分词法、神经网络分词法等多种方法,有的已收到一定的实用效果。当然也还有一些问题需要研究,一些不足需要完善,要达到比较理想的实用还需要做很多工作。

4. 有关信息技术的各种标准的制定和完善

有的标准(如中文文献著录)已经有了,但正在进一步修订,以充分满足图书情报工作的实际需要,并更好地和国际标准接轨。有的有了初步意见,但还需要在实践中修改,最后由国家技术局审查通过才能发布执行。有的则需要列入规划,逐步制定。这些工作都在考虑之中。

7.1.4 不利因素和存在问题

如前所述,当前我国图书馆事业面临极为难得的发展机遇,有着极其有利的发展条件,前途光明,这是事物发展的主流和本质。但我国图书馆事业也面对着一些限制甚至阻碍其发展的客观因素,图书馆自身也还有一些严重的困难和问题,因而其发展不可能是一帆风顺的。而且如果不重视这些非主流和非本质的因素和问题,并着力加以解决,面向21世纪的新型的中国图书馆甚至将难以实现。

这些不利因素和存在问题主要是：

1. 组织上缺乏整体协调

图书馆本身的社会性就要求实现资源共享，一个国家的图书馆事业需要进行整体化建设，也要求国家和社会对其进行整体协调。但我国图书馆的管理体制却是按行业成立系统，如教育图书馆系统、公共图书馆系统、研究图书馆系统等等，分属国务院不同的部委，而全国却没有统一管理图书馆的行政机构。为了解决这种"条"、"块"分割、多头领导所引起的不协调甚至冲突，1987 年 10 月 22 日，由国家科委和文化部发起，11 个部、委、局参加，成立了部际图书情报工作协调委员会。然而由于它不是具有领导和管理职能的行政机构，所起的作用是很有限的。而图书馆现代化特别是图书馆网络的建设，却必须统一规划，整体化地进行建设，切忌多头领导，各自为政，以致分散重复，小而不全，低水平，低效益，却无法构成全国性网络的整体优势。因此，组织领导如何适应今后图书馆现代化建设的发展而不是制约其前进，将是一个极其重要的问题。

2. 思想认识需要进一步统一和提高

对于我国图书馆事业发展的方向和道路，信息高速公路对图书馆事业的冲击和促进，图书馆的网络化建设等，我国图书馆界已有了一些初步的认识。但这种认识还不够深入也很不具体，随着图书馆现代化建设的实际展开，还将会出现各种各样的新问题。特别是，我国图书馆界对这一重大问题的认识是不平衡的，认识比较清楚的目前还是少数。不少人或者缺乏足够认识，对我国图书馆将步入"网络化、电子化、虚拟化"，不同程度地思想准备不足，疑虑甚多；或囿于图书馆传统观念，自觉或不自觉地束缚自己，对我国图书馆自动化需要进行整体化建设难以达成共识。

3. 人才不足，队伍不稳

图书馆自动化专业人员过去开发和使用的主要是单机系统

（包括多用户系统），部分是馆内的局域网系统，对于未来新系统的总体结构和主要功能的认识不少人还程度不同地存在差距；同时对于网络环境下需要使用的各种新信息技术如 Internet 网上技术、网络信息检索技术、数字化技术、多媒体技术、计算机网络技术、面向对象技术、并行处理技术和智能信息处理技术等等，一般刚开始有所接触，或尚未接触。总的说业务准备是不足的。开发和管理新一代的自动化系统将面临相当的困难。

更为突出的是，这支队伍中人员的流失相当严重。由于重视不够、待遇不高、使用不当等原因，出国不归和改行（大多数流向企业尤其是外资或合资企业）的数量相当可观。这种冲击使得本来就数量不足、力量薄弱的图书馆计算机应用专业队伍处于更为困难的境地。

4.建设资金严重不足

计算机网络等现代化建设和文献（尤其是外文文献和某些电子版文献）购置都需要大量资金，而投入薄弱却是我国图书馆面临的严重问题之一。我国图书馆近年来的购书刊量不论是从总体上看还是从单个图书馆看都呈下降趋势，外文书刊购置的下滑更为突出，很多县及县以下图书馆近年来很少购书甚至有的基本不购书。我国高等学校尤其是重点高校图书馆经费相对而言是较多的，但 1995 年全国高校订购的外文期刊总共不足 6000 种，而美国高校图书馆名列前茅的 10 所大学如哈佛、耶鲁等，期刊订购量多数在 50000 种以上，最多的达 100000 种，最少的也在 30000 种以上，相比之下，足见我们经费之少。

第二节　发展的奋斗目标和指导思想

根据我国图书馆自动化发展的历史状况和当前世界及我国的

发展趋势,在本节中对于我国图书馆自动化从 20 世纪 90 年代最后几年到 21 世纪初的奋斗目标和指导思想,表述了作者的一些看法。它们是个人的意见,仅供读者学习思考时作为参考。

7.2.1 奋斗目标

要使我国图书馆事业的发展和我国经济与社会的发展相适应,到 2010 年,我国的图书馆应基本实现在全球信息网络化环境下的模式转变,初步建设起以开放、资源共享和重在开发为特征的、数字化的全球图书馆系统的基本构架。而要实现这一目标,我国图书馆自动化的奋斗目标就应当是:实现承前启后、跨世纪的伟大转变,依托国家的信息基础设施,初步建立起全国的图书馆计算机网络的主干网和相关的一级节点,建立一批重点的地区图书馆网络,并和国内其它有关信息网络和全球信息网互联。

对于这个奋斗目标,有几点说明如下:

1. 所谓"基本构架",主要指全国的一批重点图书馆如北京图书馆、上海图书馆、科学院图书馆、一些重点高校图书馆、一些省级图书馆、发达地区的个别市、县图书馆和其它系统的重点图书馆已经初步或基本实现向新模式的转变。

2. 由于全国地区辽阔,经济发展的不平衡,导致各地、各系统的图书馆发展的不平衡,一些还不能联网的图书馆也还需要建立单机或一个馆内的局域网系统,但从全国范围看,图书馆自动化建设主要是图书馆网络建设。只要客观条件许可,就应当抓紧网络建设。

3. 网络建设主要是全国范围的图书馆主干网和位于主干上的一级节点的建设,把这两方面的建设抓好,就是抓住了全局,掌握了主动,整个图书馆网的工程便如高屋建瓴,可以比较顺利地完成。

4. 我国图书馆受藏书楼的影响很深,解放后经过多年的建设

468

和改革,并没有把这种影响彻底清除。其突出表现之一就是不重视馆藏资源的充分开发和利用,只满足于一次文献的借还等层次较低的服务工作。当然这些方面的服务过去或将来一段时间内都是需要的,也是很重要的,但它远不能满足日益增长和提高的读者需求,同时对于充分发挥图书馆信息资源的作用来说,也是很大的浪费。当前这种状况已经无法适应读者的需要,自然更难以满足信息社会对图书馆的高水平服务的需求。因此,必须强调重在开发,使图书馆既是知识宝库又是知识的喷泉。

5. 同样,从全国发展不平衡出发,在重点抓好主干网建设的同时,引导一些有积极性的发达地区有计划地建立起地区图书馆网络,作为建设主干网的配合和其他地区的示范,是很必要的。

7.2.2 指导思想

全国图书馆网络的建设是一项复杂、艰巨而又庞大的系统工程,要实现上述奋斗目标,必须对整个工程有一个全面、正确的指导思想。在上述奋斗目标的说明中,已经涉及一些指导思想的问题,现全面说明于下:

1. 在实现图书馆模式的根本转变中,在图书馆网络建设中,图书馆事业发展的主攻方向或中心任务是什么? 或者说,怎样做才是真正抓住机遇? 这是一个很重要的问题,经过图书馆界的认真思考,多数人基本取得共识。图书馆工作千头万绪,但中心只有一个,那就是信息资源建设。也就是说,图书馆网络建设有两个方面,一是通信子网的建设,二是资源子网的建设,这两方面中,图书馆要着重抓的是信息资源子网的建设。这是因为:

■如同馆藏是传统图书馆服务的物质基础一样,信息资源是适应社会信息化环境的图书馆进行服务的基础,没有信息资源或它不能满足读者(用户)的需要,图书馆是无法为读者服务或进行优质服务的。

■从某种意义上讲,信息资源的情况决定着图书馆要采用的技术以及各项业务工作的发展和改革。抓住了这个关键,寻找出它的正确发展途径,其他方面的问题就较易解决。

■我国现代化建设的一条根本方针是物质文明和精神文明需要"两手抓,两手都要硬",在当前和今后,加强社会主义精神文明建设更具有特殊的重要意义。为此中共中央于1996年的六中全会上作出了《中共中央关于加强社会主义精神文明建设若干重要问题的决议》,再次强调加强社会主义精神文明建设是一项重大战略任务,指出要切实把精神文明建设提到更加突出的地位。图书馆一向是精神文明建设的重要阵地,在社会信息化的过程中,图书馆信息资源建设就要把一切有利于社会主义精神文明建设的信息在更广泛的范围内,以更快捷、方便和更能满足用户需求的方式向用户提供,从正面进行教育、引导,从根本上有效地抵御资本主义思想的侵蚀。其意义是极其重大的。

■全国信息高速公路的建设同样有两方面:一是通信网络的建设,一是信息资源网络的建设。没有后一方面,那就是有路无车,有车无货,信息高速公路有名无实,根本运转不了。而图书馆的信息资源是全国整个信息资源网络的重要组成部分,这一部分建设好了,就是对全国信息高速公路的发展尽了应尽的责任,对国家对社会作出了重大贡献。中国图书馆事业要真正抓住机遇,就应该抓住这一点,做出成绩,让社会认识到图书馆在今后存在的价值。这样,图书馆就有了自己的立足之地,从而有条件进行自身的全面建设和变革。

■信息资源建设是一项投资大、建设周期长而又极其复杂的艰巨任务,必须全神贯注,集中精力抓好。

■长期的工作基础使图书馆在信息资源建设中占有一定优势,扬长避短,取得最好效果,是工作中应当采取的正确策略。

总之,信息资源建设是关系中国图书馆未来生存和发展的、全局性的重大关键问题。

2. 整体化地进行图书馆网络建设(包括数据库建设),统一规划、协调发展、讲求实效、有序开发。避免一哄而起,各自为政,自成系统。

3. 数据库建设既要发扬重视书目数据库的建设的好传统,又要突破传统观念的束缚。一方面从重在开发的思想出发,建设当前和今后读者需要的、反映图书馆具体特色的各种数据库,如关于文摘、提要的二次文献数据库,三次文献数据库,全文数据库,以及必要而又可能建立的其它类型数据库和新型数据库,多媒体数据库应是发展重点之一。另一方面,还要适应开发利用网上资源的需要,研究建立突破传统数据库观念的新型数据库如虚拟库等。

4. 跟踪世界信息技术的迅猛进步,尽可能采用在网络环境下发展、出现的、适用于图书馆现代化建设的各种新信息技术,把我国的图书馆现代化建设定位在和发达国家先进水平的同一起跑线上。只有这样,我国的图书馆事业才能跟上时代前进的步伐。

5. 充分调动和发挥各级、各地和各个图书馆的积极性,把所有的建设热情都引导到实现跨世纪的转变、建设图书馆信息资源网这一总的目标上来。

6. 实事求是,充分认识在中国广阔地域上发展的不平衡性和建设的长期性,分类要求和分类指导,分层次、分阶段、有区别地推进工作。要允许较长的新旧交替的过渡时期,而不能清一色,一刀切。

7.2.3　图书馆信息资源建设

在我国,从馆藏建设到文献资源建设进而到信息资源建设,是经历了长期发展过程的。最早提出的是馆藏建设,也就是一个图书馆的藏书建设。它是局限于分散管理体制下,着重于单个图书馆自行建设的微观概念。尽管它也提出各图书馆间的分工协调,但事实上无法做到。20世纪80年代中期提出文献资源建设并进而明确要进行整体化建设和建立文献资源保障体系,由微观到宏观,是很大进步。其基本思想是正确的,今天仍然需要坚持。但随着信息时代的到来,文献资源建设看来还有一定的局限,需要向信息资源建设发展。

因此,由馆藏建设发展到信息资源建设,在观念上是很大的变化,在技术实施和管理上也面临许多的问题。需要在实践中不断探索,逐步提高认识和创造经验。也需要就一些重大的原则问题,明确认识,因而在此抛砖引玉,说明我们的初步看法。

1. 图书馆信息资源的基本概念

对于信息资源,不同学者从不同的角度提出不同的理解。狭义的信息资源专指信息内容本身,广义的信息资源除信息内容之外,还包括了表达和传输信息的有关设备。最广泛的理解则包括:具有与信息相关的技能的人才;信息技术中的硬件和软件;信息机构,如图书馆、计算机中心、通信中心和信息中心等;信息处理服务提供者等四个方面。这种看法没有直接提到信息本身,但显然是把它包括在信息机构和信息处理服务之中。本书对此不拟全面讨论,仅就图书馆工作的角度提出一些对信息资源建设初步的看法,也可以说是对图书馆信息资源建设的初步理解。

第一,就信息内容而言,从图书馆之间的联合协作发展到全国、全球所有信息单位的联合,以全中国、全世界的信息资源来为用户服务,显然,信息资源建设较文献资源建设,范围和数量都大大扩张。比如,根据1995年3月的统计数字估计,在Internet网上的文件和数据库的数量就超过1亿,而且还在迅猛增长。然而到1991年,全世界的各种专业数据库才有6383个,两两相比,可以看出网上资源的浩瀚无垠。因此,馆藏的作用和地位将下降,而利用馆藏以外的各种信息资源将越来越受到重视。

第二,从简单的文献采访发展到多种渠道的收集、利用,同时也更加重视文献信息资源的深度开发。

第三,信息技术的发展导致信息存储和传输介质的发展变化。以前中国图书馆的馆藏基本是印刷型的,近二十年来陆续增加了视听资料,近十年来电子版文献(主要是 CD – ROM)开始少量地进入图书馆。而面向 21 世纪的信息资源中,电子信息资源将成为主要的,即:电子版文献将大大增加;多媒体将迅速发展;除了数量巨大、技术进展快速的各种光盘外,还有各种各样、数量巨大的非光盘的数据库(一些光盘本身就是从数据库演变来的,它们也是数据库)。这一转变还在发展中,新事物如 Internet 正在出现。过去把文献定义为"记录人类知识信息的一切载体",文献资源建设主要关心的是这些载体的收集和提供服务,计算机的应用则被看作化外之物。现在,更符合实际的是:"信息媒介是表达和传播信息的信息技术(包括硬软件)手段的总称。信息媒介含其表达和传输的介质即构成信息资源"。而这样,信息技术理所当然地成为信息资源建设的重要组成部分了。

由此,收集信息的渠道大大地扩展了,目前可以预见到的信息源大致有以下方面:

■本馆馆藏;

■国内外各图书馆的馆藏;

■国内外各个情报服务机构提供的信息;

■国内除情报服务机构以外的各种信息机构和国外相似机构提供的信息;

■Internet 所提供的极其丰富的各种信息。

图 7.2.1 展示了专业科技信息资源的分布示意图,图书馆信息资源的构成和分布原则上跟它是一致的。

对于每个图书馆,由于其原有的馆藏、设备和工作基础等自身情况的差别,也由于其所联系的用户和服务要求等方面的差异,在信息资源建设中可能会有不同的具体要求。但需要利用本馆以外

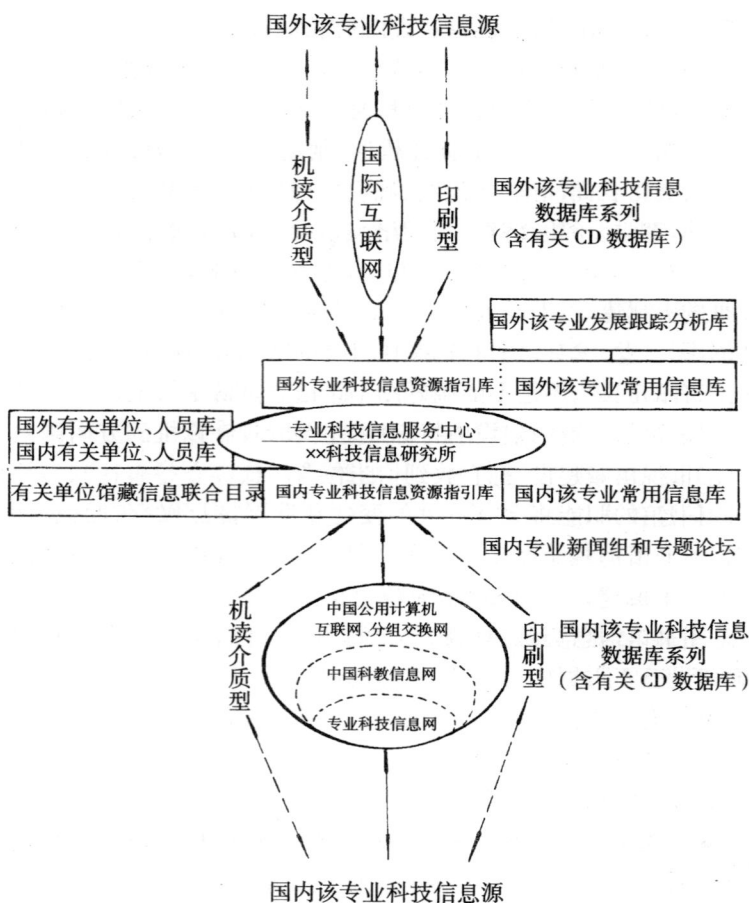

国外该专业科技信息源

机读介质型　　国际互联网　　印刷型

国外该专业科技信息
数据库系列
（含有关 CD 数据库）

国外该专业发展跟踪分析库

国外专业科技信息资源指引库　国外该专业常用信息库

国外有关单位、人员库
国内有关单位、人员库

专业科技信息服务中心
××科技信息研究所

有关单位馆藏信息联合目录　国内专业科技信息资源指引库　国内该专业常用信息库

国内专业新闻组和专题论坛

机读介质型

中国公用计算机
互联网、分组交换网

中国科教信息网

专业科技信息网

印刷型

国内该专业科技信息
数据库系列
（含有关 CD 数据库）

国内该专业科技信息源

图 7.2.1　专业科技信息资源网逻辑结构图

的各种信息资源为用户服务这一个基本点却是共同的。

2. 图书馆信息资源建设的特点

信息资源建设是国民经济信息化和社会信息化必然要提出和解决的全局性的重大问题，图书馆信息资源建设只是其中的一个局部。它和全国的信息资源建设既有相同或基本相同的方面，又由于图书馆事业的发展情况和特点，也有自身的一些特色。图书馆进行信息资源建设，当然要和其他信息行业一样，遵循全国一致的标准、规范和要求，比如：抓住机遇，制定建设信息资源的发展战略；避免重复浪费，走联合开发、规模发展之路；重视数据库建设，并使数据库建设和网络建设相互促进；面向需求，重在开发，贵在利用；重视 Internet 网上资源的开发利用，重视新信息技术的应用；加强法制建设，提高人民利用信息资源的意识，等等。但如果不从实际出发，没有认清和把握住自身的特殊性，没有着力解决好自己特有的问题，还是不能搞好图书馆信息资源建设的。

图书馆信息资源建设的特殊性，主要表现在以下三方面。

①重视馆藏建设，把它放到恰当位置。

图书馆的职能将会有重大的变化和发展，但至少在近一二十年内，图书馆仍将保存提供一次文献这一基本职能。在这个前提下，重视馆藏建设，并把它作为整个信息资源建设的一个重要方面，是图书馆信息资源建设的一个特点。当然，正如前面提到的，馆藏建设已不占据中心地位，馆藏的内容特别是形式（介质）将会发生重大变化，特别是馆藏建设不仅仅是采访、编目等，还应纳入深层次的开发工作。

②建立文献信息资源保障体系。

保障体系的提出和图书馆仍将具有提供一次文献的功能是紧密相联的。过去，在我国图书馆事业分散管理的体制下，在由各馆自给自足地解决用户文献需求的思想指导下，图书馆的馆藏建设中重复购置、资金浪费的情况十分严重。近十多年来，由于书刊价格猛涨，文献购置经费严重不足，各图书馆文献入藏量急剧下降，且下滑趋势难以制止。要解决这一问题，必须从改革分散管理体制和克服自给自足思想入手，走整体化建设的道路，经过统一规划，统筹协调，建立起能在一定范围内有效地保障社会文献需求的文献资源保障体系。这种思想在20世纪80年代中期提出并经过国内高等院校的初步实践后被证明是正确的。以"整体规划,合理布局,相对集中,联合保障"为建立这一保障体系的方针,看来也是恰当的。在建设图书馆信息资源的过程中,同样需要建立全国图书馆的信息资源保障体系,需要采取相类似的建设方针。这样做,既有利于克服重复建设、小而不全、浪费极大的弊端,在我国资金短缺的条件下最好地解决经费困难,提高资源的利用率,充分发挥我国有限资金的效益,更有利于坚持我国信息资源的自主权。有人认为,既然建立起网络,可以实现全球资源共享,就没有必要建设信息资源保障体系了,这是值得商榷的。当前,信息资源的争夺已成为最重要的国际争夺之一,发达国家正想拥有它而称霸世界,我们怎么可以拱手相让? 否则,出于政治、经济等种种考虑,别人一旦封锁或要挟我们,那就不堪设想。从根本上说,在全球信息资源的建设中,开发和提供中文文献信息资源的任务应该也只能由中国人自己来承担。网络应该首先解决国内互通有无的问题,对国外资源的使用从整体说只能是辅助性的,如果主要依靠外国,则不论是从经济上还是从方便上恐怕都会是不合算的。建立信息资源保障体系较之文献资源保障体系也有些具体的差异,如前所述,它是把信息本身和网络作为一个整体包括起来而不是分离的,信息本身的范围也更广泛,同时除了考虑到图书馆之间的资源共享外,还要考虑和全国其他信息业的资源共享以及全球资源的利用。

③数据库建设中重视书目数据库建设。

由于图书馆具有提供一次文献服务的职能,图书馆离不开书目等二次文献作为服务的基本工具,因而书目数据库建设对图书馆事业有着特殊的重要性。在信息资源建设中,图书馆首先要把图书、期刊的全国总书目,全国图书、期刊的联合目录,核心期刊目录,各种专业学科的书目等的书目数据库的建设放在首位,逐步建立起来。

3.此外,还有信息资源建设和数据库建设、信息资源建设和图书馆网络建设、信息资源建设和信息技术应用等关系,由于在别的章节有着重说明,这儿就不重复了。

第三节 一些需要注意解决的主要问题

在前面两节特别是第二节中,已经涉及一些需要注意解决的重要问题,如:全国图书馆工作和图书馆网络建设的统筹协调和整体化建设的问题;图书馆信息资源建设问题;数据库建设的重要性和全面规划问题;队伍建设问题;资金问题等。本节除对此作必要补充外,着重就其他一些问题加以说明。

7.3.1 网络化建设

网络化建设的意义已如前所述,"面向 21 世纪的中国图书情报工作网络化研究"已被选定为我国社会科学基金"九五"重大课题,也充分说明其重大意义。在一些地区和部门建设图书馆网的积极性高涨,而全国性图书馆领导的步伐相对滞后的情况下,当前突出的问题是如何落实整体化建设的方针。一方面,要抓紧规划和实施全国性图书馆网即"金图工程"的建设,可以以一些已开始建设的全国性网络如高校文献保障体系等为主干网进行互联,自上而下地构筑全国图书馆网的基本构架,而不必另搞一套。另一方面,要积极引导地区和部门,着眼于我国图书馆网络的总体发展,在建设各自网络的基础上,加强和主干网的互联和各自网络的互联。这种发展模式,和 Internet 相似,从 Internet 的发展情况看,这样的方式是可能实现的。

7.3.2 标准化

标准化是进行图书馆现代化建设的根本前提之一,也是图书馆自动化系统得以高效率运行的根本保证。在过去的图书馆自动化建设中,既有坚持标准化的成功经验,也有不重视标准化的深刻教训。然而在网络环境下,由于信息资源的多种多样和错综复杂,由于过去坚持标准化的个别做法(例如,使用机读目录格式)和当前某些类型的信息处理情况不相适应甚至无法应用,从而出现"网络环境、电子信息或时效性很强的大量信息是否需要标准化"的模糊认识。需要针对当前情况,重新剖析标准化的作用和意义,更好地坚持标准化。

■过去行之有效的标准,当前在其所适用的范围内,仍然需要坚持,例如传统数据库建设中所坚持的机读目录格式和一系列的文献标引著录规则,在目前同类型的数据库建设中仍然是必须的、有效的。

■由于网络环境下资源共享和信息交流的需要,在某些方面对标准化要求更高了。例如,编辑书目数据的屏幕格式和书目数据机读格式的屏幕显示,在封闭式图书馆自动化系统的情况下,可以不需要规定标准,即使每个图书馆各不相同,只要其通讯格式是标准的,也不影响图书馆的编目工作。但在联机编目和联机使用各个图书馆的自动化系统时,各不相同的屏幕格式或屏幕显示便将给用户造成极大的不便和困难,因而在这些方面也需要制定新的标准,这就是 Z39.50 问世的原因之一。从这个意义讲,网络环境下对某些方面的标准化的要求更为严格而不是放松,需要执行的标准其数量将会增加而不是减少,更谈不到取消标准的问题。

■已有的标准难以应用甚至无法应用的情况是有的,信息时代的到来,现代技术的迅速发展,正不断地向某些传统的经验领域引发冲击,而首当其冲的就是标准化。然而这种冲击不是导致标准化的衰落和消亡,相反,却是促成标准化的进一步向前发展。需要研究的是,在已有标准的基础上,如何改进原有标准或创造新的标准,以适应信息处理技术发展的需要,这正是我们应该承担的课题。比如,前面提到的大量的、时效性很强的网上信息,如果按图书馆传统的标引著录规则来加工,然后才能对用户服务,显然是行不通的,将会被用户抛弃。然而,大量信息不经过一定的加工处理,用户无法方便地找到自己所需要的信息,甚至不能找到自己满意的信息,则信息再多也没有用。因此,必须利用已有的经验,研究、创造出一种适应这类信息加工的规则,使其既能满足用户的检索需求,又能快捷加工,不影响信息的即时性。

《标准化纵横谈》中有这样一段话,"标准化是人类智慧的认识,它既不是二次浪潮的产物,也不会在三次浪潮中消亡,标准化活动存在于人类进化的全过程中,存在于自然的深化之中。……它们是有限的,然而它们能表达无限;它们是固定的,然而又不僵化;它们凝固于事物之中,然而又永远流传;它们是统一的,然而又不反对多样。"所以,不论信息处理技术如何发展,不论人类面对的信息如何变化,都必须坚持标准化是肯定无疑的,怀疑标准化的观点,对标准化持悲观态度是没有根据的。

7.3.3 新技术的使用和新系统的开发

今天,由于计算机技术和通信技术的发展和结合,计算机技术已进入计算机网络的发展阶段,"微机革命"正在向"全球信息网络革命"发展。网络就是计算机,个人计算机(PC)将向网络PC发展,计算机平台的概念也将发展到网络平台的概念,并由此引发信息技术的巨大发展。从世界建设信息高速公路对高新技术的迫切需求和 Internet 所采用新技术的迅猛发展中就可看出这一点。过去,图书馆应用计算机基本上是单机系统,近几年才开始使用局域网,距当前信息技术的新发展有很大差距,有必要据此来筹划建

479

设图书馆信息资源所使用的新技术,而不能停留在过去的观念上。当前信息技术的新发展主要有两方面:一是信息表达的数字化,二是信息传输的网络化,具体的则很多。在当前,新技术不断涌现,品种繁多,在图书馆应用新技术首先要考虑关键技术,以关键技术来带动其它技术。比如,过去我们抓的是物理的数据库建设和传统信息检索技术(而且局限于单机和较低层次的局域网),今天,当 Internet 和有关新技术出现后,这种看法就不能不改变了。以 Internet 为代表的信息资源,数量极其巨大,类型远为繁多,地域分布广阔且不受地理限制,它既有传统数据库那样相对集中的数据源,又有数量远比集中为多的分散的数据源,其数据小部分是规范的,更有大量非规范的。面对这种新型的信息资源,传统的技术显得无能为力,如何合理组织数据,如何从众多信息源中筛选出所需信息,又如何利用它进行用户满意的服务,如何保证信息服务正常、高效地运转,等等,就成了关键问题。解决这些问题的相应技术有:

■建立指引库技术 当图书馆从依靠自建和引进数据库并辅以联机检索来提供服务转向充分利用全球信息资源进行服务的模式时,必然要涉及突破传统数据库的问题。传统数据库的特点之一是物理库,即在自己的计算机上建立起来的、包含了全部所需内容的数据库。然而,像 Internet 那样巨大的网上信息资源,把自己需要的都套录下来自行建库,在经济上是很困难甚至是不可能的;同时,既然有了 Internet 提供的快捷、方便的服务,也没有必要这么做。因而需要建立的不是物理库而是虚拟库、逻辑库,更确切些说是指引库。这种指引库将国内外有关的各种各样的信息资源通过 Internet 等各种途径进行搜集,从逻辑上将国内外有关信息源联系起来,并且通过各种导航手段,为用户方便地定位和迅速获取所需信息资源提供引导。即从物理上讲在库中并不存储各种实际的信息资源,但对其进行访问却可以检索到有关数据库的实际内容。这样的指引库就包括:有关数据库的目录和检索此目录的软件;每一目录条目中应含有访问此数据库的物理地址;能访问各有关数据库的软件;对访问结果进行处理以提供给用户的软件;当然,指引库还可以保存一批原始信息,如访问频率高的原始信息资源的镜像,自建的信息资源等。有了指引库,用户可以一次完成对网络上有关数据库(物理的、虚拟的都可以)的访问而得到所需结果,较之传统的联机检索要方便得多。使用当代信息技术的新成果,还可以大大提高访问指引库的自动化程度。建立指引库涉及到高新信息技术,目前国内外对此都还在研究和开发中,还没有成熟的产品。

■自动跟踪和自动更新技术　同传统数据库一样,指引库的权威性在于它的内容的全和准。然而,像 Internet 这样的网上资源,相当一部分是变化很大也很迅速的,因而维护指引库,对其及时更新就成为一个关键问题,成为指引库生命力之所在。由于网络上资源的数量巨大,手工更新显然无法达到及时的目标,只能采用计算机自动更新。要更新首先在对网上有关资源进行跟踪,自动跟踪和自动更新技术就成了另一种关键技术。Internet 上已经开发出一些自动跟踪索引机器人和网络查询引擎,为自动跟踪和自动更新准备了较好的工具,但要开发出实用的软件,还需进行很多工作,目前也还没有成熟的产品。

■网络信息检索技术　组织和管理信息资源,核心和关键是信息检索。传统的信息检索技术(包括使用计算机进行检索的技术,如传统数据库的联机检索技术)已经不能满足网上信息检索的需要,面临进一步的发展特别是突破。当前信息检索技术的一个重要发展方向就是适应信息资源的网络化和分布化,创造出网络信息检索技术。上面提到的网络查询引擎和自动跟踪索引机器人等也属于网络信息检索技术。这一技术较之传统信息检索技术的不同主要有:针对前述的网络信息资源的大数量、多类型、非规范、多媒体等等特点,要求发展新的信息组织和管理方式,从而创造相应的检索技术;针对网上信息资源的分散、无序、更迭和消亡无法预测等无政府状况,迫使人们改变相关性判断的概念和标准,并在此基础上充实网络信息检索技术的内容;针对网上信息包括了大量的图表、图形、图像、声音、影视等的特点,索引技术将突破传统的以结构化文本内容为特征来组织索引工具的方法,进而研究以多媒体为特征的表现和抽取的索引手段,并在此基础上改革信息检索技术;在用户界面友好上也要求提高,达到高功能和简单易用,例如,一般用户使用网络信息就像打电话一样方便,而专业用户则能够得到那种包括自动搜索信息源、对获取到信息的自动分类、自动翻译和自动摘要等更加全面、整体的技术解决方案。这样的网络信息检索技术目前已经取得突破性的进展,如前面提及的自动跟踪机器人和网络查询引擎就是。但还需要发展,使之在技术上成熟,并在网络信息检索和图书馆自动化系统的开发上得到应用。

除了以上三方面的关键技术外,以下一些新技术也是重要和有用的:

■电子信息处理技术　电子信息处理技术的发展,和信息处理的数字化,和传递、存储信息的载体的发展变化有关,也和处理方法的发展有关。上面提到的关键技术,也是电子信息处理技术的新发展。除此之外,包括电子信息的采集、加工、存储、传递、共享和交流的一整套技术都有很大发展。如前面提到的自动录入技术,在图书馆建立全文数据库中已开始得到应用,古文的自动录入也有很大进展,即将有实用系统问世。多媒体数字光盘在我国已相当普遍,在图书馆、信息服务部门和家用计算机中的应用都相当广泛。超文本技术的发展则是和 Internet 上的 3W,和光盘的发展紧密相连的。又如计算机的输出设备改进很大,存储器的容量不断扩大,计算机性能日益提高等。需要指出的是,除了网络信息检索技术对传统信息检索的突破之外,传统信息检索技术也随着电子信息处理技术的进步,在向全文本、多媒体、多载体、多原理等新型信息检索发展。

■客户/服务器技术 客户/服务器(Client/Server)是 90 年代新的计算机体系结构。它是在网络基础上,以数据库管理系统为后援、以微机为工作站的一种体系结构。其关键点在于"一分为二",即把数据存取与应用程序分离开来,分别由数据库(服务器)及工作站(客户)来执行。于是,过去由于计算机之间大量传递数据而形成的瓶颈现象得以避免,而且客户机和服务器分工明确,任务相对简单,程序模块之间的耦合度低,而各个程序模块的内聚度高,从而明显地改善了整个系统的运行性能,有效地增强了系统的可扩充性和可维护性。客户/服务器方式是一种思想方法上的革新,设备依旧,配构方法不同,效果就大不一样。采用这样的体系结构,就要研制相应的软件系统,对于图书馆自动化,在确定应用客户/服务器体系结构和相应的硬件配置后,技术问题主要是开发或选用理想的软件系统。

客户/服务器方式于 90 年代初期有了很大的发展,被看作是一种发展方向。目前国外流行的图书馆自动化系统大多采用了这一方式,我国自行开发的图书馆自动化系统中也有一些使用了客户/服务器技术。一般已把它作为衡量系统先进性的条件之一。

■面向对象技术 在第六章中专门论述了面向对象技术,此处不再重复。需要指出的是,目前我国新开发的图书馆自动化系统中,有的采用了面向对象技术,并取得比较好的效果。

■人工智能的应用 人工智能是一门新兴的边缘学科,是计算机科学中涉及设计智能计算机系统的一个分支。所谓人工智能就是机器(计算机)执行某些与人的智能有关的复杂功能(如判断、图像识别、理解、学习、规划和问题求解等)的能力。第一章中曾经提到,直到图书馆自动化集成系统出现后的 80 年代,图书馆自动化的基本特点是对传统图书馆手工系统的模拟和扩展,亦即传统图书馆体力操作的计算机化。然而,图书馆的业务工作除了体力劳动外,还有大量以脑力劳动为主的工作,这些工作不实现计算机化,图书馆员就没有得到完全的解放。而要做到这一点,就需要把人工智能应用于图书馆自动化。因此,人工智能对于提高图书馆自动化系统的功能和性能有着重大意义。

经过多年的努力,到80年代末期,人工智能研究取得很大进展,在问题求解、逻辑推理与定理证明、自然语言处理、专家系统等等方面都有所突破,但一些重大问题还未解决,还没有达到基本解决问题的成熟阶段。目前,在自动分类、自动翻译、自动摘要、自然语言理解等方面,国内外都有一些初步成果,有的还应用到图书馆自动化系统的个别具体问题上,如DANEX的统计分析系统、上海交通大学的二次文献自动生成系统等,使人们看到了希望,未来的发展是可能的。

在中国图书馆事业的急剧变革中,在图书馆信息资源建设的过程中,首当其冲的就是图书馆自动化及其系统,因为它们是实现这一切变革的物质基础和技术手段。如前所说,我国的图书馆自动化系统已经经历了由分离式系统到集成系统的发展,目前已有一批合乎标准化要求的、质量较好的集成系统投入市场,对于推进我国的图书馆自动化起了重大的积极作用。然而从今后发展的需求考虑,它们却有严重的缺陷,有必要开发新一代的系统,将图书馆自动化推向新的发展阶段。国内图书馆应用软件开发人员中,已有人开始察觉到这种发展趋势,正在酝酿旧系统的升级换代或新系统的开发。

新系统应当是什么样的?它和原有系统的关系如何?两者之间的异同何在?是一个需要研究的重要问题,这个问题将随着图书馆变革的发展,随着系统的开发和实际运行而逐渐明朗。从原则上讲,有如下几个层次的问题需要思考:

■明确系统目标是软件开发中首先要解决的问题。既然图书馆事业要进行重大变革,面向 21 世纪的我国图书馆自动化建设要实现承前启后的伟大转变,新一代的图书馆自动化系统的目标就必须和这一总的任务与目标一致,并以此为依据确定系统功能。显然这些功能和原有系统的功能是有根本差别的。它除了包括原有系统的模拟和扩展传统图书馆业务工作手工操作的那些功能如采访、编目、连续出版物管理等功能(当然具体操作也将有改变)外,还应包括:适应网络环境,进入全国、全球图书馆网的功能;利用本馆以外各种信息资源的功能;开发本馆资源的功能。而原来的系统恰恰不具备这些功能,比如,有的图书馆也有联机检索世界主要情报服务系统的设备和软件,但却是另一个孤立的系统,和图书馆自动化系统没有什么联系。又如,我国一般系统都没有加工连续出版物以生成题录、文摘等的子系统。由于是单机或局域网系统,当然不可能和其他图书情报部门联网,自然也谈不到共享别人资源。

■由于目标和功能的不同,必然会有不同的总体结构。在新一代系统中,首先要增加和 Internet、和全国图书馆网络相连接的模块,相应地还要有建立、维护和使用指引库的模块。其次要扩展原有的公共查询子系统,构成一个全新的信息咨询服务子系统,使之成为整个系统中重要的组成之一,国际联机检索也可以放在这个子系统中。第三,增加开发本馆文献信息资源的子系统,如建立情报数据库和其他新型数据库的模块等。第四,开辟馆际互借子系统。此外,还需要考虑把所有模块尽可能集成起来,形成一个完整的、有机联系的系统。

■保留下来的原有模块如编目、采访和连续出版物管理等,由于工作条件的变化,也会引起系统的改变,如在联网的条件下,联机编目、联机采购成为可能后,原有的编目子系统、采访子系统当然要改进,原来的流通子系统要不要和馆际互借结合起来,也是可以研究的。

■还要考虑到管理和处理电子信息资源的各种新信息技术的引进,也将会引起图书馆自动化系统的改进。此外,当计算机硬件平台向网络化发展,新一代操作系统和数据库管理系统出现后,也会影响到图书馆自动化系统的发展。

当然,由于中国通信网络的建设和发展有一个过程,图书馆网络的实现更要滞后,加上中国是一个大国,众多的图书馆发展是很不平衡的,而且开发新系统也需要时间,需要一个逐步完善的过程,因而由旧系统到新一代的图书馆自动化集成系统将有比较长期的过渡,新系统的推进将是逐步的。

由于中国众多图书馆的千差万别,更由于开发新系统需要一个探索的过程,因而开发出来的新系统很可能有较多的不同模式,通过在实践中的鉴别和比较,优胜劣汰,适者生存,最后才可能保留一些优良的系统,而且也不可能是单一的或很少的几种模式。

7.3.4 有关软课题特别是发展战略的研究

软科学是一类高度综合新兴交叉学科的总称,是现代物质文明和精神文明建设客观需求下的产物,反过来又是两大文明建设的催化剂。广义地讲,所有的软科学研究都在不同程度上面向决策问题,力图使宏观的或微观的决策达到最合理的或最满意的或最理想的程度,即达到最优决策。对于和图书馆自动化有关的软科学课题主要是图书馆自动化的预测、决策、未来和标准化等方面,而其核心则是图书馆自动化发展战略。20 世纪 80 年代,我国图书馆界的主要精力集中于自动化系统的研究和研制,这是很自然的,也是必要的,但如果只埋头于此,不了解世界的发展情况,不考虑也不清楚近期和长期的发展方向,不明确当前和今后一段时间内要解决的关键问题,不注意为图书馆自动化创造必要的软环境等,一句话,不注意有关软课题的研究,则我国图书馆自动化的发展将带有相当的盲目性和缺乏必要的配合,有可能陷入困境。因而 80 年代末在图书馆自动化研究项目的计划安排中,开始把软课题的研究放在重要地位。

当前和 21 世纪是信息技术迅速发展变化的时代,尤其需要重视世界和我国图书馆自动化的发展动向和战略决策。只有这样才能和世界发展的正确潮流同步前进,争取达到世界先进水平,并将其保持下去。为此就要更加重视软课题,积极开展研究,走在实际工作的前面,以保证我国图书馆事业和图书馆自动化沿着正确的方向前进。

7.3.5 图书馆信息化产品商品化和产业化

建设好图书馆自动化系统,除了硬件设备之外,必须要有好的软件系统和高质量的文献数据库,这后两者也就是图书馆信息化的主要产品。历史经验已经证明,只有图书馆的信息化产品成为商品,进入市场,图书馆的自动化系统建设才有较好的保证。进入 90 年代以来,这些产品的商品化已有相当的发展,并有了一定规模,但从用户需要的角度考察,却是远远不够的。许多图书馆在选购这些产品时遇到不少困难,大都和商品化不够有关。没有高质量的咨询,没有公平的竞争,没有使用户感到放心、满意的比较和选择,没有完善的售后服务,就很难保证用户方便地买到高质量的产品。

我国信息业要健康发展,就必须建立起中国的民族信息产业,实现产业化,图书馆信息产品也不例外。然而,我国这些产品目前的生产状况距产业化更是遥远。事实上这也是影响这些产品商品化的原因之一。

必须将我国的图书馆信息化产品推向商品化和产业化,我国的图书馆事业和图书馆自动化的发展和变革才有可靠的物质基础。

中国图书馆事业进一步的飞跃充满了困难和艰辛,进行信息资源建设的道路将是长期的、曲折的,不可能一帆风顺。然而,信息时代的来到是不可阻挡的,图书馆事业和图书馆现代化向新阶段发展同样是历史的必然。我国图书馆过去在现代化、自动化所取得的明显成就,预示了我们将来的必然成功。我们应当为此奋力拼搏!

思考题

1. 如何认识我国图书馆事业和图书馆自动化面临的机遇与挑战? 如何分析其发展前途?

2. 怎样全面、正确地理解图书馆信息资源建设?

3. 试对目前国内流行的几种文献管理自动化软件系统进行比较。

4. 图书馆自动化所依赖的主要技术有哪些? 当前有什么新的发展?

5. 如何理解开发新一代图书馆自动化系统的必要性和意义? 如何认识新一代图书馆自动化系统?

6. 如何根据一个图书馆的资源情况来决定开发系统时应采用的技术和所需设备?

附录一　美国国家信息基础结构(NII)：
行动计划

执行概要

所有美国人都与建设一个先进的国家信息基础结构(NII：National Information Infrastructure)密切相关。国家信息基础结构是一个能给用户随时提供大量信息的,由通讯网络、计算机、数据库以及日用电子产品组成的"完备"(Scamless)网络。开发国家信息基础结构将有助于发动一场信息革命,这场革命将永远改变人们的生活、工作和相互交往的方式。

——人们可以生活在他们想生活的几乎所有地方,通过电子"高速公路"与他们的办公室"通信",而不会和丢失以前充分就业的机会;

——所有学生可能享用最好的学校、教师和课程,而勿须考虑地理、距离、财力或残疾;

——无论何时何地,当你需要时,都可以立即通过联机方式获得美国保健系统和适应其他重要社会需求的服务。

今天,民间企业已经在开发和应用上述基础结构。然而,在这一进程中,政府仍然可以发挥重要的作用。谨慎地发挥政府的作用将补充和增强民间企业的努力,并保障所有美国人能以合理的费用享用信息基础结构的增长。为在这一领域发挥政策的主动性,政府应以密切的伙伴关系与产业界、劳工界、科学界、公众、国会以及州政府和地方政府一起工作。政府的努力应以下列原则和目标为指导:

——通过适当的税收和法规政策,促进民间企业投资。

——扩展"全民服务"(Universal Service)概念,以保证所有用户能以负担得起的价格享用信息资源。因为信息意味着授权和就业,政府有责任保证所有美国人都能利用信息时代的资源以及创造就业机会的潜力。

——发挥"催化剂"的作用来促进技术创新和新的应用。责成重要的政府研究计划和拨款帮助民间企业开发和展示国家信息基础结构所需的技术,以及发展那些使国家信息基础结构对用户有最大价值的应用和服务。

——促进国家信息基础结构以完备的(Seamless)、交互式的、用户驱动的方式运行。鉴于国家信息基础结构将发展成"网络之网络",政府将保证用户能方便而有效地跨网络传输信息。因为增加国家信息基础结构既是交互式的,又在很大程度上是由用户驱动的可能性,政府必须改革那些可能妨碍发展交互式应用的法规和政策。

——保证信息安全和网络的可靠性。国家信息基础结构必须是可依赖的和安全的,并能保护用户的隐私。政府的作用还在于确保整个系统保持可靠,在出现故障时能迅速得到修复,以及,也许是最重要的,使用方便。

——改进无线电频谱的管理,它是日趋重要的资源。

——保护知识产权。为防止非法仿冒和保护知识产权的完整性,政府将研究如何加强国内的版权法和国际知识产权条约。

——协调与各级政府以及其他国家的行动。因为信息跨越州、地区和国家的边界,为回避不必要的障碍,防止阻碍美国产业

490

发展的不公平政策,协调行动是至关重要的。

——提供利用政府信息的机会,并改善政府的采购政策。政府设法保证联邦机构,与州和地方政府一起,利用国家信息基础结构扩展公众可得到的信息,保证公众可以方便而公平地享用巨大的政府信息资源。另外,将要制订关于电信、信息服务和设备的联邦采购政策,以便促进国家信息基础结构的重要技术开发,以及对民间企业为国家信息基础结构发展做贡献提供有吸引力的激励措施。

现在是行动的时候了。每天涌现有关变革的新闻:新技术,如手持计算机助手(Computerized Assistant);新的风险投资和兼并联合行业(它是由不久前看上去是毫无联系的和孤立的行业组成的);新的法律决议,它向计算机、有线电视和电话的分离提出了挑战。但是,只有当政府完全理解上述变革的意义,并为推动通信基础结构的变革同民间企业和其他有关人士一起开始工作时,这些变革才有可能为美国人民带来实际利益。

国家信息基础结构对国家的利益是巨大的。先进的信息基础结构将使美国公司在全球经济竞争中取胜,为美国人民提供良好的就业机会并促进国家的经济增长。同样重要的是,国家信息基础结构能改变美国人民的生活——改进地理、残疾和经济地位的约束——给所有美国人一个平等的机会,最大限度地发挥自己的才干和实现自己的抱负。

国家信息基础结构:政府的行动计划(第一版)

I. 国家信息基础结构的期望

设想你有一套电话、电视机、摄像机和微机组成的设备。无论你走到哪里或在什么时候,你的孩子都可以看到你并和你交谈,你可以看到你喜爱的球队最新比赛的录像,你可以浏览图书馆中最新书刊,你还可以找到城市里有关食品、家具、各种衣物及你所需要的一切的最佳价格。

进一步设想在你生活中出现的激动人心的变化,如果:

——勿须考虑地理、距离、财力或残疾,所有的学生都可以享用最好的学校、教师和课程;

——不仅仅在大机构或大城市的图书馆和博物馆,庞大的艺术、文学和科学资源随处可得;

——可以联机方式享用美国的保健服务以及适应其他重要的社会需求的服务,而无须再排队等候;

——你可以生活在许多地方,而不会丧失以前有益的和充分就业的机会。因为你可以通过电子"高速公路"与你的办公室"通信",而不必乘坐汽车、公共汽车或火车;

——小制造商可以通过电子方式从全世界获得附有详细制造规格的定货单,其形式使机器可以直接来制造必需的产品;

——无论何时,你都可以在舒适的家中选看最新的电影,玩最激烈的电视游戏,或存钱和购物;

——你可以直接或通过诸如图书馆等当地机构获得政府信息,以电子方式申请和接受政府福利,以及方便地与政府官员取得联系;

——各政府机构、企业及其他单位都可以通过电子方式交换信息,减少文书工作并改善服务。

对服务业和制造业,经济和国家安全,信息是国家最重要的经济资源之一。据估计,2/3 的美国劳动者从事与信息有关的工作,其余的 1/3 工作在高度依赖于信息的产业部门。在全球市场和全球竞争的时代,产生、处理、管理和使用信息的技术对美国具有战略价值。这些技术将帮助美国的企业继续保持竞争能力,并创造具有挑战性的高薪工作机会。这些技术也将刺激经济增长，而经济增长又将导致所有美国人的生活水平持续稳定的提高。

这就是政府提出国家信息基础结构计划的理由。为保证国家信息基础结构的发展，政府将致力于与企业界、劳工界、科学界、公益集团、国会以及州和地方政府一起工作。国家信息基础结构能够使所有的美国人享用信息，并在任何时间和地点，通过声音、数据、图像或影像相互传递信息。通过鼓励民间企业对发展国家信息基础结构的投资，并通过政府项目改进获得必不可少服务的方法，政府将提高美国的竞争能力，创造工作机会以及提出对紧迫社会问题的解决办法。

Ⅱ.国家信息基础结构是什么

词组"信息基础结构"具有广泛的含义。国家信息基础结构的内容超出了用于传递、贮存、处理和显示声音、数据及图像的物理设备。国家信息基础结构包括：

——广泛和不断扩展的设备种类，其中包括：摄像机、扫描设备、键盘、电话、传真机、计算机、电话交换机（switches）、光盘、声像磁带、电缆、电线、卫星、光纤传输线、微波网、转换器、电视机、监视器、打印机等等。

——国家信息基础结构以技术上中性的方式（即所有产业的产品处于平等地位），将上述物理组件相互结构并使之集成化，最重要的是，国家信息基础结构将使产业界、图书馆和其他非政府实体能在信息时代生活而打好基础，以及使上述技术进步有益于这些用户。这就是，除基础结构的上述物理组件外，国家信息基础结构对用户和国家的价值在很大程度上依赖于它的其他"元件"的质量的原因。

——信息本身可能具有电视节目、科学或商业数据库、图像、录音磁带、图书馆档案和其他媒体的形式。今天在政府机构中存

493

在大量的这类信息,而且,更有价值的信息每天从我们的实验室、演播室、出版社及其他地方产生出来。

——应用系统和软件。它们允许用户使用、处理、组织和整理由国家信息基础结构提供给用户的大量激增信息。

——网络标准和传输编码。这些标准与编码能促进网络之间的互联和兼容,保护个人隐私和被传输信息的保密性,同时保证网络的安全性和可靠性。

——人,主要在民间企业,产生信息,开发应用和服务系统,建造设施并培训其他人开发国家信息基础结构潜力的人们。这些人中的大多数是为民间企业工作的供应商、经纪人(operators)和服务的提供者。

如果美国要赢得信息时代所允诺的一切,它必须开发信息基础结构的每个组成部分并使之集成化。

政府国家信息基础结构计划将促进和支持每个组成部分的全面发展。政府将采取法规和经济的政策,鼓励民间企业在组成基础结构的物理设备及应用和系统方面创造工作机会并投入资金。为上述基础设施的潜力得到最大程度的发挥,联邦政府将在开发信息资源和应用系统方面,协助产业界、劳工界、科学界以及州和地方政府。此外也许是最重要的,国家信息基础结构计划将帮助教育和培训人民,使他们不仅为国家信息基础结构的进一步发展贡献力量,而且完全理解和充分享受国家信息基础结构所能提供的服务和能力。

Ⅲ. 完善民间企业的领导能力需要政府的行动

前面关于国家信息基础结构改革潜力的讨论不应与下列基本事实搞混,即:今天,民间企业已经在开发和部署上述基础结构。美国的通信系统——可以获取或传播大多数信息的通道——在速度容量和可靠性方面是第一流的。每年大多数美国人享用的信息资源,无论硬件和软件,实质上比前一年更广泛更具有功效。

民间企业将领导国家信息基础结构的部署。近年来,美国公司每年在电信基础设施方面的投资超过 500 亿美元,这一数字不包括公司在相关产业如计算机中的大量投资。与此相对照,在关键的国家信息基础结构项目(包括计算)上,政府雄心勃勃的投资计划只是每年 10~20 亿美元,尽管在国家信息基础开发中民间企业的作用占主导地位,但是,政府仍起着必不可少的作用。特别是谨慎地发挥政府的作用能补充和增加民间企业计划的效益,相应地政府的国家信息基础结构计划提议以下列详加讨论的 9 项原则和目标作为指导:

1)通过税收法规政策,促进民间企业投资,该政策鼓励创新促进长期投资及合理的服务。

2)扩展"全民服务"概念,以保证所有用户以负担得起的价格享用信息资源。由于信息意味着授权,政府有责任保证所有美国人都能使用信息时代的资源。

3)以"催化剂"的作用来促进技术创新和新的应用。责成重要的政府研究计划和拨款帮助民间企业开发和展示国家信息基础结构所需的技术。

4)促进国家信息基础完备的、交互式的、用户驱动的运行方式。鉴于国家信息基础结构将发展成"网络之网络",政府将保证用户能方便地和有效地跨网络传输信息。

5)保证信息安全和网络的可靠性。国家信息基础结构必须是可依赖的和安全的,并能保护用户的隐私。政府作用的目的还在于确保整个系统保持可靠,在出现故障时能迅速得到修复,以及,也许是最重要的,使用方便。

6)改进无线电频谱的管理,它是日趋重要的资源。

7)保护知识产权。为防止非法仿冒和保护知识产权的完整性,政府将研究如何加强国内的版权法和国际知识产权条约。

8）协调与各级政府以及其他国家的行动。因为信息跨越州、地区和国家的边界，为回避不必要的障碍，防止阻碍美国产业发展的不公平政策，协调行动是至关重要的。

9）提供利用政府信息的机会，并改善政府的采购活动。如"国家效能评估"中阐述的，政府设法保证联邦机构与州和地方政府一起，利用国家信息基础结构扩大公众可得到的信息，使公众可以方便地和公平地利用巨大的政府信息宝库。另外，要制定关于电信、信息服务和设备的联邦采购政策，以便促进国家信息基础结构的重要技术开发，以及对民间企业为发展国家信息基础结构发展做贡献提供有吸引力的激励措施。

现在是行动的时候了。每天都涌现有关变革的新闻：新技术，如手持计算机助手；新的风险投资和兼并联合行业（它是由不久前看上去是毫无联系的和孤立的行业组成的）；新的法律决议，它向计算机、有线电视和电话的分离提出了挑战。但是，只有当政府完全理解上述变革的意义，并为推动通信基础结构的变革同民间企业和其他有关人士一起开始工作时，这些变革才有可能为美国人民带来实际利益。

IV．驾驭变革/建立伙伴关系

我们将帮助建立产业界、劳工界、科学界、公众和政府之间的伙伴关系。政府将致力于建立先进的、高速的、功能强大的基础结构，这个基础结构可让所有美国人使用并对他们负责。

为保证政府、国会、州和地方政府关于国家信息基础结构政策的一致性、连贯性和及时性，建立这种伙伴关系需要广泛的政府间协作。它同时也需要在产业集团之间以及政府和创建、运行国家信息基础结构的企业之间发展强有力的协作关系。最后，为保证国家信息基础结构以让美国人民获益的方式发展，政府、用户、服务提供者及公益集团之间的密切合作也是必不可少的。

496

特别地,政府将做以下三件事:

(1)建立部际机构:"信息基础特别工作小组(IITF)"

总统已组建了一个联邦部际机构"信息基础特别工作小组"。它将与国会和民间企业一起工作,提出加速国家信息基础结构部署所需的重复计划。IITF 的活动包括:①协调政府在应用国家信息基础结构方面的工作;②连接政府应用系统和民间企业;③解决突出的争议和执行政府政策。该小组由商务部长布朗(Ron Brown)任主席,由高级联邦机构代表组成的,IITF 的三个委员会将集中处理电信政策、信息政策和应用方面的问题。

(2)建立关于国家信息基础结构的民间企业咨询委员会

为促进民间企业积极参与 IITF 的审议工作,总统将签署关于建立"美国国家信息基础结构顾问委员会"的行政命令。该委员会将在关于国家信息基础结构的发展的问题上对 IITF 提出建议。委员会将由 25 名成员组成。他们将在 1993 年 12 月前,由商务部部长任命。候选人的提名将来自各类的国家信息基础结构的赞助者和有关人士。IITF 及其委员会也将利用其他手段征求公众意见,以保证它能听到所有有关人士的意见。

(3)精简并加强制定联邦通信和信息政策的机构

为完成本文件概述的雄心勃勃的计划,必须适当地配置对国家信息基础结构的进展最直接负责的联邦机构,如 NITA(国家电信和信息局)、OMB(管理和预算办公室)的信息与法规处和联邦通讯委员会(FCC),并为其配备足够的工作人员,使之能处理许多新的和困难的政策问题。政府计划保证这些机构拥有它们所需要的智力和物质资源。此外,根据副总统的"国家效能评估"(National Performance Review),为了对国家信息基础结构计划做最有效贡献,这些机构将从组织上和办事程序上作必要的调整。

V. 政府行动的原则和目标

当前,IITF 正开始广泛地审查所有与国家信息基础结构的及时开发和发展相关的问题。在政府行动认可的领域中,个体的原则和目标已经确定并已在下列各方面开始工作:

1. 促进民间企业投资

鼓励在美国信息基础结构方面投资的最有效途径之一是,在通信和信息市场中引入进一步扩大竞争。在这些市场中富有活力的竞争将刺激经济增长,产生新的行业并使美国消费者受益。

然而,为实现这一构想,需要政策上的变革:

行动:通过通信改革法规。政府将与国会一起工作,在 1994 年底以前,通过立法确保增加竞争并保证全面开放通信市场,特别是那些被垄断性公司控制的有线电视和市内电话市场。上述立法将明显地促进民间企业(包括已进入和正在寻求进入市场的公司)对基础设施的投资。

行动:修改税收政策。税收政策是决定民间企业对国家信息基础结构投资总额的重要因素。总统已签署对民间企业在 R&D 和组建新兴产业方面的投资实行税收优惠的法律,它包括 R&D 信贷的三年延长期及对在小企业的投资削减目标资本利益。这些税收优惠措施将有助于鼓励国家信息基础结构所需要的民间投资。

2. 扩展"全民服务"的概念,保证所有用户以负担得起的价格利用信息资源

1934 年的通信法(Communication Act)概要地表明,电话"全民服务"的国家目标是,用人们负担得起的资费维持基本通信服务的普遍可利用性。开发国家信息基础结构的一个主要目标是,将"全民服务"概念扩展到 21 世纪美国人的信息需求。为保持基本的公正性,国家不能接受将人民划分为电信或信息的"富人"和"穷人"。政府有义务提出一个广义的、现代的"全民服务"概念,

它强调给所有想要得到这种服务的美国人（不论其收入、残疾或在什么地点）提供一种方便而负担得起的手段来享用先进的电信和信息服务。

为扩展的"全民服务"提出并实现一个新目标，与通过不断增加通信和信息市场竞争来刺激基础结构发展的努力是一致的。如上面提到的，竞争可以使廉价而高质量的服务和设备广泛地被用户所利用。促进更大的竞争，与有目的地资助处于不利地位的用户（或特别高成本或农村地区）相结合的政策可同时推进基础结构现代化的速度和扩展的"全民服务"。

行动：发展"全民服务"的新概念。为搜集关于扩展的"全民服务"概念之最佳特性的信息，商务部的国家电信和信息管理局（NTIA）从1993年12月开始，将召开一系列关于"全民服务"和国家信息基础结构的公众听证会。政府将特别努力听取公益集团的意见。根据从这些活动中获得的知识，IITF将同国家信息基础结构顾问委员会及国家法规委员会一起工作，决定在21世纪应该如何运用"全民服务"的概念。

3. 促进技术创新的新的应用

政府的法规政策，反垄断、税收以及知识产权的政策全都会影响服务和设备方面新项目的水平和时机，包括为市场产生创新的技术基础。但是，技术创新最终依赖于民间企业和政府在研究和开发方面有目的的投资。研究和开发（R&D）投资帮助公司以较低的成本创造更好的产品和服务。如政府1993年2月22日的技术政策声明中所阐明的那样，"我们会加速对长期增长至关重要的技术发展，但不接受来自民间企业适当的援助，因为或者投资回报过于遥远或者需要资助的程度太大，超出了各公司所能承受的水平。"政府对研究的资助已经有助于在计算、网络和电子学方面建立基础信息技术。为加速发展那些市场机制不能恰当反映国家投资回报的技术，我们将通过合作研究和其他途径，进一步资助与国家信息基础结构相关的研究和技术开发。特别地,政府的研究和资助计划将集中在:教育、保健、制造业和提供政府服务领域中的、有益于公众应用的开发活动。

行动:继续执行高性能计算和通信(High – Performance Computing and Communication Program HPCC)计划。1991 年制订的高性能计算法令规定,HPCC 计划资助那些为产生功能更强的计算机、更快的计算机网络和更尖端的软件的研究和开发。此外,HPCC 计划正为科学家和工程师们提供他们为解决"重大挑战"(Grand Challenges)问题(例如,设计新药)所需的工具和训练。这些问题没有功能最强大的计算机是不可能解决的。在 1994 年财政年度,HPCC 计划需要政府 10 亿美元的拨款。为使民间企业对该计划投资,政府目前正在组建"高性能计算顾问委员会"。

为建立 HPCC 计划的一个新的组成部分——信息基础结构技术及应用(IITA),在 1991 年财政年度,还需要追加 9600 万美元预算。政府正在与国会一起工作,以使这一追加预算获得批准,该预算将用于在保健、教育、图书馆、制造业和提供政府信息等领域中应用高性能计算和高速网络技术。

行动:实施国家信息基础结构试点项目计划。在 1994 年财政年度预算中,政府要求国会对国家信息基础结构的网络试点和示范项目提供资助。在国家电信与信息局(NTIA)的指导下,该计划将给州和地方政府、保健服务提供者、学校、图书馆、大学以及其他的非赢利单位,提供配套拨款。拨款将在具有竞争性的功效评价之后拨给。拨款将被用于资助如下项目:连接各类机构与现有网络;增强目前正在运行的通信网络;以及允许用户在不同网络间进行互连。被资助项目将展示国家信息基础结构的潜力并对其团体提供现实的利益。同等重要的,拨款将有助于改善民间企业在发现国家信息基础结构新的应用和利用国家信息基础结构方面的资源和创造力。这些试点项目的成功将形成一个每年会产生更富有

500

的创新精神的方法的循环过程。

行动:编制国家信息基础结构应用项目的清单。通过分享关于政府如何有效地利用国家信息基础结构,可以增长许多见识。在1994年1月底前,IITF将完成一份现行及拟议中的政府活动清单,并将这一成果通过电子和印刷方式广为散发。为鼓励政府及民间企业的对政府应用项目的投入和评论,正在建立电子论坛。

4.促进完备的、交互式的、用户驱动的运行方式

因为国家信息基础结构将是网络之网络,信息必须可以在不同种类的网络间传递,并要求使用方便、精确和不破坏信息内容。此外,如果国家信息基础结构是充分"开放"和交互式的,用户可以开发新的服务和应用或在他们之间交换信息,而勿须等待管理国家信息基础结构的公司提供服务,那么,国家信息基础结构就将对用户具有最大价值。这样,用户将发展新的"电子社团",分享能改进他们的学习方式、工作方式、休闲方式和参与美国民主方式等方面的知识和经验。

为保障高效率、大容量国家信息基础结构的许多组成部分的兼容性和开放性,必须开发用于声音、影像、数据及多媒体服务的标准。这些标准还必须与大部分通信技术基础相一致,并在以用户负担得起的费用满足用户需要方面具有充分的灵活性和可移植性。在通信方面,美国长期依赖于以协商一致为基础的、自愿的标准设置方法。特别是在信息和通信技术领域,其生产周期经常是以月而不是年来计算,标准化工艺是极为重要的,但它并非总是促进技术创新和改善用户服务。政府可用下述方式来加速这一产业驱动的过程:更积极地参与民间企业的标准制定团体的工作;与产业部门一起工作,找出新技术兼容性和采用新技术方面的战略性技术障碍。

为增加国家信息基础结构既是交互式的,又在很大程度上是由用户驱动的可能性,政府也必须改革那些可能妨碍发展交互式

应用的法规和政策。例如,政府有关保健过程无补贴的法规,可能阻止远程医学应用系统的发展。

行动:为加速国家信息基础结构的应用,评估并阐明标准化过程。1993 年 10 月 15 日前,商务部国家标准和技术研究所(NIST)将建立一个专门小组,并与其他适当的机构一起工作,评估政府与国内外合作伙伴在建立网络要求和标准方面的参与情况。由民间企业和其他各级政府资助的这个专门小组,将考察政府在标准化过程中的作用,并将指明促进国家信息基础结构部署的机会。

行动:评估并改革妨碍发展交互式服务和应用的政府法规。政府将与民间企业以及州和地方政府密切合作,找出那些可能妨碍发展交互式服务和应用的政府政策与法规。IITF 将决定如何改变这些政策和法规。

5. 保证信息安全和网络可靠性

国家信息基础结构要获得成功,可靠与安全的通信线路和网络是必不可少的。它必须保证:用户要在什么时候向什么地方传递信息,它都会一一照办。电子信息系统也有它的弱点。例如,电子文件会被远处的人破获和复制;使用蜂窝式电话对话很容易被人窃听。然而,这些系统只要严格设计,就会比不太先进的通讯线路更加安全。

现在用信息系统收集、发送和接收种种个人信息是很简便的、迅速的,而且收费比较便宜。使用信息技术存取、更改、修正、重新编辑和再次销售信息,个人可以获益,但是,未经批准使用就会侵犯他们的隐私权。新闻媒介常常在报道中强调,现代信息技术被人用来侵犯个人隐私权。然而,先进技术和加强管理监督也会使隐私更好地得到保护。这种保护对越来越多使用电子手段传送专有机密数据的行业来说尤其重要。在争夺市场优势的全球激烈竞争中,信息的保密性能决定企业成败的命运。

此外,联邦政府与通信行业有必要共同努力克服国家信息基础结构的弱点。国家信息基础结构在设计和管理上必须设法减少事故或破坏行为对它的影响。在发生攻击或严重自然灾害的时候,这个系统还必须继续运行。

行动:评估国家信息基础结构与个人隐私有关的问题。信息基础结构特别工作小组(IITF)制定了一个工作计划,调查需要什么样的政策才能保护个人隐私,同时又承认社会对信息的合法需要,包括执法的需要。这个特别工作小组还制定了另一个计划,调查政府怎样才能保证国家信息基础结构的运行与用户的合法隐私利益相一致。

行动:评估加密技术。四月份,总统宣布全面调查关于使用加密技术的联邦政策。此外,一些联邦机构正在与通信行业共同努力发展关于保护公民隐私的新技术,同时让执法机构继续使用得到法庭允许的监听电话线路的方法,来同恐怖主义、贩毒集团、有组织的犯罪和贪污行为作斗争。联邦机构还同通信行业共同努力开发为此目的服务的加密硬件与软件。

行动:与通信行业共同努力加强网络可靠性。国家通信系统把23个联邦机构和通信行业集中在一起,设法克服国家电信系统的弱点,以免受事故、破坏行动、自然灾害或军事攻击的影响。联邦通信委员会下设有一个产业与用户网络可靠性理事会,该理事会在保证全国商业电信网络可靠性方面向委员会提出意见。当恐怖主义和计算机恶作剧(hacking)造成越来越严重的威胁的时候,上述努力就显得更加重要。全国通信系统将继续它的工作,并且与信息基础结构特别工作小组合作。此外,全国安全电信顾问委员会协同全国通信系统和联邦通信委员会,向总统提出意见。这个顾问委员会将同国家信息基础结构顾问委员会协作,并对它的工作进行补充。

6. 改进无线电频谱管理工作

随着无线电技术的发展,国家信息基础结构将出现许多惹人注目的变化。如果没有足够频谱,在任何时候,从这个国家的任何地方取得国家信息基础结构信息的能力将受到抑制。为了保证频谱不足不至于妨碍国家信息基础结构的发展,美国政府把理顺这一宝贵资源的分配与使用的程序作为优先考虑的事项。

行动:频谱分配和使用合理化。政府正和国会共同努力全面贯彻1993年混合预调算解法案关于频谱管理的条款,使政府合理地使用频谱,并有效地把频谱分配到公众手中。这些条款规定,在频谱分配方面有更大灵活性,其中包括增加民间企业和政府之间共同使用的频谱,增加技术和服务标准的灵活性,领有执照的用户在使用指定的频谱方面享有更多的选择自由。

行动:推行频谱分配方面的市场原则。政府将进一步继续支持如下政策:在分配频谱时,特别是在配给过程中,把更大程度地靠市场原则作为分配这种珍贵资源的首要方法。这项分配工作与其他种种无线电服务项目一样,都是国家信息基础结构的组成部分。与此同时,政府将制定政策保证创业者、小型企业、农业企业以及少数民族和妇女经营的企业都能参加频谱的分配。

7. 保护知识产权

一个先进信息基础结构的发展,将创造出前所未有的市场机会,并对我们举世瞩目的媒体和信息产业发出新的挑战。以下两方面必须均衡地开展:一方面提倡把信息传播给我们的公民,使广大公众得到好处;另一方面必须保证信息和娱乐产品的知识产权和版权的完整性。这种保护非常必要,如果这些产品——无论是以文本、图像、计算机程序、数据、录像或录音的形式,还是以多媒体形式出现——充分依靠国家信息基础结构走向市场的话。

行动:评估版权法的适用性。信息基础结构特别工作小组将调查如何加强国内版权法和国际知识产权条约,以便防止侵犯版权法和保护知识产权的完整性。为了保证更多的人能够通过国家信息基础结构得到信息,信息基础结构特别工作小组将研究如何把公平使用的传统概念应用到新媒体和新著作上去。

行动：探索识别和补偿版权所有者的方法。信息基础结构特别工作小组将探索制定识别电子系统（例如电子头标（Header）、电子标签或电子签字技术）中的信息产品的版权所有者的标准的必要性。这个特别工作小组还将研究有无必要建立一个有效的系统，来识别信息产品的版权所有者，向他们颁发执照、批准使用信息产品，对由电子信息系统提供的有版权保护的产品支付版税。

8.同其他各级政府和团体协作

国内：许多想加入国家信息基础结构的公司，现在均处于联邦、州和地方政府机构的法规的控制之下。如果国家信息基础结构要迅速不断地发展，各政府机构之间就必须密切协作，特别是在制定法规政策方面。所有政府团体——特别是国会、联邦通信委员会、联邦政府、州和地方政府——要努力合作，制定出促进国家信息基础结构部署的法规原则，这是极为重要的。

行动：寻找改进同州和地方官员协作的方法。信息基础结构特别工作小组将同州和地方官员讨论关于国家信息基础结构发展的政策问题。这个特别工作小组在拟订法规改革建议的时候，还将征求民间企业和非联邦机构的意见。政府允诺在制定电信政策时将同州和地方政府密切合作。

国际：国家信息基础结构还将在全球网络范围内得到发展。美国国内信息基础结构要能满足国际和国内的需要，这一点是非常重要的，因为用户们特别要求美国通信供应商在全球范围提供服务。

行动：开辟海外市场。美国政府已经表明，它愿意直接代表美国公司保证这些公司有均等机会向海外用户出口电信产品和提供服务。例如：商务部正在制定新的出口管制政策来管理美国公司制造电子计算机和电信设备。这些新措施将取消对许多这类产品出口的限制，并允许美国制造商进入以前无法进入的新市场。美国政府将继续努力为美国服务项目和产品开辟海外市场。

行动:消除不兼容标准所造成的障碍。同样重要的事,必须避免由不兼容的美国和外国标准所设置的贸易障碍,或者——更为微妙地——由测试是否符合标准所采用的不同方法而造成的障碍。美国政府通过参加国际标准委员会,正努力排除或避免这类障碍。

行动:评估国际和美国贸易法规。信息基础结构特别工作小组将配合政府,评估有关美国进出口电信服务项目的政策问题。这些政策问题包括一些美国公司所抱怨的问题:在国外的法规实践危及美国电信产业和由美国用户负担的服务费用的竞争能力。这些法规包括不准进入美国通信载体市场和对从美国向国外呼叫的人索取极昂贵的费用。信息基础结构特别小组还将重新评估美国有关国际电信服务的法规。

9.提供政府信息和改善政府采购工作

托马斯·杰弗逊说,信息是民主的传播。有些信息对公民和企业来说是非常有用的和宝贵的。联邦机构就是一批最积极收集和发布这类信息的机构。国家信息基础结构的改善,为改进向美国纳税人提供政府信息的工作提供了一个大好机会。向纳税人提供信息要做到信息公平分配,收费合理,效率尽可能提高。

联邦政府正在改进信息收集、处理和传递过程中的每个步骤。政府正在资助一批研究计划,这些研究计划将改进用来浏览、查找、描述、组织和管理信息的软件。但是政府同时也必须保证这些工具用来向公众(诸如教师、研究员、商人、消费者等)传递对他们有用的信息。

必须提出的主要问题是:什么信息才是公众所需要的? 什么信息采取电子形式? 通过什么手段来传递信息? 怎样才能使所有的美国人都能得到信息? 次要问题是:政府怎样才能通过更好的信息管理来改进?

行动:改进获取政府信息的能力。信息基础结构特别工作小组将仔细考虑与怎样通过电子手段使公众能广泛利用政府信息这一问题相关的各种问题。

此外,一些政府机构开始共同努力保证它们所存贮和提供的信息是正确的。最后为了帮助公众找到政府信息,一些机构已经开始共同制定一项关于设立虚拟卡片目录的计划。这些卡片目录将告诉大家怎样才能获得以不同形式出现的政府信息。

行动:提高国家信息基础结构传递政府信息的能力。联邦政府采取了一些步骤来更广泛地散发公开的报告。一项由政府出版局负责改进以电子方式传递政府文件的法规已经生效。一些联邦机构纷纷开始主动地把它们的公开信息转换成电子形式,通过 Internet 网进行传递,这样做可以让更多的人得到这类消息。将来,将对《联邦世界》(Fed World)作重大改进。《联邦世界》是商务部国家技术信息中心(NTIS)设立的电子公告系统,它把公众与 100 多个联邦公告系统和信息中心联系在一起。这些改进将提高《联邦世界》把美国政府和其它机构所发出的科技和商业信息传递给公众的能力。最后将于 1993 年秋天召开一次大会,着手培训联邦雇员如何利用这些传递机制。

行动:提高公民获取政府信息的能力。管理和预算办公室(OMB) 1993 年 6 月制定了关于联邦机构获取、使用和传递政府信息的新政策。新政策还规定,联邦机构在向公众传递信息时,必须只收取同传递信息有关的费用,而不收取产生和收集信息的费用。此外,一些机构正在共同努力设法让更多的公众得到政府信息。一项计划试图把各种联邦机构的几千个地方办公室纳入交互式的"公民参与中心"(Citizen Participation Centre)。在这些中心内,公民们可以同所有联邦机构的公共事务部门通信。

行动:通过使用电子邮件,加强机构间的协作。《国家效能评估》建议在联邦政府的范围内扩大使用电子邮件。为了把这个建议付诸实施,已经成立了一个机构间协作团体,让联邦工作人员在日常工作中使用电子邮件。这个团体还主持三个试点计划来扩大连通范围,以便建立一个具有丰富经济的团体,使其他联邦机构能从该团体汲取使用电子邮件的经验。

行动:改革联邦采购程序,使政府采用尖端技术。联邦政府是高技术产品的最大买主。在开发先进军事技术的新兴市场方面,政府扮演着重要的角色。在开发民用技术市场方面,它也能发挥类似的有效作用。政府将实行《国家效能评估》中提出的采购政策。

VI. 美国命运同信息基础结构联系在一起

这个文件提出的原则和目标,给关于国家信息基础结构的政府行动提供了一张蓝图。实现这些原则和目标,将保证政府向发展、部署和使用国家信息基础结构的美国产业界、劳工界、学术界和公民提供建设性的帮助。

国家信息基础结构给国家带来的潜在利益是巨大的。国家信息基础结构将使美国公司在全球经济竞争中获胜,为美国人民创造良好的就业机会,给国家带来经济增长。重要的是,国家信息基础结构注定会改变美国人民的生活,改善地理环境和经济地位的种种限制,向所有的美国人提供公平的机会,让他们尽量施展他们的才能,实现他们的抱负。

国家信息基础结构的应用及其利益

发展国家信息基础结构本身不是目的,它只是美国达到广泛经济和社会目的的一种手段。虽然国家信息基础结构并不是解决我们所面临的一切问题的"灵丹妙药",但是在我们遇到最紧迫的

508

经济和社会挑战的时候,它能做出重要贡献。

所有的美国人而不只是科学家和工程师可以使用这个信息基础结构。作为企业家、工厂工人、医生、教师、联邦雇员和平民的美国人,都可以利用这一技术来:

＊创造工作机会、刺激经济增长和培育美国技术的领先地位;

＊在提高服务较差地区的服务质量的同时,降低保健系统的费用;

＊提供高质量、低收费的政府服务;

＊为我们的孩子们准备 21 世纪快节奏的工作场所;

＊在各级政府建立更加开放的分享民主。

这不是不切实际的预言。正如下面所表明的,我们目前的信息基础结构正在使普通美国人的生活发生变化,我们只是刚刚开始开发它的巨大潜力。

经济利益

国家信息基础结构将有助于创造高薪工作机会,促进经济增长,生产新产品,提供新服务和加强美国技术领先地位。崭新的企业将建立起来,国家信息基础结构将以目前我们开始想象的方式被人们利用。

1. 促进经济增长和提高生产率

＊"计算机系统政策项目 Computer Systems Policy Project"估计,国家信息基础结构在一系列工业部门中,每年将创造多达三千亿美元新的销售额。

＊经济战略研究所断定,国家信息基础结构的加速发展,到2007 年将使国内生产总值增加到 1940 亿美元,国民生产总值增加到 3210 亿美元,生产率增加 20% ～40% 。

2. 创造工作机会

虽然目前还没有明确估计国家信息基础结构将为美国创造的

509

就业机会的总数,但是很清楚它有潜力创造出千千万万个就业机会。例如:

　　＊工业专家们认为,个人通信服务业这个无线电服务的新部门,在今后 10 年至 15 年期间将创造多达 30 多万个就业机会。由于电信技术法案的出现,个人通信服务行业将加速发展。这个法案(由克林顿总统签署)作为一揽子预算的一部分。

　　3.技术领先地位

　　国家信息基础结构将成为种种技术的驱动力。这些技术包括半导体、高效率网络、先进显示器、软件、人/机界面(例如语音识别器)。

　　这项技术将用来创造令人振奋的新产品和新服务,加强美国在电子和信息技术领域里的领先地位。例如,专家们预料将来会生产出可置于掌心上的功能强大的电子计算机,它的"可移动性像只手表,个人属性像只钱包……它能识别语音,指示街道,作笔记,安排日程,收取邮件,管理钱财,开门和启动汽车,以及具有我们今天尚无法想象的其他电子计算机功能"。

　　4.地区、州和地方的经济发展

　　在今天以知识为基础的全球经济中,资金和技术在加速流动。美国的信息基础结构将帮助公司决定把资金向国内还是向海外投放。州和地区越来越认识到它们的信息基础结构的发展是创造就业机会和吸引新兴产业的关键。

　　＊在 1993 年 5 月,州长吉姆·亨特宣布,将创建北卡罗来纳州信息高速公路。这个能在 4.7 秒内把全部 33 卷大英百科全书发送出去的光缆和先进转换器的网络,将在贝尔南方公司、通用电话电子公司和卡罗来纳电话公司的合作下进行部署。它是北卡罗来纳经济发展战略的一个关键因素。

　　＊在加利福尼亚的硅谷,大学教授、商业经理、政府官员和平民正共同努力建立一个"先进的信息基础结构并培育集体使用这

510

个网络的能力"。一个名叫斯马特瓦利公司(Smart Valley Inc.)的非盈利组织,将帮助这个信息基础结构的开发与应用。预料它会有许多商业上的应用,其中包括桌面电视会议、把零件设计图迅速传递给制造车间、在远程超级计算机上设计芯片、电子商业和远程数据交换(Telecommuting)。

＊大湖州长理事会制定了一个地区性电信计划,包括建立开放的数据网络,作为走向建立大湖地区信息高速公路的第一步,促进信息进入农村地区,发展一批电信服务目标,拟订完成这些服务目标的时间表,以及开发各州先进电信基础结构的机读目录。

5. 电子商业(Electronic Commerce)

电子商业(例如:联机零件目录、多媒体邮件、电子付款、代理服务、协同工程)能大大缩短设计、制造和销售新产品所需的时间。"上市时间"是今天获得全球市场成功的关键因素。电子商业还将加强制造商、供应商和联合开发者之间的关系。在今天市场上,12 个或更多公司共同协作开发和制造新产品,已是司空见惯。

保健

国家信息基础结构能有助于解决美国保健危机。克林顿政府答应要对保健方案进行改革。这项改革将保证美国人不再失去他们的医疗保险,并将控制飞涨的保健费用。光花钱不办事不允许的:

＊自从 1980 年以来,美国国家的保健费用增加了四倍。在 1980 年和 1992 年之间,保健费用在美国国内生产总值中所占的比例从 9% 急剧上升到 14% ,按照目前的政策,这一开支到 2000 年时在美国国内生产总值中所占的比例将高达 19% 。保健费用的增加将吃掉今后四年联邦新增收入的一半以上。

＊医院帐单上每块美元中有 25 美分用于行政开支,而不是用

来照顾病人。保健部门行政人员的数目不断增加,其速度之快为医生人数的四倍。

不对保健制度进行全面改革,这些问题是无法解决的。不过,更好地使用信息技术和把国家信息基础结构应用于保健事业,将对这一改革做出重要贡献。专家们估计,使用电子系统每年能节省保健费用 360 亿美元到 1000 亿美元,同时还能改进质量,增加服务人数。以下是若干目前已有的和可能产生的应用系统:

1. 遥控医疗(Telemedicine)系统

医生和其他护理人员使用遥控医疗系统可以用在几千英里之外的专家会诊;不断提高他们的教育和技术;共同使用病历和 X 光照片。例如:自从 1984 年以来,得克萨斯州有 70 多所主要是在农村地区的医院被迫关闭。在得克萨斯州奥斯汀的得克萨斯遥控医术项目向农村医院基层医生提供交互式电视会诊,以弥补农村地区专家之不足。这种尝试提高了农村地区保健的质量,削减了病人转院费和保健人员的旅费,从而节约了至少 14% 的费用。

2. 统一电子申报系统

保健机构每年要向报销机构如保险公司、健康照顾方案(Medicare)、医疗补助方案(Medicaid)等组织提出 40 多亿次保健费用报销申请。再者,美国 1500 家不同的保险公司使用着许多不同的申请表格。美国保健系统如果采用标准化的电子申请提交和处理工序,就能大大降低其行政费用。

3. 个人健康信息系统

美国现在能用电子计算机和网络一天 24 小时提供保健辅助决策表,使自己成为自身保健消息灵通的积极参与者。结果,加入保健系统的人中有太多的人(估计在 50% 和 80% 之间)实际上都不需要医生的照顾。许多人不合理地使用这个系统,例如患感冒或背部扭伤的人住进了急症病房。最后发现在有严重健康问题的人当中,有许多人进入保健系统已为时太晚。这样,就需要花更多的钱来治疗。公共卫生通信和计算机应用组织（CCAPII）主席米歇尔·麦克唐纳估计，个人健康信息系统即使只利用其25%至35%的时间，就能节约400亿至600亿美元。

例如：电子顾问系统（Interpractice System），这个由波士顿的哈佛社区卫生计划和电子数据系统公司合资建立的组织，已经在经常需要保健服务的人（包括老年人、孕妇和年幼孩子）家中安装了终端机。根据他们的症状和病历，电子顾问系统向哈佛社区卫生计划的成员建议运用自我照顾、同医生通话或安排门诊时间。一个例子是："一个经常玩终端的11岁孩子，有一天听到他的父亲喊胸痛，于是便向电子顾问系统求助；电子顾问系统根据他父亲的症状作出这样的诊断：可能是心脏病。这个诊断是正确的。"

4. 计算机化病历

医学研究所指出，计算机化病历是改进质量和降低保健费用的关键。目前的情况是：

* 11%的化验必须重新进行，因为原先化验结果丢失；

* 30%的治疗没有记录下来；

* 40%的诊断未作记录；

* 30%的情况下，当病人前来求医时、一份病历也找不到。

为公众利益服务的公民信息网络技术

国家信息基础结构的好处远远超过经济增长。诚如公民网络中心（Center for Civic Networking）所述："一个国家能灵活自如，其政府高效、节俭，并由识广、明达的社会舆论所引导；能创造优质职位并造就出相应人才去担任此等职务；能促进终身学习、社会生活以及社区文化生活。这就是国家信息基础结构的承诺所在。"

国家信息基础结构被用来建立一个"电子公所"（Electronic Commons），并以下列方式来增进公共利益：

1. 社区信息存取网络

基层网络遍布全国,向公民提供种类繁多的信息服务。国家信息基础结构应发展每个公民对当地习俗制度所起作用的能力。因为国家信息基础结构必须尊重地区差异和美国传统文化的多样性。

例一:伊利诺州皮奥里亚的哈特兰网络(Hcartland FreeNet)全日 24 小时向伊利诺州中部的公民提供各种社区信息,其范围包括社会服务的 113 个方面;社区全年活动日程;美国红十字会活动;伊利诺州就业服务处求职名单;当地商业资源;以及当地政府信息等。各个领域,包括从法律、红十字会到化工方面的专家自愿提供其时间和专门知识来答复公众不具名所提出的各种各样的问题。

例二:巨空电报网络(Big Sky Telegraph)于 1988 年以电子公告系统方式开始运行。它使蒙大拿州 114 所规模很小的学校(one – room schools)相互之间取得联系,并与西蒙大拿学院相联。今天,"巨空电报网络"已形成了一些"虚拟社区"(Virtual Community),它们把学校、图书馆、县级附设服务处、妇女中心以及医院等连接在一起。蒙大拿高等院校攻读俄语的学生,现在可直接与俄罗斯学生进行交谈,其理科学生目前可参与麻省理工学院开设的"混沌论"课程。

2. 传播政府信息

政府与公众间信息的自由流动,对民主社会而言,极为重要。国家信息基础结构的不断改进,为改进向纳税人提供政府信息的工作,并尽可能以公平合理的费用提供这项服务创造了极好的条件。

例:信息收集和传播固有功能具有说服力的一些事例来自联邦机构的经验。例如 1986 年紧急规划和社区应知(Right – to – know)法案建立了毒物排放量档案(TRI),要求工业部门向其报告对环境排放化学毒品的估计总量。环境保护署已采用许多方法,使公众能获得此项数据。对此,有关机构、非盈利社团以及慈善机

514

关统力合作,使毒物排放量档案能通过由管理和预算办公室(OMB)的 Watch and Unison 研究所运行的名叫"应知网络"("RTK NET")的联机服务系统而获得。通过毒物排放量档案(TRI)计划,环境保护署和工业部门制订了"33/50"计划,即规定减少污染的目标,到 1992 年减少 33%,而到 1995 年减少 50%。由于 RTK NET 获得成功,环境保护署正试图扩展通过此项可获得的信息。

3. 全民使用

国家信息基础结构必须用来团结美国人民,不使信息"富者"和信息"穷者"进一步形成两极分化。

例:在有 40% 的居民生活在贫困线下的哈莱姆区,作为最近电缆特许谈判的一部分,光纤电缆已开始推广使用。纽约市正探索在住房项目的社区室(Community Rooms)和政府机关、学校和纽约一些公司之间使用交互式电视会议设施。这些设施可用来指导少年母亲如何照料婴儿,以及用来推进市区青年和纽约市公司雇员之间亲善关系的各项计划。

研究

高性能计算和通信计划(High Performance Computing and Communications Initiative,HPCCI)主要目标之一是提高研究团体的工作效率,并使科学家和工程师能够攻克"重大挑战"(Grand Challeges)的难题,如天气预报,开发节能汽车,设计救命药物,以及探索星系的形成等。

由于 HPCCI 推动的计算和网络技术的不断进步,美国的科学家和工程师(以及其同事和全世界的同行)能够解决在过去所不能解决的一些重大问题。美国研究人员将继续自 HPCCI 和正在兴起的国家信息基础结构不断获益。下面所述只是美国研究人员利用此项技术的若干方面:

1. 攻克"重大挑战"的难题：由于对高性能计算机、软件和高速网络进行投资的结果，研究人员可利用越来越多的计算机资源。因而科学家和工程师已能更精确地模拟地球气候；设计和模拟下一代飞机（高速民航机）；将两维 MRI 图像变成三维图像以改进对乳腺癌的诊断；以及提高美国现有储量中的石油和天然气的回收率。

2. 遥控科学仪器：由于网络和图像化软件的进步，科学家能远程控制和共享电子显微镜、射电望远镜和其他科学仪器。

3. 保证科学协作：Internet 网络已能使美国和全世界的科学家使用数据库，共享文献资料以及与同事们交流。例如曾由来自产业界、政府和科研部门的 40 个人花三年时间开发了一种计算机语言，但面对面的会议仅有两次。然而参与这个科研项目的工作人员相互之间发送的电子邮件达 3000 件，这大大地节省了开发此种语言所需的时间。由于科学研究变得越来越复杂和学科之间相互交叉，科学家已深感有开发"协作体"（Collaboratories）的必要，所谓"协作体"即是一些"无墙"的研究中心，在其间，各国科研人员不论其地理位置如何都能从事其研究——与同事相互交流，使用仪器，共享数据和计算机资源，并在数字式图书馆（digital libraries）中存取信息。

终身学习

一分耕耘，一分收获。美国的成就越来越有赖于美国的学习。美国人要在世界上具有竞争力和享受健康民主制度，那就必须受到良好的教育和培训。美国所面临挑战的重要程度是众所周知的：

＊全美国有 25% 的学生不再完成其中学课程，在某些大城市此百分比甚至高达 57% 。

＊目前，美国有 9000 万成年人不具备在美国越来越复杂的社

会中生活所必需的阅读书写能力。

克林顿政府已制定宏伟的终身学习的全国性目标。"目标2000年：教育美国法案"将六项教育目标作为国家政策的一部分。它们是：中学毕业率要求达到90%；在教学和科学方面美国应占优势；成年人全部具有阅读书写能力；学校保证安全并消除吸毒现象；提高关键课程的竞争能力；以及使每个学龄儿童入学"乐于学习"。劳工部长罗伯特·赖什还强调转向"新工作"的需要。新工作要求具有解决问题的能力而不是生搬硬套、因袭照抄。提高一线工人技能，以便能不断改进产品和服务。政府所有政策倡议（全国技能标准，学校向工作的过渡，转业工人的培训等）的目的在于推动向高工资、更高价值的"新工作"的过渡。

虽然光靠技术不能确定美国的教育和培训制度的弊端所在，但国家信息基础结构可以在这方面发挥作用。研究表明，以计算机为基础的教育其成本—效益比十分显著，可减少40%的时间和30%的费用而多学习30%的课程。"幸福"杂志近期报道称：

"从哈莱姆到火奴鲁鲁，电子网络在美国的教室中正在激发出自空间竞赛以来未曾见过的一种激动人心的场面……在许多研究计划和实验项目中，网络正在改变教师授课和学生学习的方式。"

美国刚刚开始开发计算机和网络在教育上的应用。学生和教师可利用国家信息基础结构来推行学生、教师和专家之间的协作式学习；可从联机"数字式图书馆"中获取信息；并可不离开教室而到博物馆和科学展览会进行"虚拟的"现场参观。

例一：总部设在麻省坎布里奇、由国家科学基金会资助的全球实验室计划（Global Laboratory Project）联系着美国27个州和17个国家（包括日本、沙特阿拉伯、俄罗斯和阿根廷）的101所学校的学生。学生们在全世界范围内建立了环境监控站以研究气候变化，监控农药和重金属污染，以及测量紫外线辐射。他们利用全球

517

实验室（Global Lab）电信网络相互之间，共数据并作出分析比较，对环境问题作出全球性展望。

例二：在得克萨斯州，得克萨斯教育网络（TENET）目前为25000多个教育家提供服务，并正在使 Internet 的资源能为每个教室所利用。一位来自得州一个小学区的教师对该网络对儿童学习经验的影响有以下描述：

"这个较小的学区现在能与国家航空与航天管理局（NASA）直接联系，向宇航员传递信息，其师生可以在比他们所能参观过的还要大的图书馆中浏览资料，可与负责超导对撞机项目的物理学家对话，可与全世界的学生讲座世界生态学，可以阅读在他们小镇所没有的报纸上刊登的国内外新闻，可作为平等的合作者和市区的人们一起从事科研项目，以及改变他们对世界大小的看法。这将培养出我们过去所不能培养出的学生。这是一种新型的教育和授课方式。"

由于计算机的功能越来越强而价格越来越便宜，因而学生最终得以随身携带以计算机为基础的"智能导师"，或在精巧的仿真环境中进行学习。一位专家曾预言下列"虚拟实景"（Virtual Reality）的教育用途：

"想象一个生物系学生进入一个密封的、假想的、内有模拟分子的实验室环境。这个学习者可以捡起两个分子并尝试把它们装配在一起，以探索其连接位置。除了安装在头部的显示器显示出三维图像外，戴在他双手上的手套会对触觉产生一种反馈。这个学生也能将一个分子扩大到一所大厦那么大，从而可在其间翱翔以研究分子的内部结构。"

创立一个高效和节俭的政府

美国副总统戈尔提出的"国家效能评估"对高效、能干和负责的联邦政府提出了大胆的设想。从官僚主义走向讲究实效需要彻底的改革：强调取得成效的责任心而不是墨守成规；顾客第一；疑人不用，用人不疑；重新设计政府机构的工作方式。此项设想强调信息技术作为重建政府工具的重要性：

"有了计算机和电信技术，我们就不需要做过去所做的事了。我们能够设计一个由顾客失去的电子化政府机构，其运行的方法，在10年前，即使最具有远见的设计者也想象不到的。"

国家效能评估已提出许多方法使"电子化政府"能改进政府服务的质量，同时还能节省费用，其中一些方法如下所述：

1. 开发用电子方式提供政府福利的全国系统：政府能在一些项目（如联邦退休、社会安全、失业保险、AFDC 和食品券等）中通过"电子福利传送"（Electronic Benefit Transfer）系统，政府为救济贫民要印发30亿张食品券给1000万个家庭。据估计，如食品券全部改由电子方式发送，则5年内就可节省10亿美元。

2. 开发集成化电子政府信息和服务系统：目前，公民获取联邦政府信息的方法均未经协调，极不方便。电子"信息商亭"（Kiosk）和计算机公告系统能导致反应迅速、信息完备，结束电话不断的局面。

例：加里福尼亚信息（Infor/California）是设在图书馆和购物商场等场所的信息商亭网络。加里福尼亚人可利用这些手触屏幕计算机更改车辆注册、登记就业机会，并可得到90年不同主题的信息，如申请学生贷款或调解房客和房主间的纠纷。这些信息亭可使每人减少工作介绍服务费用150美元到40美元。

3. 建立国家执法/公安网络（National Law Enforcement/Public Safety Network）：不论是对付自然灾害或技术灾害，还是进行搜索和救援实施封锁行动，联邦、州和地方执法和公安工作人员必须能够相互之间有效和可靠地通信。目前，联邦、州和地方执法机构拥有的无线电系统不能相互通信，因为它们所有的无线电波段不相同。

4.示范并提供整个政府部门的电子邮件系统:整个政府部门电子邮件系统可以在个人和团体之间提供快速通信;可打破机构之间或机构内部的信息流动的障碍;可更好地管理复杂的跨机构项目;以及可加强政府官员与公众之间的联系。

信息基础结构特别工作小组(IITF)

任务

虽然民间企业将建立并管理全部国家信息基础结构(国家信息基础结构),总统和副总统明确宣布联邦政府在开发国家信息基础结构方面应发挥其主要的领导作用。因此,白宫组成了一个信息基础结构特别工作小组(IITF),以明确表达和贯彻执行政府对国家信息基础结构的看法。特别工作小组包括一些在开发和应用信息技术方面起着重要作用的联邦机构的高层次代表人物。这些参与机构与民间企业共同努力以制定既能满足这些机构需求又能满足国家需求的全面的电信和信息政策。

IITF 通过协助政府机构在困难的政策问题上取得共识,使这些机构更加迅速而有效地制订和实施政策。

信息基础结构特别工作小组的一个高级顾问委员会已由行政命令建立。它将由国家信息基础结构许多不同的参与者(包括产业界、劳工界、学术界、公共利益团体以及州和地方政府)的代表所组成。商业部长将任命 25 人担任顾问委员会成员。

信息基础结构特别工作小组在与联邦科学、工程和技术协调委员会(FCCSET)的高性能计算、通信和信息技术(HPCCIT)分委员会密切配合。上述联邦科学、工程和技术协调委员会则由白宫科技政策办公室所领导。HPCCIT 分委员会向信息基础结构特别工作小组提供技术咨询,并协调联邦研究活动以支持发展国家信息基础结构。

成员

所有涉及电信和信息政策的主要机构均参加这个特别工作小组。它在白宫科技政策办公室和全国经济委员会领导下工作。商务部长伦·布朗任信息基础结构特别工作小组的主席。特别工作小组的人事部署也大都由商务部的国家电信和信息（NTIA）局来负责。

结构

到目前为止，信息基础结构特别工作小组已成立了三个委员会：

（1）电信政策委员会。该委员会由商务部国家电信和信息局局长赖莱·欧文领导，负责制订有关重大电信问题的政府长期政策。最近，该委员会建立了一个有关"全民服务"的工作小组，其工作是力求保证所有美国公民能利用国家信息基础结构并享受其实惠。

（2）信息政策委员会。该委员会负责提出一些若要充分推广和使用国家信息基础结构所必须解决的重要信息政策。此委员会由管理和预算办公室（OMB）信息和法规处处长萨莱·喀铮（Sally Katzen）领导，并已建立三个工作小组：

制订保护版权以及其他电子领域内知识产权的建议。此小组由商务部专利和商标局局长布鲁斯·莱曼（Bruce Lehman）领导。

个人隐私权工作小组：由于以电子形式收集、存储和传递个人资料的现象急剧增长，此小组负责为政府制订保护个人隐私权的政策。此小组由健康和人类服务部消费者事务办公室代理主任派特·法莱（Pat Faley）领导。

政府信息工作小组：主要研究推进以电子形式传递政府资料的方法。此小组由管理和预算办公室的信息和法规处的布鲁斯·麦克康奈尔（Bruce McConnel）领导。

（3）应用委员会。该委员会负责协调政府在制造业、教育、保健、政府服务、图书馆和其他领域中开发、示范和推广应用信息技术的工作。该委员会与资助开发新应用技术的高性能计算机与通信计划密切配合工作,以决定管理政策如何能更好地促进这些应用技术的推广使用。国家标准和技术研究所(NIST)所长阿拉蒂·普拉巴喀(Arati Prabhakar)负责该委员会。该委员会还负责贯彻执行副总统负责的"国家效能评估"所建议事项中与信息技术有关的部分。为此,该委员会已建立如下工作小组:

政府信息技术服务(GITS)工作小组。该小组将协调联邦机构改进信息技术应用的工作。

美国国家信息基础结构顾问委员会

总统将签署一项行政命令建立"美国国家信息基础结构顾问委员会"以促进民间企业参与信息基础结构特别工作小组(IITF)的工作。IITF 小组由商务部长负责,并将与国会和民间企业一起工作,以便提出加速部署国家信息基础结构所需的政策和计划。

*顾问委员会将由不超过 25 位高层人士所组成,在本年内由商务部长提名。顾问委员会主席和副主席将由商务部长在委员会的成员中指定。

*将从各类国家信息基础结构的赞助者和各利益集团广泛征求意见。信息基础结构特别工作小组及其委员会也将运用其他方式广泛征求公众意见,以确保特别工作小组能听到所有有关团体的意见。

*顾问委员会将广泛代表与国家信息基础结构有关的主要赞助者,其中包括商业界、劳工界、学术界、公众利益团体以及州和地方政府。

*顾问委员会将对信息基础结构特别工作小组就发展国家信息基础结构的有关事项提供咨询,如在发展国家信息基础结构过程中私营和公营部门所发挥的适当作用;对国家信息基础结构的进展及其在公共事业和商业方面的应用的设想;现有及拟议中的

法规制度对国家信息基础结构进展的影响;个人隐私权、安全性和版权问题;使通信网络达到最大互连和兼容性的国家战略方针;以及"全民使用"等问题。

＊顾问委员会可邀请专家委员会提供信息,并组成委员会的分委员会研究一些特定的问题。

＊商务部将作为委员会的"秘书处",向其提供行政服务、设施、人员及其他一些支持服务。

＊顾问委员会的任期为两年,除非其期限经法定延长。

＊顾问委员会将与高性能计算和通信顾问委员会各自独立而相互补充。设立后者的目的是使民间企业能参与高性能计算和通信计划(HPCCI)。

克林顿政府在发展国家信息基础结构方面的成就

克林顿-戈尔政府在其上任头七个月内已采取了重大措施使其国家信息基础结构的设想成为现实:

1. 开放频谱以建立信息"大道"(Skyways)

＊工作机会和加速发展新的无线电产业,如个人通信服务等。整个蜂窝电话产业已创造了10万个工作机会,而建立此项产业只发放了50兆赫频谱的许可证。

2. 重振政府

＊克林顿政府允诺使用"电子政府"以保证联邦政府将以更少的开支工作得更好。

＊作为其"国家效能评估"的一部分,副总统戈尔已提出一系列使用信息技术节约费用改进服务的具体措施,如电子福利传递;通过电子"信息商亭"利用政府的信息和服务;国家执法/公共安全网络;以及电子采购等。

3. 投资于技术

总统1994年财政年度预算包括:

＊11 亿美元用于高性能计算和通信计划,其中包括一项 1 亿美元的新项目,开发在一些领域(如教育制造业、保健和数字式图书馆等)的应用系统。众议院已通过立法批准这些新项目;参议院已于 1993 年秋审批这项新项目。

＊5000 万美元拨款用于国家电信和信息(NTIA)示范国家信息基础结构在非盈利机构(如学校、医院和图书馆)的应用。

＊4000 万美元用于能源部国立实验室研究信息基础结构。

由 ARPA 领导的技术再投资计划(TRP),在 1993 年财政年度获得 64.72 亿美元的资助,已从民间企业产生了近 3000 项建议,共需投资 85 亿美元。其中许多建议是关于国家信息基础结构的技术开发及其在保健、制造业、电子商业、教育和培训等方面的应用。总统最近已批准将技术再投资计划的经费在 1994 年财政年度增加到 6 亿美元。

4. 使政府信息更容易为公民所利用

＊管理和预算办公室六月份发布了一项新的政策(管理和预算办公室 A‑130 号文件)以鼓励政府机构改善公民获取政府信息的服务。

＊六月份,总统和副总统也宣布将通过电子邮件使公众更容易与白宫联系。克林顿政府使用联机信息服务和 Internet 网使演说、新闻发布会简讯、行政命令以及预算概要更易为公众所获知。

5. 创造民间企业向国家信息基础结构投资的良好环境

＊克林顿总统已签署法令,对民间企业投资于研究与开发以及组建新兴产业实施税收优惠措施,其中包括研究与开发贷款三年延长期以及削减投资于小企业的目标收益。这些税收优惠措施将促进国家信息基础结构发展所需的民间企业投资。

附录二 机读目录格式

第一节 机读目录格式的产生和发展

机读目录(Machine Readable Catalog)即机器可读目录,是指能够用计算机来编制、识别、存贮、检索和处理的文献目录形式及数据。机读目录产生于传统的手工目录,卡片目录和书本式目录都是典型的手工目录。因此,也可以认为,机读目录及有关的工作是传统的手工目录和目录工作的计算机化。同传统的手工目录相比,机读目录有占用空间少、检索效率高、便于交换和传送、可多次重复使用等诸多优点。由于机读目录的任务是将目录信息数字化,而目录是图书馆各项工作的核心。从本质上说,图书馆自动化系统是一个数据处理系统,所以机读目录的研制和生成就成为图书馆自动化工作的起点和关键。

需要说明的是,我们所说的机读目录(MARC)格式,指的是图书馆、书目数据中心之间交换书目数据时所使用的共同格式。没有共同格式,是无法交换数据的,因而一般都以"通讯格式"或"交换格式"命名。至于各个图书馆内部处理书目数据的格式,一般叫内部格式或机内格式,它们可以和通讯格式相同,也可以不同,是在系统分析和系统设计阶段需要研究和确定的,而不在机读目录中涉及。

1. LC – MARC 的产生和发展

机读目录的研制工作起源于美国国会图书馆的 MARC 计划。20 世纪 50 年代末期,美国国会图书馆已开始研究使用计算机的可行性。1963 年,它进一步邀请十多位计算机专家对图书馆工作自动化作可行性研究。研究肯定了在图书馆采购、编目、检索等工作中使用计算机的技术和经济可行性,并建议进行更深入的研究。1964 年,国会图书馆又请 Inforonics 公司作进一步的研究。该研究发表了题为"用机器形式记录国会图书馆书目数据"的 Buckland 报告,明确提出图书馆自动化的关键问题在于建立机器可读的目录。该报告提出以下研制原则:

①机读目录数据是国会图书馆编目工作的副产品,其它图书馆均可向国会馆购买磁带形式的数据,以促进各自的自动化工作。

②机读目录格式应尽可能包括书目卡片上的所有内容,使之能适应多种目录产品,如:卡片式目录、书本式目录及新书通报等。同时,还应增加一些原卡片上没有,但又为计算机管理所需要的内容。

③机读目录的字符集应尽可能采用标准化的编码方案。

研制机读目录成为国会图书馆的图书馆自动化的首要工作,除了图书馆自动化本身的规律外,当时负责全国版权登记工作的国会图书馆也急于将其书目数据转换为机读形式,以达到由计算机编排印刷卡片的目的,从而减轻数据加工的负担,及时满足大量图书馆定购的目录卡片。为此,1964 年,国会图书馆在馆长办公室下正式设立情报系统办公室,专门负责机读目录的研制工作。

研制机读目录的首要问题是确定机读目录所记录的数据内容和这些数据的组织方式,即机读目录的格式问题。经过对大量的编目数据分析,1965 年 1 月,国会图书馆召开了第一次机读目录工作会议,提出了《标准机读目录记录格式的建议》,此格式后被称为 MARC I。11 月,国会图书馆又召开了第二次机读目录工作会议,决定以 MARC I 为格式基础,着手机读目录数据的制作实验。这样,预期两年的"MARC 试验计划"开始。

从 1966 年 2 月到 1967 年 6 月,国会图书馆向参加试验的哈佛大学图书馆、国家农业图书馆、耶鲁大学图书馆等 16 个各类图书馆提供试用的磁带数据。各馆在使用中,对数据的格式、内容、质量等多方面的性能指标做了全面的分析、评价,发现了格式设计中存在的一些问题。1967 年 11 月,国会图书馆召集了有美国图书馆协会的参考工作组和技术工作组参加的会议,对 MARC 试验作了总结,共同讨论并通过了新的机读目录格式 MARC II, LC – MARC 正式产生。

1967 年 6 月,"MARC 试验计划"结束,同时开始了正式的 MARC 计划,国会图书馆成立了 MARC 订购服务部进行磁带数据的发行工作。LC – MARC 的推广和应用巩固了计算机进入图书馆业务工作的基础,对图书馆工作的发展起到了积极的推动作用。1971 年美国国家标准局将 LC – MARC 制定为国家标准,即 ANSI – MARC。因为这个原因,LC – MARC 后来也经常被称为US – MARC。

1969 年 3 月国会图书馆正式向全世界发行 MARC 磁带数据,此举在国际图书馆界引起极大反响。此后,各国际组织、区域性团体和各国纷纷以此为模式,开始了众多的适合于某组织系统、某地区或某国家的 MARC 计划。为保证世界范围内的机读目录数据的共享,规范各国的 MARC 工作,1973 年,国际标准化组织在各国机读目录工作的基础上制定了信息交换用的机读目录格式国际标准 ISO – 2709(Documentation—Format for bibliographic information interchange on magnetic tape)。

2. UNIMARC 的产生

20 世纪 70 年代初,为加强各国间的交流,国际图联(IFLA, International Federation of Library Associations)接受建议,组织有关各国研究设计了一个国际间统一的交换用机读目录格式。1972 年 8 月,在布达佩斯召开的编目与自动化委员会会议上,成立了一个 IFLA 的设计工作组,该工作组承担以下任务:

①调查已有的机读目录的不同之处;

②探索一种可以容纳各种格式的方案;

③提出一个国际交换机读目录的草案。

工作小组进行了广泛的调查,对已有的各种格式作了认真的分析,多方征求意见。研制 UNIMARC(Universal MARC)的根本目的是希望新的格式适用于各个国家不同文种的需要,同时又能适用于各种文献类型。1975 年工作小组向 IFLA 提交了格式草案,该草案在同年召开的 IFLA 巴黎大会上讨论,后经修改后定稿,UNIMARC 正式产生。

3. CCF 的产生

在各国图书馆广泛实施 MARC 计划后,一些其它类型的文献信息机构也研制了适合其服务要求和所需文献信息类型的机读目录。其中,一个影响很大的书目格式就是由世界科学情报系统和国际科学情报理事会文摘委员会于 1979 年联合制定的 UNISIST,该格式在非图书馆的二次文献服务机构被广为使用。这样,在处理不同类型的文献时就使用了多种类型的格式。但是,无论是图书,还是其它类型的资料,从本质上说都是文献。它们在内在属性和外在属性上都有极大的共同之处。为使各类文献部门能在机读格式的一些基本问题得以统一,联合国教科文组织(UNESCO)组织有关专家经过研究,于 1984 年推出 CCF(Common Communica-

528

tion Format)。

研制 CCF 主要有三个目的：

①实现图书馆界和文献索引服务界（即二次文献服务机构）的书目数据交流。

②便于书目服务机构利用同一套计算机程序处理分别来自图书馆和二次文献服务机构的书目数据。

③为各书目服务机构建立自己的书目数据格式提供参考。

4. 中国使用 MARC 的情况

中国图书馆界在 20 世纪 70 年代中期开始注意美国的 MARC 计划，并立即开始了对机读目录的研究。70 年代末、80 年代初开始引进 LC – MARC 磁带数据。1982 年，参照国际标准和有关机读目录格式，制定了我国国家标准和推荐的机读目录格式，并于 80 年代末期进行修订。这些标准和格式有：

中国国家标准《文献目录信息交换用磁带格式 GB2901 – 82》

CCFC（CCF of China）

CN – MARC（CHINESE MARC）

有关详细进展情况请见本书第一章。

第二节　机读目录的基本结构

1. 数据组织的层次和记录的编排格式

在计算机系统中，数据的长期存贮是通过文件实现的，机读目录的存贮也是这样。以文件形式存贮的数据，其数据组织可分为文件、记录、字段、子字段、数据元素多个层次。

①基本概念

机读目录组织数据时使用了以下概念：

a. 文件（File）

由若干个书目记录（Record）组成的信息集合。文件是该信息集合总的逻辑称谓和物理存贮形式。文件中的书目记录为同一性质的内容，它们在格式上彼此相同。

b. 记录（Record）

完整描述一条书目款目的一组数据。在计算机处理时被作为一个处理单位，一条或多条记录组成文件。

c. 字段（Field）

记录中的某些区域，是记录的组成部分。一个记录由若干字段组成。字段由其标识符（Tag）标识。字段有固定长字段（Fixed length field）和可变长字段（Variable field）两种类型。

d. 子字段（Subfield）

是较字段更小的逻辑存贮单位。一个或多个子字段构成一个字段。子字段用自己的标识符（Subfield Indicator）标识。

e. 数据元素（Data element）

书目记录中被明确标明的最小数据单元。

f. 指示符（Indicator）

与字段相关的字符。它提供一个字段与同一记录中其它字段的关系说明或某些数据处理中所需的附加信息。

g. 结束符（Separator）

表示某类数据的结束，有字段结束符和记录结束符。

②记录的编排格式

记录的编排格式是指记录中字段的组织方式，它主要包括字段排列形式的规定和字段长度规定。

字段排列形式规定可分为固定格式和可变格式两种。固定格式是指在所有记录数据中，所有字段必须以事先定义的固定次序依次出现。而可变格式是指在记录数据中，字段可以根据具体数据本身的需要,选用部分字段,并采用灵活的排列次序。

字段的长度规定可分为定长字段和变长字段两种。在存贮定长字段的数据时,必须使用规定长度的存贮空间;而在存贮变长字段的数据时,可根据实际字段的数据规模使用所需要长度的存贮空间。

在实际使用中,以上两个方面综合考虑后,可有固定格式定长字段、固定格式变长字段和可变格式变长字段几种记录的编排格式。

2. 标识体系及其使用

①标识体系的作用

机读目录存贮数据一般使用可变格式变长字段的记录编排格式。这时就必须定义标识体系。

标识体系是一套用来表示机读目录数据格式的符号集合,其目的是为了实现对数据存取的控制。标识体系的主要内容是与机读目录记录中字段、子字段对应的标识符号。这些标识符号相当于字段、子字段的符号名称,在具体使用时,用以指明记录中的各数据项所属的字段、子字段。因此,也可以认为标识体系是机读目录格式的形式化描述。一般来说,一个标识体系应包括对以下内容的规定:

a. 字段标识

b. 指示符标识

c. 子字段标识

d. 字段结束符

e. 记录结束符

表 1 是 CN – MARC 格式中部分字段的标识符号。

001	记录控制号
005	记录版次标识
010	国际标准书号(ISBN)
011	国际标准连续出版物号(ISSN)
020	国家书目号
021	版权登记号
022	政府出版物号
040	CODEN
091	统一书刊号
092	订购号
093	专利号
094	标准号
100	一般处理数据
101	作品语种
102	出版国别
105	编码数据字段:图书
106	编码数据字段:文字资料形态特征
110	编码数据字段:连续出版物
122	编码数据字段:作品内容时间范围
200	题名与责任者项
205	版本项
207	资料特殊细节项:连续出版物卷期编号
210	出版发行项
215	载体形态项
225	丛编项

表1 CN-MARC格式中部分字段的标识符号

设计标识体系应遵循以下原则:

a.标识体系应易于处理,一般选用定长字符串作标识符号。

b.标识体系应具有一致性和完备性。

c.标识符号要么在特定的功能区域出现,这时不可能产生解释上的歧义;要么有自己特殊的识别编码,该编码不可能出现在记录数据的非标识部分。

标识体系是机读目录中最重要的内容之一。ISO－2709 除了规定若干结束符外,没有对标识体系做更详细的规定,各机读目录可根据需要规定自己的标识体系。

②标识体系的使用

在机读目录中,标识体系可有两种具体的使用方式:

a.标识与值相结合的方式

在标识与值相结合的方式中,数据项紧挨在其标识符后边。两者通过这种相邻的位置关系表明彼此的联系。如下例所示。

……$a 中国机读目录使用手册 $b 北京图书馆……

以上为一条机读目录数据的片断。其中," $a"为题名标识," $b"为责任者标识。题名与责任者的具体数据(即值)紧跟在各自的标识后边,从而说明了正文中数据的性质和目的。

b.目录方式

在目录方式中,每个数据记录首部有一目录区。目录区使用标识符号,记载了该数据记录中出现的数据项的类型及具体位置(有时目录中还可包括一些其它有用的信息,如数据项的长度等),而数据项则以字符流的形式排列在一起。如下例所示。

├──210 字段,35 个字符长──┤

……210003500377……$a 北京 $c 北京师范大学出版社 $d1997.6*……

377

上例也为一条机读目录的数据片断。其中字符串"210003500377"为目录数据,它分为三个部分,即"210"、"0035"

和"00377",用以说明描述出版发行数据的 210 字段,其长度为 35 个字符,该数据在数据区中的起始地址是 377。

3. 代码表示

几乎在所有的机读目录中,都使用了大量的代码化信息。信息的代码表示即是针对特定存贮位置及所要存贮的特定数据类型,在实际的数据信息存贮时,使用事先规定的代码代替原来的存贮内容。如对于作品语种,用 chi 表示汉语,用 eng 表示英语等。使用代码表示信息是计算机信息处理的常用方法。良好的代码可使信息的表示更为简洁、明了、规范,既可使计算机的存贮空间得到更为有效的利用,又降低了程序设计的难度。代码与原来所要存贮的内容间有简单的一一对应关系。使用记录数据时,可通过代码转换恢复原来的内容。

表 2 为中国国家标准 GB2659 -81 规定的世界国家和地区名称代码表部分内容。

国家	代码
中国	CN
日本	JP
新加坡	SG
美国	US
英国	GB
加拿大	CA

表 2　世界国家和地区名称代码表摘录

4. ISO -2709 与机读目录的总体结构

国际标准化组织所制定的机读目录格式标准 ISO -2709,其本身并不是一个具体的机读目录格式,而是一个用以指导编制具体机读目录格式的规范。该标准除了定义编制机读目录所必须的

534

基本概念和所编制的机读目录应遵循的基本结构外,没有规定更为具体的内容,如:没有规定字段标识和指示符的长度、标识与指示符的含义(即机读目录的标识体系)等。因而,ISO – 2709 仅提供了设计机读目录一般的结构框架模式及在此基础上的详细结构设计限制。

①机读目录的一般框架

图 1 为 ISO – 2709 规定的机读目录的一般框架。该框架表明,从总体上说,一条机读目录由记录头标区、目录区、数据区和记录结束符(分隔符)四部分组成。

Record label
Directory
Datafield
Record Separator

图 1 机读目录的一般框架

② ISO – 2709 规定的机读目录的详细结构模式

图 2 为 ISO – 2709 规定的机读目录四个区域中详细的结构模式。

其中:

a. 头标区

头标区位于记录的开始部分,为固定长数据区,包含 24 个字符。该部分给出了与本记录有关的参数。其具体内容是:

字符位	含义
0 – 4	逻辑记录总长度(Record length)
5	记录状态(Record status)
6 – 9	执行代码(Implementation codes)
10	指示符长度(Indicator length)
11	标识符长度(Identifier length)
12 – 16	数据基地址(Base address of data)

該項為頭標區與目錄區的總長度

17 – 19	用戶系統使用(Defined by user system)
20 – 22	目錄區數據項結構(Directory map),具體內容是:
20	"字段長度"項所占用的長度(Length of the length of field)
21	"起始字符位置"項所占用的長度(Length of the length of starting character position)
22	"約定執行部分"項所占用的長度(Length of the implementation defined part)
23	保留(Reserved for future use)

b. 目錄區

目錄區由多個目次項(Directory entry)組成。其中每一個目次項與數據區中的一個字段相對應。一個目次項可由以下四個(或三個)部分組成:

■字段標識符(Tag)

該部分是由三個字符組成的字段名稱,用以說明在該記錄的數據區有這個字段的數據。

■字段長度(length of datafield)

該部分的長度在頭標區中說明。該部分用以指出由字段標識符所標明的字段在數據區中的長度,其取值可能有以下幾種情況:

·包括字段指示符和字段結束符的字段總字符數。

·0,表示該字段的長度已超過"字段長度"存區能表示的最大值(設此最大值為 N)。這時,該超長字段在目錄區中被分成多個字段來處理,即占有多個目次項。這些目次項除最後一個外,其它目次項的"字段長度"均取值 0。

·超長字段中最後一個目次項的字段長度為 ≤N 的值(包括字段結束符)。若為超長字段,同一數據字段的各部分所對應的目次項必須按順序連接。

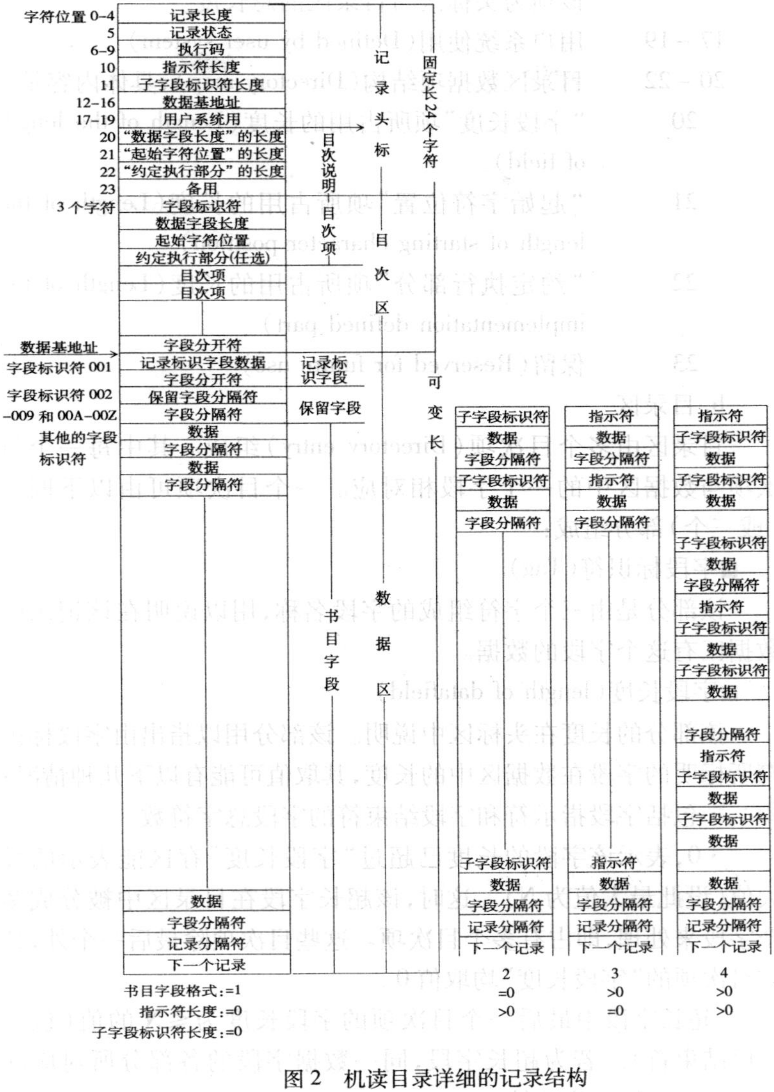

图（机读目录详细的记录结构）

左侧字符位置标注：

字符位置	记录头标	
0–4	记录长度	固定长24个字符
5	记录状态	
6–9	执行码	
10	指示符长度	
11	子字段标识符长度	
12–16	数据基地址	
17–19	用户系统用	
20	"数据字段长度"的长度	目次说明
21	"起始字符位置"的长度	
22	"约定执行部分"的长度	
23	备用	
3个字符	字段标识符	目次项 / 目次区
	数据字段长度	
	起始字符位置	
	约定执行部分（任选）	
	目次项	
	目次项	

可变长

数据基地址	字段分开符	
字段标识符 001	记录标识字段数据	记录标识字段
	字段分开符	
字段标识符 002–009 和 00A–00Z	保留字段分隔符	保留字段
其他的字段标识符	字段分隔符	
	数据	
	字段分隔符	
	数据	
	字段分隔符	

书目字段 / 数据区

右侧三种书目字段结构：

	指示符	指示符
子字段标识符	数据	子字段标识符
数据	字段分隔符	数据
子字段标识符	指示符	子字段标识符
数据	数据	数据
字段分隔符	字段分隔符	子字段标识符
		数据
		字段分隔符
		指示符
		子字段标识符
		数据
		子字段标识符
		数据
		字段分隔符
		指示符
		子字段标识符
		数据
		子字段标识符
		数据
子字段标识符	指示符	
数据	数据	数据
字段分隔符	字段分隔符	字段分隔符
字段分隔符	字段分隔符	字段分隔符
下一个记录	下一个记录	下一个记录

底部：

		2	3	4
书目字段格式	:= 1	=0	>0	>0
指示符长度	:= 0	>0	=0	>0
子字段标识符长度	:= 0			

（左下：
数据
字段分隔符
记录分隔符
下一个记录）

图2　机读目录详细的记录结构

537

■字段起始字符位置（starting character position）

该部分的长度在头标区中说明。该部分用以指出由字段标识符所标明的字段的第一个字相对数据基地址的字符位置。

■约定执行部分（Implementation – defined part）

该部分可以没有。若使用该项，其长度也在头标区中说明。约定执行部分用以指出同字段标识符所标明的字段相关的一些控制信息。

c. 数据区

数据区为目录区所指出的字段的具体内容。其中每一个字段可能具有如下图（图3）所示的结构：

指示符
子字段标识 1
子字段内容 1
……
子字段标识 n
子字段内容 n
字段结束符

图 3　ISO – 2709 对数据区的规定

其中，指示符和子字段划分不是必须的，可以在头标区中注明是否使用。字段结束符表示一个字段的结束，其取值为 ISO646 的 IS2，即 16 进制数 1EH。

d. 记录结束符

记录结束符表明一条记录的结束，大多数情况下它也同时表示下一记录的开始。其取值为 ISO646 的 IS3，即 16 进制数 1DH。

538

第三节　各种机读目录格式

1. LC – MARC 格式

①LC – MARC 的总体结构

LC – MARC 符合 ISO – 2709 标准。一条 LC – MARC 记录由头标区、目录区和数据区三部分组成。其中,目录区中的每一个目次项由"字段标识符"、"字段长度"和"字段相对始地址"三项组成,长度分别为 3、4 和 5 个字符。所以,记录中若有 n 个字段,则目录区的长度为 $12n+1$,数据基地址的值为 $12n+25$。

LC – MARC 使用指示符,并划分子字段。指示符和子字段代码都占两个字符长度。

②LC – MARC 的头标区

LC – MARC 的头标区(leader)共有 24 个字符,LC – MARC 规定的内容是:

字符位	含义
00 – 04	逻辑记录总长度(Logical record length)
05	记录状态(Record status)
	n:新记录
	c:修改的记录
	d:删除的记录
	p:在版编目
06	资料性质(Type of record)
	a:印刷的文字资料
07	目录级别(Bibliographic level)
	m:单本书

08 – 09　未定义

10　　　指示符长度(Indicator count)

　　　　2:表示有指示符,长度为两个字符

11　　　子字段标识符长度(Subfield code count)

　　　　2:表示有子字段,其标识长度为两个字符

12 – 16　数据基地址(Base address of data)

17　　　编码级别(Encoding level)

　　　　用于表示机读记录的完整程度

　　　　"":完全级

　　　　1:比较完全但低于完全级

　　　　5:不完整记录

　　　　8:在版编目记录

18　　　编目形式(Descriptive cataloging form)

　　　　用来说明涉及手工编目时所用的条例

　　　　"":不是 ISBD(即 AACR1)

　　　　a：AACR2

　　　　i:完全的 ISBD

　　　　p:部分的 ISBD

19　　　记录连接需求(表示本记录是否要求和相关
　　　　记录连接)

20 – 23　目录项结构(Entry map)

③LC – MARC 的字段规定

LC – MARC 的字段基本布局如下:

00X　　　编号(Control Fields)

01X – 09X 一般著录信息(Variable Data Fields – General Infor-
　　　　　　mation)

I XX　　　主款目(Main Entries)

20X – 24X 题名及相关信息(Title and Title – Related Fields)

25X -29X 版本(Edition, Imprint, Etc.)

3XX　　　载体形态描述(Physical Description, Etc. Fields)

4XX　　　丛编(Series Statements)

5XX　　　附注(Notes)

6XX　　　主题附加(Subject Access Fields)

7XX　　　其他附加(Added Entries)

8XX　　　丛编附加(Linking Entries)

现将 20X -24X 的详细字段摘录如下:

210　　　缩略题名(Abbreviated Title)

211　　　简短题名(Acronym or Shorted Title)

212　　　标目题名(Variant Access Title)

214　　　增补题名(Augmented Title)

222　　　识别题名(Key Title)

240　　　统一题名(Uniform Title)

242　　　编目机构翻译题名(Translation of Title by Catalo-
　　　　　　　　　　ging Agency)

243　　　作品集统一题名(Collective Uniform Title)

245　　　题名说明信息(Title Statement)

246　　　其它题名(Varying Form of Title)

247　　　先前题名(Former Title or Title Variations)

④LC - MARC 的优点和局限性

LC - MARC 是第一个机读目录的格式,它开创了用计算机存贮和处理书目数据及图书馆自动化的先河。在格式设计上,它内容详尽,结构灵活、实用,对各种类型的文献具有一定的兼容性。LC - MARC 显著地提高了编目工作的效率和质量。

LC - MARC 的主要不足是它过于受手工目录工作的束缚,格式编排有明显的卡片目录的痕迹,因而没有充分发挥计算机的能力;同时,在设计时,LC - MARC 的研制者仅从美国的情况出发考虑有关的内容,使得 LC – MARC 对其他国家和地区的适用性不强。

自 LC – MARC 产生后,美国国会图书馆即不断对其修订。80 年代末期的修订改进最多,总的精神是向国际标准,向 UNIMARC 等靠近。如代码的规定更接近 UNIMARC,增加了很多和相关文献连接的连接字段(76X – –79X),增加数据的字符集描述的字段等。

2. UNIMARC 格式

①UNIMARC 的总体结构

UNIMARC 的总体结构同 LC – MARC 相同,请参见 LC – MARC 的有关部分。

②UNIMARC 的头标区

字符位	内容
0 – 4	记录长度
5	记录状态
6 – 9	执行代码
6	记录类型
7	书目级别
8	层次等级代码
9	未定义
10	指示符长度
11	子字段标识符长度
12 – 16	数据起始地址
17 – 19	记录附加定义
20 – 23	地址目录区结构
20	"数据字段长度"的长度,本格式为2
21	"起始字符位置"的长度,本格式为2
22	未定义字

542

③UNIMARC 的连接字段

UNIMARC 为了充分表示书目文献间的联系,设置了连接字段来说明记录间的各种关系。UNIMARC 定义了以下三种文献间关系。

a.平行关系

平行关系是文献间存在的横向关系,主要表现为同一作品的不同语种、形式和载体等之间的关系。UNIMARC 中的 45X 字段表示了各种平行关系。

b.层次关系

层次关系是文献间存在的纵向关系,主要表现为整体和其它部分、部分和整体的从属关系。记录头标区中的层次等级代码表示了这种关系。UNIMARC 中的 41X、42X 和 46X 字段表示了各种层次关系。

c.时间关系

时间关系表示多种文献随时间的变迁所产生的联系。如一种连续出版物的前身和后继间的关系。UNIMARC 中的 43X 和 44X 字段表示了各种时间关系。

在著录文献时,连接字段的内容可能是以下三种情况之一:

■被连接记录的记录控制号,或

■被连接记录的若干字段,或

■以上两者的结合

④UNIMARC 的功能块规定

UNIMARC 规定了以下功能块:

a.标识块

b.编码信息块

c.著录信息块

d.附注块

e. 款目连接块

f. 相关题名块

9. 主题分析块

h. 知识责任块

i. 国际使用块

⑤UNIMARC 的特点

a. 在设计思想上,吸取了 LC – MARC 的研制经验,基本摆脱了手工著录的束缚,充分发挥了计算机数据处理的能力,使其结构更趋于合理。

b. 编排字段不是按卡片目录的著录顺序,而是按各字段的内在联系组织数据,并把相同性质的字段编排在一起,组成字段的功能块。

c. 重视书目文献库中相关文献之间的关系,设置了 4 – – 字段表示各种关系的连接。

3. CCF 格式

①CCF 的特点

a. 改进了相关文献的连接

CCF 把文献的相关关系分成两大类,即纵向关系和横向关系。

所谓纵向关系,又称层次关系,指的是两种书目级别不同的相关文献的关系。CCF 将书目级别分成以下四级:

分析级(A 级),指从母体文献中分析出来的部分。如期刊中的一篇文章,图书中的一章等。

专著级(M 级),指自成一体的单卷文献,或多卷丛书中可以单独存在的一卷专著。

集合级(C 级),指多篇专著的集合,有共同题名,但卷数有限。

连续级(S 级),指连续出版的文献,如期刊、报纸、会议录、会刊和系列研究报告等。

所谓横向关系,指的是两种书目级别相同的相关文献间的关系。它又可分以下几种情况:

一文献和随同它同时发行的另一文献之间的关系;

同一文献的不同版本、不同载体或不同语种;

年代关系,即文献的时间变迁关系。

b. 字段的编排更符合计算机处理要求

CCF 摆脱了手工著录的束缚,从计算机处理的要求来编排组织字段顺序。从以下所列的 CCF 的字段分布可对此有所了解。

001-060:所著录文献的一般信息,如记录标识、生成日期、载体、语种等。

080-086:用于各种连接说明。

100-120:有关文献的各种号码,如 ISBN、ISSN 等。

200-240:有关文献的各种题名。

260: 版次说明。

300-330:有关责任者说明。

400-440:有关出版、印刷和发行情况。

500-530:注释。

600-620:有关内容说明(文摘、主题和分类号等)。

c. 尽可能多地使用标准化代码

d. 对手工著录规则采取灵活态度

一般来说,不同的国家地区、不同的机构所使用的手工著录规则可能不同。为了不增加各机构使用 CCF 的困难,CCF 在涉及手工著录时不规定规则。

②CCF 中的有关概念

目标文献和相关文献

在文献著录时,被描述的文献实体间常常存在着多种关系。这些关系有丛书和单卷的关系、专著和分析级单篇文献的关系等等。在一次著录活动中,所要描述的主要文献著录对象被称为目标文献(Target item),而与目标文献具有各种关系的所有其它文献则被称为相关文献(Related item)。需要说明的是,一个著录对象是否作为目标文献,仅仅依据它是否是著录活动的主要对象,而与其书目级别、文献类型及载体形式无关。

区段

CCF 格式引入了区段(Segment)的概念。设立区段的目的,是为了在一个逻辑记录中既能描述所要著录的目标文献,又能同时描述多个与目标文献相关的其它文献。区段是记录的下级单位,即一个记录中可以有多个区段。最简单时,一个记录中只有一个区段。每个区段的信息与一个著录文献相对应,这个著录文献可以是连续级,也可以是专著级或分析级。若想在一个书目记录中描述多个著录文献,则需要使用多个区段。

基本区段和次级区段

CCF 记录的多个区段中,必有且仅有一个用来描述目标文献,该区段被称为基本区段(Primary segment)。同时,可以根据需求,设立 0 个到多个次级区段(Secondary segment),用来描述有关的相关文献。次级区段的排列是按其与基本区段的关系密切程度由近到远排列的。每个区段都有一个区段标识符,基本区段的标识符值为 0,次级区段的标识符值依次为 1、2、3、……。

③CCF 的结构

CCF 符合 ISO－2709,一条 CCF 记录由头标区、目录区和数据区三部分组成。

a. CCF 的头标区

CCF 的头标区由 24 个字符组成,分为 13 部分。具体结构如下:

字符位	含义
0－4	记录长度
5	记录状态

546

6	备用
7	书目级别
8 -9	备用
10	字段指示符长度,格式规定为 2
11	子字段标识符长度,格式规定为 2
12—16	数据基地址
17—19	备用
20	目次项中表示“数据字段长度”的字符位数,规定为 4
21	目次项中表示“数据字段起始位置”的字符位数,规定为 5
22	目次项中表示“约定执行代码长度”的字符位数,规定为 2
23	备用

b. CCF 的目录区

CCF 的目录区由若干个目次项和一个结束符组成。其中每个目次项结构如下图(图 4):

字段标识符
字段长度
字段起始位置
区段标识符
字段重复号

图 4　CCF 目录区一个目次项的结构

CCF 的目次项的“字段标识符”、“字段长度”和“字段起始位置”同其它机读目录格式相同,分别占用 3、4 和 5 个字符长度空间。此外,CCF 还使用了其它机读目录格式没有使用的“约定执行代码”部分,用来表示 CCF 的区段标识符(Segment identifier)和字段重复号(Occurrence),这两项分别占用 1 个字符位长。这样,CCF 的一个目次项长度为 14 个字符长度,而不像其它格式为 12。

CCF 的约定执行代码的取值方式为:

区段标识符表示该字段所在的区段号。若目次项所表示的字段在基本区段,则区段标识符取值为 0;否则,取其所在次级区段的区段号为值,可能的取值依次是 1、2、3....等。

字段重复号表示该字段在所在区段内的重复数。若目次项所表示的字段是其所在区段内的第一个字段,则此位值为 0,表示还没有重复;如为第二个,则此位为 1,表示重复一次,依此类推。

c. CCF 的数据区

由于区段的出现,在 CCF 的数据区中,形成了三层结构,即数据区、区段和字段。如下图(图 5)所示。

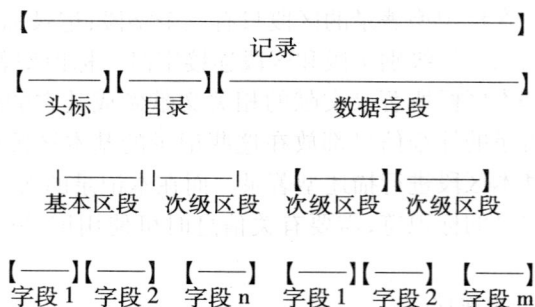

图 5　CCF 的数据区结构

④区段的著录与连接,同区段中有关系的记录间的连接

a. 多区段的使用背景

一般来说,在下述情况下需要使用多个区段:

■将分析级文献作为目标文献处理,将出处文献信息作为相关文献处理;

■将连续出版物中的一卷作为目标文献处理,将连续出版物整体作为相关文献处理;

548

■将属于一套丛书中的专著作为目标文献处理,将丛书信息作为相关文献处理;

■将一种期刊作为目标文献处理,将其"前身"或"后继"作为相关文献处理;

■将一种出版物作为目标文献处理,将其各种附件作为相关文献处理;

■将一本专著作为目标文献处理,将它的其它版本或译本作为相关文献处理;

b. 区段的著录

在 CCF 记录中,基本区段进行描述性著录,即将该区段所反映文献的有关著录信息都记录在相应的字段中,如题名、责任者、出版者等详细内容,而次级区段可根据情况进行描述型著录或标识型著录。在标识型著录的区段只有三个字段:记录标识符字段、被连接字段的书目级别字段和区段连接字段。标识型著录的基本思想是把基本区段所著录文献的相关文献做成其它的记录,相关文献所需著录的详细信息都放在这些记录的基本区段中,即在这些记录的基本区段进行描述型著录。而在本记录的次级区段中只保留这些记录的标识符,需要有关信息时可使用记录标识符来提取信息。

c. 区段的连接

由于不同区段所著录的文献彼此相关,所以需要把这些相关文献间的具体关系揭示出来。CCF 通过区段连接来完成这项工作。

CCF 专门规定了若干区段连接字段来揭示文献间各种可能存在的关系,这些字段有:

080　通用纵向关系;

085　横向关系;

081　专著型纵向关系;

082　多卷本型纵向关系；

083　连续出版物型纵向关系。

区段连接字段说明了连接的对象与类型。在使用区段连接字段时，通常只将其放在需连接的两个区段中的一个中（特殊情况下，为了建立双向连接关系，也可以在两个区段中都使用区段连接字段）。基本区段和次级区段连接时，连接字段通常放在次级区段中；两个次级区段连接时，连接字段一般放在与基本区段距离较远的区段中。所以，如果是"0 区段"和"1 区段"连接，连接字段放在"1 区段"中，如果是"3 区段"和"5 区段"连接，连接字段放在"5 区段"中。

d. 字段的连接

同一区段中的某些字段是有关系的，比如责任者和其所在的工作单位，又如 ISBN 和出版者，应当把这些有关系的字段也连接起来。连接主要是针对重复字段的，因为不重复的字段不用连接也很清楚。在 CCF 中起字段连接作用的是 086 字段，它把两个有关系的字段连接起来。

4. CNMARC

CNMARC 是参照 UNIMARC 格式，并结合中国的编目实践所设计的，因而其结构和字段设置与 UNIMARC 基本相同，只是根据中文文献的具体情况补充了一些所需要的内容。这些补充有：

①增加 9--块为国内使用块，保留国内使用。

②在各块中根据需要增加 ×9× 字段，用以表达中文文献的有关信息。如 CNMARC 所增加的 690 字段，用来表示中图法分类号。

③在一些字段中根据需要增加子字段，用以表达中文文献的有关信息。如 200 字段中增加的 $A、$F 子字段，同 UNIMARC 中的正题名子字段 $a 和第一责任者子字段 $f 相对应，用来表示正题名和第一责任者的汉语拼音。

550

有关 CNMARC 的详细内容请参看本附录的 UNIMARC 有关部分和本书其它附录中的 CNMARC 字段简表。

5. 机读目录生成及转换

①机读目录的生成过程

机读目录的生成包括以下几个步骤：

a. 编目人员分析文献，按照编目条例著录、标引文献，然后依据机读目录格式填写工作单。工作单可以是联机形式的，也可以是脱机形式的。

b. 在脱机形式的工作中，录入人员将已填写的工作单输入到计算机中，形成原始机读目录数据。

c. 计算机根据原始机读目录数据构造头标区数据和目录区数据，生成机读目录文件。

②机读目录的格式转换

自从 LC－MARC 取得巨大成功后，各种类型的机读目录格式纷纷出现。虽然它们都基本符合 ISO－2709，但在内容细节上相互之间却有很大差别，并且都在各自的领域内得到广泛的应用。尽管后来出于统一格式的目的，研制了 CCF 和 UNIMARC 两种通用性强的格式，但近些年的实践表明，它们并不可能取代其它各种格式。这种多种格式并存现象的原因就在于：不同文献处理机构的服务目标不同，处理各种书目信息的立足点不同，所遵循的书目著录规则和对书目著录规则的依据程度也不同，因而，对各种书目信息数据单元的选取和安排也就不同。

多种格式的存在使得同一文献在不同的文献服务部门以不同的书目记录数据形式出现。这样，就为各类文献服务部门间交流文献和共享数据造成困难。为解决这一问题，必须在各种机读目录格式间建立数据接口，完成格式转换工作。

从格式转换的意义上说，像 CCF 这样的格式在更多的情况下不是作为一种机内格式，而是一种通讯用的中介格式使用。它在多种格式间起数据转换的接口作用,如图6所示。从信息交流的角度来看,CCF类似英语。一个人离开祖国走向世界,他选择了英语作为交流工具。因为他知道,在所有的语言中,最可能被他所遇到的其它语种的人选择作为交流工具的就是英语,正如他自己也选择英语一样。这样,任何两个不同语种的人都能顺利交流,尽管他们除了各自的母语外,都仅仅会用英语。

CCF的接口作用似乎更能从本质上体现这种通用通讯格式的研制目的。当然,转换工作并不必须借助通用格式。如果数据转换的目标明确,需求稳定,则在源格式和目标格式的数据单元间直接建立两者的对应是最为直接、有效并且是最为准确的。

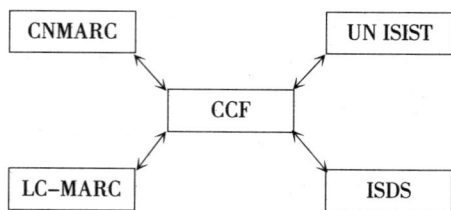

图6 格式转换的接口

不同格式的机读目录间的转换不仅必要,而且可行。由于各种机读目录格式基本是遵循 ISO - 2709 标准的,所以,其数据记录结构是基本一致的。它们的主要区别体现在数据单元定义和数据单元组的构成上,因而要实现任何两种数据格式的相互转换,所要做的工作就是要在表达这两种格式的数据单元和构成数据单元组的内容标志符体系之间建立起一种内在联系:把表示同一文献实体书目信息的数据单元组对应起来;把表示各文献实体中相同属性和内容书目信息的数据单元分别依据其内容标志符的表达形式对应起来。由于不同标准对著录的详尽程度要求不同,因而所谓可行并不意味两种不同格式的完全对应和转换,而应理解为必备内容和主要内容的对应和转换。

附录三 CNMARC 字段和子字段一览表

字段标识	指示符	分字段标识	内　　容	重复	必备
001	无	无	记录控制号	N	Y
005	无	无	记录版次标识	N	
010			国际标准书号（ISBN）	Y	
		$a	ISBN	N	
		$b	限定	N	
		$d	获得方式/定价	N	
		$z	错误书号	Y	
011			国际标准连续出版物号（ISSN）	Y	
		$a	ISSN	N	
		$b	限定	N	
		$d	获得方式/定价	Y	
		$y	废除的 ISSN	Y	
		$z	错误的 ISSN	Y	
014			论文标识号	Y	
		$a	标识号	N	
		$z	错误的标识号	Y	
		$2	系统代码	N	
020			国家书目号	Y	
		$a	国家代码	N	
		$b	国家书目号	N	
		$z	错误号	Y	
021			版权登记号	Y	
		$a	国家代码	N	
		$b	版权号	N	

字段标识	指示符	分字段标识	内容	重复	必备
		$z	错误的版权号	Y	
022			政府出版物号	Y	
		$a	国家代码	N	
		$b	政府出版物号	N	
		$z	错误的政府出版物号	Y	
040			CODEN	Y	
		$a	CODEN	N	
		$z	错误的 CODEN	Y	
071			出版者作品号	Y	
	0		出版发行号		
	1		出版号		
	2		印刷号		
	3		其他出版者作品号		
	0		不作附注		
	1		作附注		
		$a	出版者作品号	N	
		$b	来源	N	
091			统一书刊号	Y	
		$a	统一书刊号	N	
		$b	限定	N	
		$d	定价	Y	
		$z	错号	Y	
092			订购号	Y	
		$a	国家代码	N	
		$b	国内发行号	N	
		$c	国外发行号	N	
		$z	错号	Y	
094			标准号	Y	

（续表）

字段标识	指示符	分字段标识	内　　容	重复	必备
		$a	国家代码	N	
		$b	标准号	N	
		$z	错号	Y	
100			通用处理数据	N	Y
		$a	通用处理数据	N	
101			作品语种	N	Y
	0		原文		
	1		译文		
	2		包含译文		
		$a	正文语种	Y	
		$b	中间语种	Y	
		$c	原作语种	Y	
		$d	提要或文摘语种	Y	
		$e	目次页语种	Y	
		$f	题名页语种	Y	
		$g	正题名语种	N	
		$h	歌词等的语种	Y	
		$i	附件语种	Y	
		$j	字幕语种	Y	
102			出版或制作国别	N	
		$a	出版国代码	Y	
		$b	出版地区代码	Y	
105			编码数据字段:文字资料、专著	N	
		$a	专著编码数据	N	
106			编码数据字段:文字资料——形态特征	N	
		$a	物理媒体标志	N	
110			编码数据字段:连续出版物	N	
		$a	连续出版物编码数据	N	

字段标识	指示符	分字段标识	内　容	重复	必备
115			编码数据字段:投影片、录像制品和电影	Y	
		$a	编码数据—— 一般	N	
		$b	电影编码数据——存档	N	
116			编码数据字段:书画刻印作品	Y	
		$a	书画刻印作品编码数据	N	
117			编码数据字段:三维制品和实物	Y	
		$a	三维制品和实物的编码数据	N	
120			编码数据字码:测绘资料——一般性数据	N	
		$a	测绘制图资料编码数据(一般性)	N	
121			编码数据字段:测绘资料——形态特征	Y	
		$a	测绘制图资料编码数据——形态特征	N	
		$b	航空摄影和遥感资料编码数据—— 形态特征	N	
122			编码数据字段:作品内容时间范围	Y	
	0		单个日期		
	1		多个单日期		
	2		连续日期		
		$a	年代范围	Y	
123			编码数据字段:测绘资料——比例尺与坐标	Y	
	0		比例尺无法确定		
	1		单一比例尺		
	2		多种比例尺		
	3		比例尺的范围		
		$a	比例尺类型	N	
		$b	恒比直线水平比例尺	Y	
		$c	恒比垂直水平比例尺	Y	
		$d	坐标——最西经度	N	
		$e	坐标——最东经度	N	

（续表）

字段标识	指示符	分字段标识	内　　　容	重复	必备
		$f	坐标——最北纬度	N	
		$g	坐标——最南纬度	N	
		$h	角比例尺	Y	
		$i	赤纬——北极限	N	
		$j	赤纬——南极限	N	
		$k	赤经——东极限	N	
		$m	赤经——西极限	N	
		$n	赤纬——昼夜平分点	N	
124			编码数据字段——特殊资料标志	N	
		$a	图像特征代码	N	
		$b	测绘制图资料的形式	Y	
		$c	摄影或非摄影图像的表现方法	Y	
		$d	摄影或遥感图像台站的位置	Y	
		$e	遥感图像卫星的类型	Y	
		$f	遥感摄影卫星的名称	Y	
		$g	遥感图像的摄制方法	Y	
125			编码数据字段:录音资料与印刷乐谱	N	
		$a	印刷乐谱的形式	N	
		$b	非音乐性录音资料类型	N	
126			编码数据字段:录音资料——形态特征	N	
		$a	录音制品编码数据（一般）	Y	
		$b	录音制品编码数据（详细）	N	
127			编码数据字段:录音资料与印刷乐谱	N	
		$s	播放时间	Y	
128			编码数据字段:音乐演奏与乐谱	Y	
		$a	乐曲形式	Y	
		$b	合奏、合唱的乐器或声部	Y	
		$c	独奏、独唱的乐器或声部	Y	

字段标识	指示符	分字段标识	内　　容	重复	必备
130			编码数据字段:缩微制品——形态特征	Y	
		$a	缩微制品编码数据——形态特征	Y	
131			编码数据字段:测绘资料:大地、坐标网格与垂直测量	N	
		$a	球体测量	Y	
		$b	水平测量数据	Y	
		$c	坐标网格与参照体系	Y	
		$d	覆盖与参照体系	Y	
		$e	次要坐标网格与参照体系	Y	
		$f	垂直测量数据	Y	
		$g	高度的测量单位	Y	
		$h	等高线间距	Y	
		$i	辅助等高线间距	Y	
		$j	深度的测量单位	Y	
		$k	等深线间距	Y	
		$l	辅助等深线间距	Y	
135			编码数据字段:计算机文件	Y	
		$a	计算机文件编码数据	N	
191			编码数据字段:拓片	N	
		$a	拓片资料代码	N	
192			编码数据字段:民族音乐	Y	
		$a	民族音乐形式	Y	
		$b	合奏、合唱的民族音乐或声部	Y	
		$c	独奏、独唱的民族音乐或声部	Y	
200			题名与责任说明	N	Y
	0		题名无意义		
	1		题名有意义		
		$a	正题名	Y	

（续表）

字段标识	指示符	分字段标识	内　　容	重复	必备
		$b	一般资料标识	Y	
		$c	另一著者的正题名	Y	
		$d	并列题名	Y	
		$e	副题名及其它题名信息	Y	
		$f	第一责任说明	Y	
		$g	其他责任说明	Y	
		$h	分辑号	Y	
		$i	分辑名	Y	
		$V	卷标识	Y	
		$z	并列题名语种	N	
		$A	正题名汉语拼音	Y	
205			版本说明	Y	
		$a	版本说明	N	
		$b	版次和附加版本说明	Y	
		$d	并列版本说明	Y	
		$f	与版本有关的第一责任者说明	Y	
		$g	与版本有关的其他责任者说明	Y	
206			测绘资料——数学数据	Y	
		$a	数学数据说明	N	
207	0		资料特殊细节项:连续出版物卷期编号 规则的	N	
	1		不规则的		
		$a	编号:年代和卷期标识	Y	
		$z	卷期号出处	Y	
208			资料特殊细节项:印刷乐谱的特别说明	N	
		$a	印刷乐谱的特别说明	N	
		$d	并列印刷乐谱的特别说明	Y	
210			出版发行项	N	

字段标识	指示符	分字段标识	内　　容	重复	必备
		$a	出版、发行地	Y	
		$b	出版、发行者地址	Y	
		$c	出版、发行者名称	Y	
		$d	出版、发行日期	Y	
		$e	制作地	Y	
		$f	制作者地址	Y	
		$g	制作者	Y	
		$h	制作日期	Y	
211			预定出版日期	N	
		$a	日期	N	
215			载体形态项	Y	
		$a	特种资料标识和文献数量及单位	Y	
		$c	其它形态细节	N	
		$d	尺寸	Y	
		$e	附件	Y	
225			丛编	Y	
	0		与确定形式不同		
	1		无确定形式		
	2		与确定形式相同		
		$a	丛编题名	N	
		$d	并列丛编题名	Y	
		$e	其它题名信息	Y	
		$f	责任说明	Y	
		$h	分丛编号	Y	
		$i	分丛编名称	Y	
		$v	卷标识	Y	
		$x	ISSN	Y	
		$z	并列丛编题名语种	Y	

（续表）

字段标识	指示符	分字段标识	内　　　容	重复	必备
230			资料特殊细节项:计算机文件特征	Y	
		$a	文件范围和标识	N	
300			一般性附注	Y	
		$a	附注内容	N	
301			标识号附注	Y	
		$a	附注内容	N	
302			编码信息附注	Y	
		$a	附注内容	N	
303			著录信息的一般性附注	Y	
		$a	附注内容	N	
304			题名与责任说明附注	Y	
		$a	附注内容	N	
305			版本与书目史附注	Y	
		$a	附注内容	N	
306			出版发行等的附注	Y	
		$a	附注内容	N	
307			载体形态附注	Y	
		$a	附注内容	N	
308			丛编附注	Y	
		$a	附注内容	N	
310			装订及获得方式附注	Y	
		$a	附注内容	N	
311			连接字段附注	Y	
		$a	附注内容	N	
312			相关题名附注	Y	
		$a	附注内容	N	
313			主题附注	Y	
		$a	附注内容	N	

字段标识	指示符	分字段标识	内　　容	重复	必备
314			知识责任附注	Y	
		$a	附注内容	N	
315			资料（或出版物类型）特殊细节附注	Y	
		$a	附注内容	N	
320			书目、索引附注	Y	
		$a	附注内容	N	
321			被索引、摘要和引用附注	Y	
	0		索引、摘要范围		
	1		书目、目录出处		
		$a	索引、文摘、引用注	N	
		$b	索引、文摘作品内容涵盖期间	N	
		$x	ISSN	N	
322			制作者附注（投影和录像资料及录音）	N	
		$a	附注内容	N	
323			演出者附注（投影和录像资料及录音）	Y	
		$a	附注内容	N	
324			原作版本附注	N	
		$a	附注内容	N	
325			复制品附注	Y	
		$a	附注内容	N	
326			出版周期附注	Y	
		$a	出版周期	N	
		$b	出版周期的日期	N	
327			内容附注	N	
	0		内容附注是不完整的		
	1		内容附注是完整的		
		$a	附注内容	Y	

（续表）

字段 标识	指示 符	分字 段标 识	内　　容	重 复	必 备
328			学位论文附注	Y	
		$a	附注内容	N	
330			提要、文摘或全文	Y	
		$a	附注内容	N	
332			引文	Y	
		$a	附注内容	N	
333			使用对象附注	Y	
		$a	附注内容	N	
336			计算机文件类型附注	Y	
		$a	附注内容	N	
337			技术细节附注（计算机文件）	Y	
		$a	附注内容	N	
345			采访信息附注	Y	
		$a	附注内容	N	
410			丛编	Y	
	0		不作附注		
	1		作附注		
		$1	被连接的数据字段	Y	
411			附属丛编	Y	
	0		不作附注		
	1		作附注		
		$1	被连接的数据字段	Y	
421			补编、增刊	Y	
	0		不作附注		
	1		作附注		
		$1	被连接的数据字段	Y	
422			正编、正刊	Y	
	0		不作附注		

字段标识	指示符	分字段标识	内 容	重复	必备
	1		作附注		
		$1	被连接的数据字段	Y	
423			合订、合刊	Y	
	0		不作附注		
	1		作附注		
		$1	被连接的数据字段	Y	
430			继承	Y	
	0		不作附注		
	1		作附注		
		$1	被连接的数据字段	Y	
431			部分继承	Y	
	0		不作附注		
	1		作附注		
		$1	被连接的数据字段	Y	
432			替代	Y	
	0		不作附注		
	1		作附注		
		$1	被连接的数据字段	Y	
433			部分替代	Y	
	0		不作附注		
	1		作附注		
		$1	被连接的数据字段	Y	
434			吸收	Y	
	0		不作附注		
	1		作附注		
		$1	被连接的数据字段	Y	
435			部分吸收	Y	
	0		不作附注		

（续表）

字段标识	指示符	分字段标识	内　　容	重复	必备
	1		作附注		
		$1	被连接的数据字段	Y	
436			由……,……和……合并而成	Y	
	0		不作附注		
	1		作附注		
		$1	被连接的数据字段	Y	
437			分自	Y	
	0		不作附注		
	1		作附注		
		$1	被连接的数据字段	Y	
440			由……继承	Y	
	0		不作附注		
	1		作附注		
		$1	被连接的数据字段	Y	
441			由……部分继承	Y	
	0		不作附注		
	1		作附注		
		$1	被连接的数据字段	Y	
442			由……替代	Y	
	0		不作附注		
	1		作附注		
		$1	被连接的数据字段	Y	
443			由……部分替代	Y	
	0		不作附注		
	1		作附注		
		$1	被连接的数据字段	Y	
444			并入	Y	
	0		不作附注		

字段标识	指示符	分字段标识	内　　容	重复	必备
	1		作附注		
		$1	被连接的数据字段	Y	
445			部分并入	Y	
	0		不作附注		
	1		作附注		
		$1	被连接的数据字段	Y	
446			分成……,……和……	Y	
	0		不作附注		
	1		作附注		
		$1	被连接的数据字段	Y	
447			与……,……合并而成……	Y	
	0		不作附注		
	1		作附注		
		$1	被连接的数据字段	Y	
448			改回	Y	
	0		不作附注		
	1		作附注		
		$1	被连接的数据字段	Y	
451			同一载体的其它版本	Y	
	0		不作附注		
	1		作附注		
		$1	被连接的数据字段	Y	
452			不同载体的其它版本	Y	
	0		不作附注		
	1		作附注		
		$1	被连接的数据字段	Y	
453			译为	Y	
	0		不作附注		

（续表）

字段标识	指示符	分字段标识	内　　容	重复	必备
	1		作附注		
		$1	被连接的数据字段	Y	
454			译自	Y	
	0		不作附注		
	1		作附注		
		$1	被连接的数据字段	Y	
455			复制自	Y	
	0		不作附注		
	1		作附注		
		$1	被连接的数据字段	Y	
456			复制为	Y	
	0		不作附注		
	1		作附注		
		$1	被连接的数据字段	Y	
461			总集	Y	
	0		不作附注		
	1		作附注		
		$1	被连接的数据字段	Y	
462			分集	Y	
	0		不作附注		
	1		作附注		
		$1	被连接的数据字段	Y	
463			单册	Y	
	0		不作附注		
	1		作附注		
		$1	被连接的数据字段	Y	
464			单册分析	Y	
	0		不作附注		

字段标识	指示符	分字段标识	内　容	重复	必备
	1		作附注		
		$1	被连接的数据字段	Y	
470			被评论的作品	Y	
	0		不作附注		
	1		作附注		
		$1	被连接的数据字段	Y	
488			其它相关作品	Y	
	0		不作附注		
	1		作附注		
		$1	被连接的数据字段	Y	
500			统一题名	Y	
	0		统一题名无意义		
	1		统一题名有意义		
	0		题名不作标目		
	1		题名是主款目		
		$a	统一题名	N	
		$b	一般资料标识	Y	
		$h	分辑号	Y	
		$i	分辑名称	Y	
		$k	出版日期	N	
		$l	形式副标目	N	
		$m	作品语种	N	
		$n	其它信息	Y	
		$q	版次	N	
		$r	演奏媒体	Y	
		$s	序号标识	Y	
		$u	调名	N	
		$v	卷标识	N	

字段标识	指示符	分字段标识	内　　容	重复	必备
		$w	改编乐曲说明	N	
		$x	主题复分	Y	
		$y	地理复分	Y	
		$z	年代复分	Y	
		$A	统一题名汉语拼音	N	
		$2	系统代码	N	
		$3	规范记录号	N	
501			作品集统一题名	Y	
	0		全集		
	1		选集		
	2		文选		
		$a	作品集统一题名	N	
		$b	一般资料标识	Y	
		$e	作品集统一副题名	N	
		$k	出版日期等	N	
		$m	语种	N	
		$r	演奏媒体	Y	
		$s	序号标识	Y	
		$u	调名	N	
		$w	改编说明	N	
		$x	主题复分	Y	
		$y	地理复分	Y	
		$z	年代复分	Y	
		$2	系统代码	N	
		$3	规范记录号	N	
		$A	作品集统一题名汉语拼音	N	
503			统一惯用标目	Y	
	0		统一惯用标目无意义		

字段标识	指示符	分字段标识	内　　容	重复	必备
	1		统一惯用标目有意义		
		$a	形式主标目	N	
		$b	形式副标目	N	
		$j	年	N	
		$d	月、日	N	
		$e	姓	N	
		$f	名	N	
		$h	人名修饰语	N	
		$i	分辑名	N	
		$m	地点	N	
		$n	机构名称	N	
		$k	数字（阿拉伯）	N	
		$l	数字（罗马）	N	
		$A	形式主标目汉语拼音	N	
510			并列正题名	Y	
	0		不作检索点		
	1		作检索点		
		$a	并列题名	N	
		$e	其它题名信息	Y	
		$h	分辑号	Y	
		$i	分辑名称	Y	
		$j	与题名有关卷号或日期	N	
		$n	其它信息	N	
		$z	并列题名语言	N	
512			封面题名	Y	
513			附加题名页题名	Y	
514			卷端题名	Y	
515			逐页题名（指示符子字段 510 字段）	Y	

（续表）

字段标识	指示符	分字段标识	内　　容	重复	必备
516			书脊题名	Y	
517			其它题名	Y	
520			前题名（连续出版物）	Y	
·	0		不作检索点		
	1		作检索点		
		$a	前正题名	N	
		$e	其它题名信息	Y	
		$h	分辑号	Y	
		$i	分辑名称	Y	
		$n	其它信息	N	
		$j	前题名的卷号或日期	N	
		$x	前题名的 ISSN	N	
		$A	前题名汉语拼音	N	
530			识别题名（连续出版物）	Y	
	0		与正题名不同		
	1		与正题名相同		
		$a	识别题名	N	
		$b	修饰信息	N	
		$j	与识别题名有关的卷号或日期	N	
		$v	卷标识	N	
531			缩略题名	Y	
		$a	缩略题名	N	
		$b	修饰信息	N	
		$v	卷标识	N	
532			展开题名	Y	
	0		不作检索点		
	1		作检索点		
	0		首字母缩略词		

字段标识	指示符	分字段标识	内　　容	重复	必备
	1		数字		
	2		缩写词		
	3		其它非罗马符号等		
		$a	展开题名	N	
		$z	题名语言	N	
540			编目员补充的附加题名	Y	
	0		不作检索点		
	1		作检索点		
		$a	补充题名	N	
		$A	附加题名汉语拼音	N	
541			编目员补充的翻译题名	Y	
	0		不作检索点		
	1		作检索点		
		$a	翻译题名	N	
		$e	其它题名信息	N	
		$h	分辑号	N	
		$i	分辑名称	N	
		$z	翻译题名语种	N	
		$A	翻译题名汉语拼音	N	
45			章节题名	Y	
	0		题名不作检索点		
	1		题名作检索点		
		$a	章节题名	N	
600			个人名称主题	Y	
	0		名称按直序方式著录		
	1		名称按倒序方式著录		
		$a	款目要素	N	
		$b	名称的其余部分	N	

（续表）

字段标识	指示符	分字段标识	内　　容	重复	必备
		$c	名称附加（不包括年代）	Y	
		$d	罗马数字	N	
		$f	年代（包括朝代）	N	
		$t	题名	N	
		$x	学科主题复分	Y	
		$y	地区复分	Y	
		$z	年代复分	Y	
		$2	系统代码	N	
		$3	规范记录号	N	
601			团体名称主题	Y	
	0		团体名称		
	1		会议		
	0		倒置名称		
	1		地区名称		
	2		直序名称		
		$a	款目要素	N	
		$b	次级部分（或按地名著录的名称）	Y	
		$c	名称附加或修饰词	Y	
		$d	会议届次	N	
		$e	会议地点	N	
		$f	会议日期	N	
		$g	倒置部分	N	
		$h	名称其它部分	N	
		$t	题名	N	
		$x	学科主题复分	N	
		$y	地区复分	Y	
		$z	年代复分	N	
		$2	系统代码	N	

字段标识	指示符	分字段标识	内　　容	重复	必备
		$3	规范记录号	N	
602			家族名称主题	Y	
		$a	款目要素	N	
		$f	年代	N	
		$t	题名	N	
		$x	学科主题复分	Y	
		$y	地区复分	Y	
		$z	年代复分	Y	
		$2	系统代码	N	
		$3	规范记录号	N	
604			名称和题名主题	Y	
		$1	连接数据	Y	
605			题名主题	Y	
		$a	款目要素	N	
		$h	章节或分册号	Y	
		$i	章节或分册名	Y	
		$k	出版日期	N	
		$l	形式副标目	N	
		$m	作品语种	N	
		$n	其它信息	Y	
		$q	版本（或版本年代）	N	
		$x	学科主题复分	Y	
		$Y	地区复分	Y	
		$z	年代复分	Y	
		$2	系统代码	N	
		$3	规范记录号	N	
606			学科名称主题	Y	
	0		未指定级别		

（续表）

字段标识	指示符	分字段标识	内　容	重复	必备
	1		主要词		
	2		次要词		
			无适用的信息		
		$a	款目要素	N	
		$x	学科主题复分	Y	
		$y	地区复分	Y	
		$z	年代复分	Y	
		$2	系统代码	N	
		$3	规范记录号	N	
607			地名主题	Y	
		$a	款目要素	N	
		$x	学科主题复分	N	
		$y	地区复分	Y	
		$z	年代复分	Y	
		$2	系统代码	N	
		$3	规范记录号	N	
610			非控制主题词	Y	
	0		未指定级别		
	1		主要词		
	2		次要词		
		$a	主题词	Y	
615			主题类目（暂定）	Y	
		$a	主题类目款目要素	N	
		$x	主题类目复分	Y	
		$n	主题类目代码	Y	
		$m	主题类目复分代码	N	
		$2	系统代码	N	
		$3	规范记录号	N	

字段标识	指示符	分字段标识	内　　容	重复	必备
620			出版地/制作地检索点	Y	
		$a	国家	N	
		$b	州或省	N	
		$c	县	N	
		$d	市	N	
626			技术细节检索点（计算机文件）（暂定）	Y	
		$a	计算机牌号、型号	N	
		$b	程序语言	N	
		$c	操作系统	N	
660			地区代码	Y	
		$a	代码	N	
		$b	国内代码	Y	
661			年代范围代码	Y	
		$a	年代范围代码	N	
670			保留词间关系标引法	Y	
		$a	主题指示符号	N	
		$c	字符串	N	
		$e	参照指示符号	Y	
		$z	术语语种	N	
675			国际十进分类号（UDC）	Y	
		$a	分类号	N	
		$v	版次	N	
		$z	版次语种	N	
676			杜威十进分类号（DDC）	Y	
		$a	分类号	N	
		$v	版次	N	
		$z	版次语种	N	
680			LC分类号	Y	

（续表）

字段标识	指示符	分字段标识	内　　容	重复	必备
686		$a	分类号	N	
		$b	书号	N	
			其它分类法分类号	Y	
		$a	分类号	Y	
		$b	书号	Y	
		$c	分类复分	Y	
		$d	系统代码	N	
690			中图法分类号（CLC）	Y	
		$a	分类号	N	
		$v	版次	N	
692			中国科学院图书馆图书分类号	Y	
		$a	分类号	N	
		$v	版次	N	
700			个人名称——主要知识责任	N	
	0		名称按名著录或直录		
	1		名称按姓氏（家庭名称、源于父名的姓氏等）著录		
		$a	款目要素	N	
		$b	名称的其它部分	N	
		$c	年代以外的名称附加	Y	
		$d	罗马数字	N	
		$f	年代（包括朝代）	N	
		$g	首字母的展开形式	N	
		$p	任职机构/地址	N	
		$3	规范记录号	N	
		$4	关系词代码	Y	
		$A	款目要素汉语拼音	N	

字段标识	指示符	分字段标识	内容	重复	必备
701			个人名称——等同知识责任（指示符、子字段与700字段同）	Y	
702			个人名称——次要知识责任（指示符、子字段与700字段同）	Y	
710			团体名称——主要知识责任	N	
	0		团体名称		
	1		会议		
	0		名称以倒序方式著录		
	1		名称以地区或辖区著录		
	2		名称以直序方式著录		
		$a	款目要素	N	
		$b	次级部分	Y	
		$c	名称附加或修饰语	Y	
		$d	会议届次	Y	
		$e	会议地点	N	
		$f	会议日期	N	
		$g	倒置成分	N	
		$h	名称的其它部分	Y	
		$p	机构/地址	N	
		$3	规范记录号	N	
		$4	关系词代码	Y	
711			团体名称——等同知识责任（指示符、子字段同710字段）	Y	
712			团体名称——次要知识责任（指示符、子字段同710字段）	Y	
720			家族名称——主要知识责任	N	
		$a	款目要素	N	
		$f	年代	N	

（续表）

字段标识	指示符	分字段标识	内容	重复	必备
		$3	规范记录号	N	
		$4	关系词代码	Y	
721			家族名称——等同责任者（指示符、子字段同720字段）	Y	
722			家族名称——次要责任者（指示符、子字段同720字段）	Y	
801			记录来源	Y	
	0		原始编目机构		
	1		录制机构		
	2		更改机构		
	3		发行机构		
		$a	国家代码	N	
		$c	处理日期	N	
		$g	编目规则（著录条例）	Y	
802			ISDS 中心	N	
		$a	ISDS 中心代码	N	
905			馆藏信息	Y	
		$a	收藏单位代码	Y	
		$b	登录号	Y	
		$c	排架区分号	Y	
		$d	分类/种次号	Y	
		$e	书次号	Y	
		$f	复本数	Y	
		$v	入藏卷期	Y	
		$y	年代范围	Y	

580

参考文献

1. 毛玉姣,刘荣主编.图书情报管理自动化基础.武汉大学出版社,1993

2. 潘锦平编.软件开发技术.上海:科学技术文献出版社,1985

3. 郑人杰编著.实用软件工程.北京:清华大学出版社,1991

4. 张海藩编著.软件工程导论(修订版).北京:清华大学出版社,1992

5. 冯玉琳,赵保华编.软件工程:方法·工具实践.中国科学技术大学出版社,1988

6. 王选著.软件设计方法.北京:清华大学出版社,1992

7. 陈余年主编.信息系统工程(上册).北京:科学出版社,1990

8. 薛华成主编.管理信息系统(第二版).北京:清华大学出版社,1993

9. 宛福成等编著.图书馆自动化系统设计.书目文献出版社,1991

10. 陈源蒸,陈维新编著.图书馆系统分析概论.书目文献出版社,1987

11. 沈泰昌主编.系统工程.浙江:教育出版社,1986

12. 袁朴著.标准化纵横谈.北京:印刷工业出版社,1993

13. 曾民族,高崇谦编译.电子计算机在情报工作中的应用.科学技术文献出版社,1980

14. 朱岩主编.中国机读目录格式使用手册.华艺出版社,1995

15. 全国情报文献工作标准化委员会编.中国公共交换格式(CCFC)用户手册

16. 北京大学图书馆编.图书馆自动化资料汇编.1981

17. L. A.特德著;史鉴等译.计算机化图书馆系统引论.书目文献出版社,1981

18. 斯蒂芬·R·萨蒙著;胡世炎等译.图书馆自动化系统.书目文献出

版社,1984

19. Sharm Hekmatpour 著;闫龙译. C++技巧与应用. 北京:航空航天大学出版社,1992

20. Scott R. Load 著;闫龙译. C++技巧与应用. 北京:航空航天大学出版社,1992

21. Microsoft 著;王国印译. C++程序设计指南. 北京:清华大学出版社,1993

22. Peter Coad Edward Yourdon 著;邵维忠等译. 面向对象的分析. 北京大学出版社,1992

23. Peter Coad Edward Yourdon Object - Oriented Analysis Yourdon Press 1989

24. M. A. Jackson Principle of Program Design Academic Press 1975

25. Roger S. Software engineering:A Practitioner's Approach McGarw - Hill 1982

26. Stroustrup B. The C++ Programming Languages Springer - Verlag 1983